人民法院业务指导用书

人民法院
诉讼文书样式、制作与范例

刑事卷

全新升级版

司法文书研究中心 编著

中国法制出版社
CHINA LEGAL PUBLISHING HOUSE

前　言

诉讼法律文书在案件办理过程中起着重要的载体作用，它不仅是案件办理过程实事求是的展现，也是法院是否公正司法的真实写照。对于在审判机关——人民法院工作的一些人员来说，掌握相关诉讼法律文书的写法是一门必备的技能。写好诉讼法律文书，不仅是工作的需要，也是自我价值以及工作水平的体现，更是提高办案质量、促进公正司法的有力保障。

在三大诉讼中，刑事诉讼占据了重要的地位。与刑事诉讼有关的法律文书甚是繁多。对于从事刑事诉讼法律文书撰写的工作人员来说，了解和掌握每一个法院刑事诉讼法律文书的写法，也是一件相当不容易的事情。在此，为了帮助大家系统、清晰地了解和掌握法院刑事诉讼法律文书的写法和内容，我们特意编写了《人民法院诉讼文书样式、制作与范例（刑事卷）》一书，衷心希望能给您带来帮助。

综合来看，本书具有以下特点：

第一，收录全面，具体实用。

本书收录了各种在人民法院能使用到的刑事诉讼法律文书，包括各种判决书、裁定书、决定、命令、布告、书函、通知、报告、笔录以及其他类文书，相当全面。可以说，在本书中，人民法院所使用的刑事诉讼法律文书应有尽有。此外，本书还从内容上对各个文书进行了提要概括，以便于读者抓住文书内容要点。然后，我们适时地配以“例证”，以实例演示的方式给读者呈现一个立体的了解和学习该法律文书的画面，相当实用。

第二，内容权威，可靠准确。

本书中法律文书的文书样式均选自国家发布的正规法律文件，如《法院诉讼文书样式（试行）》《法院刑事诉讼文书样式（试行）》等。本书的文书样式来源权威、可靠，内容全面、具体，具有很大的参考价值。

第三，分类清晰，便于检索。

本书在体系设置上，按照文书种类进行了划分，结构清晰、分类明确。当您需要找某一份诉讼文书时，会很容易找到。

最后，衷心希望本书能成为您身边必备的工具书。当然，由于时间关系和编写组人员水平的限制，难免有不足之处。对于本书中出现的不妥之处，敬请批评指正！

编委会

2017 年 11 月

目　　录

第一章　判决书

第二章 裁定书

第三章 决定、命令、布告类文书

第四章 书函类文书

第五章　通知类文书

第六章　报告类文书

第七章　笔录类文书

第一章 判决书

刑事判决书

（一审自诉、反诉并案审理用）

了解文书

刑事附带民事判决书（一审自诉、反诉并案审理用）是第一审人民法院在受理自诉案件之后，被告人又提起反诉，经审查反诉能够成立，通过并案审理，作出处理时所用的文书。

本文书样式供一审审判人员在审理一审案件自诉、反诉并案审理时适用。

文书样式

×××人民法院

刑事判决书

（××××）×刑初字第××号

自诉人（反诉被告人）：________________（写明姓名、性别、出生年月日、民族、出生地、文化程度、职业或者工作单位和职务、住址等）。

诉讼代理人（辩护人）：________________（写明姓名、工作单位和职务）。

被告人（反诉自诉人）：________________（写明姓名、性别、出生年月日、民族、出生地、文化程度、职业或者工作单位和职务、住址等）。

辩护人（诉讼代理人）：________________（写明姓名、工作单位和职务）。

自诉人×××以被告人×××犯××罪，于××××年××月××日向本院提起控诉。被告人×××于××××年××月××日以自诉人×××犯××罪提起反诉。本院受理后，依法组成合议庭（或者实行独任审判），公开

（或者不公开）开庭进行了合并审理。自诉人（反诉被告人）×××及其诉讼代理人（辩护人）×××、被告人（反诉自诉人）×××及其辩护人（诉讼代理人）×××等到庭参加诉讼。现已审理终结。

自诉人×××诉称________________（概述自诉人指控被告人犯罪的事实、证据和诉讼请求）。

被告人×××辩称________________（概述被告人对自诉人的指控予以供述、辩解、自行辩护的意见和有关证据）。辩护人×××提出的辩护意见是________________（概述辩护人的辩护意见和有关证据）。

反诉自诉人×××诉称________________（概述反诉自诉人指控反诉被告人犯罪的事实、证据和诉讼请求）。

反诉被告人×××辩称________________（概述反诉被告人对反诉自诉人的指控予以供述、辩解、自行辩护的意见和有关证据）。辩护人×××提出的辩护意见是________________（概述辩护人的辩护意见和有关证据）。

经审理查明，________________（首先写明经法庭审理查明的事实；其次写明据以定案的证据及其来源；最后对自诉、反诉各方有异议的事实、证据进行分析、认证）。

本院认为，________________（写明根据查证属实的事实、证据和有关法律规定，论证自诉人、反诉自诉人的指控是否成立，被告人或者反诉被告人或者双方的行为是否构成犯罪，犯的什么罪，应当如何处罚。对于控辩双方有关适用法律方面的意见，应当有分析地表示是否予以采纳，并阐明理由）。依照________________（写明判决的法律依据）的规定，判决如下：

________________〔写明判决结果。分四种情况：

第一，被告人构成犯罪，反诉被告人无罪的，表述为：

“一、被告人×××犯××罪，________________（写明判决结果）。

二、反诉被告人×××无罪。”

第二，被告人无罪，反诉被告人构成犯罪的，表述为：

“一、被告人×××无罪。

二、反诉被告人×××犯××罪，________________（写明判决结果）。”

第三，双方都构成犯罪的，表述为：

“一、被告人×××犯××罪，________________（写明判决结果）。

二、反诉被告人×××犯××罪，________________（写明判决结果）。"

第四，双方都不构成犯罪的，表述为：

"一、被告人×××无罪。

二、反诉被告人×××无罪。"〕

如不服本判决，可在接到判决书的第二日起十日内，通过本院或者直接向×××人民法院提出上诉。书面上诉的，应当提交上诉状正本一份，副本×份。

审判长　×××

审判员　×××

审判员　×××

××××年××月××日

（院印）

本件与原本核对无异

书记员　×××

制作说明

1. 首部

（1）标题。要写明"×××人民法院""刑事判决书"，如是附带民事诉讼内容的自诉案件，文书名称中的"刑事判决书"，改为"刑事附带民事判决书"。

（2）案号。写："（××××）×刑初字第××号"。

2. 正文

（1）写明自诉人（反诉被告人）的姓名、性别、出生年月日、民族、出生地、文化程度、职业或工作单位和职务、住址等。

被告人（反诉人）是公民的，写明姓名、性别、年龄、民族、职业或工作单位、住所，还应写明采取何种强制措施及以前受过何种刑事处分等。

如为刑事附带民事诉讼，称谓要相应变动。

（2）写明案件开庭审判的组织、审判方式，各方到庭的人员。

（3）事实部分

①概述自诉人指控被告人犯罪和由此造成经济损失的事实、证据和诉讼请求。

②概述被告人对人民检察院指控的犯罪事实和附带民事诉讼原告人的诉讼请

求予以供述、辩解、自行辩护的意见和有关证据。

③概述反诉自诉人指控反诉被告人犯罪的事实、证据和诉讼请求。

④概述反诉被告人对反诉自诉人的指控予以供述、辩解、自行辩护的意见和有关证据。

⑤首先写明经法庭审理查明的事实；其次写明据以定案的证据及其来源；最后对自诉、反诉各方有异议的事实、证据进行分析、认证。

（4）理由

写明根据查证属实的事实、证据和有关法律规定，论证自诉人、反诉自诉人的指控是否成立，被告人或者反诉被告人或者双方的行为是否构成犯罪，犯的什么罪，应当如何处罚。对于控辩双方有关适用法律方面的意见，应当有分析地表示是否予以采纳，并阐明理由。

（5）写明判决结果。

（6）有附带民事诉讼内容的，在控辩主张、审理查明的事实、判决理由和判决结果部分相应增加有关附带民事的内容。

3. 尾部

尾部应依次写明下列内容：

（1）说明法律效力，具有上诉权。对附带民事判决或者裁定的上诉、抗诉期限，应当按照刑事部分的上诉、抗诉期限确定。

（2）审判人员署名。

（3）发文日期和人民法院盖章。

（4）说明本件与原本核对无异。

（5）书记员署名。

举例示范

案情简述：孙某与尹某系同村村民，两家因生活琐事积怨已久。2019年2月20日下午，尹某在孙某家门前倒垃圾，孙某发现后，随即用铁锹将垃圾往尹某家门前撒。尹某发现后，也拿铁锹将垃圾往孙某家门前撒。后尹某将自己家扔的油漆泼到孙某家门口，在泼的过程中，孙某将门口的油漆泼到了尹某的身上，尹某一生气，便将剩余的油漆泼到了孙某的脸及头上。

×××人民法院
刑事判决书

（2019）某刑初字第312号

自诉人（反诉被告人）：孙某，男，1951年12月2日生，汉族，农民，不识字，住某省某县某镇某村。

诉讼代理人（辩护人）：张某，某律师事务所律师。

被告人（反诉自诉人）：尹某，男，1962年3月28日生，汉族，农民，小学文化，住某省某县某镇某村。

辩护人（诉讼代理人）：胡某，某律师事务所律师。

自诉人孙某以被告人尹某犯侮辱罪，于2019年4月17日向本院提起控诉。被告人尹某于2019年5月13日以自诉人孙某犯侮辱罪提起反诉。本院受理后，依法组成合议庭，公开开庭进行了合并审理。自诉人（反诉被告人）孙某及其诉讼代理人（辩护人）张某、被告人（反诉自诉人）尹某及其辩护人（诉讼代理人）胡某等到庭参加诉讼。现已审理终结。

自诉人孙某诉称，2019年2月20日下午，被告人尹某在自己家门前倒垃圾，遭到自诉人的制止。被告人遂将其装修房子所剩的油漆泼到自诉人家门口及屋内。自诉人制止被告人时，被告人将自诉人抓伤，还将油漆泼到自诉人的脸及头上。自诉人认为被告人的行为已经构成了侮辱罪，请求法院追究被告人的刑事责任。

其诉讼代理人的意见为：被告人尹某向孙某脸上及头上泼油漆的事实，有孙某陈述，被告人的供述及证人证言证实。本案是被告人尹某挑起事端在先，被告人先在自诉人孙某家门前倒垃圾，才导致双方互倒垃圾。被告人尹某为侮辱孙某，将油漆泼到自诉人家门口及屋内，甚至泼到自诉人的脸及头上，性质恶劣，已经构成了侮辱罪，请求追究其侮辱罪的刑事责任。

被告人尹某称，是孙某先将油漆泼到自己身上，自己才将剩余的油漆泼到自诉人的身上。辩护人胡某提出的辩护意见是自诉人指控的情况明显夸大事实，缺乏依据。孙某先将油漆泼到尹某身上，尹某才将剩余的油漆泼到自诉人的身上，情节显著轻微，不构成犯罪，请求依法驳回自诉人的诉讼请求。

反诉自诉人尹某诉称，孙某因生活琐事，往其家门口倒垃圾，还将油漆泼到自己身上，严重侮辱其人格，已经构成了侮辱罪，请求依法追究其侮辱罪的刑事责任。

反诉被告人孙某辩称，其没有往尹某身上到垃圾。辩护人张某提出的辩护意见是，尹某挑起事端在先，孙某的情节显著轻微，不构成犯罪，请求依法驳回尹某的诉讼请求。

经审理查明，自诉人孙某与被告人尹某系同村村民，两家因生活琐事由纠纷已久。2019 年 2 月 20 日下午，被告人尹某在孙某家门前倒垃圾，孙某发现后，随即用铁锹将垃圾往尹某家门前撒。尹某发现后，也拿铁锹将垃圾往孙某家门前撒。以致发展到双方互将垃圾往对方身上撒，后尹某遂将自己家扔的油漆泼到孙某家门口，在泼的过程中，孙某将门口的油漆泼到了尹某的身上，尹某一生气，便将剩余的油漆泼到了自诉人孙某的脸及头上。

认定上述事实的有：

1. 被告人尹某的供述：2019 年 2 月 20 日下午，我在孙某家门前一块空地上倒垃圾，孙某发现后，便用铁锹将垃圾往尹某家门前撒。我一生气，也拿铁锹将垃圾往孙某家门前撒。到后来发展到双方互将垃圾往对方身上撒。我遂将自己家扔的油漆泼到孙某家门口，在泼的过程中，孙某将门口的油漆泼到了我身上，我特别生气，便将剩余的油漆泼到了孙某的脸及头上。

2. 自诉人孙某的陈述：2019 年 2 月 20 日下午，被告人尹某在我门前倒垃圾，遭到我的制止。被告人还往我身上撒垃圾，并将其装修房子所剩的油漆泼到我家门口及屋内。我制止被告人时，被告人将我抓伤，还将油漆泼到我的脸及头上

3. 证人郝某、刘某、白某的证人证言：2019 年 2 月 20 日下午，被告人尹某在孙某家门前倒垃圾，孙某发现后，随即用铁锹将垃圾往尹某家门前撒。尹某发现后，也拿铁锹将垃圾往孙某家门前撒。后发展到双方互将垃圾往对方身上撒，后尹某遂将自己家扔的油漆泼到孙某家门口，在泼的过程中，孙某将门口的油漆泼到了尹某的身上，尹某一生气，便将剩余的油漆泼到了自诉人孙某的脸及头上。

上述证据经庭审质证，足以证明案件事实，本院予以认可。

本院认为，被告人尹某遇事不冷静，因琐事将油漆公然泼到自诉人孙某的脸上及身上，情节严重，其行为已经构成侮辱罪，自诉人孙某指控被告人

尹某的罪名成立，予以支持。自诉人孙某的诉讼代理人提出被告人的行为已经构成侮辱罪，请求追究被告人的刑事责任的代理意见合理，予以采纳。代理人张某提出被告人尹某反诉自诉人孙某犯有侮辱罪，因自诉人孙某情节显著轻微，不构成犯罪，请求驳回尹某的反诉请求。经查，虽然有证据证实孙某也将油漆泼到了尹某的身上，但是主观上自诉人孙某的犯罪动机不明显，犯罪情节显著轻微，故不构成犯罪。代理人的代理意见合理，予以采纳。在自诉人孙某将油漆泼到他人身上的行为，不是故意伤害行为，不构成故意伤害罪。被告人尹某的辩护人胡某辩称尹某的犯罪情节轻微不构成犯罪的辩护意见与事实不符，本院不予采纳。考虑到本案系邻里纠纷，自诉人对本案的发生也存在一定过错，综合考虑被告人尹某的犯罪情节、犯罪结果。依据《中华人民共和国刑法》第二百四十六条的规定，判决如下：

一、被告人尹某犯侮辱罪，判处管制一年。

（管制期限从判决执行之日起计算。判决执行前先行羁押的，羁押一日折抵刑期两日。）

二、反诉被告人孙某无罪。

如不服本判决，可在接到判决书的第二日起十日内，通过本院或者直接向某市人民法院提出上诉。书面上诉的，应当提交上诉状正本一份，副本二份。

审判长　夏某

审判员　陈某

审判员　王某

二〇一九年七月三日

本件与原本核对无异

书记员　曾某

法律链接

《中华人民共和国刑事诉讼法》

第二百一十三条　自诉案件的被告人在诉讼过程中，可以对自诉人提起反诉。反诉适用自诉的规定。

刑事判决书

（一审单位犯罪用）

了解文书

刑事判决书（一审单位犯罪用）是第一审人民法院对于实行“双罚制”的单位犯罪的公诉案件，按照第一审普通程序审理终结后，根据已经查明的事实、证据，依据有关法律规定，作出被告单位和被告人有罪或者无罪，犯罪类型，判处何种刑罚，能否免除处罚或者宣告无罪等处理决定时使用。

本文书样式供一审人民法院审理单位犯罪时适用，但应注意单位犯罪只处罚直接负责的主管人员和其他直接责任人员的案件，不适用本样式。

文书样式

×××人民法院

刑事判决书

（××××）×刑初字第××号

公诉机关：×××人民检察院。

被告单位：________________（写明单位名称、住所地）。

诉讼代表人：________________（写明姓名、工作单位和职务）。

辩护人：________________（写明姓名、工作单位和职务）。

被告人：________________（写明直接负责的主管人员、其他直接责任人员的姓名、性别、出生年月日、民族、出生地、文化程度、职业或者工作单位和职务、住址以及因本案所受强制措施情况等）。

辩护人：________________（写明姓名、工作单位和职务）。

×××人民检察院以〔××××〕×检×诉第××号起诉书指控被告单位×××犯××罪，被告人×××犯××罪，于××××年××月××日向本院提起公诉。本院依法组成合议庭，公开（或者不公开）开庭审理了本案。

×××人民检察院指派检察员×××出庭支持公诉，被害人×××及其法定代理人×××，诉讼代理人×××，被告单位的诉讼代表人×××及其辩护人×××，被告人×××及其辩护人×××，证人×××，鉴定人×××，翻译人员×××等到庭参加诉讼。本案现已审理终结。

×××人民检察院指控________________（概述人民检察院指控被告单位和被告人犯罪的事实、证据和适用法律的意见）。

被告单位×××辩称________________（概述被告单位对指控的犯罪事实予以供述、辩解、自行辩护的意见和有关证据）。辩护人×××提出的辩护意见是________________（概述辩护人的辩护意见和有关证据）。

被告人×××辩称________________（概述被告人对指控的犯罪事实予以供述、辩解、自行辩护的意见和有关证据）。辩护人×××提出的辩护意见是________________（概述辩护人的辩护意见和主要证据）。

经审理查明，________________（首先写明经法庭审理查明的有关被告单位犯罪的事实和被告人犯罪的事实；其次写明据以定案的证据及其来源；最后对控辩双方有异议的事实、证据进行分析、认证）。

本院认为，________________（根据查证属实的事实、证据和法律规定，论证公诉机关指控的单位犯罪是否成立，被告单位及其直接负责的主管人员、其他直接责任人员的行为是否构成犯罪，犯的什么罪，应否实行"双罚制"，应否从轻、减轻、免除处罚或者从重处罚。对于控辩双方关于适用法律方面的意见，应当有分析地表示是否予以采纳，并阐明理由）。依照（写明判决的法律依据）的规定，判决如下：

________________〔判决结果分三种情况：

第一，定罪判刑的，表述为：

"一、被告单位×××犯××罪，判处罚金×元，________________（写明缴纳期限）。

二、被告人×××犯××罪，判处________________（写明主刑、附加刑）。

（刑期从判决执行之日起计算。判决执行以前先行羁押的，羁押一日折抵刑期一日，即自××××年××月××日起至××××年××月××日止）。

（如有追缴、退赔或者发还被害人、没收财物的，应在以上各项之后续项写明）。”

第二，定罪免刑的，表述为：

“一、被告单位×××犯××罪，免予刑事处罚。

二、被告人×××犯××罪，免予刑事处罚。

（如有追缴、退赔或者发还被害人、没收财物的，应在以上各项之后续项写明）。”

第三，宣告无罪的，无论是适用《中华人民共和国刑事诉讼法》第二百条第（二）项还是第（三）项，均应表述为：

“一、被告单位×××无罪。

二、被告人×××无罪。”〕

如不服本判决，可在接到判决书的第二日起十日内，通过本院或者直接向×××人民法院提出上诉。书面上诉的，应当提交上诉状正本一份，副本×份。

审判长　×××

审判员　×××

审判员　×××

××××年××月××日

（院　印）

本件与原本核对无异

书记员　×××

制作说明

1. 本样式根据《中华人民共和国刑法》第三十条、第三十一条和《最高人民法院关于适用〈中华人民共和国刑事诉讼法〉的解释》中有关“单位犯罪案件的审理”的规定制作，供第一审人民法院对于实行“双罚制”的单位犯罪的公诉案件，按照第一审普通程序审理终结后，根据已经查明的事实、证据，依据有关法律规定，作出被告单位和被告人有罪或者无罪，犯罪类型，判处何种刑罚，能否免除处罚，或者宣告无罪等处理决定时使用。对于刑法规定的只实行“单罚制”的单位犯罪，即单位犯罪只处罚直接负责的主管人员和其他直接责任人员的案件，不适用本样式。

2. 本判决书样式由首部、事实、理由、判决结果和尾部五个部分组成。与“一审公诉案件适用普通程序用”的刑事判决书样式相比较，按本样式制作判决书时应当注意以下几点：

（1）首部

①标题和案号。标题写明“×××人民法院”“刑事判决书”；案号写：“（××××）×刑初字第××号”。

②诉讼参加人。应当写明公诉机关和被告人。由于本样式适用于法律规定对单位犯罪实行“双罚制”的被告，因此，本样式“被告单位”项下还需列“诉讼代表人”。作为单位犯罪的直接负责的主管人员和其他直接责任人员的“被告人”的基本情况，与其他自然人犯罪的“被告人”项的内容相同，但要突出其在所在单位的任职情况，以表明其行为与职务有关。诉讼代表人，应是代表被告单位出庭参加诉讼的单位的法定代表人或者主要负责人。法定代表人或者主要负责人被指控为单位犯罪中直接负责的主管人员的，应当由单位的其他负责人作为被告单位的诉讼代表人出庭参加诉讼。被告单位的诉讼代表人与被指控为单位犯罪直接负责的主管人员是同一人的，人民法院应当要求人民检察院另行确定被告单位的诉讼代表人出庭参加诉讼。被告单位被注销或者宣告破产，但单位犯罪中直接负责的主管人员和其他直接责任人员应当负刑事责任的，仍应在首部写明被告单位的基本情况，并增加其被注销或者宣告破产的内容，然后再写明其他被告人的基本情况。

（2）事实

①本样式事实部分“经审理查明”的内容是按被告单位和被告人的行为均已构成犯罪的模式设计的；如果条件变化，即如果被告人的行为不构成犯罪时，应作相应的改动。

②对“经审理查明”的犯罪事实的叙述，按照单位犯罪的具体情况，既可一并叙述，也可分别叙述，但对于“直接负责的主管人员和其他直接责任人员”，除对单位犯罪应承担罪责外，还有其他犯罪事实的，则应单独列项表述。

（3）理由

在论证被告人的行为已经构成犯罪的情况下，要根据刑法总则和分则条文的具体规定，对本案是否构成单位犯罪和实行“双罚制”进行重点阐述。

（4）判决结果

①本样式是按照单位犯罪的“单位”和“直接负责的主管人员和其他直接责任人员”均定罪判刑、定罪免刑或者宣告无罪设计的。如果条件变化，如有的定罪判刑，有的定罪免刑，或者有的定罪判刑（免刑），有的宣告无罪等，则应作相应改动。但按照对单位犯罪实行“双罚制”原则，对单位不构成犯罪的，对直接负责的主管人员或者其他直接责任人员也不得以犯罪论处，除非这些人员还单独犯有其他罪行。

②对单位被注销或者宣告破产，但单位犯罪中直接负责的主管人员和其他直接责任人员应当负刑事责任而继续审理的，判决结果的第一项写“对被告单位终止审理”，并在理由部分阐明终止审理的理由；第二项写对被告人（直接负责的主管人员和其他直接责任人员）作出的判决，即定罪判刑的意见。

③对于单位犯罪案件中有附带民事诉讼内容的，除文书名称改为“刑事附带民事判决书”外，其他相关部分均应作相应的修改或者补充。

④按本样式制作判决书时，应当注意参阅一审公诉案件适用普通程序用的刑事判决书样式及其说明。

举例示范

案情简述：2017年8月，被告单位甲房地产公司为筹集某房地产项目资金，该地产公司董事长，即本案被告人刘某利用该市财政局局长张某（另案处理）的职务影响，融资8000万元人民币。2018年7月，甲房地产公司为表示感谢，被告人刘某在张某儿子结婚之际，以送贺礼的名义送给张某现金35万元。后被他人匿名举报，某市检察院依法对该地产公司提起公诉。

×××人民法院

刑事判决书

（2019）某刑初字第149号

公诉机关：某市人民检察院。

被告单位：某房地产开发有限公司，住所地某省某市某区某路。

诉讼代表人：赵某，男，1976 年 2 月 23 日生，汉族，该公司经理，住某省某市某区。

被告人：刘某，男，1965 年 3 月 11 日出生，汉族，大学文化，户籍地某省某市某小区，某房地产开发有限公司董事长。因涉嫌单位行贿罪于 2018 年 9 月 10 日被取保候审。

辩护人：李某，某律师事务所律师。

某市人民检察院以〔2018〕某检刑诉第 854 号起诉书指控被告单位某房地产开发有限公司（以下简称为甲房地产公司）、被告人刘某犯单位行贿罪，于 2019 年 1 月 5 日向本院提起公诉。本院依法组成合议庭，公开开庭审理了本案。某市人民检察院指派检察员王某出庭支持公诉，被告单位的诉讼代表人赵某、被告人刘某及其辩护人李某等到庭参加诉讼。本案现已审理终结。

某市人民检察院指控，2017 年 8 月，被告单位甲房地产公司为筹集某房地产项目资金，该公司董事长即被告人刘某利用该市财政局局长张某（另案处理）的职务影响，融资 8000 万元人民币。2018 年 7 月，甲房地产公司为表示感谢，被告人刘某在张某儿子结婚之际，以送贺礼的名义送给张某现金 35 万元。

上述事实，公诉机关提交了被告人的供述、证人证言、书证等证据材料，公诉机关认为被告单位甲房地产公司、被告人刘某之行为触犯了《中华人民共和国刑法》第三百九十三条、第三十一条的规定，应当以单位行贿罪追究被告单位甲房地产公司及刘某的刑事责任。

被告单位甲房地产公司对公诉机关指控的事实未提出异议。

被告人刘某对公诉机关指控的事实未提出异议，请求从轻或减轻处罚。辩护人李某提出的辩护意见是，刘某认罪态度好，系初犯、偶犯，犯罪情节较轻，请求法院依法判处缓刑。

经审理查明，2017 年 8 月，被告单位甲房地产公司为筹集某房地产项目资金，该公司董事长即被告人刘某利用该市财政局局长张某（另案处理）的职务影响，利用其职务上的便利条件，通过王某担任某金融租赁公司董事长的便利，使该租赁公司违规为被告单位甲房地产公司融资 8000 万元人民币。2018 年 7 月，甲房地产公司为表示感谢，被告人刘某在张某儿子结婚之际，以送贺礼的名义送给张某现金 35 万元。

上述事实，有检察院移交，并经法庭举证、质证，本院予以确认的下列证据证实：

1. 被告人刘某的供述。刘某很早以前就认识财政局张某。2010年，刘某自己成立了甲房地产公司，任董事长兼总经理的职务。2017年8月，甲房地产公司打算开发某项目，因此，需要大笔资金，而当时自己的资金已经全部投入到了其他项目上。为了得到这个开发项目，就需要筹集资金，需要融资，于是其就通过张某让担任某金融租赁公司董事长王某以该租赁公司的名义，违规为甲房地产公司融资了8000万元人民币，协议是合作开发，其实际上就是借款。没有张某帮忙，自己肯定拉不到这笔借款，于是为感谢张某，2018年7月，在张某儿子结婚之际，其以送贺礼的名义送给张某现金35万元。

2. 张某证言。在2005年左右，张某就通过朋友认识了刘某，后来刘某自己成立了房地产公司。因为某金融租赁公司拉财政局的资金到该公司投资，张某就认识了该公司的董事长王某。2017年，刘某打算开发某项目，需要大笔资金，但当时刘某的资金已经全部投入到了其他项目上。为了得到这个开发项目，刘某就找到了张某，想让张某帮他筹集资金。张某就介绍刘某和王某认识，让王某的租赁公司给刘某的房地产公司融资，后王某给刘某融资8000万元。2018年7月，张某儿子结婚，请了刘某，刘某私下给了张某35万元人民币礼金。

3. 王某证言。王某是某金融租赁公司的董事长。经人介绍认识了财政局局长张某。2017年，经张某介绍，王某认识了甲房地产公司的董事长刘某，刘某想从王某公司融资8000万元，经过考察后，2017年8月，王某公司给刘某的房地产公司融资了8000万元。

4. 银行记账凭证、甲房地产公司收据等书证，证实某金融租赁公司给甲房地产公司出资8000万元。

5. 甲房地产公司的企业法人营业执照及组织机构代码证在案佐证。

某金融租赁公司企业法人营业执照载明，王某系该公司法人代表，该公司的经营业务不包含企业融资。

本院认为，被告单位甲房地产公司为谋取不正当利益向国家工作人员行贿，情节严重，其行为已经构成了单位行贿罪；被告人刘某作为犯罪单位的直接责任人员，其行为已经构成单位行贿罪。公诉机关指控的罪名及事实成立，予以支持。被告人认罪态度较好，系初犯、偶犯，犯罪情节轻微。辩护人所提的被告人认罪态度较好，系初犯、偶犯，犯罪情节轻微，建议判处缓刑的意见，予以采纳。根据《中华人民共和国刑法》第三百九十三条、第三十条、第三十一条、第五十二条的规定，判决如下：

一、被告单位某房地产开发有限责任公司犯单位行贿罪，判处罚金十万元（罚金在本判决送达后五日内缴纳）。

二、被告人刘某犯单位行贿罪，判处有期徒刑一年，缓刑二年。

（缓刑考验期从判决执行之日起计算。判决执行以前先行羁押的，羁押一日折抵刑期两日）。

如不服本判决，可在接到判决书的第二日起十日内，通过本院或者直接向某市中级人民法院提出上诉。书面上诉的，应当提交上诉状正本一份，副本四份。

审判长 薛某

审判员 陈某

审判员 杨某

二〇一九年三月十二日

本件与原本核对无异

书记员 谢某

法律链接

《中华人民共和国刑法》

第三十条 公司、企业、事业单位、机关、团体实施的危害社会的行为，法律规定为单位犯罪的，应当负刑事责任。

第三十一条 单位犯罪的，对单位判处罚金，并对其直接负责的主管人员和其他直接责任人员判处刑罚。本法分则和其他法律另有规定的，依照规定。

刑事判决书

（一审公诉案件适用普通程序用）

了解文书

刑事判决书（一审公诉案件适用普通程序用）是第一审人民法院对于公诉案件按照第一审普通程序审理终结后，根据已经查明的事实、证据，依据有关法律规定，作出被告人有罪或者无罪，犯罪类型，判处什么刑罚或者免除处罚，或者宣告无罪等处理决定的法律文书。

本文书样式供一审人民法院适用普通程序审理公诉案件时适用。

文书样式

××× 人民法院

刑事判决书

（××××）×刑初字第××号

公诉机关：×××人民检察院。

被告人：________________（写明姓名、性别、出生年月日、民族、出生地、文化程度、职业或者工作单位和职务、住址和因本案所受强制措施情况等）。

辩护人：________________（写明姓名、工作单位和职务）。

×××人民检察院以〔××××〕×检×诉第××号起诉书指控被告人×××犯××罪，于××××年××月××日向本院提起公诉。本院依法组成合议庭，公开（或者不公开）开庭审理了本案。×××人民检察院指派检察员×××出庭支持公诉，被害人×××及其法定代理人×××、诉讼代理人×××，被告人×××及其法定代理人×××、辩护人×××，证人×××，鉴定人×××，翻译人员×××等到庭参加诉讼。本案现已审理终结。

×××人民检察院指控________________（概述人民检察院指控被告人犯罪的事实、证据和适用法律的意见）。

被告人×××辩称________________（概述被告人对指控的犯罪事实予以供述、辩解、自行辩护的意见和有关证据）。辩护人×××提出的辩护意见是________________（概述辩护人的辩护意见和有关证据）。

经审理查明，________________（首先写明经庭审查明的事实；其次写明经举证、质证定案的证据及其来源；最后对控辩双方有异议的事实、证据进行分析、认证）。

本院认为，________________（根据查证属实的事实、证据和有关法律规定，论证公诉机关指控的犯罪是否成立，被告人的行为是否构成犯罪，犯什么罪，应否从轻、减轻、免除处罚或者从重处罚。对于控辩双方关于适用法律方面的意见，应当有分析地表示是否予以采纳，并阐明理由）。依照________________（写明判决的法律依据）的规定，判决如下：

________________〔写明判决结果，分三种情况：

第一，定罪判刑的，表述为：

“一、被告人×××犯××罪，判处________________（写明主刑、附加刑）。

（刑期从判决执行之日起计算。判决执行以前先行羁押的，羁押一日折抵刑期一日，即自××××年××月××日起至××××年××月××日止）。

二、被告人________________（写明决定追缴、退赔或者发还被害人、没收财物的名称、种类和数额）。”

第二，定罪免刑的，表述为：

“被告人×××犯××罪，免予刑事处罚（如有追缴、退赔或者没收财物的，续写第二项）。”

第三，宣告无罪的，无论是适用《中华人民共和国刑事诉讼法》第二百条第（二）项还是第（三）项，均应表述为：

“被告人×××无罪”。〕

如不服本判决，可在接到判决书的第二日起十日内，通过本院或者直接向×××人民法院提出上诉。书面上诉的，应当提交上诉状正本一份，副本×份。

审判长　×××

审判员　×××

审判员　×××

××××年××月××日

（院　印）

本件与原本核对无异

书记员　×××

制作说明

1. 本样式根据《中华人民共和国刑事诉讼法》第二百条、《最高人民法院关于适用〈中华人民共和国刑事诉讼法〉的解释》中有关“公诉案件第一审普通程序”的规定制作，供第一审人民法院对于公诉案件按照第一审普通程序审理终结后，根据已经查明的事实、证据，依据有关法律规定，作出被告人有罪或者无罪，犯罪类型，判处什么刑罚或者免除处罚，或者宣告无罪等处理决定时使用。

2. 本判决书样式由首部、事实、理由、判决结果和尾部五个部分组成。

（1）首部

①标题应写“×××人民法院”“刑事判决书”。法院名称一般应与院印的文字一致，但是基层人民法院的名称前应冠以省、自治区、直辖市的名称；判处涉外案件时，各级人民法院均应冠以“中华人民共和国”的国名。

②案号，由立案年度、制作法院、案件性质、审判程序的代字和案件的顺序号组成。如四川省成都市金牛区人民法院 1998 年立案的第 18 号刑事案件，表述为“（1998）金刑初字第 18 号”。案号写在文书名称下一行的右端，其最末一字与下面的正文右端各行看齐。案号上下各空一行。

（2）正文

①公诉机关，直接写“公诉机关×××人民检察院”。

②被害人及其法定代理人、诉讼代理人出庭参加诉讼的，在审判经过段的“出庭人员”中写明（未出庭的不写）。

③被告人的基本情况有变化时，应在样式要求的基础上，根据不同情况作相应改动：

第一，被告人如有与案情有关的别名、化名，应在其姓名后面用括号加以注明。

第二，被告人的职业，一般应写工人、农民、个体工商户，等等；如有工作单位的，应写明其工作单位和职务。

第三，被告人的“出生年月日”，应写被告人准确的出生年月日；确实查不清出生年月日的，也可以写年龄。但对于未成年被告人，必须写出生年月日。

第四，被告人曾受过刑事处罚、行政处罚、劳动教养，或者在限制人身自由期间有逃跑等法定或者酌定从重处罚情节的，应当写明其事由和时间。

第五，因本案所受强制措施情况，应写明被拘留、逮捕等羁押时间，以便于折抵刑期。

第六，被告人项内书写的各种情况之间，一般可用逗号隔开；如果某项内容较多，可视行文需要，另行采用分号或者句号。

第七，被告人的住址应写住所所在地；住所所在地和经常居住地不一致的，写经常居住地。

第八，同案被告人有二人以上的，按主从关系的顺序列项书写。

第九，被告人是外国人的，应在其中文译名后用括号写明其外文姓名、护照号码、国籍。

④被告人是未成年人的，应当在写明被告人基本情况之后，另行续写法定代理人的姓名、与被告人的关系、工作单位和职务以及住址。

⑤辩护人是律师的，只写姓名、工作单位和职务，即“辩护人×××，某律师事务所律师”；辩护人是人民团体或者被告人所在单位推荐的，只写姓名、工作单位和职务；辩护人是被告人的监护人、亲友的，还应写明其与被告人的关系；辩护人如果是人民法院指定的，写为“指定辩护人”，并在审判经过段中作相应的改动。同案被告人有二人以上并各有辩护人的，分别在各被告人项的下一行列项书写辩护人的情况。

⑥案件的由来和审判经过段中，检察院的起诉日期为法院签收起诉书等材料的日期；出庭的被告人、辩护人有多人的，可以概写为“上列被告人及其辩护人”；出庭支持公诉的如系检察长、副检察长、助理检察员的，分别表述为“检察长”“副检察长”“代理检察员”。

⑦对于前案依据《中华人民共和国刑事诉讼法》第二百条第（三）项规定作出无罪判决，人民检察院又起诉的，原判决不予撤销，但应在案件审判经过段“×××人民检察院以〔××××〕×检×诉第××号起诉书”一句前，增写“被告人×××曾于××××年××月××日被×××人民检察院

以××罪向×××人民法院提起公诉。因证据不足，指控的犯罪不能成立，被×××人民法院依法判决宣告无罪。”

⑧对于经第二审人民法院发回重审的案件，原审法院重审以后，在制作判决书时，在“开庭审理了本案”一句之后，增写以下内容：“于××××年××月××日作出（××××）×刑初字第××号刑事判决，被告人×××提出上诉（或者×××人民检察院提出抗诉）。×××人民法院于××××年××月××日作出（××××）×刑终字第××号刑事裁定，撤销原判，发回重审。本院依法另行组成合议庭，公开（或者不公开）开庭审理了本案。”

（3）事实

①按照样式规定，事实部分包括四个方面的内容：人民检察院指控被告人犯罪的事实和证据，被告人的供述、辩解和辩护人的辩护意见，经法庭审理查明的事实和据以定案的证据，并分四个自然段书写，以充分体现控辩式的审理方式。

②叙述事实时，应当写明案件发生的时间、地点，被告人的动机、目的、手段，实施行为的过程、危害结果和被告人在案发后的表现等内容，并以是否具备犯罪构成要件为重点，叙述影响定性处理的各种情节。依法公开审理的案件，案件事实未经法庭公开调查的，不能认定。

③叙述事实要层次清楚，重点突出。一般按时间先后顺序叙述；一人犯数罪的，应当按罪行主次的顺序叙述；一般共同犯罪案件，应当以主犯为主线进行叙述；集团犯罪案件，可以先综述集团的形成和共同的犯罪行为，再按首要分子、主犯、从犯、胁从犯或者罪重、罪轻的顺序分别叙述各个被告人的犯罪事实。

④认定事实的证据必须做到：

首先，依法公开审理的案件，除无须举证的事实外，证明案件事实的证据必须经法庭公开举证、质证；未经法庭公开举证、质证的，不能认证。

其次，特别要注意通过对证据的具体分析、认证来证明判决所确认的犯罪事实。防止并杜绝用“以上事实，证据充分，被告也供认不讳，足以认定”等抽象、笼统的说法或者用简单的罗列证据的方法，来代替对证据的具体分析、认证。法官认证和采信证据的过程应当在判决书中充分体现出来。

再次，证据要尽可能写得明确、具体。证据的写法，应当因案而异。案情简单或者控辩双方没有异议的，可以集中表述；案情复杂或者控辩双方有异议的，应当进行分析、认证；一人犯数罪或者共同犯罪案件，还可以分项或者逐人逐罪叙述证据或者对证据进行分析、认证。对控辩双方没有争议的证据，在控辩主张中可不予叙述，而只在“经审理查明”的证据部分具体表述，以避免不必要的重复。

最后，叙述证据时，应当注意保守国家秘密，保护报案人、控告人、举报人、被害人、证人的安全和名誉。

（4）理由

①理由的论述一定要有针对性，有个性。要注意结合具体案情，充分摆事实、讲道理。说理力求透彻，逻辑严密，无懈可击，使理由具有较强的思想性和说服力。防止理由部分不说理或者说理不充分，只引用法律条文，不阐明适用法律的道理；切忌说空话、套话，理由千篇一律，只有共性，没有个性。尽量使用法律术语，并注意语言精练。

②确定罪名，应当以《中华人民共和国刑法》和《最高人民法院、最高人民检察院关于执行〈中华人民共和国刑法〉确定罪名的补充规定》为依据。一人犯数罪的，一般先定重罪，后定轻罪；共同犯罪案件，应在分清各被告人在共同犯罪中的地位、作用和刑事责任的前提下，依次确定首要分子、主犯、从犯或者胁从犯、教唆犯的罪名。

③如果被告人具有从轻、减轻、免除处罚或者从重处罚等一种或者数种情节的，应当分别或者综合予以认定。

④对控辩双方适用法律方面的意见应当明确表明是否予以采纳，并阐明理由。

⑤判决的法律依据，在引用法律条文时，应当注意：

第一，要准确、完整、具体。准确，就是要恰如其分地符合判决结果；完整，就是要把据以定性处理的法律规定和司法解释全部引用；具体，就是要引出法律依据条文外延最小的规定，即凡条下分款分项的，应写明第几条第几款第几项；有的条文只分项不分款的，则写明第几条第几项。

第二，要有一定的条理和顺序。一份裁判文书应当引用两条以上的法律条文的，应当先引用有关定罪与确定量刑幅度的条文，后引用从轻、减轻、免除处罚或者从重处罚的条文；判决结果既有主刑，又有附加刑内容的，应当先引用适用主刑的条文，后引用适用附加刑的条文；某种犯罪需要援引其他条款的法定刑处罚（即援引法定刑）的，应当先引用本条条文，再按本条的规定，引用相应的他罪条文；一人犯数罪的，应当逐罪引用法律条文；共同犯罪的，既可集中引用有关的法律条文，也可逐人逐罪引用有关的法律条文。引用的法律依据中，既有法律规定又有司法解释规定的，应当先引用法律规定，再引用相关的司法解释。

（5）判决结果

判决结果（又称“主文”）是依照有关法律的具体规定，对被告人作出的定性处理的结论，应当字斟句酌，认真推敲。书写判决结果时，应当注意以下几点：

①判处的各种刑罚，应按法律规定写明全称。既不能随意简化，如将“判处死刑，缓期二年执行”的，简写为判处“死缓”；也不能“画蛇添足”，如将宣告缓刑的，写为“判处有期徒刑×年，缓期×年执行”。

②有期徒刑的刑罚应当写明刑种、刑期和主刑的折抵办法以及起止时间。本样式系按判处有期徒刑、拘役的模式设计起止时间的。如系判处死刑缓期二年执行的，起止时间表述为：“死刑缓期二年执行的期间，从高级人民法院核准之日起计算”；如系判处管制的，表述为：“刑期从判决执行之日起计算；判决执行以前先行羁押的，羁押一日折抵刑期二日，即自××××年××月××日起至××××年××月××日止”。

③关于对三类特殊案件判决结果的表述。根据《最高人民法院关于适用〈中华人民共和国刑事诉讼法〉的解释》第二百四十一条第一款第（六）、（七）项的规定，对被告人因不满16周岁不予刑事处罚和被告人是精神病人，在不能辨认或者不能控制自己行为的时候造成危害结果不予刑事处罚的，均应当在判决结果中宣告“被告人×××不负刑事责任”。依照本条第（九）项的规定，对被告人死亡的案件，根据已查明的案件事实和认定的证据材料，能够确认被告人无罪的，应当在判决结果中宣告“被告人×××无罪”。

④适用《中华人民共和国刑事诉讼法》第二百条第（三）项规定宣告被告人无罪的，应当将“证据不足，×××人民检察院指控的犯罪不能成立”，作为判决的理由，而不应当作为判决的主文。

⑤追缴、退赔和发还被害人、没收的财物，应当写明其名称、种类和数额。财物多、种类杂的，可以在判决结果中概括表述，另列清单，作为判决书的附件。

⑥数罪并罚的，应当分别定罪量刑（包括主刑和附加刑），然后按照刑法关于数罪并罚的原则，决定执行的刑罚，切忌综合（即“估堆”）量刑。

⑦一案多人的，应当以罪责的主次或者判处刑罚的轻重为顺序，逐人分项定罪判处。

（6）尾部

①如果适用《中华人民共和国刑法》第六十三条第二款的规定在法定刑以下判处刑罚的，应当在交代上诉权之后，另起一行写明：“本判决依法报请最高人民法院核准后生效”。

②判决书的尾部应当由参加审判案件的合议庭组成人员或者独任审判员署名。合议庭成员有陪审员的，署名为“人民陪审员”；合议庭成员有助理审判员的，署名为“代理审判员”；助理审判员担任合议庭审判长的，与审判员担任合议庭审判长一样，署名为“审判长”；院长（副院长）或者庭长（副庭长）参加合议庭的，应当担任审判长，均署名为“审判长”。

③判决书尾部的年月日，为作出判决的日期。当庭宣判的，应当写当庭宣判的日期；定期或者委托宣判的，应当写签发判决书的日期（裁定书亦同）。当庭宣告判决的，其不服判决的上诉和抗诉的期限，仍应当从接到判决书的第二日起计算。

④判决书原本上不写“本件与原本核对无异”。此句文字应制成专用印戳，由书记员将正本与原本核对无异之后，加盖在正本末页的年月日的左下方、书记员署名的左上方。

3. 本说明可供制作其他刑事诉讼文书时参阅。

举例示范

案情简述：2017年1月到9月期间，被告人孟某以虚假身份及虚假事由先后五次实施诈骗，所得人民币共计253000余元。后某区检察院依法对孟某提起公诉，法院经审理作出如下判决。

×××人民法院

刑事判决书

（2019）某刑初字第346号

公诉机关：某市某区人民检察院。

被告人：孟某，男，1971年5月19日出生，汉族，小学文化，户籍地某省某市某小区。因本案于2018年9月1日被某市某区公安局刑事拘留，同年9月13日被逮捕，现羁押于某市某区看守所。

辩护人：赵某，某律师事务所律师。

某市某区人民检察院以〔2019〕某检刑诉第102号起诉书指控被告人孟某犯诈骗罪，于2019年2月26日向本院提起公诉。本院依法组成合议庭，公开开庭审理了本案。某市某区人民检察院指派检察员方某出庭支持公诉，被告人孟某及其辩护人赵某等到庭参加诉讼。本案现已审理终结。

某市某区人民检察院指控，被告人孟某以虚假身份及虚假事由先后五次实施诈骗，所得人民币253000余元。

1. 2017年1月21日，被告人孟某以某公司老总的虚假身份以及做工程的虚假事由向受害人蒋某借款50000元，并承诺一年内还清，在一年的时间内，被告孟某未归还蒋某一分钱借款。后在蒋某的多次催要下，被告人孟某才偿还了蒋某10000元，余款40000元至今未还。

2. 2017年2月17日，被告人孟某以做工程的虚假事由向被害人谷某借款50000元，并承诺2017年12月31日前还清，至今被告人未偿还借款。

3. 2017年4月28日，被告人孟某以某市某区社保局局长弟弟的身份向受害人徐某借款30000元，并承诺2017年12月31日前还清，到期后被告孟某未归还徐某借款。后在徐某的多次催要下，被告人孟某才偿还了蒋某7000元，余款23000元至今未还。

4. 2017年7月30日，被告人孟某以做工程资金暂时困难不能支付工人工资的虚假理由向受害人夏某借款80000元，承诺2018年5月1日前还清全部借款，至今被告人孟某未偿还借款。

5. 2017年9月1日，被告人孟某以合伙做生意的虚假事由向受害人曾某借款60000元，并承诺2017年12月31日前还清全部借款，至今被告人孟某未偿还借款。

被告人孟某在实施诈骗后，将诈骗所得的253000元人民币全部挥霍。

为证明上述事实，公诉机关当庭宣读、出示了报案记录、抓获经过、户籍证明、欠条及借条、被害人陈述和被告人供述及辩解等证据。公诉机关据此认定被告人孟某的行为已经构成诈骗罪，提请本院依照《中华人民共和国刑法》第二百六十六条的规定，对被告人孟某定罪量刑。

被告人孟某辩称，自己只是借款并不是诈骗，不构成犯罪。辩护人对部分事实提出异议，辩护认为，1. 对本案的定性没有异议。2. 对蒋某借款50000元这笔，被告人孟某已经偿还了10000元，应当认定为借款，虽然虚构了事实，但是被告人通过汇款的方式已经偿还了10000元，应当是民间借贷纠纷。3. 对徐某借款30000元这笔，应当认定为民间借款，被告人孟某并没有非法占有的目的，只是没有偿还能力而已。4. 对于曾某60000元这笔，应当以事实不清，证据不足，不予认定，因为两人是合伙做生意，具体诈骗数额不清楚。

经审理查明，被告人孟某以虚假身份及虚假事由先后五次实施诈骗，所得人民币253000余元。

1. 2017年1月21日，被告人孟某以某公司老总的虚假身份以及做工程的虚假事由向受害人蒋某借款50000元，并承诺一年内还清，在一年的时间内，被告孟某未归还蒋某一分钱借款。后在蒋某的多次催要下，被告人孟某才偿还了蒋某10000元，余款40000元至今未还。

2. 2017年2月17日，被告人孟某以做工程的虚假事由向被害人谷某借款50000元，并承诺2017年12月31日前还清，至今被告人未偿还借款。

3. 2017年4月28日，被告人孟某以某市某区社保局局长弟弟的身份向受害人徐某借款30000元，并承诺2017年12月31日前还清，到期后被告孟某未归还徐某借款。后在徐某的多次催要下，被告人孟某才偿还了蒋某7000元，余款23000元至今未还。

4. 2017年7月30日，被告人孟某以做工程资金暂时困难不能支付工人工资的虚假理由向受害人夏某借款80000元，承诺2018年5月1日前还清全部借款，至今被告人孟某未偿还借款。

5. 2017年9月1日，被告人孟某以合伙做生意的虚假事由向受害人曾某借款60000元，并承诺2017年12月31日前还清全部借款，至今被告人孟某未偿还借款。

被告人孟某在实施诈骗后，将诈骗所得的253000元人民币全部挥霍。

上述事实，有检察院移交，并经法庭举证、质证，本院予以确认的下列证据证实：

1. 案件来源证明案件来源情况；

2. 查获经过证实被告人孟某被抓获的过程；

3. 欠条及借条五份，以证实被告人孟某向受害人蒋某、谷某、徐某、夏某及曾某借款的事实；

4. 受害人蒋某、蒋某、谷某、徐某、夏某及曾某陈述自己被骗的事实；

5. 被告人孟某的供述及辩解；

6. 被告人孟某的户籍证明，证明孟某是完全刑事责任能力人。

上述证据取证程序合法，内容客观真实，相互印证，形成了完整的证据链条，能证明本案事实，本院予以确认。

在量刑审理过程中，公诉机关提供了书面量刑意见，建议以诈骗罪判处被告人孟某有期徒刑六年至七年。

被告人孟某对量刑建议提出异议，希望对自己免予刑事处罚或适用缓刑。辩护人辩护认为，被告人多次借款中，有还款的行动和事实，希望对被告人孟某从轻处罚。

本院认为，被告人孟某以非法占有为目的，虚构事实，诈骗他人财物，数额巨大，其行为已经构成诈骗罪。公诉机关指控的罪名及事实成立，予以支持。针对量刑，公诉机关提供了书面量刑意见，建议以诈骗罪判处被告人孟某有期徒刑六年至七年。该意见与本院的量刑相一致，本院予以采纳。被告人孟某及辩护人关于只是借款不是诈骗的辩解，与本院查明的事实不符，本院不予支持。据此，为维护社会秩序，确保公民的合法财产不受侵犯，综合考虑被告人孟某的犯罪事实、犯罪性质、情节及后果，依照《中华人民共和国刑法》第二百六十六条、第五十二条、第五十三条的规定，判决如下：

被告人孟某犯诈骗罪，判处有期徒刑六年零六个月，并处罚金人民币一万元。

（刑期从判决执行之日起计算。判决执行以前先行羁押的，羁押一日折抵刑期一日，即自2018年9月1日起至2025年3月31日止）。

如不服本判决，可在接到判决书的第二日起十日内，通过本院或者直接向某市中级人民法院提出上诉。书面上诉的，应当提交上诉状正本一份，副本三份

审判长　张某
审判员　刘某
审判员　郭某
二〇一九年三月十二日

本件与原本核对无异

书记员　余某

法律链接

《中华人民共和国刑事诉讼法》

第一百八十八条　人民法院审判第一审案件应当公开进行。但是有关国家秘密或者个人隐私的案件，不公开审理；涉及商业秘密的案件，当事人申请不公开审理的，可以不公开审理。

不公开审理的案件，应当当庭宣布不公开审理的理由。

第一百八十九条　人民法院审判公诉案件，人民检察院应当派员出席法庭支持公诉。

刑事判决书

（二审改判用）

了解文书

刑事判决书（二审改判用）是第二审人民法院在受理当事人不服一审判决提出上诉或者公诉机关提出抗诉的刑事案件后，经审理查明原判决在适用法律上有错误或者量刑不当，或者原判决事实不清、证据不足，经二审查清事实后作出的予以改判的处理决定。

本文书样式供二审人民法院改判时适用。

文书样式

×××人民法院

刑事判决书

（××××）×刑终字第××号

原公诉机关：×××人民检察院。

上诉人（原审被告人）：________（写明姓名、性别、出生年月日、民族、出生地、文化程度、职业或工作单位和职务、住址和因本案所受强制措施情况、现羁押处所等）。

辩护人：________（写明姓名、工作单位和职务）。

×××人民法院审理×××人民检察院指控原审被告人×××犯××罪一案，于××××年××月××日作出（××××）×刑初字第××号刑事判决。原审被告人×××不服，提出上诉（或写明检察院提起抗诉的事实和理由）。本院依法组成合议庭，公开（或者不公开）开庭审理了本案。×××人民检察院指派检察员×××出庭执行职务（或出庭支持公诉）。上诉人（原审被告人）×××及其辩护人×××等到庭参加诉讼。现已审理终结。

________（首先概述原判决认定的事实、证据、理由和判决结果；其次概述上诉、辩护的意见；最后概述人民检察院在二审中提出的新意见）。

经审理查明，________（首先写明经二审审理查明的事实；其次写明二审据以定案的证据；最后针对上诉理由中与原判认定的事实、证据有异议的问题进行分析、认证。）

本院认为，________（根据二审查明的事实、证据和有关法律规定，论证原审法院判决认定事实、证据和适用法律是否正确。对于上诉人、辩护人或者出庭履行职务的检察人员等在适用法律、定性处理方面的意见，应当明确表示是否予以采纳，并阐明理由）。依照________（写明判决的法律依据）的规定，判决如下：

________〔写明判决结果。分两种情况：

第一，全部改判的，表述为：

“一、撤销×××人民法院（××××）×刑初字第××号刑事判决。

二、上诉人（原审被告人）________（写明改判的具体内容）。”

第二，部分改判的，表述为：

“一、维持×××人民法院（××××）×刑初字第××号刑事判决的第××项，即________________（写明维持的具体内容）。

二、撤销×××人民法院（××××）×刑初字第××号刑事判决的第××项，即________________（写明撤销的具体内容）。

三、上诉人（原审被告人）________________（写明部分改判的具体内容）。”〕

本判决为终审判决。

审判长　×××

审判员　×××

审判员　×××

××××年××月××日

（院印）

本件与原本核对无异

书记员　×××

制作说明

1. 本样式根据《中华人民共和国刑事诉讼法》第二百三十六条第一款第（二）、（三）项的规定制作，供第二审人民法院在受理当事人不服一审判决提出上诉或者公诉机关提出抗诉的刑事案件后，经审理查明原判决在适用法律上有错误或者量刑不当，或者原判决事实不清楚、证据不足，经二审查清事实后予以改判时使用。

2. 本样式是按公诉案件的被告人提出上诉的模式设计的。如果条件变换，各项应作如下改动：

（1）在公诉案件中

①被告人的辩护人或者近亲属经被告人同意而提出上诉的，上诉人仍为原审被告人，但应将审理经过段中“原审被告人×××不服，提出上诉”一句改为“原审被告人×××的近亲属（或者辩护人）×××经征得原审被告

人×××同意，提出上诉”。

②检察机关提出抗诉的，第一项“原公诉机关”改为“抗诉机关”；第二项改为“原审被告人”；第三项为“辩护人”。如果在同一案件中，既有被告人上诉，又有检察机关抗诉的，第一项改为“抗诉机关”，第二项、第三项不变。

被害人及其法定代理人请求人民检察院提出抗诉，人民检察院根据《中华人民共和国刑事诉讼法》第二百二十九条规定决定抗诉的，应在审理经过段中的“原审被告人×××不服，提出上诉”一句之后，续写“被害人（或者其法定代理人）×××不服，请求×××人民检察院提出抗诉。×××人民检察院决定并于××××年××月××日向本院提出抗诉”。

（2）在自诉案件中

①自诉人提出上诉的，第一项写“上诉人（原审自诉人）”，第二项写“原审被告人”；被告人提出上诉的，第一项写“上诉人（原审被告人）”，第二项写“原审自诉人”；自诉人和被告人都提出上诉的，第一项写“上诉人（原审自诉人）”，第二项写“上诉人（原审被告人）”。

②如果自诉人有诉讼代理人、被告人有辩护人的，应当分别在各自的项下增写“诉讼代理人”项或者“辩护人”项。

③如果自诉人、被告人系未成年人，其法定代理人或者指定代理人提出上诉的，应当把“上诉人（原审________人的________代理人）”项增写在被代理人之前，随后续写“原审自诉人”项或者“原审被告人”项。

在共同犯罪案件的数个被告人中，有的上诉，有的不上诉的，前面列写提出上诉的“上诉人（原审被告人）”项，后面续写未提出上诉的“原审被告人”项。

原公诉机关和诉讼参与人项做了改动之后，案件的由来和审判经过段以及其他有关各处，应当注意作相应的改动。

3. 对于第二审人民法院未开庭审理的，在本院依法组成合议庭之后，将“公开开庭审理了本案”，改写为：“经过阅卷，讯问被告人、听取其他当事人、辩护人、诉讼代理人的意见，认为事实清楚，决定不开庭审理。”

4. 书写判决书的事实和理由部分时，注意掌握以下几点：

（1）二审改判用的刑事判决书写作的重点，应当针对一审判决中的错误，以及上诉、抗诉的意见和理由，进行叙事和说理。

（2）对各方意见有分歧的要详写，没有异议的可以略写；对上诉、抗诉意见都应当进行分析、论证，充分阐明肯定或者否定的理由。

（3）注意避免文字上不必要的重复。二审判决认定的事实和证据与原判没有变动的，可重点叙述原判认定的事实和证据，而对第二审“审理查明”的事实和证据，则进行概括叙述。

（4）判决理由中的“法律依据”，包括程序法和实体法。在具体引用时，应当先引用程序法的有关规定，再引用实体法的有关规定。如适用司法解释的，应在其后一并引用。

5. 判决结果应当根据对原审判决结果的改判情况作相应改动。如果原审判决主文未分项表述，第二审人民法院依法对该主文内容作部分改判的，可表述为：

“一、维持×××人民法院（××××）×刑×字第××号刑事判决中________________（写明维持的内容）。

二、撤销×××人民法院（××××）×刑×字第××号刑事判决中________________（写明撤销的内容）。

三、________________（写明改判的内容）。”

6. 第二审人民法院对原判认定事实清楚、证据充分，只是认定的罪名不当的，在不加重原判刑罚的情况下，可以判决变更罪名。

7. 本判决书的制作机关如果是高级人民法院，改判的结果中有判处死刑缓期二年执行的被告人，在判决书的尾部写明：“本判决为终审判决”即可。

8. 第二审人民法院审理上诉、抗诉案件的判决结果，如果是在法定刑以下判处刑罚，并且依法应当报请最高人民法院核准的，在尾部写明：“本判决报请最高人民法院核准后生效”。

9. 按本样式制作判决书时，注意参阅第一审公诉案件和自诉案件用的刑事判决书样式及其说明。

10. 特别提示

（1）关于高级人民法院在二审或者复核程序中撤销限制减刑的判决书，主文部分可表述为：

“一、维持（核准）×××中级人民法院（××××）×刑初字第××号刑事（附带民事）判决的第×项，即被告人×××犯××罪，判处死刑，缓期二年执行（写明附加刑）。

二、撤销×××中级人民法院（××××）×刑初字第××号刑事（附带民事）判决的第×项，即对被告人×××限制减刑。”

（2）关于抗诉案件中改判限制减刑的判决书，主文部分可表述为：

“一、维持×××中级人民法院（××××）×刑初字第××号刑事（附带民事）判决的第×项，即被告人×××犯××罪，判处死刑，缓期二年执行（写明附加刑）。

二、对原审被告人×××限制减刑。”

（3）关于二审死刑案件改判为死刑缓期执行并限制减刑的判决书，主文部分可表述为：

“一、撤销×××中级人民法院（××××）×刑初字第××号刑事判决的第×项。即被告人×××犯××罪，判处死刑（写明附加刑）。

二、上诉人（原审被告人）×××犯××罪，判处死刑，缓期二年执行（写明附加刑）。

三、对上诉人（原审被告人）×××限制减刑。”

此外，根据当前制作裁判文书的要求，人民法院决定对被告人限制减刑的，应当在判决书理由部分说明限制减刑的具体理由；二审法院如撤销一审法院作出的限制减刑判决，也应当相应说明撤销的具体理由。

举例示范

案情简述：2017年1月，被告人范某和赵某未婚同居，赵某怀孕。2017年9月，范某便在网上、手机微信上寻找孩子的买主，2017年9月15日赵某在某医院剖腹产下一男婴。范某在网上联系好买家后，于2017年10月12日在某宾馆附近的一处隐蔽的出租屋内，以10万元的价格将自己的儿子卖给刘某夫妻。某县检察院依法对其提起公诉，后范某不服一审判决提起上诉，某法院作出终审裁判。

×××人民法院
刑事判决书

（2019）某刑终字第315号

原公诉机关：某县人民检察院。

上诉人（原审被告人）：范某，男，1981年10月2日出生，汉族，小学文化，农民，户籍地某省某县某镇某村。因本案于2019年1月11日被某市某区公安局刑事拘留，同年2月10日被逮捕，现羁押于某县看守所。

辩护人：马某，某律师事务所律师。

某县人民法院审理某县人民检察院指控原审被告人范某犯拐卖儿童罪一案，于2019年4月5日作出（2019）某刑初字第153号刑事判决。原审被告人范某不服，提出上诉。本院依法组成合议庭，公开开庭审理了本案。某市人民检察院指派检察员方某、沙某出庭执行职务。上诉人（原审被告人）范某及其辩护人马某等到庭参加诉讼。现已审理终结。

原判决认定，2017年1月，被告人范某和赵某未婚同居后，赵某怀孕。2017年9月，范某在网上、手机微信上寻找买主，2017年9月15日赵某在某医院剖腹产下一男婴。范某在网上联系好买家后，于2017年10月12日在某宾馆附近的一处隐蔽的出租屋内，以10万元的价格将自己的儿子卖给刘某夫妻。后被拐卖的男孩被公安机关解救，由刘某夫妻领养。

认定上述事实的证据有被告人范某的供述及同案犯赵某的供述及辨认笔录，收买人刘某夫妻的供述等人证言，公安机关解救证明、抓获证明，赵某的住院病历等。

一审法院认为，被告人范某以非法获利为目的，出卖自己的亲生儿子，其行为已经构成了拐卖儿童罪。被告人范某认罪态度较好，可以酌情从轻处罚。依照《中华人民共和国刑法》第二百四十条、第五十六条之规定，认定被告人范某犯拐卖儿童罪，判处有期徒刑五年，并处罚金10000元。

上诉人（原审被告人）范某及其辩护人提出，范某属于从犯，赵某是主犯；孩子仍由买方抚养，有别于一般的拐卖儿童，并不是单纯为了获取利润，也是因为自己没有能力抚养，也想让孩子在一个条件好的家庭里成长。范某积极退还赃款50000元。

经审理查明，2017年1月，被告人范某和赵某未婚同居后，赵某怀孕。后赵某、范某商量等孩子出生以后就将孩子出卖。2017年9月，范某和赵某便在网上、手机微信上寻找买主。2017年9月15日，赵某在某医院剖腹产下一男婴。范某和赵某通过网上联系到了刘某夫妻，在网上联系后，于2017年10月12日在某宾馆附近的一处隐蔽的出租屋内，以10万元的价格将自己的儿子卖给了刘某夫妻。后被拐卖的男孩被公安机关解救，由刘某夫妻领养。

认定上述事实的证据有：

1. 被告人范某的供述。其与赵某同居，2017年1月，赵某怀孕。二人商量等孩子出生以后就将孩子出卖。2017年9月，赵某让其在网上、手机微信上寻找买主。2017年9月15日，赵某在某医院剖腹产下一男婴。这时二人也通过网上联系到了刘某夫妻，于是，在网上联系后，于2017年10月12日在某宾馆附近的一处隐蔽的出租屋内，以10万元的价格将自己的儿子卖给了刘某夫妻。钱给了赵某，回到二人的出租屋后，赵某给了其4万多元钱。

2. 同案人赵某的供述。其与范某同居期间怀孕，二人协商将孩子生下了送人，于是在待产的时候，便在网上联系买主。在孩子出生后不久，就联系到了刘某夫妻，便将孩子卖给了刘某夫妻。出卖孩子的10万元钱还了一部分债，剩下的钱花了。

3. 收买人刘某的供述。因自己夫妻一直没有孩子，2017年便在网上搜索收养孩子的信息，无意间看到了范某发的送养孩子的微信。于是我们和范某联系后，便花10万元收养了孩子，并把钱交给了赵某。

4. 收买人刘某妻子的供述与刘某的供述一致。

5. 公安局出具证明，在某县出租屋内将赵某和范某抓获，并将二人卖掉的孩子成功解救，在解救过程中，没有受到刘某夫妻及家属的阻拦。

6. 刘某夫妻的保证书，二人保证领养该男婴，孩子暂由夫妻二人抚养，在抚养期间，保证孩子安全，不转手他人，等候依法处置。

7. 赵某的住院病历，证明赵某产下一男婴。

8. 范某退还赃款50000元的证明。

上述证据经一、二审庭审质证，予以确认。

本院认为，上诉人（原审被告人）范某在自己的亲生子女出生前即寻找买主，在孩子出生不到一个月的时间便将孩子卖给他人，收取巨额财富，且对收买人的基本情况并不了解，并非正常送养，而是以获利为目的的贩卖行为，构成了拐卖儿童罪。对其辩称的，孩子仍由买方抚养，有别于一般的拐卖儿童，并不是单纯为了获取利润，因为自己没有能力抚养，也想让孩子在一个条件好的家庭里成长的意见不予采纳。对于范某是从犯的辩护理由，经查，在整个贩卖儿童的过程中，范某均起到积极作用，不属于从犯，该意见不予采纳。范某积极退还赃款50000元的行为，查证属实，可减轻处罚。依照《中华人民共和国刑法》第二百四十条、《中华人民共和国刑事诉讼法》第二百三十六条之规定，判决如下：

一、维持某县人民法院（2019）某刑初字第153号刑事判决对被告人范某犯拐卖儿童罪的定罪部分。

二、撤销某县人民法院（2019）某刑初字第153号刑事判决对被告人范某犯拐卖儿童罪的量刑部分。

三、上诉人（原审被告人）范某犯拐卖儿童罪，判处有期徒刑四年三个月，并处罚金10000元。

（刑期从判决执行之日起计算。判决执行以前先行羁押的，羁押一日折抵刑期一日，即自2019年1月11日起至2023年3月10日止）。

审判长　赵某

审判员　钱某

审判员　程某

二〇一九年六月二十八日

本件与原本核对无异

书记员　沈某

法律链接

《中华人民共和国刑事诉讼法》

第二百三十六条　第二审人民法院对不服第一审判决的上诉、抗诉案件，经过审理后，应当按照下列情形分别处理：

（一）原判决认定事实和适用法律正确、量刑适当的，应当裁定驳回上诉或者抗诉，维持原判；

（二）原判决认定事实没有错误，但适用法律有错误，或者量刑不当的，应当改判；

（三）原判决事实不清楚或者证据不足的，可以在查清事实后改判；也可以裁定撤销原判，发回原审人民法院重新审判。

原审人民法院对于依照前款第三项规定发回重新审判的案件作出判决后，被告人提出上诉或者人民检察院提出抗诉的，第二审人民法院应当依法作出判决或者裁定，不得再发回原审人民法院重新审判。

刑事判决书

（最高人民法院复核死刑改判用）

了解文书

刑事判决书（最高人民法院复核死刑改判用）是指最高人民法院在依法复核死刑案件过程中，发现原判决在适用法律上有错误或者量刑不当，依法予以改判时作出的文书。

本文书样式按中级人民法院一审判处死刑，被告人不上诉、人民检察院不抗诉，经高级人民法院复核后报请最高人民法院核准死刑的案件设计，供最高人民法院在复核死刑案件中，对于原判认定的事实正确，但适用法律有错误，或者量刑不当的案件，予以改判时使用。

文书样式

最高人民法院

刑事判决书

（××××）×刑复字第××号

被告人：________________（写明姓名、性别、出生年月日、民族、出生地、文化程度、职业或者工作单位和职务、住址和因本案所受强制措施情况等，现羁押处所）。

×××中级人民法院审理×××人民检察院指控被告人×××犯××罪

一案，于××××年××月××日以（××××）×刑初字第××号刑事判决，认定被告人×××犯××罪，判处死刑，剥夺政治权利终身。本案在法定期限内没有上诉、抗诉。×××高级人民法院依法报送本院核准。本院依法组成合议庭，对本案进行了复核。现已复核终结。

________________（概要写明原判事实的基本内容；对于高级人民法院裁定或者判决中认定的事实与原判不一致的，也应概要写明）。

经复核查明，________________（肯定原判认定的事实没有错误，证据确实、充分。如果某些事实、证据有出入的，应当写明复核查证的情况。对于事实方面的其他异议，必要时也应当予以分析、认证）。

本院认为，________________（根据复核确认的事实、证据和有关法律规定，针对原判在适用法律和定罪量刑上的错误，参考原审辩解、辩护的合理意见，阐明不应当判处死刑而应当予以改判的理由）。依照________________（写明判决的法律依据）的规定，判决如下：

________________〔写明判决结果。分两种情况：

第一，全部改判的，表述为：

"一、撤销×××中级人民法院（××××）×刑初字第××号刑事判决和×××高级人民法院（××××）×刑终字第××号刑事裁定（或者判决）。

二、被告人________________（写明改判的具体内容）。"

第二，部分改判的，表述为：

"一、核准×××中级人民法院（××××）×刑初字第××号刑事判决和×××高级人民法院（××××）×刑终字第××号刑事裁定（或判决）的第×项，即________________（写明核准的具体内容）。

二、撤销×××中级人民法院（××××）×刑初字第××号刑事判决和×××高级人民法院（××××）×刑终字第××号刑事裁定（或者判决）的第×项，即________________（写明撤销的具体内容）。

三、被告人________________（写明部分改判的内容）。"〕

本判决送达后即发生法律效力。

审判长　×××

审判员　×××

审判员　×××

××××年××月××日

（院印）

本件与原本核对无异

书记员　×××

制作说明

1. 首部

（1）标题。要写明“×××人民法院”“刑事判决书”。

（2）案号。写：“（××××）×刑复字第××号”。

2. 正文

（1）写明被告人的基本情况

被告人基本情况，包括：被告人的姓名、性别、出生年月日、民族、出生地、文化程度、职业或者工作单位和职务、住址和因本案所受强制措施情况等，现羁押处所。

（2）写明案件来源、一审处理结果、法定期限内没有上诉、抗诉，最高院的审判组织形式，最后写明“现已复核终结”。

（3）事实

①概要写明原判事实的基本内容；

②概要写明对于高级人民法院裁定或者判决中认定的事实与原判不一致的内容；

③肯定原判认定的事实没有错误，证据确实、充分。如果某些事实、证据有出入的，应当写明复核查证的情况。对于事实方面的其他异议，必要时也应当予以分析、认证。

（4）理由

理由部分在“本院认为”之后，应根据复核确认的事实、证据和有关法律规定，针对原判在适用法律和定罪量刑上的错误，参考原审辩解、辩护的合理意见，阐明不应当判处死刑而应当予以改判的理由。

（5）判决结果

判决结果是对案件实体问题的处理决定。判决结果分两种情况：全部改判和部分改判。判决结果要明确、具体、完整。

3. 尾部

尾部应依次写明下列内容：

（1）本判决送达后即发生法律效力。

（2）审判人员署名。

（3）发文日期和人民法院盖章。

（4）说明本件与原本核对无异。

（5）书记员署名。

举例示范

案情简述：王某（同案被告人，已判刑）因房屋间相邻流水问题与邻居刘某（本案被害人）一直不和，曾多次发生口角，遂产生报复被害人刘某的想法。2017 年 9 月，王某找到被告人陈某，谈好由王某出资人民币 10000 元，被告人陈某负责找人将被害人刘某好好教育一顿，随后，王某带被告人陈某指认了被害人刘某的住址。后被告人陈某召集数人将被害人刘某打死，一审判决被告人陈某死刑。最高人民法院在死刑复核时依法对该案进行了改判。

最高人民法院

刑事判决书

（2018）某刑复字第 178 号

被告人：陈某，男，30 岁，1988 年 1 月 21 日出生于辽宁省某市，汉族，小学文化，无业，暂住北京市某某路 × 号院 × 号楼 × 室（户籍所在地辽宁省某市某村 × 号）。因涉嫌犯故意伤害罪于 2018 年 1 月 24 日被羁押，同年 3 月 1 日被逮捕。现羁押于北京市某看守所。

北京市某中级人民法院审理北京市某人民检察院指控被告人陈某犯故意伤害罪一案，于 2018 年 6 月 8 日以（2018）某刑初字第 × × 号刑事附带民事判决，认定被告人陈某犯故意伤害罪，判处死刑，剥夺政治权利终身。本案在法定期限内没有上诉、抗诉。北京市高级人民法院依法报送本院核准。本院依法组成合议庭，对本案进行了复核。现已复核终结。

原判认定，王某（同案被告人，已判刑）因房屋间相邻流水问题与邻居刘某（本案被害人）一直不和，曾多次发生口角，遂产生报复被害人刘某的想法。2017年9月，王某找到被告人陈某，谈好由王某出资人民币10000元，被告人陈某负责找人将被害人刘某好好教育一顿，随后，王某带被告人陈某指认了被害人刘某的住址。后被告人陈某召集欧某（同案被告人，已判刑）、毛某（在逃），于2017年10月5日晚11时30分乘车到被害人刘某住处。被告人陈某在外看车，欧某叫门未开，毛某用石头砸开被害人刘某屋门，分别持钢棍、刀子冲进屋内。欧某用刀逼住被害人刘某之妻，毛某用钢棍将被害人刘某打死。经鉴定，被害人刘某系被他人用钝器击打导致脑死亡。案发前后，被告人陈某分三次从王某处共获款人民币10000元。

经复核查明，原判认定的事实没有错误，证据确实、充分。上述事实，有尸检报告、现场勘查笔录、证人证言、同案被告人供述证实，被告人陈某亦供认，足以认定。

本院认为，被告人陈某受雇佣伤害他人，召集并带领其他人到被害人的住处对被害人实施伤害的行为已构成故意伤害罪，依法应予惩处。一审判决认定的事实清楚，证据确实、充分，定罪准确。审判程序合法。在实施共同犯罪中，被告人陈某是组织者，系主犯，依法应按照其所组织、指挥的全部罪行处罚。鉴于其他实施犯打死被害人的行为超出了陈某的犯意，陈某没有直接伤害被害人，且归案后认罪态度好等情节，对陈某判处死刑，可不立即执行。依照《中华人民共和国刑事诉讼法》第二百五十条，《最高人民法院关于适用〈中华人民共和国刑事诉讼法〉的解释》第三百五十条和《中华人民共和国刑法》第二百三十四条、第二十六条第一款、第四款、第四十八条第一款、第五十七条第一款的规定，判决如下：

一、撤销北京市某中级人民法院（2018）某刑初字第××号刑事附带民事判决中对被告人陈某的量刑部分；撤销北京市高级人民法院（××××）×刑终字第××号刑事裁定。

二、被告人陈某犯故意伤害罪，判处死刑，缓期二年执行，剥夺政治权利终身。

本判决送达后即发生法律效力。

审判长　杨某
审判员　范某
审判员　军某
二〇一八年十月十八日
（院印）

本件与原本核对无异

书记员　张某

法律链接

《中华人民共和国刑法》

第二十六条　组织、领导犯罪集团进行犯罪活动的或者在共同犯罪中起主要作用的，是主犯。

三人以上为共同实施犯罪而组成的较为固定的犯罪组织，是犯罪集团。

对组织、领导犯罪集团的首要分子，按照集团所犯的全部罪行处罚。

对于第三款规定以外的主犯，应当按照其所参与的或者组织、指挥的全部犯罪处罚。

第二百三十四条　故意伤害他人身体的，处三年以下有期徒刑、拘役或者管制。

犯前款罪，致人重伤的，处三年以上十年以下有期徒刑；致人死亡或者以特别残忍手段致人重伤造成严重残疾的，处十年以上有期徒刑、无期徒刑或者死刑。本法另有规定的，依照规定。

《中华人民共和国刑事诉讼法》

第二百五十条　最高人民法院复核死刑案件，应当作出核准或者不核准死刑的裁定。对于不核准死刑的，最高人民法院可以发回重新审判或者予以改判。

刑事附带民事判决书

（一审公诉案件适用普通程序用）

了解文书

刑事附带民事判决书（一审公诉案件适用普通程序用）是第一审人民法院审理公诉案件过程中，确定被告人是否承担刑事责任的同时，附带解决被告人对于被害人所遭受的物质损失（即经济损失）是否承担民事赔偿责任时所使用的文书。

本文书样式供一审审判人员在审理刑事附带民事诉讼一审公诉案件适用普通程序时适用。

文书样式

××× 人民法院

刑事附带民事判决书

（××××）×刑初字第××号

公诉机关：×××人民检察院。

附带民事诉讼原告人：________________（写明姓名、性别、出生年月日、民族、出生地、文化程度、职业或者工作单位和职务、住址等）。

被告人：________________（写明姓名、性 别、出生年月日、民族、出生地、文化程度、职业或者工作单位和职务、住址、因本案所受强制措施情况等，现羁押处所）。

辩护人：________________（写明姓名、工作单位和职务）。

×××人民检察院以〔××××〕×检×诉第××号起诉书指控被告人×××犯××罪，于××××年××月××日向本院提起公诉。在诉讼过程中，附带民事诉讼原告人向本院提起附带民事诉讼。本院依法组成合议庭，公开（或者不公开）开庭进行了合并审理。×××人民检察院指派检察员×××出庭支持公诉，附带民事诉讼原告人×××及其法定（诉讼）代理人×

××，被告人×××及其法定代理人×××、辩护人×××，证人×××，鉴定人×××，翻译人员 ×××等到庭参加诉讼。现已审理终结。

×××人民检察院指控＿＿＿＿＿＿＿＿（概述人民检察院指控被告人犯罪的事实、证据和适用法律的意见）。附带民事诉讼原告人诉称＿＿＿＿＿＿＿＿（概述附带民事诉讼原告人的诉讼请求和有关证据）。被告人×××辩称＿＿＿＿＿＿＿＿（概述被告人对人民检察院指控的犯罪事实和附带民事诉讼原告人的 诉讼请求予以供述、辩解、自行辩护的意见和有关证据）。辩护人×××提出的辩护意见是＿＿＿＿＿＿＿＿（概述辩护人的辩护意见和有关证据）。

经审理查明，＿＿＿＿＿＿＿＿（首先写明经法庭审理查明的事实，既要写明经法庭查明的全部犯罪事实，又要写明由于被告人的犯罪行为使被害人遭受经济损失的事实；其次写明据以定案的证据 及其来源；最后对控辩双方有异议的事实、证据进行分析、认证）。

本院认为，＿＿＿＿＿＿＿＿（根据查证属实的事实、证据和法律规定，论证公诉机关指控的犯罪是否成立，被告人的行为是否构成犯罪，犯的什么罪，应否追究刑事责任；论证被害人是否由于被告人的犯罪行为而遭受经济损失，被告人对被害人的经济损失应否负民事赔偿责任；应否从轻、减轻、免除处罚或者从重处罚。对于控辩双方关于适用法律方面的意见，应当有分析地表示是否予以采纳，并阐明理由）。依照＿＿＿＿＿＿＿＿（写明判决的法律依据）的规定，判决如下：

＿＿＿＿＿＿＿＿〔写明判决结果。分四种情况：

第一，定罪判刑并应当赔偿经济损失的，表述为：

“一、被告人 ×××犯××罪，＿＿＿＿＿＿＿＿（写明主刑、附加刑）。(刑期从判决执行之日起计算。判决执行以前先行羁押的，羁押一日折抵刑期一日，即自××××年××月××日起至××××年××月××日止)。

二、被告人×××赔偿附带民事诉讼原告人＿＿＿＿＿＿＿＿（写明受偿人的姓名、赔偿的金额和支付的日期）。”

第二，定罪免刑并应当赔偿经济损失的，表述为：

“一、被告人×××犯××罪，免予刑事处罚。

二、被告人×××赔偿附带民事诉讼原告人＿＿＿＿＿＿＿＿（写明受偿人的姓名、赔偿的金额和支付的日期）。”

第三，宣告无罪但应当赔偿经济损失的，表述为：

“一、被告人×××无罪。

二、被告人×××赔偿附带民事诉讼原告人________________（写明受偿人的姓名、赔偿的金额和支付的日期）。”

第四，宣告无罪且不赔偿经济损失的，表述为：

“一、被告人×××无罪。

二、被告人×××不承担民事赔偿责任。”〕

如不服本判决，可在接到判决书的第二日起十日内，通过本院或者直接向×××人民法院提出上诉。书面上诉的，应当提交上诉状正本一份，副本×份。

审判长　×××

审判员　×××

审判员　×××

××××年××月××日

（院印）

本件与原本核对无异

书记员　×××

制作说明

1. 首部

（1）标题。要写明“×××人民法院”“刑事附带民事判决书”。

（2）案号。写：“（××××）×刑初字第×号”。

2. 正文

（1）写明公诉机关。

（2）附带民事诉讼如系被害人提起的，应在“附带民事诉讼原告人”项内的“单位和职务、住址”之后，续写“系本案被害人”；如果被害人是无行为能力或者限制行为能力的人，应当在第一项“附带民事诉讼原告人×××”之后，列第二项“法定代理人×××”，并注明其与被害人的关系；如果被害人已经死亡，经更换当事人，由他的近亲属提起附带民事诉讼的，应当将其近亲属列为“附带民事诉讼原告人×××”，并注明其与死者的关系。

附带民事诉讼如系公诉机关提起的，要删去首部的“附带民事诉讼原告人”项。

被告人是公民的，写明姓名、性别、年龄、民族、职业或工作单位、住所应写明采取何种强制措施及以前受过何种刑事处分等。

刑事附带民事诉讼如有除“被告人”以外的“附带民事诉讼被告人”的，应当在“被告人”项后单独列项，并在文书的相应部分增加有关内容。

（3）写明案件开庭审判的组织、审判方式、各方到庭的人员。

（4）事实部分

①概述人民检察院指控被告人犯罪的事实、证据和适用法律的意见。

②概述附带民事诉讼原告人的诉讼请求和有关证据，概述被告人对人民检察院指控的犯罪事实和附带民事诉讼原告人的 诉讼请求予以供述、辩解、自行辩护的意见和有关证据。

附带民事诉讼如系公诉机关提起的，在控方指控项中增加有关附带民事诉讼的意见，并把“概述附带民事诉讼原告人的诉讼请求和有关证据”的内容删去。

③法院认定的事实和证据，首先写明经法庭审理查明的事实，既要写明经法庭查明的全部犯罪事实，又要写明由于被告人的犯罪行为使被害人遭受经济损失的事实；其次写明据以定案的证据及其来源；最后对控辩双方有异议的事实、证据进行分析、认证。

（5）理由

根据查证属实的事实、证据和法律规定，论证公诉机关指控的犯罪是否成立，被告人的行为是否构成犯罪，犯的什么罪，应否追究刑事责任；论证被害人是否由于被告人的犯罪行为而遭受经济损失，被告人对被害人的经济损失应否负民事赔偿责任；应否从轻、减轻、免除处罚或者从重处罚。对于控辩双方关于适用法律方面的意见，应当有分析地表示是否予以采纳，并阐明理由。

（6）判决结果

人民法院在判决前，如果经调解，双方当事人就经济损失的赔偿已达成调解协议的，可以制作《刑事附带民事调解书》，经双方当事人签收后即具有法律效力，但不能制作《民事调解书》；刑事部分单独审结的，则应当制作《刑事判决书》。赔偿金额在判决前被告人已一次付清的，应当记入笔录，经双方当事人、审判人员、书记员签名或者盖章后即发生法律效力；如果当事人要求制作调解书的，也可以制作《刑事附带民事调解书》。经调解无法达成协议或者调解书签收前当事人反悔的，附带民事诉讼则应当同刑事诉讼一并判决，并制作《刑事附带民事判决书》。

3. 尾部

尾部应依次写明下列内容：

（1）说明法律效力，具有上诉权。对附带民事判决或者裁定的上诉、抗诉期限，应当按照刑事部分的上诉、抗诉期限确定。

（2）审判人员署名。

（3）发文日期和人民法院盖章。

（4）说明本件与原本核对无异。

（5）书记员署名。

举例示范

案情简述： 2018年因陈某非法建房，霍某向有关部门举报，故陈某对霍某不满。2018年3月4日下午，陈某找到机会打击报复霍某，伙同他人将霍某打伤，致使霍某头面外伤、右眼膜下出血，腰外伤，腰3、4脊椎左侧横突骨折。霍某受的伤经法医鉴定所认定为轻伤。霍某要求法院依法追究被告人故意伤害罪的刑事责任，并依法判令被告人赔偿损失。

×××人民法院

刑事附带民事判决书

（2019）某刑初字第057号

公诉机关：某县人民检察院。

附带民事诉讼原告人：霍某，男，1983年7月12日生，汉族，现住某县某区。

委托代理人：贾某，某律师事务所律师。

被告人：陈某，男，1981 年 9 月 30 日出生，汉族，农民，小学文化，住某省某县某镇某村，2018 年 3 月 10 日被逮捕，现羁押于某县看守所。

辩护人：许某，某律师事务所律师。

某县人民检察院以〔2018〕某检刑诉第 297 号起诉书指控被告人陈某犯故意伤害罪，于 2019 年 2 月 25 日向本院提起公诉。在诉讼过程中，附带民事诉讼原告人向本院提起附带民事诉讼。本院依法组成合议庭，公开开庭进行了合并审理。某县人民检察院指派检察员毕某出庭支持公诉，附带民事诉讼原告人霍某及其诉讼代理人贾某，被告人陈某及其辩护人许某等到庭参加诉讼。现已审理终结。

某县人民检察院指控 2018 年因被告人陈某非法建房，刑事附带民事诉讼原告人霍某向有关部门举报，故被告人陈某对霍某不满。2018 年 3 月 4 日下午，被告人陈某找到机会打击报复霍某，伙同他人将霍某打伤，致使霍某头面外伤、右眼膜下出血，腰外伤，腰 3、4 脊椎左侧横突骨折。霍某受的伤经法医鉴定所认定为轻伤。被告人陈某故意伤害他人身体，致一人轻伤，已触犯《中华人民共和国刑法》第二百三十四条之规定，应当以故意伤害罪追究其刑事责任。

附带民事诉讼原告人诉称我要求法院依法追究被告人故意伤害罪的刑事责任，并依法判令被告人赔偿给我造成的损失医疗费、误工费、护理费、住院伙食补助、交通费等共计 80000 元。为证明自己的主张，原告人提交了住院费发票、交通费发票、工资表及误工证明等证明。

被告人陈某对公诉机关指控的犯罪事实供认不讳，对附带民事诉讼部分同意赔偿，但是认为原告人诉请的费用过高，无法赔偿，并且自己已经赔偿了霍某 10000 元的医疗费。辩护人许某提出的辩护意见是被告人到案后，自愿认罪，并如实供述自己的罪行，可从轻处罚。被告人能积极赔偿被害人的损失，有悔罪表现，请法院依法从轻处罚。

经审理查明，2018 年因被告人陈某非法建房，刑事附带民事诉讼原告人霍某向有关部门举报，故被告人陈某对霍某不满。2018 年 3 月 4 日下午，被告人陈某找到机会打击报复霍某，伙同他人将霍某打伤，致使霍某头面外伤、右眼膜下出血，腰外伤，腰 3、4 脊椎左侧横突骨折。霍某受的伤经法医鉴定所认定为轻伤。

另查明，霍某因伤造成的损失包括医药费9940.96元、住院伙食补助1200元、法医鉴定费340元、快递费20元、交通费1000元、误工费6600元、护理费2839.5元、伤残赔偿金29436.5元，合计51376.96元。其中，被告人已赔偿霍某损失10000元。认定上述事实的证据如下：

1. 被告人陈某的供述与辩解：2018年因我建房，霍某多次向有关部门举报，故我对霍某很不满。2018年3月4日下午，我找到报复霍某的机会，于是伙同他人将霍某打伤。

2. 被害人霍某陈述：2018年因被告人陈某非法建房，我向有关部门举报，故被告人陈某对我不满。2018年3月4日下午，被告人陈某找到机会打击报复我，伙同他人将我打伤，致自己受伤，后住院治疗。

3. 证人姜某证言：证实看见陈某和另一个小伙子打霍某，霍某受伤。

4. 霍某的住院病历及诊断证明：证实王某在案发当天住院治疗，身体多次受伤。

5. 法医鉴定：证实霍某的伤属轻伤。

6. 被告人陈某身份证明：证实陈某出生于1980年5月21日，某县某镇某村人，具有完全刑事责任能力。

7. 原告人提交了住院费发票、交通费发票、工资表及误工证明等证明。

上述证据经过当庭出庭、质证，形成了完整的证据链条，足以证实被告人陈某犯故意伤害罪事实的存在。

本院认为被告人陈某故意伤害他人身体，致一人轻伤，已触犯《中华人民共和国刑法》第二百三十四条之规定，其行为已构成故意伤害罪，应予处罚。公诉机关指控的犯罪事实及罪名成立，本院予以支持。被告人陈某在法庭审理过程中，如实供述自己的罪行，依法可酌情从轻处罚。辩护人的辩护意见有理有据，本院予以采纳。综上，被告人陈某平时表现良好，归案后认罪态度较好，且系初犯、偶犯，依照《中华人民共和国刑法》第二百三十四条、第三十六条，《中华人民共和国民法通则》第一百一十九条和《最高人民法院关于贯彻执行〈中华人民共和国民法通则〉若干问题的意见（试行）》①

---

① 因本案审理年份为2019年，《民法通则》及其意见当时有效，故作为审判依据。

的规定，判决如下：

一、被告人陈某犯故意伤害罪，判处有期徒刑一年八个月。

（羁押日期自2018年3月10日至2019年11月9日，先期羁押一日折抵刑期一日）。

二、被告人陈某赔偿附带民事诉讼原告人各项损失合计51376.96元，扣除被告人已赔付的10000元，实际赔偿人民币41376.96元（该款限判决生效后一个月内付清）。

如不服本判决，可在接到判决书的第二日起十日内，通过本院或者直接向某市人民法院提出上诉。书面上诉的，应当提交上诉状正本一份，副本二份。

审判长　张某

审判员　刘某

审判员　白某

二〇一九年五月十七日

本件与原本核对无异

书记员　蒋某

法律链接

《中华人民共和国刑法》

第三十六条　由于犯罪行为而使被害人遭受经济损失的，对犯罪分子除依法给予刑事处罚外，并应根据情况判处赔偿经济损失。

承担民事赔偿责任的犯罪分子，同时被判处罚金，其财产不足以全部支付的，或者被判处没收财产的，应当先承担对被害人的民事赔偿责任。

刑事附带民事判决书

（一审自诉案件用）

了解文书

刑事附带民事判决书（一审自诉案件用）是第一审人民法院审理刑事自诉案件过程中，确定被告人是否承担刑事责任的同时，附带解决被告人对于被害人所遭受的物质损失（即经济损失）是否承担民事赔偿责任时所使用的文书。

本文书样式供一审审判人员在审理刑事附带民事诉讼一审自诉案件时适用。

文书样式

×××人民法院

刑事附带民事判决书

（××××）×刑初字第××号

自诉人（附带民事诉讼原告人）：________________（写明姓名、性别、出生年月日、民族、出生地、文化程度、职业或工作单位和职务、住址等）。

诉讼代理人：________________（写明姓名、作单位和职务）。

被告人：________________（写明姓名、性别、出生年月日、民族、出生地、文化程度、职业或工作单位和职务、住址等）。

辩护人：________________（写明姓名、工作单位和职务）。

自诉人×××以被告人×××犯××罪，并由此造成经济损失为由，于××××年××月××日向本院提起控诉。本院受理后，依法实行独任审判（或组成合议庭），公开（或不公开）开庭审理了本案。自诉人×××、被告人×××及其诉讼代理人×××，被告人×××及其辩护人×××等到庭参加诉讼。本案现已审理终结。

自诉人×××诉称________________（概述自诉人指控被告人犯罪和由

此造成经济损失的事实、证据和诉讼请求)。

被告人×××辩称＿＿＿＿＿＿＿＿(概述被告人对自诉人的指控予以供述、辩解、自行辩护的意见和有关证据)。辩护人×××提出的辩护意见是＿＿＿＿＿＿＿＿(概述辩护人的辩护意见和有关证据)。

经审理查明，＿＿＿＿＿＿＿＿(首先写明经法庭审理查明的被告人的犯罪事实包括由此造成被害人经济损失的事实；其次写明据以定案的证据及其来源；最后对控辩双方有异议的事实、证据进行分析、认证)。

本院认为，＿＿＿＿＿＿＿＿(写明根据查证属实的事实、证据和法律规定，论证自诉人暨附带民事诉讼原告人的指控是否成立，被告人的行为是否构成犯罪，应如何处罚，被告人的行为是否给被害人造成经济损失和应否承担民事赔偿责任。对于控辩双方有关适用法律方面的意见，应当有分析地表示是否予以采纳，并阐明理由)。依照＿＿＿＿＿＿＿＿(写明判决的法律依据)的规定，判决如下：

＿＿＿＿＿＿＿＿〔写明判决结果。分四种情况：

第一，定罪判刑并应当赔偿经济损失的，表述为：

“一、被告人×××犯××罪，＿＿＿＿＿＿＿＿(写明判处的刑罚)。

(刑期从判决执行之日起计算。判决执行以前先行羁押的，羁押一日折抵刑期一日，即自××××年××月××日起至××××年××月××日止。)

二、被告人×××赔偿自诉人×××＿＿＿＿＿＿＿＿(写明赔偿的金额和支付日期)。”

第二，定罪免刑并应当赔偿经济损失的，表述为：

“一、被告人×××犯××罪，免予刑事处罚。

二、被告人×××赔偿自诉人×××＿＿＿＿＿＿＿＿(写明赔偿的金额和支付日期)。”

第三，宣告无罪但应当赔偿经济损失的，表述为：

“一、被告人×××无罪。

二、被告人×××赔偿自诉人×××＿＿＿＿＿＿＿＿(写明赔偿的金额和支付日期。)”

第四，宣告无罪并且不赔偿经济损失的，表述为：

“一、被告人×××无罪。

二、被告人×××不承担民事赔偿责任。”〕

如不服本判决，可在接到判决书的第二日起十日内，通过本院或者直接向×××人民法院提出上诉。书面上诉的，应交上诉状正本一份，副本×份。

审判员　×××

××××年××月××日

（院印）

本件与原本核对无异

书记员　×××

制作说明

1. 首部

（1）标题。要写明“×××人民法院”“刑事附带民事判决书”。

（2）案号。写：“（××××）×刑初字第××号”。

2. 正文

（1）写明自诉人（附带民事诉讼原告人）的姓名、性别、出生年月日、民族、出生地、文化程度、职业或工作单位和职务、住址等。

被告人是公民的，写明：姓名、性别、年龄、民族、职业或工作单位、住所应写明采取何种强制措施及以前受过何种刑事处分等。

刑事附带民事诉讼如有除“被告人”以外的“附带民事诉讼被告人”的，应当在“被告人”项后单独列项，并在文书的相应部分增加有关内容。

（2）写明案件开庭审判的组织、审判方式，各方到庭的人员。

（3）事实部分

①概述自诉人指控被告人犯罪和由此造成经济损失的事实、证据和诉讼请求。

②概述被告人对人民检察院指控的犯罪事实和附带民事诉讼原告人的诉讼请求予以供述、辩解、自行辩护的意见和有关证据。

③法院认定的事实和证据，首先写明经法庭审理查明的事实，既要写明经法庭查明的全部犯罪事实，又要写明由于被告人的犯罪行为使被害人遭受经济损失的事实；其次写明据以定案的证据及其来源；最后对控辩双方有异

议的事实、证据进行分析、认证。

（4）理由

写明根据查证属实的事实、证据和法律规定，论证自诉人暨附带民事诉讼原告人的指控是否成立，被告人的行为是否构成犯罪，应如何处罚，被告人的行为是否给被害人造成经济损失和应否承担民事赔偿责任。对于控辩双方有关适用法律方面的意见，应当有分析地表示是否予以采纳，并阐明理由。

（5）判决结果。

3. 尾部

尾部应依次写明下列内容：

（1）说明法律效力，具有上诉权。对附带民事判决或者裁定的上诉、抗诉期限，应当按照刑事部分的上诉、抗诉期限确定。

（2）审判人员署名。

（3）发文日期和人民法院盖章。

（4）说明本件与原本核对无异。

（5）书记员署名。

举例示范

案情简述：2019年2月3日，黄某在小卖部门口与同村的人聊天，在聊天过程中，因言语不和，冯某与黄某发生争执。在争执过程中，冯某将黄某推倒，致黄某肘部受伤。黄某当即被家人送往医院救治，黄某受的伤经法医鉴定为轻伤一级。故黄某提起刑事附带民事诉讼，请求法院依法追究冯某故意伤害罪的刑事责任，并赔偿给黄某造成的损失。

×××人民法院

刑事附带民事判决书

（2019）某刑初字第236号

自诉人（附带民事诉讼原告人）：黄某，女，1983年6月9日生，汉族，农民，小学文化，住某省某市某镇某村。

诉讼代理人：夏某，某律师事务所律师。

被告人：冯某，男，汉族，1967年1月15日生，小学文化，农民，住址同上。

自诉人黄某以被告人冯某犯故意伤害罪，并由此造成经济损失为由，于2019年3月18日向本院提起控诉。本院受理后，依法实行独任审判，公开开庭审理了本案。自诉人黄某及其代理人夏某、被告人冯某等到庭参加诉讼。本案现已审理终结。

自诉人黄某诉称，2019年2月3日，我在小卖部门口与同村的人聊天，在聊天过程中，因言语不和，被告人与我发生争执。在争执过程中，被告人将我推倒，致我肘部受伤。我当即去派出所报案，然后我即被家人送往医院救治，我受的伤经法医鉴定为轻伤一级。故提起刑事附带民事诉讼，请求法院依法追究冯某故意伤害罪的刑事责任，并赔偿给我造成的损失医药费18991.96元、住院伙食补助800元、法医鉴定费210元、交通费500元、误工费2000元、护理费3500元、精神损失费20000元，合计46001.96元。

自诉人为支持自己的主张，向法院提交了以下证据：1. 被告人冯某的供述；2. 证人刘某、王某的证人证言；3. 鉴定意见书；4. 医疗费、鉴定费、交通费票据；5. 黄某及护理人员的工资证明及误工证明；6. 住院病历、诊断证明、用药清单各一份。

被告人冯某及其辩护人辩称虽然冯某与自诉人黄某发生了口角，但是冯某并没有打黄某，黄某的伤是自己在追打冯某的过程中不慎摔倒所致，冯某不构成故意伤害罪。对于黄某诉请的20000元的精神损失费，被告人不同意赔偿，而且黄某应对该起纠纷的发生承担主要责任，冯某只同意对自诉人黄某合理合法的损失承担30%的赔偿责任。

为支持自己的主张，被告人冯某向法庭提交了证人马某的证言。

经审理查明，自诉人黄某与被告人冯某系同村。2019年2月3日，自诉人在小卖部门口与同村的人聊天，在聊天过程中，因言语不和，自诉人黄某与被告人冯某发生争执。在争吵过程中，自诉人黄某向被告人冯某脸上吐了一口唾沫，并在冯某脸上抓了一把，被告人当即推搡黄某，将黄某推倒，致黄某肘部受伤，当即送往医院治疗。后黄某受的伤经法医鉴定为轻伤一级，需要休息一个月，护理20天。黄某住院期间花费医疗费18991.96元，另支出鉴定费210元。

认定上述事实的有：1. 自诉人黄某的陈述；2. 证人刘某、王某、马某的证人证言；3. 鉴定意见书；4. 医疗费、鉴定费、交通费票据；5. 黄某及护理人员的工资证明及误工证明；6. 住院病历、诊断证明、用药清单各一份；7. 被告人的陈述及其辩解。经庭审质证，足以证明案件事实，本院予以认可。

本院认为被告人冯某在自诉人黄某抓扯他时的推搡行为，不是故意伤害行为，不构成故意伤害罪。被告人冯某在自诉人黄某抓扯他时的推搡行为致黄某受伤，侵犯了黄某的民事权益，应承担民事侵权责任。自诉人要求被告人冯某赔偿其医药费 18991.96 元、住院伙食补助 800 元、法医鉴定费 210 元、交通费 500 元、误工费 2000 元、护理费 3500 元，证据确实充分，本院予以认定。精神抚慰金不符合法律规定，本院不予认可。依据《中华人民共和国刑事诉讼法》第一百九十五条，《中华人民共和国侵权责任法》[①] 第二条、第十五条、第十六条的规定，判决如下：

一、被告人冯某无罪。

二、被告人陈某赔偿自诉人医药费 18991.96 元、住院伙食补助 800 元、法医鉴定费 210 元、交通费 500 元、误工费 2000 元、护理费 3500 元，各项损失合计 26001.96 元。

如不服本判决，可在接到判决书的第二日起十日内，通过本院或者直接向某市人民法院提出上诉。书面上诉的，应当提交上诉状正本一份，副本二份

审判长　郭某

二〇一九年六月十日

本件与原本核对无异

书记员　刘某

法律链接

《中华人民共和国刑事诉讼法》

第二百一十一条　人民法院对于自诉案件进行审查后，按照下列情形分别处理：

---

① 因本案审理年份为 2019 年，《侵权责任法》当时有效，故作为审判依据。

（一）犯罪事实清楚，有足够证据的案件，应当开庭审判；

（二）缺乏罪证的自诉案件，如果自诉人提不出补充证据，应当说服自诉人撤回自诉，或者裁定驳回。

自诉人经两次依法传唤，无正当理由拒不到庭的，或者未经法庭许可中途退庭的，按撤诉处理。

法庭审理过程中，审判人员对证据有疑问，需要调查核实的，适用本法第一百九十六条的规定。

刑事附带民事判决书

（二审改判用）

了解文书

刑事附带民事判决书（二审改判用）是第二审人民法院在受理当事人对第一审人民法院的刑事附带民事判决的刑事或者民事部分不服，提出上诉，或者公诉机关提出抗诉的案件之后，经审理查明，原判决在适用法律上有错误，或者量刑、责令赔偿损失不当，或者事实不清、证据不足，经二审查清事实后予以改判时所使用的文书。

本文书样式供二审审判人员在审理刑事附带民事诉讼二审改判时适用。

文书样式

×××人民法院

刑事附带民事判决书

（××××）×刑终字第××号

原公诉机关：×××人民检察院。

上诉人（原审被告人）：________________（写明姓名、性别、出生年月日、民族、出生地、文化程度、职业或工作单位和职务、住址等，现羁押处所）。

辩护人：________________（写明姓名、工作单位和职务）。

原审附带民事诉讼原告人：________________（写明姓名、性别、出生年月日、民族、出生地、文化程度、职业或工作单位和职务、住址等)。

委托代理人：________（写明姓名、工作单位和职务）。

×××人民法院审理附带民事诉讼原告人×××控诉被告人×××________（写明案由）一案，于××××年××月××日作出（××××）×刑初字第××号刑事附带民事判决。原审被告人×××对判决的刑事部分和附带民事部分均不服，提出上诉。本院依法组成合议庭，公开（或不公开）开庭审理了本案。×××人民检察院检察员×××出庭执行职务，上诉人（原审被告人）×××及其辩护人×××、原审附带民事诉讼原告人×××及其委托代理人×××、证人×××等到庭参加诉讼。本案现已审理终结：

________（首先概述原判决认定的事实、证据、理由和判决结果；其次概述上诉、辩护的意见；最后概述人民检察院在二审中提出的新意见）。

经审理查明，________（首先写明经二审审理查明的事实；其次写明二审据以定案的证据；最后针对上诉理由中与原判认定的事实、证据有异议的问题进行分析、认证。）

本院认为，________（根据二审查明的事实、证据和有关法律规定，论证原审法院判决认定事实、证据和适用法律是否正确。对于上诉人、辩护人或者出庭履行职务的检察人员等在适用法律、定性处理方面的意见，应当明确表示是否予以采纳，并阐明理由）。依照________（写明判决的法律依据）的规定，判决如下：

________〔写明判决结果。分两种情况：

第一，全部改判的，表述为：

“一、撤销×××人民法院（××××）×刑初字第××号刑事附带民事判决。

二、上诉人（原审被告人）________（写明改判的具体内容）。”

第二，部分改判的，表述为：

“一、维持×××人民法院（××××）×刑初字第××号刑事附带民事判决的第×项，即________（写明维持的具体内容）。

二、撤销×××人民法院（××××）×刑初字第××号刑事附带民事判决的第×项，即________（写明撤销的具体内容）。

三、上诉人（原审被告人）________（写明部分改判的具体内容）。”〕

本判决为终审判决。

审判长　×××
审判员　×××
审判员　×××
××××年××月××日

本件与原本核对无异

书记员　×××

制作说明

1. 首部

（1）标题。要写明“×××人民法院”“刑事附带民事判决书”。

（2）案号。写：“（××××）×刑终字第××号”。

2. 正文

（1）写明原公诉机关。

（2）原审被告人的基本情况。

原审被告人是公民的，写明姓名、性别、年龄、民族、职业或工作单位、住所，还应写明采取何种强制措施及以前受过何种刑事处分等。

原审被告人是法人或其他组织的，写明单位全称、法定代表人、住所、联系方式。

原审被告人有辩护人的，写明辩护人的姓名、工作单位。

原审附带民事诉讼原告人，写明姓名、性别、年龄、民族、职业或工作单位、住所。

（3）写明案件来源、开庭审判的组织、审判方式，各方到庭的人员。

（4）事实部分

①概述原审判决的基本内容。

②概述上诉人、辩护人的意见。

③法院认定的事实和证据，写明原判决认定的犯罪事实和造成被害人经济损失的情况，哪些是正确的或全部是正确的，有哪些证据足以证明；哪些是错误的或全部是错误的，否定的理由有哪些。如果上诉、辩护对事实、情

况提出异议，应予重点分析答复。

（5）理由

理由部分在“本院认为”之后，根据本院进一步查证属实的事实、情节和当时的法律政策，批驳上诉、辩护等对定罪量刑方面不服的主要意见和理由，论证一审法院再审判决的正确性。

（6）二审改判结果。

3. 尾部

尾部应依次写明下列内容：

（1）说明法律效力，为终审判决。

（2）审判人员署名。

（3）发文日期和人民法院盖章。

（4）说明本件与原本核对无异。

（5）书记员署名。

举例示范

案情简述：2018年3月10日，陈某与郑某发生交通事故，造成郑某死亡的结果。陈某承担事故的全部责任。一审法院判决陈某有期徒刑一年六个月，并赔偿附带民事诉讼原告人各项损失。陈某对刑事部分及附带民事部分判决均不服，提起上诉。

×××人民法院

刑事附带民事判决书

（2019）某刑终字第031号

原公诉机关：某县人民检察院。

上诉人（原审被告人）：陈某，男，1967年7月30日出生，汉族，农民，初中文化，住某省某县某镇某村，2018年3月20日被逮捕，现羁押于某看守所。

辩护人：刘某，某律师事务所律师。

原审附带民事诉讼原告人：朱某，男，1963年7月18日生，汉族，现住

某县某区。（系死者郑某配偶）

原审附带民事诉讼原告人：朱某某，女，1989年2月26日生，汉族，住址同上。（系死者郑某女儿）

二人共同委托代理人：牛某，某律师事务所律师。

某县人民法院审理某县人民检察院控诉被告人陈某犯交通肇事罪暨附带民事诉讼原告人朱某及朱某某提起的附带民事诉讼一案，于2018年9月10日作出（2018）某刑初字第318号刑事附带民事判决。被告人陈某对判决的刑事部分和附带民事部分均不服，提出上诉。本院依法组成合议庭，公开开庭审理了本案。某检察院检察员吴某出庭执行职务，上诉人（原审被告人）陈某及其辩护人刘某、原审附带民事诉讼原告人委托代理人牛某等到庭参加诉讼。本案现已审理终结。

原判认定，2018年3月10日，死者郑某驾驶小型普通客车沿102国道由东向西行驶至某处时，与对向行驶的陈某驾驶的无牌无照的重型自卸货车相撞，造成两车受损、郑某死亡的交通事故。经交警认定，郑某无事故责任，被告人陈某负事故的全部责任。事故发生后，被告人陈某报警并在现场等候处理，后如实供述了交通肇事事故经过。被告人陈某支付了郑某的丧葬费人民币20000元。在审理中，被告人陈某又赔付被害人50000元。

上述事实有公诉机关提交的证人证言、现场勘查笔录、现场照片、道路交通事故认定书、尸检报告、收条等证据予以证实。附带民事诉讼原告人当庭提交户口材料等相关证据。

一审法院根据以上事实及相关法律规定，认定被告人陈某违反交通运输管理法规，致一人死亡的重大交通事故，并负事故的全部责任，其行为已经构成了交通肇事罪。由于被告人的犯罪行为给被害人造成了经济损失，应该予以赔偿。附带民事诉讼原告人诉请的死亡赔偿金、丧葬费、施救费、鉴定费、车损符合法律规定，予以支持。死亡赔偿金应确认为365840元，丧葬费为18083元，施救费为1500元，鉴定费为400元，车损为12000元。鉴于被告人陈某具有自首情节，依法可从轻处罚。依据法律规定，作出（2018）某刑初字第318号刑事附带民事判决，判决：

一、被告人陈某犯交通肇事罪，判处有期徒刑一年六个月。

二、被告人陈某赔偿附带民事诉讼原告人各项损失合计397823元，扣除被告人已赔付的70000元，实际赔偿人民币327823元（该款限判决生效后一个月内付清）。

宣判后，上诉人陈某不服一审判决，向本院提出上诉，其上诉称：本案事故责任划分违背客观事实，一审法院未予审查，请求二审法院重新审查，应该主次责任划分，一审法院量刑过重，应适用缓刑，且一审法院认定的车损12000元没有确凿证据。因此请求二审法院依法改判。

经审理查明，原判认定2018年3月10日，死者郑某驾驶冀某号小型普通客车沿102国道由东向西行驶至某处时，与对向行驶的陈某驾驶的无牌无照的重型自卸货车相撞，造成两车受损、郑某死亡的交通事故。经交警认定，郑某无事故责任，被告人陈某负事故的全部责任。事故发生后，被告人陈某报警并在现场等候处理，后如实供述了交通肇事事故经过。被告人陈某支付了郑某的丧葬费人民币20000元。在审理中，被告人陈某又赔付被害人50000元。有一审查证属实相关证据予以证实，本院予以确认。

另查明车损12000元只有公估报告，没有车辆的修理费发票。

本院认为，原审被告人陈某违反交通规则，致一人死亡的重大交通事故，并负事故的全部责任，其行为已经构成了交通肇事罪。由于被告人的犯罪行为给被害人造成了经济损失，应该予以赔偿。附带民事诉讼原告人诉请的死亡赔偿金、丧葬费、施救费、鉴定费符合法律规定，予以支持。车损12000元只有公估报告，没有车辆的修理费发票，不能证明其为实际损失，原判认定有误，本院予以纠正不予支持。原判认定的被害人的其他损失并无不当。关于原审被告人陈某提出的本案事故责任划分不清，经查，该案事故责任的划分证据充足，事故认定不无不当，该上诉理由应以驳回。鉴于被告人陈某具有自首情节，且在事故发生后，积极赔偿被害人部分损失，依法可从轻处罚，可适用缓刑，原审法院判处陈某有期徒刑一年六个月量刑偏重。据此，依据《中华人民共和国刑法》第三十六条第一款，《中华人民共和国道路交通安全法》第七十六条之规定，判决如下：

一、撤销某人民法院（2018）某刑初字第318号刑事附带民事判决。

二、被告人陈某犯交通肇事罪，判处有期徒刑一年四个月，缓刑二年六个月。

三、被告人陈某赔偿附带民事诉讼原告人各项损失合计385823元，扣除被告人已赔付的70000元，实际赔偿人民币315823元（该款限判决生效后一个月内付清）。

本判决为终审判决。

审判长　贾某
审判员　穆某
审判员　孙某
二〇一九年六月一日

本件与原本核对无异

书记员　常某

法律链接

《中华人民共和国刑法》

第三十六条　由于犯罪行为而使被害人遭受经济损失的，对犯罪分子除依法给予刑事处罚外，并应根据情况判处赔偿经济损失。

承担民事赔偿责任的犯罪分子，同时被判处罚金，其财产不足以全部支付的，或者被判处没收财产的，应当先承担对被害人的民事赔偿责任。

刑事判决书

（按一审程序再审改判用）

了解文书

刑事判决书（按一审程序再审改判用）是人民法院按一审程序审理再审案件时，根据再审查明的事实和证据，依法对被告人定罪量刑时作出的书面处理决定。

本文书样式供人民法院按照一审程序再审改判时使用。

文书样式

×××人民法院
刑事判决书

（××××）×刑再初字第××号

原公诉机关：×××人民检察院。

原审被告人：________________（写明姓名、性别、出生年月日、民族、出生地、文化程度、职业或工作单位和职务、住址等，现羁押处所）。

辩护人：________________（写明姓名、工作单位和职务）。

×××人民检察院指控原审被告人×××犯××罪一案，本院于××××年××月××日作出（××××）×刑×字第××号刑事判决，该判决发生法律效力。________________（写明提起再审程序的根据）。本院依法另行组成合议庭，公开（或不公开）开庭审理了本案。×××人民检察院检察员×××出庭履行职务，被害人×××、原审被告人×××及其辩护人×××等到庭参加诉讼。现已审理终结。

________________（概述原审判决认定的事实、证据判决的理由和判决结果）。

________________（概述再审中原审被告人的辩解和辩护人的辩护意见。对人民检察院在再审中提出的意见，应当一并写明）。

经再审查明，________________（写明再审认定的事实和证据，就诉讼双方对原判有异议的事实、证据作出分析、认证）。

本院认为，________________（根据再审查明的事实、证据和有关法律规定，对原判和诉讼各方的主要意见作出分析阐明改判理由）。依照________________（写明判决的法律依据）的规定，判决如下：

________________〔写明判决结果。分两种情况：

第一，全部改判的，表述为：

“一、撤销本院（××××）×刑×字第××号刑事判决。

二、被告人________________（写明改判的内容）。”

第二，部分改判的，表述为：

“一、维持本院（××××）×刑×字第××号刑事判决的第×项，即__

____________（写明维持的具体内容）。

二、撤销本院（××××）×刑×字第××号刑事判决的第×项，即_____________（写明撤销的具体内容）。

三、被告人_____________（写明部分改判的内容）。”〕

如不服本判决，可在接到判决书的第二日起十日内，通过本院或者直接向×××人民法院提出上诉。书面上诉的，应交上诉状正本一份，副本×份。

审判长　×××

审判员　×××

审判员　×××

××××年××月××日

（院印）

本件与原本核对无异

书记员　×××

制作说明

1. 首部

（1）标题。要写明“×××人民法院”“刑事判决书”。

（2）案号。写：“（××××）×刑再初字第××号”。

2. 正文

（1）公诉机关和诉讼参与人基本情况

原公诉机关为×××人民检察院。

原审被告人要写明姓名、性别、出生年月日、民族、出生地、文化程度、职业或工作单位和职务、住址等，现羁押处所。

辩护人要写明姓名、工作单位和职务。

（2）案件由来和审理经过

该部分主要阐述案件的由来和审理经过，写明提起再审程序的根据。另外，要交代案件是否公开审理及到庭的当事人的情况等。最后要写明“现已审理终结”。

（3）事实部分

概述原审判决认定的事实、证据、判决的理由和判决结果；

写明再审认定的事实和证据，还须就诉讼双方对原判有异议的事实、证据作出分析、认证；

概述再审中原审被告人的辩解和辩护人的辩护意见，一并写明人民检察院在再审中提出的意见。

（4）理由部分

在“本院认为”之后，阐明再审查明的事实、证据和有关法律规定，对原判和诉讼各方的主要意见作出分析阐明改判理由。另外，还应写明判决的法律依据。

判决结果分两种情况：

第一，全部改判的，表述为：“一、撤销本院（××××）×刑×字第××号刑事判决。二、被告人________________（写明改判的内容）。”

第二，部分改判的，表述为：“一、维持本院（××××）×刑×字第××号刑事判决的第×项，即________________（写明维持的具体内容）。二、撤销本院（××××）×刑×字第××号刑事判决的第×项，即________________（写明撤销的具体内容）。三、被告人________________（写明部分改判的内容）。”

3. 尾部

尾部应依次写明下列内容：

（1）写明上诉的权利和期限。

（2）审判人员署名。

（3）发文日期和人民法院盖章。

（4）说明本件与原本核对无异。

（5）书记员署名。

举例示范

案情简述：被告人曲某因涉嫌贪污，浙江省A市人民法院依法作出一审刑事判决。被告人曲某被判处有期徒刑两年零十个月。被告人曲某在法定期间内没有上诉，检察机关没有抗诉。该判决发生法律效力后，因被告人曲某申诉，A市人民法院决定再审。

浙江省A市中级人民法院
刑事判决书

（2016）A刑再初字第431号

原公诉机关：浙江省A市人民检察院。

原审被告人：曲某，男，1976年3月21日生，回族，浙江省A市某乡人，中专文化，原浙江省某乡教育管理站会计，因涉嫌贪污罪于2016年6月9日被取保候审，后经本院决定，于2016年6月19日被执行逮捕，7月14日被判处有期徒刑两年零十个月，现在浙江省A市监狱服刑。

指定辩护人：王某，浙江省A市某律师事务所律师。

浙江省A市人民检察院指控原审被告人曲某犯贪污罪一案，本院于2016年7月14日作出（2016）A刑初字第36号刑事判决，该判决发生法律效力。因被告人曲某申诉，本院于2016年7月24日作出（2016）A刑监字第111号再审决定，对本案提起再审。本院依法另行组成合议庭，公开开庭审理了本案。浙江省A市人民检察院检察员段某出庭履行职务，原审被告人曲某及其辩护人王某等到庭参加诉讼。现已审理终结。

原审认定的事实、证据：

1.2014年5月，被告人曲某利用职务之便侵吞教育图书款15030余元。

本乡红旗小学教师田某去世后，其妻子邓某每月有520元的定额补助，被告人曲某乘邓某外出打工，利用职务便利领取了邓某2015年1至10月份的定补，并在当年的账单中重复列支，从而侵吞公款5200元。

2. 从2014年开始，A市教育局每年补助本市各乡镇中小学生每人每学期150元，曲某利用职务之便私自扣除了其中的50元，进而侵吞补助款100550元。

原审判决理由和判决结果：浙江省A市人民检察院指控被告人曲某犯贪污罪罪名成立。被告人曲某利用职务上的便利，采用收入不入账、重复列支等手段侵吞公款120780元，其行为已构成贪污罪，考虑到曲某犯罪后积极退赃，有悔改表现，酌情予以从轻处罚。依照《中华人民共和国刑法》第三百八十二条、第三百八十三条的规定：被告人曲某犯贪污罪，判处有期徒刑两年零十个月，退缴给A市人民检察院的贪污赃款予以没收，上缴国库。

申诉人曲某称，原判决书认定其贪污公款10万余元不是事实，该款是市教育局补助给本乡中小学生的，每人每学期补助150元，其扣除的50元并没有私自侵吞，而是给学生们买了教学设施，并出示了相关证据。现请求再审，撤销错误判决。

曲某申诉后，经本院审判委员会集体讨论，决定建议A市人民检察院对曲某申诉提交的证据进行侦查。A市人民检察院对曲某申诉案涉及的重要证据进行重新审查后发现：曲某贪污案进入侦查、起诉和审判阶段时，其一直没有供述将扣除学生的10万元补助款购买了教学设施的情况，导致司法机关对其没有入账的10万元作为个人侵吞的行为认定。本院依据上述事实，根据《中华人民共和国刑事诉讼法》第二百五十二条的规定启动再审程序。

再审中曲某的辩护人王某的辩护意见是：

1. 对原审认定的曲某侵吞教育图书款15030元的事实没有异议。

2. 关于曲某领取去世教师田某遗孀5200元定额补助的行为不应当认定为贪污。首先，曲某在主观方面上没有贪污这笔款的故意，客观方面也没有实施贪污行为。田某遗孀邓某迟迟没有领取补助，曲某只是暂时帮她保管。因曲某当兵出生，不懂法，对账目也不是很了解，故不存在重复列支的行为。

3. 至于曲某贪污中小学生补助10万余元的情况更是子虚乌有。曲某扣除的10万元补助款并没有私自侵吞，而是给学生们购买了教学设施，有其提供的购物发票为证。请求法院依法审理，公平、公正地认定本案事实。

经再审查明：2014年5月，申诉人曲某经手收取本乡教育图书款5万元，除上交市教育局34970元外，将余款15030元侵吞；本乡教师田某去世后，其每月520元的定额补助应由其妻子邓某领取。因邓某外出打工，2015年1月至10月份的定额补助委托曲某签字代领。曲某利用职务之便在当年的账中列支属重复列支。对于市教育局补助给本市中小学生每人每学期150元的补助，曲某扣除其中的50元，共计100500元的情况，经查实，曲某确实购买了教学设施，不存在侵吞行为，有其提供的购物发票及某乡各中小学的校长的证言为证。

本院认为，浙江省A市人民检察院对申诉人曲某提交的关于10万补助款的新证据进行了逐一核实，庭审时检察机关对该证据没有异议。因此，申诉人申诉理由成立，本院应予认可。申诉人曲某明知田某的遗属邓某应领的5200元定额补助，其已经代为领取，且在乡财政所报账支出，又在每月发放工资时将田某遗属定额补助款在工资表中列支属重复列支，其辩解不懂法、不懂账的理由不能否定此款已被申诉人占有使用的事实，本院不予认可。此外，申诉人曲某对侵吞15030余元教育图书款的事实没有异议。根据以上事实，认定被告人曲某利用职务上的便利，采用收入不入账、重复列支等手段侵吞公款20230元，其行为已构成贪污罪，依照《中华人民共和国刑法》第十三条、第三百八十三条的规定，经本院审判委员会讨论决定，判决如下：

一、维持本院（2016）A刑初字第36号刑事判决第一、二项事实，即2012年5月，曲某通过收入不入账侵吞教育图书款15030元的事实和曲某通过重复列支的手段重复领取田某遗孀5200元定额补助事实。

二、撤销本院（2016）A刑初字第36号刑事判决第三项，即曲某利用职务之便侵吞学生补助款100550元的情况。

三、被告人曲某犯贪污罪，判处有期徒刑三年零五个月，缓期两年执行。

如不服本判决，可在接到判决书的第二日起十日内，通过本院或者直接向浙江省A市中级人民法院提出上诉。书面上诉的，应交上诉状正本一份，副本三份。

审判长　吴某

审判员　钱某

审判员　李某

二〇一六年七月二十一日

（院印）

本件与原本核对无异

书记员　华某

法律链接

《中华人民共和国刑事诉讼法》

第二百五十二条　当事人及其法定代理人、近亲属，对已经发生法律效力的判决、裁定，可以向人民法院或者人民检察院提出申诉，但是不能停止判决、裁定的执行。

刑事判决书

（按二审程序再审改判用）

了解文书

刑事判决书（按二审程序再审改判用）是中级以上人民法院对下级人民法院和本院已经发生法律效力的裁判，经提起再审程序后，组成合议庭或者另行组成合议庭，就案件的实体问题进行再审，确认原判在认定事实上或者适用法律上确有错误，决定予以改判时所使用的文书。

本文书样式供中级以上人民法院在按二审程序审理再审案件予以改判时适用。

文书样式

××× 人民法院

刑事判决书

（××××）×刑再终字第××号

原公诉机关：×××人民检察院。

上诉人（原审被告人）：________________（写明姓名、性别、出生年月日、民族、出生地、文化程度、职业或工作单位和职务、住址等，现羁押处所）。

辩护人：________________（写明姓名、工作单位和职务）。

原审被告人________________（写明当事人姓名和案用）一案，×××人民法院于××××年××月××日作出（××××）×刑初字第××号刑事判决，已经发生法律效力。__________________（写明提起再审程序的依据）。本院依法组成合议庭，公开庭审理了本案。×××人民检察院检察员×××出庭执行职务，原审被告人×××及其辩护人×××等到庭参加诉讼。本案现已审理终结。

________________（概述原审判决认定的事实、证据判决的理由和判决结果）。

______________（概述再审中原审被告人的辩解和辩护人的辩护意见。对人民检察院在再审中提出的意见，应当一并写明）。

经再审查明，______________（写明再审认定的事实和证据，就诉讼双方对原判有异议的事实、证据作出分析、认证）。

本院认为，______________（根据再审查明的事实、证据和有关法律规定，对原判和诉讼各方的主要意见作出分析阐明改判理由）。依照______________（写明判决的法律依据）的规定，判决如下：

______________〔写明判决结果。分六种情况：

第一，原系一审结案，提审后全部改判的，表述为：

“一、撤销×××人民法院（××××）×刑初字第××号刑事判决。

二、被告人______________（写明改判的具体内容）。”

第二，原系一审结案，提审后部分改判的，表述为：

“一、维持×××人民法院（××××）×刑初字第××号刑事判决的第×项，即______________（写明维持的具体内容）。

二、撤销×××人民法院（××××）×刑初字第××号刑事判决的第×项，即______________（写明撤销的具体内容）。

三、被告人______________（写明部分改判的具体内容）。”

第三，原系二审维持原判结案，再审后全部改判的，表述为：

“一、撤销××××人民法院（××××）×刑初字第××号刑事判决和本院（××××）×刑终字第××号刑事裁定。

二、被告人______________（写明改判的具体内容）。”

第四，原系二审维持原判结案，再审后部分改判的，表述为：

“一、维持×××人民法院（××××）×刑初字第××号刑事判决的第×项和本院（××××）×刑终字第××号刑事裁定的第×项，即______________（写明维持的具体内容）。

二、撤销×××人民法院（××××）×刑初字第××号刑事判决的第××项和本院（××××）×刑终字第××号刑事裁定的第××项，即______________（写明撤销的具体内容）。

三、被告人______________（写明部分改判的具体内容）。”

第五，原系改判结案，再审后全部改判的，表述为：

"一、撤销本院（××××）×刑终字第××号刑事判决。

二、被告人＿＿＿＿＿＿＿＿＿（写明改判的具体内容）。"

第六，原系二审改判结案，再审后部分改判的，表述为：

"一、维持本院（××××）×刑终字第××号刑事判决的第×项，即＿＿＿＿＿＿＿＿＿＿（写明维持的具体内容）。

二、撤销本院（××××）×刑终字第××号刑事判决的第×项，即＿＿＿＿＿＿＿＿＿＿（写明撤销的具体内容）。

三、被告人＿＿＿＿＿＿＿＿＿（写明部分改判的具体内容）。"〕

本判决为终审判决。

审判长　×××

审判员　×××

审判员　×××

××××年××月××日

本件与原本核对无异

书记员　×××

制作说明

1. 首部

（1）标题。要写明"×××人民法院""刑事判决书"。

（2）案号。写："（××××）×刑再终字第××号"。

2. 正文

（1）写明原公诉机关。

（2）原审被告人的基本情况。

原审被告人是公民的，写明姓名、性别、年龄、民族、职业或工作单位、住所，还应写明采取何种强制措施及以前受过何种刑事处分等。

原审被告人是法人或其他组织的，写明：单位全称、法定代表人、住所、联系方式。

原审被告人有辩护人的，写明辩护人的姓名、工作单位。

（3）写明案件来源，一审法院提起再审程序的经过、开庭审判的组织、审判方式，各方到庭的人员。

（4）事实部分

①概述原审有效判决的基本内容。

②概述写明提起再审的主要根据和理由。

③概述人民检察院在第二审中提出的新意见。

④法院认定的事实和证据，原判决认定的事实、情节，哪些是正确的或者全部是正确的，有哪些证据足以证明；哪些是错误的或者全部是错误的，否定的理由有哪些。如果对事实、情节方面有异议，应当抓住要点，予以分析答复。

（5）理由

理由部分在“本院认为”之后，根据再审确认的事实、情节和当时的法律政策，论述被告人是否犯罪，犯什么罪，应否从宽或从严处理。指出原判的定罪量刑，哪些是正确的，哪些是错误的，或者全部是错误的。对于申诉人及有关各方关于定罪量刑方面的主要意见和理由，应当有分析地表示采纳或予以批驳。

（6）改判结果。

3. 尾部

尾部应依次写明下列内容：

（1）说明法律效力，为终审裁定。

（2）审判人员署名。

（3）发文日期和人民法院盖章。

（4）说明本件与原本核对无异。

（5）书记员署名。

举例示范

案情简述：2017年2月至4月间，被告人邓某伙同武某（另案处理）等人多次到本市，入室盗窃。北京市某区人民法院作出（2016）某刑初字第203号刑事判决。邓某不服，提出上诉。北京中院作出（2016）某刑终字第08号刑事裁定书。该裁定发生法律效力后，经中院审判委员会讨论决定再审本案。

×××人民法院
刑事判决书

（2019）某刑再终字第006号

原公诉机关：某县人民检察院。

原审被告人：邓某，男，1963年4月22日出生，汉族，城镇职工，高中文化，户籍地某省某市某小区，现在某监狱服刑。

原审被告人邓某盗窃罪一案，北京市某区人民法院于2016年10月20日作出（2016）某刑初字第203号刑事判决。本院于2017年1月6日作出（2016）某刑终字第08号刑事裁定书。该裁定发生法律效力后，2018年11月10日经本院审判委员会讨论决定再审本案。本院依法组成合议庭审理了本案，现已审理终结。

北京市某区人民法院认定，2017年2月至4月间，被告人邓某伙同武某（另案处理）等人多次到本市，入室盗窃8起，窃得金银首饰、笔记本电脑等财物，共计价值人民币三万元。

上述事实有被害人罗某、刘某、王某、赵某等人的陈述，证人夏某、钱某、刘某等人的证言，物证照片，价格鉴定报告等证据证实，足以认定。虽然被告人邓某辩称其入室盗窃是7起不是8起，盗窃的金额也不足三万元，但根据上述证据，被告人的辩解理由不能成立。

北京市某区人民法院认为，被告人邓某以非法占有为目的，多次伙同他人秘密入室窃取他人财物，数额巨大，其行为已经构成盗窃罪。被告人邓某在共同犯罪中起主要作用，系主犯。依据法律规定作出（2016）某刑初字第203号刑事判决，判决原审被告人邓某犯盗窃罪，判处有期徒刑四年三个月，并处罚金人民币二万元。

一审宣判后，邓某不服，向本院提出上诉，其上诉称：其入室盗窃是7起不是8起，盗窃的金额也不足三万元，且自己在共同犯罪中不是主犯，原再审法院量刑过重。本院于2017年1月6日作出（2016）某刑终字第117号刑事裁定书，驳回上诉，维持原判。

本院再审查明2016年2月至4月间，被告人邓某伙同武某（另案处理）等人多次到本市，入室盗窃8起，窃得金银首饰、笔记本电脑等财物，共计价值人民币三万元。原一审判决认为邓某在共同犯罪中起主要作用，系主犯。本院再审查明被告人邓某与武某二人在共同犯罪中作用相当，不应当区分主从犯，原判认定被告人邓某系主犯没有事实依据，经查，根据本案提供作案工具及作案中的具体表现和分赃等事实情节，原审认定原审被告人邓某作用较大，系主犯，认定不妥。

本院认为，被告人邓某以非法占有为目的，多次伙同他人秘密入室窃取他人财物，数额巨大，其行为已经构成盗窃罪。被告人邓某在实施盗窃犯罪过程中，与武某相互配合，相互协作，在共同犯罪中作用相当，不应当区分主从犯。依照《中华人民共和国刑法》第二百六十四条、第五十二条，《中华人民共和国刑事诉讼法》第二百五十六条、第二百三十六条之规定，经本院审判委员会讨论决定，判决如下：

一、撤销北京市某区人民法院（2016）某刑初字第203号刑事判决和本院（2016）某刑终字第117号刑事裁定书。

二、被告人邓某犯盗窃罪，判处有期徒刑三年五个月，并处罚金人民币一万元，于判决生效后十日内缴纳。

本判决为终审判决。

审判长　郑某

审判员　潘某

审判员　张某

二〇一九年二月十七日

本件与原本核对无异

书记员　王某

法律链接

《中华人民共和国刑事诉讼法》

第二百五十六条　人民法院按照审判监督程序重新审判的案件，由原审人民法院审理的，应当另行组成合议庭进行。如果原来是第一审案件，应当依照第一审程序进行审判，所作的判决、裁定，可以上诉、抗诉；如果原来是第二审案件，或者是上级人民法院提审的案件，应当依照第二审程序进行审判，所作的判决、裁定，是终审的判决、裁定。

人民法院开庭审理的再审案件，同级人民检察院应当派员出席法庭。

刑事判决书

（再审后的上诉、抗诉案件二审改判用）

了解文书

刑事判决书（再审后的上诉、抗诉案件二审改判用）是指第二审人民法院对不服第一审人民法院再审判决的上诉、抗诉案件，经过审理后，依法作出的书面处理决定。

本文书样式供第二审人民法院对再审后的上诉、抗诉案件二审改判用。

文书样式

×××人民法院

刑事判决书

（××××）×刑再终字第××号

原公诉机关：×××人民检察院。

上诉人（原审被告人）：______________（写明姓名、性别、出生年月日、民族、出生地、文化程度、职业或工作单位和职务、住址等，现羁押处所）。

辩护人：______________（写明姓名、工作单位和职务）。

×××人民检察院指控被告人×××犯××罪一案，×××人民法院于××××年××月××日作出（××××）×刑再初字第××号刑事判决（或者裁定）。被告人×××不服，提出上诉。本院依法组成合议庭，公开（或不公开）开庭审理了本案。×××人民检察院检察员×××出庭执行职务，被害人×××、上诉人（原审被告人）×××及其辩护人×××到庭参加诉讼。现已审理终结。

______________（概述一审法院的再审判决（或者裁定）认定的事实、证据、判决的理由和判决的结果）。

________________（概述上诉人、辩护人的主要意见。对人民检察院在二审中提出的意见，应当一并写明）。

经审理查明，________________（二审认定的事实和证据，并就诉讼双方对原判有异议的事实、证据作出分析、认证）。

本院认为，________________（根据二审查明的事实、证据和有关法律规定，对原判和诉讼各方的主要意见作出分析，阐明改判的理由）。依照________________（写明判决的法律依据）的规定，判决如下：

________________〔写明判决结果。分四种情况：

第一，一审法院再审裁定维持原判，二审全部改判的，表述为：

"一、撤销×××人民法院（××××）×刑再初字第××号刑事裁定和×××人民法院（××××）×刑初字第××号刑事判决。

二、被告人________________（写明改判的内容）。"

第二，一审法院再审裁定维持原判，二审部分改判的，表述为：

"一、维持×××人民法院（××××）×刑初字第××号刑事裁定和×××人民法院（××××）×刑初字第××号刑事判决第×项，即________________（写明维持的具体内容）。

二、撤销×××人民法院（××××）×刑再初字第××号刑事裁定和×××人民法院（××××）×刑初字第××号刑事判决中第×项，即________________（写明撤销的具体内容）。

三、被告人________________（写明部分改判的内容）。"

第三，一审法院再审撤销原判，二审又全部撤销再审判决的，表述为：

"一、撤销×××人民法院（××××）×刑再初字第××号刑事判决和×××人民法院（××××）×刑初字第××号刑事判决。

二、被告人________________（写明改判的内容）。"

第四，一审法院再审撤销原判，二审部分维持部分撤销再审判决的，表述为：

"一、维持×××人民法院（××××）×刑再初字第××号刑事判决的第×项，即________________（写明维持的具体内容）。

二、撤销×××人民法院（××××）×刑再初字第××号刑事判决的第×项，即________________（写明撤销的具体内容）。

三、被告人＿＿＿＿＿＿＿＿（写明部分改判的内容）。”〕

本判决为终审判决。

审判长　×××

审判员　×××

审判员　×××

××××年××月××日

（院印）

本件与原本核对无异

书记员　×××

制作说明

1. 首部

（1）标题。要写明“×××人民法院”“刑事判决书”。

（2）案号。写：“（××××）×刑再终字第××号”。

2. 正文

（1）原公诉机关及诉讼参与人基本情况

原公诉机关为×××人民检察院。

上诉人（原审被告人）要写明姓名、性别、出生年月日、民族、出生地、文化程度、职业或工作单位和职务、住址等，现羁押处所。

辩护人要写明姓名、工作单位和职务。

（2）案件由来和审理经过

该部分主要阐述案件的由来和审理经过及被告人不服裁判，提起上诉的事实。另外，要注明案件是否公开审理及出庭情况等。最后还应写“现已审理终结”。

（3）事实部分

概述一审法院的再审判决（或者裁定）认定的事实、证据、判决的理由和判决的结果；

概述上诉人、辩护人的主要意见，并对人民检察院在二审中提出的意见一并写明；

还应写明二审认定的事实和证据，并就诉讼双方对原判有异议的事实、证据作出分析、认证的情况交代清楚。

（4）理由部分

在“本院认为”之后，根据二审查明的事实、证据和有关法律规定，对原判和诉讼各方的主要意见作出分析，阐明改判的理由，另外，还应写明判决的法律依据。

（5）判决结果

分四种情况：

第一，一审法院再审裁定维持原判，二审全部改判的，要写明改判的内容；

第二，一审法院再审裁定维持原判的，要写明维持的内容，二审部分改判的，还应写明撤销的具体内容及部分改判的内容；

第三，一审法院再审撤销原判，二审又全部撤销再审判决的，写明改判的内容；

第四，一审法院再审撤销原判，二审部分维持部分撤销再审判决的，写明维持的具体内容，撤销的具体内容及部分改判的内容。

3. 尾部

尾部应依次写明下列内容：

（1）本判决为终审判决。

（2）审判人员署名。

（3）发文日期和人民法院盖章。

（4）说明本件与原本核对无异。

（5）书记员署名。

举例示范

案情简述：被告人金某某和被害人段某喝酒时，因口角发生争执，在厮打过程中，金某某致段某胸腰脊柱交界处的椎体发生骨折，为轻伤一级。贵州省×市人民法院依法对本案进行审理，现已经过了一审和再审程序。被告人金某某对再审维持原判的结果不服，向贵州省×市中级人民法院提出上诉，本院将依法作出终审判决。

贵州省×市中级人民法院
刑事判决书

（2019）×刑再终字第132号

原公诉机关：贵州省×市人民检察院。

上诉人（原审被告人）：金某某，男，1978年5月12日生，汉族，贵州省某市人，中专文化，务农，现在贵州省×市监狱服刑。

辩护人：郝某，贵州省×市某律师事务所律师。

贵州省×市人民检察院指控被告人金某某犯故意伤害罪一案，×市人民法院于2019年4月3日作出（2019）×刑再初字第142号刑事判决。被告人金某某不服，提出上诉。本院依法组成合议庭，公开开庭审理了本案。某市人民检察院检察员万某出庭履行职务，被害人段某、上诉人（原审被告人）金某某及其辩护人郝某到庭参加诉讼。现已审理终结。

一审法院再审查明：2019年2月13日下午，被告人金某某和被害人段某在张家村李某家喝酒时，因口角发生争执，后两人在李某家门口发生厮打。在厮打过程中，金某某致段某胸腰脊柱交界处的椎体发生骨折，经鉴定，段某的损伤程度为轻伤一级。

再审认定上述事实的证据有：

被告人金某某的供述和辩解：证实2019年2月13日下午，其和朋友郭某、周某在张家村李家喝酒，当时被害人段某也在。因赶上张家村赶集，其在李家喝了一天的酒，神志不清，后来发生的事情都不记得了。只记得其从李家出来后，在街上遇到了段某，两人发生争执，其一拳将段某打倒在地。两家之前因为耕地的事情有点矛盾，一直不说话。其胳膊上、手上、脸上都有不同程度的瘀青。

1. 被害人段某的陈述：证实2019年2月13日下午，其和朋友李某在张家村李家喝酒，后来金某某和郭某、周某也来了。喝酒期间，金某某提起耕地被破坏的事情，认为是他干的，其怎么解释，金某某都不相信，就先出去了，金某某也跟了出来。在街口，两人因言语不和，开始对骂。金某某先在其胸口推了一把，拦住不让其走，其也将金某某摔倒，朝他身上打，两人就厮打在一起。后来金某某用脚踩了他腰部几下，其觉得腰快断了，不能动弹，就面朝地躺着。金某某被其媳妇弄走了，其被送往医院救治。

2. 证人李某的证言：证实2019年2月13日下午18时左右，他在张家庄朋友家喝酒，听到外面有吵闹声，走近后，发现是朋友段某和金某某在打架。当时金某某的媳妇吴某也在场，其就和吴某一起将两人拉开，其有事先走了。金某某脸上，手上和胳膊上都有伤，段某因脸部朝地倒着，不知道他是否受伤。

3. 证人吴某（被告人金某某之妻）的证言：证实2019年2月13日下午，她去张家庄找金某某，在街上刚好碰见丈夫和段某在厮打。段某搂住丈夫的脖子将其摔倒在地，并压在丈夫身上打他的头，还吆喝一边的朋友李某过来帮忙。李某将两人拉开，见丈夫满身酒气就将他拉回了家。

4. 证人周某的证言：证实2019年2月13日下午，金某某和段某都曾在张家庄喝酒的事实。

5. 证人郭某的证言：证实案发当天，其从朋友家喝酒回家，路上碰见金某某和段某在厮打，后来两人都倒在地上。金某某被妻子弄回了家，段某则被120送去了医院。

6. 鉴定意见：证实经贵州省×市公安局刑事科学技术研究所法医学人体损害程度鉴定，段某胸腰脊柱交界处的椎体发生骨折，损伤程度为轻伤一级。

7. 住院证明两份：证明被害人段某曾经两次在贵州省×市第一人民医院住院治疗，初步诊断为胸腰脊柱交界处的椎体发生骨折。

8. 抓获证明：用以证实被告人金某某是被抓获归案，不存在自首情节。

9. 户籍证明：证实被告人金某某已达到法定刑事责任年龄。

金某某上诉称：段某的伤不是他造成的，他并没有打段某。

辩护人郝某辩称：被告人没有殴打被害人段某，且现有的证据并不能证明被害人的伤是由被告人造成的。

贵州省×市人民检察院的出庭意见是：原判认定事实清楚，定性准确。鉴于二审被告人和被害人已经达成调解，请法院根据上诉人的赔偿情况依法予以改判。

经二审法院审理查明的事实及证据同一审、再审相同且经过一审与再审法院的当庭举证质证，本院经过审核予以确认。二审另查明，二审期间，被告人亲属积极赔偿被害人的损失，双方自愿达成调解协议，协议约定，被告人一方一次性赔偿被害人损失3万元，被害人放弃其他赔偿请求并对被告人金某某的行为予以谅解。

本院认为，上诉人金某某故意伤害他人，致段某轻伤，其行为已经构成故意伤害罪。关于上诉人及其辩护人提出的没有殴打段某的上诉理由，经查，被害人段某的陈述、证人李某、吴某、周某和郭某等人的证言，均证实被告人金某某和被害人段某酒后发生争执并殴打，造成段某胸腰脊柱交界处的椎体发生骨折住院治疗，构成轻伤一级的事实，因此，上诉人的上诉理由不成立，本院不予采纳。原判认定事实清楚，定性准确。但是鉴于二审期间，被告人亲属积极赔偿被害人损失并已经达成调解的事实，本院将根据上诉人的情况依法予以从轻处罚。依照《中华人民共和国刑事诉讼法》第二百三十六条第一款第（二）项之规定，判决如下：

一、维持贵州省×市人民法院（2019）×刑再初字第121号刑事裁定和贵州省×人民法院（2019）×刑初字第142号刑事判决中对被告人金某某犯故意伤害罪定罪的部分。

二、撤销贵州省×人民法院（2019）×刑再初字第121号刑事裁定和贵州省×人民法院（2019）×刑初字第142号刑事判决中对被告人金某某犯故意伤害罪量刑的部分。

三、上诉人金某某犯故意伤害罪，判处有期徒刑一年零五个月。

本判决为终审判决。

审判长　周某某

审判员　黄某某

审判员　姚某某

二〇一九年十月七日

（院印）

本件与原本核对无异

书记员　胡某某

法律链接

《中华人民共和国刑事诉讼法》

第二百三十六条　第二审人民法院对不服第一审判决的上诉、抗诉案件，经过审理后，应当按照下列情形分别处理：

……

（二）原判决认定事实没有错误，但适用法律有错误，或者量刑不当的，应当改判；

……

刑事判决书

（复核死刑缓期执行改判用）

了解文书

刑事判决书（复核死刑缓期执行改判用）是指高级人民法院在依法复核死刑缓期二年执行的案件过程中，认为原判在适用法律上有错误或者量刑不当，依法予以改判时作出的文书。

本文书样式供高级人民法院在复核死刑缓期二年执行案件中，对于原判在适用法律上有错误或者量刑不当的案件，予以改判时使用。

文书样式

×××人民法院

刑事判决书

（××××）×刑复字第××号

被告人：________________（写明姓名、性别、出生年月日、民族、出生地、文化程度、职业或者工作单位和职务、住址和因本案所受强制措施情况等，现羁押处所）。

×××中级人民法院审理×××人民检察院指控被告人×××犯××罪一案，于××××年××月××日以（××××）×刑初字第××号刑事判决，认定被告人×××犯××罪，判处死刑，缓期二年执行，剥夺政治权利终身。本案在法定期限内没有上诉、抗诉。×××中级人民法院依法报送本院核准。本院依法组成合议庭进行了复核。现已复核终结。

________________（概要写明原判事实的基本内容）。

经复核查明，________________（肯定原判认定的事实没有错误，证据确实、充分。如果某些事实、证据有出入的，应当写明复核查证的情况。对于事实方面的其他异议，必要时也应当予以分析、认证）。

本院认为，________________（根据复核确认的事实、证据和有关法律规定，针对原判在定罪量刑上的错误，参考原审辩解、辩护的合理意见，阐明不应当判处死刑缓期二年执行而应当予以改判的理由）。依照________________（写明判决的法律依据）的规定，判决如下：

________________〔写明判决结果。分两种情况：

第一，全部改判的，表述为：

“一、撤销×××中级人民法院（××××）×刑初字第××号刑事判决。

二、被告人________________（写明改判的具体内容）。”

第二，部分改判的，表述为：

“一、核准×××中级人民法院（××××）×刑初字第××号刑事判决的第×项，即__________（写明核准的具体内容）。

二、撤销×××中级人民法院（××××）×刑初字第××号刑事判决的第×项，即________________（写明撤销的具体内容）。

三、被告人________________（写明部分改判的内容）。”〕

本判决送达后即发生法律效力。

审判长　×××

审判员　×××

审判员　×××

××××年××月××日

（院印）

本件与原本核对无异

书记员　×××

制作说明

1. 首部

（1）标题。要写明“×××人民法院”“刑事判决书”。

（2）案号。写：“（××××）×刑复字第××号”。

2. 正文

（1）写明被告人的基本情况

被告人基本情况：姓名、性别、出生年月日、民族、出生地、文化程度、职业或者工作单位和职务、住址和因本案所受强制措施情况等，现羁押处所。

（2）写明案件来源、一审处理结果、法定期限内没有上诉、抗诉，高院进行复核的审判组织形式，最后写明“现已复核终结”。

（3）事实

①概要写明原判事实的基本内容。

②肯定原判认定的事实没有错误，证据确实、充分。如果某些事实、证据有出入的，应当写明复核查证的情况。对于事实方面的其他异议，必要时也应当予以分析、认证。

（4）理由

理由部分在“本院认为”之后，写明根据复核确认的事实、证据和有关法律规定，针对原判在定罪量刑上的错误，参考原审辩解、辩护的合理意见，阐明不应当判处死刑缓期二年执行而应当予以改判的理由。

（5）判决结果

判决结果是对案件实体问题的处理决定。判决结果分两种情况：全部改判和部分改判。判决结果要明确、具体、完整。

3. 尾部

尾部应依次写明下列内容：

（1）本判决送达后即发生法律效力。

（2）审判人员署名。

（3）发文日期和人民法院盖章。

（4）说明本件与原本核对无异。

（5）书记员署名。

举例示范

案情简述：2017 年 12 月 30 日 22 时许，被告人渠某在北京市某区某镇建筑工地宿舍内与被害人张某喝酒，酒后因言语不和与被害人张某发生口角后互殴。其间，被告人渠某持该宿舍内尖刀连续刺击张某心脏部位，致张某创伤失血性休克，送医院后医治无效死亡。被告人渠某一审被判处死刑缓期二年执行。由于被告人渠某和检察机关在法定期限内没有上诉、抗诉，该案被依法报送高级人民法院核准，后高院认为被告人渠某有自首等从轻处罚情节，复核时依法予以改判。

× × ×人民法院

刑事判决书

（2018）某刑复字第 578 号

被告人：渠某，男，47 岁，1971 年 1 月 23 日出生，汉族，小学文化，暂住北京市某区某镇建筑工地宿舍（户籍所在地河北省某市某区某村 71 号）。因涉嫌犯故意杀人罪于 2017 年 12 月 31 日被羁押，2018 年 2 月 6 日被逮捕。现羁押于北京市某看守所。

北京市某中级人民法院审理北京市某人民检察院指控被告人渠某犯故意杀人罪一案，于 2018 年 10 月 11 日以（2018）某刑初字第 × × 号刑事判决，认定被告人渠某犯故意杀人罪，判处死刑，缓期二年执行，剥夺政治权利终身。本案在法定期限内没有上诉、抗诉。北京市某中级人民法院依法报送本院核准。本院依法组成合议庭进行了复核。现已复核终结。

原判认定，2017 年 12 月 30 日 22 时许，被告人渠某在北京市某区某镇建筑工地宿舍内与被害人张某喝酒，酒后因言语不和与被害人张某发生口角后互殴。其间，被告人渠某持该宿舍内尖刀刺击张某心脏部位，致张某创伤失血性休克，送医院后医治无效死亡。原审根据现场勘查笔录、尸检报告、证人证言、户籍证明、被告人供述等证据认定上述事实。

经复核查明，原判认定的事实没有错误，证据确实、充分。

本院认为，被告人渠某遇事不能正确处理，因琐事竟持刀故意伤害他人身体，致人死亡，其行为已构成故意伤害罪，依法应予惩处。鉴于被告人渠某具有自首情节，并在案发后立即拨打“120”急救电话救治被害人，其亲属积极赔偿被害人亲属的经济损失，并得到了被害人亲属的谅解，依法对渠某予以从轻处罚。依照《中华人民共和国刑法》第四十八条、第二百三十四条及《最高人民法院关于适用〈中华人民共和国刑事诉讼法〉的解释》第三百四十九条之规定，判决如下：

一、撤销北京市某中级人民法院（2018）某刑初字第××号刑事判决。

二、被告人渠某犯故意伤害罪，判处有期徒刑十一年（刑期从判决执行之日起计算。判决执行以前先行羁押的，羁押一日折抵刑期一日），剥夺政治权利二年。

本判决送达后即发生法律效力。

审判长　杨某

审判员　范某

审判员　军某

二〇一八年十月十八日

（院印）

本件与原本核对无异

书记员　张某

法律链接

《中华人民共和国刑法》

第四十八条　死刑只适用于罪行极其严重的犯罪分子。对于应当判处死刑的犯罪分子，如果不是必须立即执行的，可以判处死刑同时宣告缓期二年执行。

死刑除依法由最高人民法院判决的以外，都应当报请最高人民法院核准。死刑缓期执行的，可以由高级人民法院判决或者核准。

刑事附带民事调解书

（一审自诉案件用）

了解文书

刑事附带民事调解书（一审自诉案件用）是基层人民法院在审理一审自诉案件过程中，对于告诉才处理和被害人有证据证明的轻微刑事或者刑事附带民事诉讼案件，经法院主持调解，双方当事人达成协议时使用的文书。经调解达成协议的自诉案件，也可以不制作刑事调解书，只制作调解笔录，由当事人阅后盖章（或者签字），并由审判人员署名后存卷。

本文书样式供基层法院在审理自诉案件刑事附带民事部分一审双方达成调解协议时适用。

文书样式

×××人民法院

刑事附带民事调解书

（2014）×刑初字第××号

自诉人（附带民事诉讼原告人）：________________（写明姓名、性别、出生年月日、民族、出生地、文化程度、职业或工作单位和职务、住址等）。

被告人：________________（公民：写明姓名、性别、出生年月日、民族、出生地、文化程度、职业或工作单位和职务、住址等，采取何种强制措施及受过何种刑事处分；法人或其他组织：写明单位全称、法定代表人、住所、联系方式）。

自诉人×××以被告人×××犯××罪，并造成经济损失为由于××××年××月××日向本院提起控诉。本院受理后，依法实行独任审判（或者组成合议庭），公开（或者不公开）开庭进行了审理。

经审理查明，________________（写明查明的事实）。在本院主持调解下，________________（写明对认定事实没有或基本没有异议，以及愿承担赔偿责任和双方互相谅解的情况）。双方当事人自愿达成如下协议：

一、被告人×××向自诉人×××赔礼道歉。

二、自诉人×××自愿放弃对被告人×××的指控。

三、被告人×××赔偿自诉人×××，________________（写明具体内容）。

上述协议不违反有关法律规定，本院予以确认。

本调解书经双方当事人签收后即具有法律效力。

审判长　×××

审判员　×××

审判员　×××

××××年××月××日

本件与原本核对无异

书记员　×××

制作说明

1. 首部

（1）标题。要写明“×××人民法院”“刑事附带民事调解书”。

（2）案号。写：“（××××）×刑初字第××号”。

2. 正文

（1）写明自诉人（附带民事诉讼原告人）基本情况，包括：姓名、性别、年龄、民族、职业或工作单位、住所。

（2）被告人的基本情况。

被告人是公民的，写明：姓名、性别、年龄、民族、职业或工作单位、住所，还应写明采取何种强制措施及以前受过何种刑事处分等。

被告人是法人或其他组织的，写明：单位全称、法定代表人、住所、联系方式。

（3）写明案件来源、开庭审判的组织、审判方式、各方到庭的人员。

（4）事实部分：

①概述经法庭审理查明的事实。

②写明对认定的事实没有异议或者基本上没有意见的情况。

③概述被告人认错，愿意承担民事赔偿责任和双方互相谅解的情况。

（5）在法院主持下双方达成调解的内容。

3. 尾部

尾部应依次写明下列内容：

（1）说明法律效力，为双方当事人签收后即具有法律效力。

（2）审判人员署名。

（3）发文日期和人民法院盖章。

（4）说明本件与原本核对无异。

（5）书记员署名。

举例示范

案情简述：黄某与周某系同事关系，因在工作中发生矛盾，周某遂在网络上发帖对自诉人黄某进行诽谤，披露黄某所谓的个人隐私，内容对黄某也多有诽谤之意。周某的诽谤行为给黄某造成了精神上和经济上的巨大损失。黄某向法院提出控诉。

×××人民法院

刑事附带民事调解书

（2019）某刑初字第093号

自诉人（附带民事诉讼原告人）：黄某，女，1976年10月12日生，汉族，某公司职工，某市某区某路53号。

被告人：周某，女，1972年2月3日生，汉族，某公司员工，住某市某区某小区。

自诉人黄某以被告人周某犯诽谤罪，并造成经济损失为由，于2019年6月20日向本院提起控诉。本院受理后，依法实行独任审判，公开开庭进行了审理。

经审理查明，自诉人黄某与被告人周某系同事关系，因在工作中发生矛盾，被告人周某遂在网络上发帖对自诉人黄某进行诽谤，披露自诉人黄某所谓的个人隐私，内容对原告也多有诽谤之意。被告人周某的诽谤行为给自诉人黄某造成了很大的困扰，导致自诉人黄某曾因别人的闲言碎语而精神崩溃住院治疗。被告人周某的诽谤行为给自诉人周某造成了精神上和经济上的巨大损失。自诉人和被告人双方当事人对法院认定的事实基本上没有意见。在本院主持调解下，被告人周某认识到了自己的错误，愿意向自诉人黄某赔礼道歉，并愿意承担民事赔偿责任。自诉人黄某与被告人周某双方达成了谅解。双方当事人自愿达成如下协议：

一、被告人周某向自诉人黄某赔礼道歉。

二、自诉人黄某自愿放弃对被告人周某的指控。

三、被告人周某赔偿自诉人黄某，被告人周某赔偿自诉人黄某经济和精神损失合计人民币60000元。

上述协议不违反有关法律规定，本院予以确认。

本调解书经双方当事人签收后即具有法律效力。

审判员　金某

二〇一九年七月二十日

本件与原本核对无异

书记员　赵某

法律链接

《最高人民法院关于适用〈中华人民共和国刑事诉讼法〉的解释》

第二百七十一条第一款　人民法院审理自诉案件，可以在查明事实、分清是非的基础上，根据自愿、合法的原则进行调解。调解达成协议的，应当制作刑事调解书，由审判人员和书记员署名，并加盖人民法院印章。调解书经双方当事人签收后，即具有法律效力。调解没有达成协议，或者调解书签收前当事人反悔的，应当及时作出判决。

刑事附带民事调解书

（二审自诉案件用）

了解文书

刑事附带民事调解书（二审自诉案件用）是指第二审人民法院在审理二审自诉刑事附带民事诉讼案件的过程中，经法院主持调解，双方当事人自愿达成和解协议时作出的文书。

本文书样式供第二审人民法院在审理二审自诉刑事附带民事诉讼案件的过程中，双方当事人达成调解协议时使用。

文书样式

×××人民法院

刑事附带民事调解书

（××××）×刑终字第××号

上诉人（原审附带民事诉讼被告人）：________________（写明姓名、性别、出生年月日、民族、出生地、文化程度、职业或者工作单位和职务、住址等）。

原审自诉人（附带民事诉讼原告人）：________________（写明姓名、性别、出生年月日、民族、出生地、文化程度、职业或者工作单位和职务、住址等）。

×××人民法院审理自诉人（附带民事诉讼原告人）×××诉被告人×××犯××罪并赔偿经济损失一案，于××××年××月××日作出（××××）×刑初字第××号刑事附带民事判决。原审被告人×××不服，提出上诉。（或者原审自诉人×××不服，提出上诉。）本院依法组成合议庭，公开（或者不公开）开庭审理了本案。

________________（概述原审判决认定的事实包括给被害人造成经济损失的事实、判处结果、上诉人的上诉理由、对方当事人的辩解等）。

经审理查明，________________（首先写明经二审审理查明的事实，包括原审被告人给被害人造成经济损失的事实；其次写明双方当事人对此没有异议）。

经本院主持调解，________________（写明被告人承认错误，愿意赔偿经济损失的态度和双方当事人互相谅解的简要情况）。双方当事人自愿达成如下协议：

一、原审自诉人×××自愿放弃对被告人×××刑事部分的指控。

二、上诉人（原审被告人或原审自诉人）×××自愿放弃上诉。

三、原审被告人×××赔偿原审自诉人×××__________________（写明赔偿金额、支付方式、给付期限）。

上述协议不违反有关法律规定，本院予以确认。

本调解书经双方当事人签收后，即具有法律效力。原审（××××）×刑初字第××号刑事附带民事判决自动撤销。

审判长　×××

审判员　×××

审判员　×××

××××年××月××日

（院印）

本件与原本核对无异

书记员　×××

制作说明

1. 首部

（1）标题。要写明“×××人民法院”“刑事附带民事调解书”。

（2）案号。写：“（××××）×刑终字第××号”。

2. 正文

（1）写明上诉人和被上诉人的基本情况

上诉人×××（________________），此处应根据提起上诉的具体情况写明是自诉人还是被告人提起上诉，然后用括号再注明上诉人在一审中的诉讼地位，之后再另起一行写明对方当事人的诉讼地位。

原审附带民事诉讼被告人，写明姓名、性别、出生年月日、民族、出生地、文化程度、职业或者工作单位和职务、住址等。

原审自诉人（附带民事诉讼原告人），写明姓名、性别、出生年月日、民族、出生地、文化程度、职业或者工作单位和职务、住址等。

（2）写明案件来源、审判组织形式和方式。

（3）事实

①概述原审判决认定的事实，包括给被害人造成经济损失的事实、判处结果、上诉人的上诉理由、对方当事人的辩解等。

②写明经二审审理查明的事实，包括原审被告人给被害人造成经济损失的事实。

③写明双方当事人对此没有异议。

（4）理由

理由部分在“经本院主持调解”之后，写明被告人承认错误，愿意赔偿经济损失的态度和双方当事人互相谅解的简要情况。

（5）协议结果

①写明原审自诉人自愿放弃对被告人刑事部分的指控。

②写明上诉人（原审被告人或原审自诉人）自愿放弃上诉。

③写明原审被告人赔偿原审自诉人的金额、支付方式、给付期限。

3. 尾部

尾部应依次写明下列内容：

（1）上述协议不违反有关法律规定，本院予以确认。

（2）本调解书经双方当事人签收后，即具有法律效力。原审刑事附带民事判决自动撤销。

（3）审判人员署名。

（4）发文日期和人民法院盖章。

（5）说明本件与原本核对无异。

（6）书记员署名。

举例示范

案情简述：2017 年 2 月间，被告人沈某到北京市一家大型超市应聘，由于沈某不符合该超市招聘条件未被录用就在超市大闹了起来。超市经理李某向公安派出所报警，派出所派员将被告人沈某驱赶出超市。被告人沈某就此怀恨在心，伺机报复。此后，被告人沈某采取大公报的方式对李某进行诽谤。李某向法院提起自诉。法院以诽谤罪判处被告人沈某拘役六个月；判令被告人沈某赔偿李某精神损失费共计人民币 25000 元。宣判后，原审被告人沈某不服上诉。二审法院进行了调解并成功结案。

×××人民法院

刑事附带民事调解书

（2018）某刑终字第 10578 号

上诉人（原审附带民事诉讼被告人）：沈某，男，汉族，小学文化，1980 年 5 月 12 日出生于河北省某市某村，无业，家住北京市某区某村 180 号。

原审自诉人（附带民事诉讼原告人）：李某，男，汉族，高中文化，1978 年 1 月 20 日出生于北京市某村，北京某大型超市经理，家住北京市某区某村 180 号。

北京市某区人民法院审理自诉人（附带民事诉讼原告人）李某诉被告人沈某犯诽谤罪并赔偿经济损失一案，于 2018 年 4 月 25 日作出（2018）某刑初字第××号刑事附带民事判决书。原审被告人沈某不服，提出上诉。本院依法组成合议庭，公开开庭审理了本案。

原判认定，2017 年 2 月间，被告人沈某到北京市一家大型超市应聘，由于沈某不符合该超市招聘条件未被录用就在超市大闹了起来。自诉人暨附带民事诉讼原告人李某向公安派出所报警，派出所派员将被告人沈某驱赶出超市。被告人沈某就此怀恨在心，伺机报复。此后被告人沈某将道听途说到的内容，冒用该超市女员工曹某男朋友的名义落款，编写成大字报称："李某与该超市女性有不正当两性关系，其中与某女有一私生子等；请有关领导挽救一下李某，不要让他再破坏自己与曹某的恋爱关系等等。"被告人沈某叫人把以上内容抄成大字报，把上述内容的 4 张大字报分别贴在超市的大门外及该超市员工公寓大门外。原审法院根据上述事实，依照《中华人民共和国刑法》及《中华人民共和国民法通则》[①] 的相关规定，以诽谤罪，判处被告人沈某拘役六个月；判令被告人沈某赔偿附带民事诉讼原告人李某精神损失费共计人民币25000元。宣判后，原审被告人沈某上诉称，一审量刑过重。

经审理查明，上诉人沈某因招聘未被录取就采取大闹超市的方式发泄自己的不满。当原审自诉人暨附带民事诉讼原告人李某报警后，上诉人沈某被驱逐出超市。因此，上诉人沈某就怀恨在心，采取大公报的方式捏造事实诽谤李某，给李某造成了很坏的影响。上述事实，有充分证据证实，且证据来源合法，内容客观、真实，并经原审庭审质证、认证，能够证明沈某诽谤的犯罪事实，本院予以确认。双方当事人对此没有异议。

经本院主持调解，上诉人沈某认识到自己的错误并且承认错误，愿意积极赔偿李某的精神损失。双方当事人达成了和解。双方当事人自愿达成如下协议：

一、原审自诉人李某自愿放弃对被告人沈某刑事部分的指控。

二、上诉人（原审被告人）沈某自愿放弃上诉。

三、原审被告人沈某赔偿原审自诉人李某人民币30000元，现金支付，调解书生效后五日内给付。

上述协议不违反有关法律规定，本院予以确认。

本调解书经双方当事人签收后，即具有法律效力。原审（2018）某刑初字第××号刑事附带民事判决自动撤销。

审判长　杨某

审判员　范某

审判员　军某

二〇一八年十月十八日

（院印）

本件与原本核对无异

书记员　张某

---

① 因本案审理年份为2018年，《民法通则》当时有效，故作为审判依据。

法律链接

《中华人民共和国刑法》

第二百四十六条第一款　以暴力或者其他方法公然侮辱他人或者捏造事实诽谤他人，情节严重的，处三年以下有期徒刑、拘役、管制或者剥夺政治权利。

《最高人民法院关于适用〈中华人民共和国刑事诉讼法〉的解释》

第三百三十三条　对第二审自诉案件，必要时可以调解，当事人也可以自行和解。调解结案的，应当制作调解书，第一审判决、裁定视为自动撤销；当事人自行和解的，应当裁定准许撤回自诉，并撤销第一审判决、裁定。

刑事判决书

（死缓期间故意犯罪一审适用普通程序用）

了解文书

刑事判决书（死缓期间故意犯罪一审适用普通程序用）是中级人民法院对公诉机关起诉的被告人在死刑缓期二年执行期间故意犯罪的案件审理终结后，根据已经查明的事实、证据，依据有关法律规定，作出被告人有罪或者无罪，犯的什么罪，判处什么刑罚或者宣告无罪等处理决定所使用的文书。

本文书样式供中级以上人民法院在依据普通程序审理被告人死缓期间故意犯罪时适用。

文书样式

×××人民法院

刑事判决书

（××××）×刑初字第××号

公诉机关：×××人民检察院

被告人：______________（写明姓名、性别、出生年月日、民族、出生地、文化程度、职业或工作单位和职务、住址和因本案所受强制措施情况等）。

辩护人：________（写明姓名、工作单位和职务）。

×××人民检察院以〔××××〕×检×诉第××号起诉书指控被告人×××在死刑缓期二年执行期间犯××罪，于××××年××月××日向本院提起公诉。本院依法组成合议庭，公开（或者不公开）开庭审理了本案。×××人民检察院指派检察员×××出庭支持公诉，被害人×××及其法定代理人×××、诉讼代理人×××、被告人×××及其法定代理人×××、辩护人×××、证人×××、鉴定人×××、翻译人员×××等到庭参加诉讼。现已审理终结。

×××人民检察院指控________（概述人民检察院指控被告人犯罪的事实、证据和适用法律的意见）。

被告人×××辩称________（概述被告人对指控的犯罪事实予以供述、辩解、自行辩护的意见和有关证据）。辩护人×××提出的辩护意见是________（概述辩护人的辩护意见和有关证据）。

经审理查明，________（首先写明经庭审查明的事实；其次写明经举证、质证定案的证据及其来源；最后对控辩双方有异议的事实、证据进行分析、认证）。

另查：被告人×××曾因犯××罪于××××年××月××日被×××中级人民法院以（××××）×刑初字第××号刑事判决判处死刑，缓期二年执行，剥夺政治权利终身（或者判处死刑，剥夺政治权利终身）；×××高级人民法院于××××年××月××日以（××××）×刑终字第××号刑事裁定（或者判决），维持原判（或者判处被告人×××死刑，缓期二年执行，剥夺政治权利终身。如果系最高人民法院改判为死刑，缓期二年执行的，亦应一并写明。）

本院认为，________（根据查证属实的事实、证据和有关法律规定，论证公诉机关指控的犯罪是否成立，被告人的行为是否构成犯罪，犯什么罪，应否从轻、减轻、免除处罚或者从重处罚。对于控辩双方关于适用法律方面的意见，应当有分析地表示是否予以采纳，并阐明理由）。依照________（写明判决的法律依据）的规定，判决如下：________

第一，定罪判刑的，表述为：

“被告人×××犯××罪，判处______________（写明主刑、附加刑）。”

第二，宣告无罪的，应表述为：

“被告人×××无罪。”

如不服本判决，可在接到判决书的第二日起十日内，通过本院或者直接向高级人民法院提出上诉。书面上诉的，应当提交上诉状正本一份，副本×份。

〔对于定罪判刑的，还应当在全部交代上述内容之后，另起一段，写明：

依据《中华人民共和国刑法》第五十条、《中华人民共和国刑事诉讼法》第二百六十一条第二款的规定，本判决生效以后，经最高人民法院（或者依授权有死刑核准权的高级人民法院和解放军军事法院）核准，对被告人×××应当执行死刑。〕

审判长　×××

审判员　×××

审判员　×××

××××年××月××日

本件与原本核对无异

书记员　×××

制作说明

1. 首部

（1）标题。要写明“×××人民法院”“刑事判决书”。

（2）案号。写：“（××××）×刑初字第××号”。

2. 正文

（1）写明公诉机关。

（2）被告人的基本情况。

被告人是公民的，写明姓名、性别、年龄、民族、职业或工作单位、住所，还应写明采取何种强制措施及以前受过何种刑事处分等。

被告人有辩护人的，写明辩护人的姓名、工作单位。

（3）写明案件来源，明确开庭审判的组织、审判方式，各方到庭的人员。

（4）事实部分

①概述人民检察院指控被告人犯罪的事实、证据和适用法律的意见。

②概述被告人对指控的犯罪事实予以供述、辩解、自行辩护的意见和有关证据。

③概述辩护人的辩护意见和有关证据。

④法院认定的事实和证据，首先写明法庭审理查明的事实；其次写明经举证、质证定案的证据及其来源；最后对控辩双方有异议的事实、证据进行分析、认证。

（5）理由

理由部分在“本院认为”之后，根据查证属实的事实、证据和有关法律规定，论证公诉机关指控的犯罪是否成立，被告人的行为是否构成犯罪，犯的什么罪，应否从轻、减轻、免除处罚或者从重处罚。对于控辩双方关于适用法律方面的意见，应当有分析地表示是否予以采纳，并阐明理由。

（6）判决结果。

3. 尾部

尾部应依次写明下列内容：

（1）说明法律效力，交代上诉权。

（2）审判人员署名。

（3）发文日期和人民法院盖章。

（4）说明本件与原本核对无异。

（5）书记员署名。

举例示范

案情简述：被告人唐某因故意杀人罪 2018 年 2 月 16 日被判决死刑，缓期两年执行，剥夺政治权利终身。2018 年 12 月 10 日，被告人唐某在缓刑考验期内，因与张某发生口角，用椅子将张某砸成轻伤。

×××人民法院

刑事判决书

（2019）某初字第 095 号

公诉机关：某市人民检察院。

被告人：唐某，男，1967年3月22日出生，汉族，农民，小学文化，户籍地某省某市某小区，因犯故意杀人罪在某监狱服刑。

某市人民检察院以〔2019〕某检刑诉第046号起诉书指控被告人唐某在死刑缓期二年执行期间犯故意伤害罪，于2019年4月8日向本院提起公诉。本院依法组成合议庭，公开开庭审理了本案。某市人民检察院指派检察员肖某出庭支持公诉，被告人唐某及其辩护人闫某等到庭参加诉讼。现已审理终结。

某市人民检察院指控2018年12月10日，被告人唐某在某监狱服刑期间，因与狱友张某发生口角，用椅子猛击被害人张某的头部，将张某砸伤。经法医鉴定，张某的伤构成轻伤。

为证明上述事实，某检察院提交了被告人唐某的供述、被害人张某的陈述、证人王某、刘某的证人证言、人体伤情鉴定意见、案发现场的照片等证据。公诉机关认为被告人唐某故意伤害他人身体，致一人轻伤，其行为已经触犯了《中华人民共和国刑法》第二百三十四条第一款之规定，应当以故意伤害罪追究其刑事责任。

被告人唐某对公诉机关指控的事实及罪名均无异议。

经审理查明，2018年12月10日，被告人唐某在某监狱服刑期间，因与狱友张某发生口角，用椅子猛击被害人张某的头部，将张某砸伤。经法医鉴定，张某的伤构成轻伤。

上述事实，被告人唐某在开庭审理过程中亦无异议，并有以下经开庭举证、质证并确认的证据证明，足以认定：

1. 被告人唐某指认的作案工具椅子一把，该椅子已被提取扣押。

2. 人体伤情鉴定意见书及被害人张某住院病历，诊断证明，证明被害人张某受害部位与损伤程度为轻伤。

3. 证人王某及刘某的证词，证明2018年12月10日，被告人唐某在某监狱与狱友张某发生口角，遂用椅子猛击被害人张某的头部，将张某砸伤。该证词与被害人张某的陈述及被告人唐某的供述相互印证。

4. 被害人张某的陈述，与被告人唐某的供述相互印证，证明2018年12月10日，被告人唐某在某监狱与自己发生口角，一气之下用椅子猛击自己的头部，致自己受伤。

5. 被告人唐某的供述，与被害人张某的供述相互印证，证明2018年12

月10日，自己在某监狱与被害人张某发生口角，一气之下用椅子猛击被害人张某的头部，致张某受伤。

另查，被告人唐某曾因犯故意杀人罪2018年2月16日被某中级人民法院以（2018）某刑初字第015号刑事判决判处死刑，缓期二年执行，剥夺政治权利终身；某高级人民法院于2018年5月12日以（2018）某刑终字第113号刑事裁定，维持原判。

本院认为，被告人唐某故意伤害他人身体，致一人轻伤，且系累犯，应当处罚，公诉机关指控的犯罪事实及罪名成立，本院予以支持。据此依照《中华人民共和国刑法》第二百三十四条第一款、第七十七条之规定，判决如下：

被告人唐某犯故意伤害罪，判处有期徒刑二年零四个月。

如不服本判决，可在接到判决书的第二日起十日内，通过本院或者直接向××高级人民法院提出上诉。书面上诉的，应当提交上诉状正本一份，副本二份。

依据《中华人民共和国刑法》第五十条、《中华人民共和国刑事诉讼法》第二百六十一条第二款的规定，本判决生效以后，经最高人民法院核准，对被告人唐某应当执行死刑。

审判长　刘某

审判员　陈某

审判员　罗某

二〇一九年六月三十日

本件与原本核对无异

书记员　夏某

法律链接

《中华人民共和国刑事诉讼法》

第二百六十一条第二款　被判处死刑缓期二年执行的罪犯，在死刑缓期执行期间，如果没有故意犯罪，死刑缓期执行期满，应当予以减刑的，由执行机关提出书面意见，报请高级人民法院裁定；如果故意犯罪，情节恶劣，查证属实，应当执行死刑的，由高级人民法院报请最高人民法院核准；对于故意犯罪未执行死刑的，死刑缓期执行的期间重新计算，并报最高人民法院备案。

刑事判决书

（一审公诉案件适用简易程序用）

了解文书

刑事判决书（一审公诉案件适用简易程序用）是基层人民法院对于公诉案件中被告人可能判处免予刑事处罚等案件，按照第一审简易程序审理终结后，作出处理决定时所使用的文书。

本文书样式供基层人民法院在审理一审公诉案件适用简易程序审理时适用。

文书样式

×××人民法院

刑事判决书

（××××）×刑初字第××号

公诉机关：×××人民检察院

被告人：________________（写明姓名、性别、出生年月日、民族、出生地、文化程度、职业或工作单位和职务、住址和因本案所受强制措施情况等）。

辩护人：________________（写明姓名、工作单位和职务）。

×××人民检察院以〔××××〕×检×诉第××号起诉书指控被告人×××犯××罪，于××××年××月××日向本院提起公诉。本院依法适用简易程序，实行独任审判，公开（或不公开）审理了本案。×××人民检察院指派检察员×××出庭支持公诉，被告人×××及其辩护人×××等到庭参加诉讼。本案现已审理终结。

×××人民检察院指控________________（概述人民检察院指控被告人犯罪的事实、证据和适用法律的意见）。

上述事实，被告人在开庭审理过程中亦无异议，并有物证×××、书证×××、证人×××证言、被害人×××陈述、×××公安局（或检察院）

的勘验、检查笔录和×××鉴定结论予以证实，足以认定。

本院认为，________________（根据查证属实的事实、情节和法律规定，论证被告人是否犯罪，犯什么罪，应否从宽或从严处理。对于控、辩双方关于适用法律方面的意见和理由，应当有分析地表示采纳或予以批驳）。依照________________（写明判决的法律依据），判决如下：

被告人×××犯××罪，判处________________。

（刑期从判决生效之日起计算。判决执行以前先行羁押的，羁押刑期一日折抵刑期一日，即自××××年××月××日起至××××年××月××日止。）

如不服本判决，可在接到判决书的第二日起十日内，通过本院或者直接向×××中级人民法院提出上诉。书面上诉的，应当提交上诉状正本一份，副本×份。

审判员　×××

××××年××月××日

本件与原本核对无异

书记员　×××

制作说明

1. 首部

（1）标题。要写明“×××人民法院”“刑事判决书”。

（2）案号。写：“（××××）×刑初字第××号”。

2. 正文

（1）写明公诉机关。

（2）被告人的基本情况。

被告人是公民的，写明姓名、性别、年龄、民族、职业或工作单位、住所，还应写明采取何种强制措施及以前受过何种刑事处分等。

被告人有辩护人的，写明辩护人的姓名、工作单位。

（3）写明案件来源，明确一审法院适用简易程序、独任审理的审判方式及各方到庭的人员。

（4）事实部分

①概述人民检察院指控被告人犯罪的事实、证据和适用法律的意见。

②概述被告人对指控的犯罪事实自行辩护的意见和有关证据。

③概述辩护人的辩护意见和有关证据。

（5）理由

理由部分在“本院认为”之后，根据查证属实的事实、情节和法律规定，论证被告人是否犯罪，犯什么罪，应否从宽或从严处理。对于控、辩双方关于适用法律方面的意见和理由，应当有分析地表示采纳或予以批驳。

（6）判决结果。

3. 尾部

尾部应依次写明下列内容：

（1）说明法律效力，交代上诉权。

（2）审判人员署名。

（3）发文日期和人民法院盖章。

（4）说明本件与原本核对无异。

（5）书记员署名。

举例示范

案情简述：被告人韩某在2018年11月至12月期间，多次到某县商店内盗窃店内财物，数额较大。

×××人民法院

刑事判决书

（2019）某刑初字第095号

公诉机关：某县人民检察院。

被告人：韩某，男，1973年3月24日出生，汉族，农民，小学文化，户籍地某省某市某镇某村。因本案于2019年1月4日被刑事拘留，同年1月14日被逮捕。现羁押于某市看守所。

某县人民检察院以〔2019〕某检刑诉第008号起诉书指控被告人韩某犯

盗窃罪，于2019年3月28日向本院提起公诉。本院依法适用简易程序，实行独任审判，公开审理了本案。某县人民检察院指派检察员冯某出庭支持公诉，被告人韩某等到庭参加诉讼。本案现已审理终结。

某县人民检察院指控，2018年11月至12月期间，被告人韩某多次到某县商店内盗窃店内财物，事实如下：

1. 2018年11月12日，被告人韩某在某县某商场盗得价值人民币1299元的手机一部。

2. 2018年11月25日，被告人韩某在某县某商场盗得价值人民币399元的上衣一件。

3. 2018年12月5日，被告人韩某在某县某商场盗得价值1588元的数码相机一部。

4. 2018年12月26日，被告人韩某在某县某商店盗得价值178元的白酒一瓶。

案发后，被盗手机及数码相机已追回并归还失主。

上述事实，被告人在开庭审理过程中亦无异议，并有被盗手机、数码相机、上衣等物证、价格认证中心出具的价格认证书、失主刘某、王某等人的陈述、被告人韩某的供述、身份的证明材料予以证实，足以认定。

本院认为，被告人韩某以非法占有为目的，秘密窃取他人财物，数额较大，已构成盗窃罪，应予处罚。公诉机关指控的犯罪事实及罪名成立，本院予以支持。被告人如实供述自己的罪行，可从轻处罚。依照《中华人民共和国刑法》第二百六十四条、第五十二条的规定，判决如下：

被告人韩某犯盗窃罪，判处有期徒刑一年，并处罚金五千元。

（刑期从判决执行之日起计算。判决执行以前先行羁押的，羁押刑期一日折抵刑期一日，即自2019年1月4日起至2019年1月3日止。）

如不服本判决，可在接到判决书的第二日起十日内，通过本院或者直接向×××中级人民法院提出上诉。书面上诉的，应当提交上诉状正本一份，副本二份。

审判员　谢某

二〇一九年四月二十五日

本件与原本核对无异

书记员　赵某

法律链接

《中华人民共和国刑事诉讼法》

第二百一十四条　基层人民法院管辖的案件，符合下列条件的，可以适用简易程序审判：

（一）案件事实清楚、证据充分的；

（二）被告人承认自己所犯罪行，对指控的犯罪事实没有异议的；

（三）被告人对适用简易程序没有异议的。

人民检察院在提起公诉的时候，可以建议人民法院适用简易程序。

刑事判决书

（一审公诉案件适用简易程序审理“被告人认罪案件”用）

了解文书

刑事判决书（一审公诉案件适用简易程序审理“被告人认罪案件”用）是一审人民法院对于公诉案件中的“被告人认罪案件”，按照第一审简易程序审理终结后，作出处理决定时所使用的文书。

本文书样式供一审人民法院在审理一审公诉案件适用简易程序审理“被告人认罪案件”时用。

文书样式

×××人民法院

刑事判决书

（××××）×刑初字第××号

公诉机关：×××人民检察院。

被告人：________（写明姓名、性别、出生年月日、民族、出生地、文化程度、职业或工作单位和职务、住址和因本案所受强制措施情况等）。

辩护人：________________（写明姓名、工作单位和职务）。

×××人民检察院以〔××××〕×检×诉第××号起诉书指控被告人×××犯××罪，于××××年××月××日向本院提起公诉。本院依法适用简易程序，公开（或不公开）开庭审理了本案。×××人民检察院检察员×××、被告人×××及其辩护人×××等到庭参加了诉讼。现已审理终结。

经审理查明，________________（首先写明查明的事实；其次写明经举证、质证定案的证据及其来源；最后对控辩双方有异议的事实、证据进行分析、认证）。

上述事实，被告人在开庭审理过程中亦无异议，且有物证×××、书证×××、证人×××的证言、被害人×××的陈述、×××公安机关（或检察机关）的勘验、检查笔录和×××鉴定结论等证据证实，足以认定。

本院认为，________________（根据查证属实的事实、情节和法律规定，论证被告人是否犯罪，犯什么罪，应否从宽或从严处理。对于控、辩双方关于适用法律方面的意见和理由，应当有分析地表示采纳或予以批驳。）依照《中华人民共和国刑法》第×条第（×）款的规定，判决如下：

被告人×××犯××罪，判处________________。

（刑期从判决生效之日起计算。判决执行以前先行羁押的，羁押刑期一日折抵刑期一日，即自××××年××月××日起至××××年××月××日止。）

如不服本判决，可在接到判决书的第二日起十日内，通过本院或者直接向×××中级人民法院提出上诉。书面上诉的，应当提交上诉状正本一份，副本×份。

审判长　×××

审判员　×××

审判员　×××

××××年××月××日

本件与原本核对无异

书记员　×××

制作说明

1. 首部

（1）标题。要写明“×××人民法院”“刑事判决书”。

（2）案号。写：“（××××）×刑初字第×号”。

2. 正文

（1）写明公诉机关。

（2）被告人的基本情况。

被告人是公民的，写明姓名、性别、年龄、民族、职业或工作单位、住所，还应写明采取何种强制措施及以前受过何种刑事处分等。

被告人有辩护人的，写明辩护人的姓名、工作单位。

（3）写明案件来源，明确一审法院适用审判方式及各方到庭的人员。

（4）事实部分

①简要概括法院查明犯罪事实内容。

②概述被告人对指控的犯罪事实自行辩护的意见和有关证据。

③概述辩护人的辩护意见和有关证据。

（5）理由

理由部分在“本院认为”之后，根据查证属实的事实、情节和法律规定，论证被告人是否犯罪，犯什么罪，应否从宽或从严处理。对于控、辩双方关于适用法律方面的意见和理由，应当有分析地表示采纳或予以批驳。

（6）判决结果。

3. 尾部

尾部应依次写明下列内容：

（1）说明法律效力，交代上诉权。

（2）审判人员署名。

（3）发文日期和人民法院盖章。

（4）说明本件与原本核对无异。

（5）书记员署名。

举例示范

案情简述：2019 年 3 月 17 日下午 5 时许，被告人关某因其亲属与某公司所属车辆发生交通事故，遂与其他亲属到上述公司内吵闹，随意损坏该公司的财物及该公司员工的个人财物，并殴打公司负责人廖某等人。

×××人民法院

刑事判决书

（2019）某刑初字第 583 号

公诉机关：某县人民检察院。

被告人：关某，男，1969 年 12 月 24 日出生，汉族，某公司员工，小学文化，户籍地某省某市某小区。因本案于 2019 年 3 月 17 日被刑事拘留，同年 3 月 30 日被逮捕。现羁押于某市看守所。

某县人民检察院以〔2019〕某检刑诉第 567 号起诉书指控被告人关某犯寻衅滋事罪，于 2019 年 7 月 28 日向本院提起公诉。本院依法公开开庭审理了本案。某县人民检察院指派检察员徐某出庭支持公诉，被告人关某到庭参加诉讼。本案现已审理终结。

经审理查明，2019 年 3 月 17 日下午 5 时许，被告人关某因其亲属与某公司所属车辆发生交通事故，遂与其他亲属到上述公司内吵闹，随意损坏该公司的财物及该公司员工的个人财物，并殴打公司负责人廖某等人。经鉴定，被告人关某等人毁坏财物的价值共计人民币 8096 元。被告人到案后，如实供述了自己的犯罪事实，在本案审理过程中，被告人关某退赔了财物折价款 8096 元。

上述事实，被告人在开庭审理过程中亦无异议，有证人王某、刘某、顾某、钟某、付某的证言及辨认笔录、被害人廖某的陈述及辨认笔录、公安机关拍摄的涉案物品的照片及验伤通知书、价格鉴定结论书等证据证实，足以认定。

本院认为，被告人关某的行为已构成寻衅滋事罪。被告人关某破坏社会秩序，肆意损坏公私财物，共计价值人民币 8096 元，情节严重，已构成寻衅滋事罪。公诉机关指控的犯罪事实及罪名成立，本院予以支持。被告人关某到案后，自愿认罪并同意适用简易程序审理本案。被告人能如实供述自己的罪行，可从轻处罚。本案审理过程中，被告人关某能积极赔偿被害单位的损失，有悔罪表现，可酌定从轻处罚。依照《中华人民共和国刑法》第二百九十三条、第六十四条的规定，判决如下：

一、被告人关某犯寻衅滋事罪，判处有期徒刑八个月。

（刑期从判决生效之日起计算。判决执行以前先行羁押的，羁押刑期一日折抵刑期一日，即自2019年3月17日起至2019年11月16日止。）

二、被告人关某缴纳的退赔人民币8096元发还给被害单位及个人。

如不服本判决，可在接到判决书的第二日起十日内，通过本院或者直接向×××中级人民法院提出上诉。书面上诉的，应当提交上诉状正本一份，副本二份。

审判员　姚某

二〇一九年八月五日

本件与原本核对无异

书记员　曹某

法律链接

《中华人民共和国刑事诉讼法》

第二百一十四条　基层人民法院管辖的案件，符合下列条件的，可以适用简易程序审判：

……

（二）被告人承认自己所犯罪行，对指控的犯罪事实没有异议的；

……

《最高人民法院关于适用〈中华人民共和国刑事诉讼法〉的解释》

第二百二十七条　对被告人认罪的案件，在确认被告人了解起诉书指控的犯罪事实和罪名，自愿认罪且知悉认罪的法律后果后，法庭调查可以主要围绕量刑和其他有争议的问题进行。

对被告人不认罪或者辩护人作无罪辩护的案件，法庭调查应当在查明定罪事实的基础上，查明有关量刑事实。

刑事判决书

（一审公诉未成年人案件适用简易程序用）

了解文书

刑事判决书（一审公诉未成年人案件适用简易程序用）是一审人民法院对于公诉案件中被告人是未成年人或涉及未成年人的刑事犯罪案件，按照第一审简易程序审理终结后，作出处理决定时所使用的文书。

本文书样式供第一审人民法院适用简易程序审理未成年人刑事案件时使用。

文书样式

×××人民法院

刑事判决书

（××××）×刑初字第××号

公诉机关：×××人民检察院。

被告人：________________（写明姓名、性别、出生年月日、民族、出生地、文化程度、职业或工作单位和职务、住址和因本案所受强制措施情况等）。

法定代理人：________________（写明与被告人的关系，姓名、性别、出生年月日、民族、职业或工作单位和职务、住址）。

辩护人（或者指定辩护人）：________________（姓名、工作单位）。

×××人民检察院以〔××××〕×检×诉第××号起诉书指控被告人×××犯××罪，于××××年××月××日向本院提起公诉。本院于××××年××月××日立案，并依法适用简易程序，实行独任审判。因本案被告人系未成年人（或者因本案涉及未成年被告人），依法不公开开庭审理了本案。×××人民检察院检察员×××、被告人×××及其法定代理人×××、辩护人（或者指定辩护人×××）等到庭参加诉讼。现已审理终结。

公诉机关指控被告人________________（概述人民检察院指控被告人犯

罪的事实、证据和适用法律的意见）。

上述事实，被告人在开庭审理过程中亦无异议，并有物证×××、书证×××、证人×××的证言、被害人×××的陈述、×××公安机关（或检察机关）的勘验、检查笔录和×××鉴定结论等证据证实，足以认定。

根据《最高人民法院关于审理未成年人刑事案件具体应用法律若干问题的解释》的规定，在法庭审理过程中，本院了解到________________（概述了解到的相关情况）。

本院认为，________________（对控辩双方适用法律方面的争议采纳或者不予采纳的理由；依法从轻、减轻处罚或者免除处罚的理由。结合未成年被告人的成长经历，剖析未成年被告人走上犯罪道路的主客观方面的原因）。依照________________（写明判决的法律依据），判决如下：

被告人×××犯××罪，判处________________。

（刑期从判决生效之日起计算。判决执行以前先行羁押的，羁押刑期一日折抵刑期一日，即自××××年××月××日起至××××年××月××日止。）

如不服本判决，可在接到判决书的第二日起十日内，通过本院或者直接向×××中级人民法院提出上诉。书面上诉的，应当提交上诉状正本一份，副本×份。

审判员　×××

××××年××月××日

本件与原本核对无异

书记员　×××

制作说明

1. 首部

（1）标题。要写明“×××人民法院”“刑事判决书”。

（2）案号。写：“（××××）×刑初字第××号”。

2. 正文

（1）写明公诉机关。

（2）被告人的基本情况

①写明姓名、性别、年龄、民族、文化程度、职业或工作单位、住所，还应写明采取何种强制措施及以前受过何种刑事处分等。

②法定代理人的基本情况：姓名、性别、年龄、民族、职业或工作单位、住所。

被告人有辩护人的，写明辩护人的姓名、工作单位。

（3）写明案件来源，明确一审法院适用简易程序、独任审理的审判方式及各方到庭的人员。

（4）事实部分

①概述人民检察院指控被告人犯罪的事实、证据和适用法律的意见。

②概述被告人对指控的犯罪事实自行辩护的意见。

③概述简要概述被告人的情况调查报告中与量刑密切相关的内容。如果可能判处被告人非监禁刑罚的，概述所具备的监护、帮教条件等情况。

（5）理由

理由部分在“本院认为”之后，对控辩双方适用法律方面的争议采纳或者不予采纳的理由；依法从轻、减轻处罚或者免除处罚的理由。结合未成年被告人的成长经历，剖析未成年被告人走上犯罪道路的主客观方面的原因。

（6）判决结果。

3. 尾部

尾部应依次写明下列内容：

（1）说明法律效力，交代上诉权。

（2）审判人员署名。

（3）发文日期和人民法院盖章。

（4）说明本件与原本核对无异。

（5）书记员署名。

举例示范

案情简述： 2018年12月2日下午、2018年12月6日下午、2018年12月8日上午、2018年12月14日下午，被告人任某趁其父母外出打工期间四次容留杨某、王某及孙某吸食冰毒。

×××人民法院
刑事判决书

（2019）某刑初字第116号

公诉机关：某县人民检察院。

被告人：任某，男，2002年5月4日出生，汉族，农民，初中文化，户籍地某省某市某镇某村。因本案于2018年12月16日被刑事拘留，2018年12月25日某检察院认为无逮捕必要遂决定不批准逮捕。现在某戒毒所戒毒。

法定代理人：卢某，女，1974年11月30日出生，汉族，农民，小学文化，住址同被告人。系被告人任某之母。

辩护人：郭某，某律师事务所律师。

某县人民检察院以〔2019〕某检刑诉第099号起诉书指控被告人任某犯容留他人吸毒罪，于2019年3月19日向本院提起公诉。本院于2019年3月25日立案，并依法适用简易程序，实行独任审判，因本案被告人系未成年人，依法不公开开庭审理了本案。某县人民检察院指派检察员刘某出庭支持公诉，被告人任某及其法定代理人卢某、辩护人郭某等到庭参加诉讼。本案现已审理终结。

公诉机关指控被告人任某在2018年12月2日下午、2018年12月6日下午、2018年12月8日上午、2018年12月14日下午，趁其父母外出打工期间四次容留杨某、王某及孙某吸食冰毒。

上述事实，被告人任某在开庭审理过程中亦无异议，并有被告人的户籍证明、某村委会的证明、某县公安缉毒大队的情况说明、对被告人任某的调查评估意见书，证人杨某、王某、孙某的证言，某县公安缉毒大队的检测检验报告书等证据材料予以证实，足以认定。

根据《最高人民法院关于审理未成年人刑事案件具体应用法律若干问题的解释》的规定，在法庭审理过程中，本院了解到被告人任某具有完整的家庭，其所处社区状况良好，无违法犯罪前科，受社会上不良因素的影响，再加上交友不慎，文化水平不高，追求刺激，才走上违法犯罪的道路。被告人任某家庭和社区有监护和帮教的条件。

本院认为，被告人任某多次为他人吸食毒品提供场所，其行为已构成容留他人吸毒罪，应予处罚。公诉机关指控的犯罪事实及罪名成立，本院予以支持。被告人任某作案时已满16周岁不满18周岁，系未成年人犯罪，依法应从轻处罚。在法庭审理过程中，被告人任某自愿认罪，并如实供述自己的罪行，依法可酌情从轻处罚。辩护人关于此节的辩护意见成立，本院予以采纳。综上，被告人任某平时表现良好，归案后认罪态度较好，且系初犯、偶犯，家庭和社会也承担着教育和帮扶的义务，本着“教育为主、惩罚为辅”的原则，贯彻“教育、感化、挽救”的方针和宽严相济的刑事政策，根据本案被告人任某的犯罪事实和情节、认罪态度和悔罪表现等，依法对被告人适用非监禁刑，给被告人任某一次重新做人的机会。由于被告人犯罪时系未成年人，心智发育还不成熟，一时寻求刺激才走上犯罪之路。依照《中华人民共和国刑法》第三百五十四条、第四十一条、第十七条，《最高人民法院关于审理未成年人刑事案件具体应用法律若干问题的解释》的规定，判决如下：

被告人任某犯容留他人吸毒罪，判处管制二年，并处罚金5000元。

（刑期从判决执行之日起计算。判决执行以前先行羁押的，羁押刑期一日折抵刑期二日，即自2018年12月16日起至2020年12月15日止。罚金已缴纳。）

如不服本判决，可在接到判决书的第二日起十日内，通过本院或者直接向×××中级人民法院提出上诉。书面上诉的，应当提交上诉状正本一份，副本二份。

审判员　钱某

二○一九年五月十日

本件与原本核对无异

书记员　何某

法律链接

《最高人民法院关于适用〈中华人民共和国刑事诉讼法〉的解释》

第四百六十六条　人民法院审理未成年人刑事案件，在讯问和开庭时，应当通知未成年被告人的法定代理人到场。法定代理人无法通知、不能到场或者是共犯的，也可以通知未成年被告人的其他成年亲属，所在学校、单位、居住地的基层组织或者未成年人保护组织的代表到场，并将有关情况记录在案。

到场的其他人员，除依法行使刑事诉讼法第二百八十一条第二款规定的权利外，经法庭同意，可以参与对未成年被告人的法庭教育等工作。

适用简易程序审理未成年人刑事案件，适用前两款的规定。

询问未成年被害人、证人，适用第一款、第二款的规定。

刑事判决书

（一审公诉未成年人案件适用普通程序用）

了解文书

刑事判决书（一审公诉未成年人案件适用普通程序用）是一审人民法院对于公诉案件中被告人是未成年人或涉及未成年人的刑事犯罪案件，按照第一审普通程序审理终结后，作出处理决定时所使用的文书。

本文书样式供第一审人民法院适用普通程序审理未成年人刑事案件时使用。

文书样式

×××人民法院

刑事判决书

（××××）×刑初字第××号

公诉机关：×××人民检察院。

被告人：____________（写明姓名、性别、年龄、民族、文化程度、工作单位、住址和因本案所受强制措施情况等）。

法定代理人：____________（写明姓名、性别、年龄、工作单位、住址等）。

辩护人（或者指定辩护人）：____________（写明姓名、工作单位）。

×××人民检察院以〔××××〕×检×诉第××号起诉书指控被告人×××犯××罪，于××××年××月××日向本院提起公诉。本院于××××年××月××日立案，并依法组成合议庭。因本案被告人系未成年人（或者因本案涉及未成年被告人），依法不公开开庭审理了本案。×××人民检察院检察员×××、被告人×××及其法定代理人×××、辩护人（或者指定辩护人）×××等到庭参加诉讼。现已审理终结。

公诉机关指控被告人________（写明指控犯罪的事实、依据等）。

被告人×××辩称________（写明自行辩护意见）。法定代理人的意见是________。辩护人的辩护意见是________。

×××根据《最高人民法院关于审理未成年人刑事案件具体应用法律若干问题的解释》的规定，向法庭提交了被告人×××的情况调查报告。

经审理查明________（写明查明的情况）。

本院认为，________（对控辩双方适用法律方面的争议采纳或者不予采纳的理由；依法从轻、减轻处罚或者免除处罚的理由。结合未成年被告人的成长经历，剖析未成年被告人走上犯罪道路的主客观方面的原因）。依照________（写明判决的法律依据），判决如下：

________〔写明判决结果。分四种情况：

第一，定罪判刑的，表述为：

“一、被告人×××犯××罪，判处________（写明主刑、附加刑）。

（刑期从判决生效之日起计算。判决执行以前先行羁押的，羁押刑期一日折抵刑期一日，即自××××年××月××日起至××××年××月××日止）。

二、被告人________（写明决定追缴、退赔或者发还被害人、没收财物的名称、种类和数额）。”

第二，定罪免刑的，表述为：

“被告人×××犯××罪，免予刑事处罚。”

第三，对被告人因不满十六周岁不予刑事处罚的，表述为：

“被告人×××不负刑事责任。”

第四，宣告无罪的，无论是适用《中华人民共和国刑事诉讼法》第二百条第（二）项还是第（三）项，均应表述为：

“被告人×××无罪。”〕

如不服本判决，可在接到判决书的第二日起十日内，通过本院或者直接向×××中级人民法院提出上诉。书面上诉的，应当提交上诉状正本一份，副本×份。

审判长　×××

审判员　×××

审判员　×××

××××年××月××日

本件与原本核对无异

书记员　×××

制作说明

1. 首部

（1）标题。要写明“×××人民法院”“刑事判决书”。

（2）案号。写：“（××××）×刑初字第××号”。

2. 正文

（1）写明公诉机关。

（2）被告人的基本情况

①写明姓名、性别、年龄、民族、文化程度、职业或工作单位、住所，还应写明采取何种强制措施及以前受过何种刑事处分等。

②法定代理人的基本情况：姓名、性别、年龄、民族、职业或工作单位、住所。

被告人有辩护人的，写明辩护人的姓名、工作单位。

（3）写明案件来源、各方到庭的人员及是否公开审理等情况。

（4）事实部分

概述人民检察院指控被告人犯罪的事实、证据和适用法律的意见。

概述被告人对指控的犯罪事实自行辩护的意见。

概述法院审理查明的情况。

（5）理由

理由部分在“本院认为”之后，对控辩双方适用法律方面的争议采纳或者不予采纳的理由；依法从轻、减轻处罚或者免除处罚的理由。结合未成年被告人的成长经历，剖析未成年被告人走上犯罪道路的主客观方面的原因。

（6）判决结果。

3. 尾部

尾部应依次写明下列内容：

（1）说明法律效力，交代上诉权。

（2）审判人员署名。

（3）发文日期和人民法院盖章。

（4）说明本件与原本核对无异。

（5）书记员署名。

举例示范

案情简述：2018年6月15日上午，被告人代某搭载被害人赵某的电动三轮车去某镇上，行驶至一偏僻路段时，被告人代某持一把水果刀抢走赵某身上所带现金200元，在被害人赵某抢夺水果刀时，被告人代某将赵某的胳膊划伤。经法医鉴定，赵某的伤为轻微伤。

×××人民法院

刑事判决书

（2018）某刑初字第358号

公诉机关：某县人民检察院。

被告人：代某，男，2001年12月2日出生，汉族，农民，小学文化，户籍地某省某市某镇某村。因本案于2018年6月16日被刑事拘留，2018年6月26日批准逮捕。现羁押于某市看守所。

法定代理人：代某某，男，1976年11月30日出生，汉族，农民，小学文化，住址同被告人。系被告人任某之父。

辩护人：杨某，某律师事务所律师。

某县人民检察院以〔2018〕某检刑诉第297号起诉书指控被告人代某犯抢劫罪，于2018年10月29日向本院提起公诉。本院于2018年11月5日立案，并依法组成合议庭。因本案被告人系未成年人，依法不公开开庭审理了本案。某县人民检察院指派检察员夏某出庭支持公诉，被告人代某及其法定代理人代某某、辩护人杨某等到庭参加诉讼。本案现已审理终结。

公诉机关指控在2018年6月15日上午，被告人代某搭载被害人赵某的电动三轮车去某镇上，行驶至一偏僻路段时，被告人代某持一把水果刀抢走赵某身上所带现金200元，在被害人赵某抢夺水果刀时，被告人代某将赵某的胳膊划伤。经法医鉴定，赵某的伤为轻微伤。

公诉机关认为被告人代某的行为已经构成抢劫罪，应依法惩处。被告人代某作案时已满16周岁不满18周岁，系未成年人犯罪，依法应从轻处罚。

被告人代某辩称，对起诉书中公诉机关指控的犯罪事实及罪名没有异议，认罪伏法，希望法庭能给自己一个重新做人的机会，从轻处罚，使其早日回归社会，做一个对社会有用的人。法定代理人对起诉书中公诉机关指控的犯罪事实及罪名没有异议，保证以后对代某严加管教，配合社会、配合政府对代某帮教，教他以后好好做人，做一个对社会、对家庭有用的人。辩护人的辩护意见：1. 对起诉书中公诉机关指控的犯罪事实及罪名没有异议。2. 被告人代某作案时已满16周岁不满18周岁，系未成年人犯罪。3. 被告人代某平时表现良好，归案后认罪态度较好，且系初犯、偶犯，家庭和社会也承担着教育和帮扶的义务，建议对被告人代某从轻处罚。

某县检察院根据《最高人民法院关于审理未成年人刑事案件具体应用法律若干问题的解释》的规定，向法庭提交了被告人代某的情况调查报告。

经审理查明，在2018年6月15日上午，被告人代某搭载被害人赵某的电动三轮车去某镇上，行驶至一偏僻路段时，被告人代某持一把水果刀抢走赵某身上所带现金200元，在被害人赵某抢夺水果刀时，被告人代某将赵某的胳膊划伤。经法医鉴定，赵某的伤为轻微伤。

上述事实，有经过庭审质证的下列证据予以证实：

1. 被告人代某的供述：2018年6月15日上午9点多钟，我事先准备了一把水果刀，我准备水果刀的目的就是想抢点钱花。我在县里的一个路口，拦了一辆电动三轮车，司机问我去哪里，我说是去某镇上，司机要30元，我便同意了。然后我就坐上了司机的车，与司机聊了一会天。我见司机已经行驶到了一偏僻路段，我看四周无人，我便把刀子掏出来说把你手里的钱拿出来。三轮司机并没有听我的话，且试图从我手上抢夺水果刀。在抢夺水果刀的过程中，我将三轮司机的胳膊划伤。随后我拿走了三轮车司机钱包里仅有的200元钱，就走了。

2. 被害人赵某的陈述：2018年6月15日上午9点多钟，我跑三轮车走到县里的一个路口时，看到一个年轻人在等着。我就问他去哪里，他说是去某镇上，我要30元车费，小伙子没说什么便同意了。然后他就坐上了我的车，与我聊了一会天。等行驶到了一偏僻路段，这年轻人忽然掏出一把水果刀来威胁我让我把手里的钱都拿出来。我并没有听他的话，我试图从他手上抢过水果刀。谁知在抢夺水果刀的过程中，他将我的胳膊划伤。随后他拿走了我钱包里仅有的200元钱，就走了。

3. 证人王某的证言，证实他看到赵某骑着三轮车拉着一个年轻小伙子去某镇上，在路上遇到赵某，和他打了招呼。

4. 现场勘验检查笔录。

5. 辨认笔录、说明及照片。

6. 法医鉴定意见书证明被害人赵某受的伤经鉴定为轻微伤。

7. 被告人代某的户籍证明，证明代某年满16周岁不满18周岁。

以上证据经庭审质证，来源合法，客观真实，足以认定。

在法庭审理过程中，本院了解到被告人代某具有完整的家庭，其所处社区状况良好，无违法犯罪前科，但是因为其父母长期外出打工，疏忽了对其的教育和监管，同时受社会上不良因素的影响，文化水平不高，才走上违法犯罪的道路。被告人代某家庭和社会都要对被告人代某的违法犯罪行为承担一定的责任。

本院认为，被告人代某以非法占有为目的，以暴力手段抢劫他人财物，其行为已构成抢劫罪，应予处罚。公诉机关指控的犯罪事实及罪名成立，本院予以支持。被告人代某作案时已满16周岁不满18周岁，系未成年人犯罪，依法应从轻处罚。在法庭审理过程中，被告人代某如实供述自己的罪行，依法可酌情从轻处罚。法定代理人也表示以后对被告人代某严加管教。辩护人的辩护意见有理有据，本院予以采纳。综上，被告人代某平时表现良好，归案后认罪态度较好，且系初犯、偶犯，家庭和社会也承担着教育和帮扶的义务，本着“教育为主、惩罚为辅”的原则，贯彻“教育、感化、挽救”的方针和宽严相济的刑事政策，根据本案被告人代某的犯罪事实和情节、认罪态度和悔罪表现等，对被告人代某依法减轻处罚。依照《中华人民共和国刑法》第二百六十三条、第十七条的规定，判决如下：

被告人代某犯抢劫罪，判处有期徒刑两年，并处罚金1000元。

（刑期从判决执行之日起计算。判决执行以前先行羁押的，羁押刑期一日折抵刑期二日，罚金已缴纳。）

如不服本判决，可在接到判决书的第二日起十日内，通过本院或者直接向×××中级人民法院提出上诉。书面上诉的，应当提交上诉状正本一份，副本二份。

审判员　刘某

审判员　白某

审判员　范某

二〇一九年四月二十五日

本件与原本核对无异

书记员　冯某

法律链接

《最高人民法院关于适用〈中华人民共和国刑事诉讼法〉的解释》

第四百六十七条　开庭审理时被告人不满十八周岁的案件，一律不公开审理。经未成年被告人及其法定代理人同意，未成年被告人所在学校和未成年人保护组织可以派代表到场。到场代表的人数和范围，由法庭决定。到场代表经法庭同意，可以参与对未成年被告人的法庭教育工作。

对依法公开审理，但可能需要封存犯罪记录的案件，不得组织人员旁听。

第二章　裁定书

刑事裁定书

（驳回自诉用）

了解文书

对于自诉案件，法院可以受理，可以裁定驳回。对于缺乏罪证的自诉案件，如果自诉人提不出补充证据，应当说服自诉人撤回自诉，或者裁定驳回。刑事裁定书（驳回自诉用）就是在自诉人不能提供充分证据时，法院依法作出裁定驳回自诉人的起诉的法律文书。

本文书样式供各级人民法院在因自诉人提不出证据或者证据不足，法院不能支持自诉人的起诉，裁定驳回自诉人的起诉时使用。

文书样式

××× 人民法院

刑事裁定书

（××××）×刑初字第××号

自诉人：________________（写明姓名、性别、出生年月日、民族、籍贯、职业或工作单位和职务、住址等）。

被告人：________________（写明姓名、性别、出生年月日、民族、籍贯、职业或工作单位和职务、住址等）。

自诉人×××于××××年××月××日以被告人×××犯××罪，向本院提起控诉。

本院审查认为，________________（简写驳回自诉的理由）。依照________________（写明裁定所依据的法律规范）的规定，裁定如下：

驳回自诉人×××对被告人×××的控诉。

如不服本裁定，可在接到裁定书的次日起五日内，通过本院或者直接向×××人民法院提出上诉。书面上诉的，应交上诉状正本一份，副本×份。

审判员　×××

××××年××月××日

（院印）

本件与原本核对无异

书记员　×××

制作说明

1. 首部

（1）标题。应写明“×××人民法院”“刑事裁定书”。

（2）案号。应写：“（××××）×刑初字第××号”。

2. 正文

（1）列明自诉人的基本信息：姓名、性别、出生年月日、民族、籍贯、职业或工作单位和职务、住址等。

（2）列明被告人的基本信息：姓名、性别、出生年月日、民族、籍贯、职业或工作单位和职务、住址等。

（3）写明自诉人指控被告人所犯之罪。

（4）写明驳回自诉人的控诉。

（5）写明不服裁定的救济途径。

需要注意的是，如果自诉案件附带民事诉讼，则应当作如下改动：将文书名称中的“刑事裁定书”，改为“刑事附带民事裁定书”；在当事人称谓、控辩主张和驳回自诉的理由中，增加有关附带民事诉讼的内容。

3. 尾部及附项

审判员签字；注明年月日；法院印章；本件与原本核对无异；书记员签字。

举例示范

案情简述：河北省秦皇岛市某基层法院因本案自诉人李某所提供的控告被告人张某侵占罪的材料不能成立，故法院不能支持自诉人的起诉，法院裁定驳回自诉人的起诉。

×××人民法院

刑事裁定书

（2019）×刑初字第××号

自诉人：李某，男，1975年3月15日出生，汉族，河北省秦皇岛市卢龙县某村人，农民，现住秦皇岛市卢龙县××街×号。

被告人：张某，女，1978年10月22日出生，汉族，河北省秦皇岛市卢龙县某村人，农民，现住秦皇岛市卢龙县某村×区×号。

自诉人李某以被告人张某侵占自己位于卢龙县某村的一处房屋为由，于2019年3月8日向本院提起控诉。

本院审查后依法受理了此案，但是由于被告人张某下落不明，经本院办案法官向自诉人李某说明该情况，自诉人不撤回起诉，因此本院依照《最高人民法院关于适用〈中华人民共和国刑事诉讼法〉的解释》第二百六十三条第二款第（五）项的规定，裁定如下：

驳回自诉人李某对被告人张某的起诉。

如不服本裁定，可在接到裁定书的次日起五日内，通过本院或者直接向秦皇岛市人民法院提出上诉。书面上诉的，应交上诉状正本一份，副本八份。

审判长　董某

审判员　陈某

审判员　李某

二〇一九年四月二十八日

（院印）

本件与原本核对无异

书记员　单某某

法律链接

《最高人民法院关于适用〈中华人民共和国刑事诉讼法〉的解释》

第二百六十三条　对自诉案件，人民法院应当在十五日内审查完毕。经审查，符合受理条件的，应当决定立案，并书面通知自诉人或者代为告诉人。

具有下列情形之一的，应当说服自诉人撤回起诉；自诉人不撤回起诉的，裁定不予受理：

……

（五）被告人下落不明的；

……

刑事裁定书

（准许撤诉或者按撤诉处理用）

了解文书

刑事裁定书（准许撤诉或者按撤诉处理用）是指人民法院在审理刑事案件过程中，判决宣告前，因人民检察院要求撤回起诉，或者因自诉人的自诉缺乏罪证，自诉人提不出补充证据或者自诉人在宣告判决前同被告人自行和解而申请撤诉，或者庭审时自诉人经两次合法传唤，无正当理由拒不到庭或者未经法庭许可中途退庭而依法应按撤诉处理时，法院经审查准许撤诉或者决定按撤诉处理而就此程序问题所作的书面决定。

本文书样式供法院在宣告判决前，遇有自诉人或人民检察院要求撤诉或法院按撤诉处理的情形时，依法撤诉或按撤诉处理时使用。

文书样式

×××人民法院

刑事裁定书

（××××）×刑初字第××号

公诉机关：×××人民检察院。或者，自诉人________________（写明姓名、性别、出生年月日、民族、出生地、文化程度、职业或者工作单位和职务、住址等)。

被告人：________________（写明姓名、性别、出生年月日、民族、出生地、文化程度、职业或者工作单位和职务、住址等)。

×××人民检察院以被告人×××涉嫌××罪（或者自诉人×××以被告人×××犯××罪)，于××××年××月××日向本院提起公诉（或控诉)。本院受理后，在诉讼过程中________________（简述人民检察院要求撤回起诉、自诉人申请撤诉或者法院按撤诉处理的事由)。

本院认为，________________（写明是否准许撤诉或者按撤诉处理的理由)。依照________________（写明裁定的法律依据）的规定，裁定如下：

________________（写明裁定内容。分三种情况：

第一，准许人民检察院要求撤回起诉的，表述为：

“准许×××人民检察院撤诉。”

第二，准许自诉人申请撤诉的，表述为：

“准许自诉人×××撤诉。”

第三，按撤诉处理的，表述为：

“对自诉人的控诉按撤诉处理。”)

如不服本裁定，可在接到裁定书的第二日起五日内，通过本院或者直接向×××人民法院提出上诉。书面上诉的，应当提交上诉状正本一份，副本×份。

审判员　×××

××××年××月××日

（院印）

本件与原本核对无异

书记员　×××

制作说明

1. 首部

(1）标题。要写明“×××人民法院”“刑事裁定书”。

(2）案号。写：“（××××）×刑初字第××号”。

2. 正文

（1）写明公诉机关或自诉人的基本情况

公诉机关：×××人民检察院。

自诉人是公民的，写明姓名、性别、年龄、民族、职业或工作单位、住所。

自诉人是法人的，写明法定代表人的姓名和职务。

法定代理人的基本情况，写明姓名、性别、年龄、民族、职业或工作单位、住所。

自诉人有委托代理人的，写明代理人的姓名、工作单位。

（2）被告人的基本情况内容同自诉人一样，有第三人的写明第三人的基本情况。

（3）简述人民检察院要求撤诉、自诉人申请撤诉或者法院按撤诉处理的事由。

（4）理由

理由部分在“本院认为”之后，写明是否准许撤诉或者按撤诉处理的理由，写明裁定的法律依据。

（5）裁定结果

裁定结果是对案件程序问题的处理决定，分三种情况：准许人民检察院撤回起诉的，表述为“准许×××人民检察院撤诉”；准许自诉人申请撤诉的，表述为“准许自诉人×××撤诉”；按撤诉处理的，表述为“对自诉人的控诉按撤诉处理”。

3. 尾部

尾部应依次写明下列内容：

（1）说明法律效力，交代上诉权、上诉期限以及书面上诉时的注意事项。

（2）审判人员署名。

（3）发文日期和人民法院盖章。

（4）说明本件与原本核对无异。

（5）书记员署名。

举例示范

案情简述：2018年1月至2019年7月，被告人游某、罗某在北京市某超市工作期间，多次秘密窃取该超市供货清单回执联即客户还款凭证，并在电脑中清除客户联系方式、还款方式等相应的销售信息。后两人利用其负责向客户收取货款的机会，先后共计占有超市的货款达人民币181000元。2019年8月，超市经营者沈某发现了被告人游某、罗某非法占有货款行为后，向法院提起自诉，要求追究被告人游某、罗某的刑事责任。

×××人民法院

刑事裁定书

（2019）某刑初字第10578号

自诉人：沈某，女，1954年4月25日生，汉族，个体户，住北京市某区某里8号楼807。

委托代理人：李某，某律师事务所律师。

被告人：游某，男，1980年11月19日生，汉族，超市职工，住北京市某区某里6号楼。

委托代理人：苏某，某律师事务所律师。

被告人：罗某，男，1985年1月9日生，汉族，超市职工，住北京市某区某里3号楼。

委托代理人：白某，某律师事务所律师。

自诉人沈某诉被告人游某、罗某犯侵占罪一案，于2019年8月18日向本院提起控诉。本院受理后，在诉讼过程中，自诉人沈某经本院两次依法传唤，无正当理由未到庭参加诉讼。

本院认为，自诉人沈某经本院两次依法传唤，无正当理由未到庭参加诉讼，符合对自诉人的控诉按撤诉处理的条件。依照《中华人民共和国刑事诉讼法》第二百零五条第二款之规定，裁定如下：

对自诉人的控诉按撤诉处理。

如不服本裁定，可在接到裁定书的第二日起五日内，通过本院或者直接向某人民法院提出上诉。书面上诉的，应当提交上诉状正本一份，副本三份。

审判员　范某

二〇一九年八月十八日

（院印）

本件与原本核对无异

书记员　薛某

法律链接

《中华人民共和国刑事诉讼法》

第二百一十一条第二款　自诉人经两次依法传唤，无正当理由拒不到庭的，或者未经法庭许可中途退庭的，按撤诉处理。

刑事裁定书

（中止审理用）

了解文书

刑事诉讼中涉及中止审理的刑事裁定书，是指各级人民法院对于刑事案件中的被告人在审理过程中，因患精神病或者其他严重疾病，或者脱逃，或者其他不能抗拒的原因，致使案件无法继续审理，决定中止案件审理时使用的文书。中止审理属于暂时停止案件审理，待有关情形消失后，再行恢复审判。

本文书样式供各级人民法院依法决定暂时停止案件审理时使用。

文书样式

×××人民法院

刑事裁定书

（××××）×刑×字第××号

公诉机关：×××人民检察院。

被告人：________________（写明基本情况）。

×××人民检察院于××××年××月××日以〔××××〕×检×诉第××号起诉书，指控被告人×××犯××罪，向本院提起公诉。

本院在审理过程中，因________________（写明中止审理的原因）。依照________________（写明裁定的法律依据）的规定，裁定如下：

本案中止审理。

审判长 ×××

审判员 ×××

审判员 ×××

××××年××月××日

（院印）

本件与原本核对无异

书记员 ×××

制作说明

1. 首部

（1）标题。应写明“×××人民法院”“刑事裁定书”。

（2）案号。写：“（××××）×刑×字第××号”。

2. 正文

（1）被告人的基本情况

写明姓名、性别、出生年月日、民族、出生地、文化程度、职业或者工作单位和职务、住址以及因本案所受强制措施情况等，现羁押处所。

（2）案件基本介绍

写明所涉及的案件受理时间、案号及被告人犯罪情况。

（3）裁定依据及结果

该部分主要阐明本案中止审理的原因及依据，案件中止审理应具备法律规定中规定的应当中止的具体情形，如：被告人患有严重疾病，无法出庭的；被告人脱逃的；自诉人患有严重疾病，无法出庭，未委托诉讼代理人出庭的；由于不能抗拒的原因。最后注明裁定结果：本案中止审理。

3. 尾部

依据裁定书格式，结尾应由审判员署名，并注明日期、印章、与原本核对无异等，需要注意的是，书记员署名在日期下方。

举例示范

案情简述：某县居民张某与丈夫胡某婚后生活一直不稳定，2019 年 4 月份，两人因买房问题发生纠纷，张某趁着胡某睡觉期间将其杀害。2019 年 6 月份，该县人民检察院以故意杀人罪将张某起诉至该县人民法院。但案件审理过程中张某经鉴定患严重精神疾病，致使案件无法继续审理，县人民法院经合议决定中止案件审理。

×××人民法院

刑事裁定书

（2019）×刑×字第××号

公诉机关：×××人民检察院。

被告人：张某，女，1977 年 10 月 7 日出生，汉族，高中学历，住某市某县某路××号，本县某民营企业职工，因涉及故意杀人罪，现被羁押在本县××拘留所。

×××人民检察院于 2019 年 6 月 20 日以〔2019〕×检×诉第××号起诉书，指控被告人张某犯故意杀人罪，向本院提起公诉。

本院在审理过程中，因被告人张某经鉴定患严重精神疾病。依照《中华人民共和国刑事诉讼法》第二百零六条的规定，裁定如下：

本案中止审理。

审判长　王某

审判员　郑某

审判员　刘某

二〇一九年七月八日

（院印）

本件与原本核对无异

书记员　陈某

法律链接

《中华人民共和国刑事诉讼法》

第二百零六条　在审判过程中，有下列情形之一，致使案件在较长时间内无法继续审理的，可以中止审理：

（一）被告人患有严重疾病，无法出庭的；

（二）被告人脱逃的；

（三）自诉人患有严重疾病，无法出庭，未委托诉讼代理人出庭的；

（四）由于不能抗拒的原因。

中止审理的原因消失后，应当恢复审理。中止审理的期间不计入审理期限。

刑事裁定书

（恢复审理用）

了解文书

刑事诉讼中涉及恢复审理用的刑事裁定书，是指各级人民法院对于刑事案件中的被告人在审理过程中进行中止审理的，在中止诉讼的原因消失后，重新恢复审判时所使用的法律文书。

本文书样式供各级人民法院依法决定重新恢复案件审理时使用。

文书样式

×××人民法院

刑事裁定书

（××××）×刑×字第××号

公诉机关：×××人民检察院。

被告人：＿＿＿＿＿＿＿＿（写明姓名、性别、出生年月日、民族、出生地、文化程度、职业或者工作单位和职务、住址和因本案所受强制措施情况等，现羁押处所）。

本院于××××年××月××日以（××××）×刑×字第××号刑事裁定，对×××人民检察院起诉的被告人×××＿＿＿＿＿＿＿＿（写明案由）一案中止审理。

经查＿＿＿＿＿＿＿＿（阐明恢复审理的原因）。依照＿＿＿＿＿＿＿＿（写明裁定的法律依据），裁定如下：

本案恢复审理。

审判长　×××

审判员　×××

审判员　×××

××××年××月××日

（院印）

本件与原本核对无异

书记员　×××

制作说明

1. 首部

（1）标题。应写明“×××人民法院”“刑事裁定书”。

（2）案号。写：“（××××）×刑×字第××号”。

2. 正文

（1）被告人的基本情况

写明姓名、性别、出生年月日、民族、出生地、文化程度、职业或者工作单位和职务、住址以及因本案所受强制措施情况等，现羁押处所。

（2）案件基本介绍

写明所涉及的案件裁定中止审理的时间、案号及被告人犯罪情况。

（3）裁定依据及结果

该部分主要阐明本案中止审理后重新恢复审理的原因及依据，案件恢复审理应具备法律规定中规定的应当恢复的具体情形，即案件中止审理的原因消失后。如：被告人患有严重疾病后被治愈或委托诉讼代理人出庭的；被告人脱逃后被缉拿归案的；其他不能抗拒的原因消失的。该部分最后应注明裁定结果：本案恢复审理。

3. 尾部

依据裁定书格式，结尾应由审判员署名，并注明日期、印章、与原件核对无异等，需要注意的是，书记员署名在日期下方。

举例示范

案情简述：万某因生活窘迫，2014 年 1 月份的某天，万某潜入本市某大型商场，待商场停止营业后盗窃部分珠宝首饰，后被公安机关依法逮捕。区人民检察院于 2019 年 3 月份以盗窃罪将其起诉至区人民法院。但万某在送押至该市拘留所的路上，以上厕所为借口逃跑，致使案件无法继续审理。区人民法院依法于 2019 年 4 月 8 日以（2019）×刑×字第××号裁定书决定中止案件审理。2019 年 5 月 5 日，万某被缉拿归案，区人民法院依法决定重新恢复案件审理。

×××人民法院

刑事裁定书

（2019）×刑×字第××号

公诉机关：×××人民检察院。

被告人：万某，男，1982 年 8 月 12 日出生，汉族，高中学历，住某市某区某路×号，无业，因涉嫌盗窃罪，现被羁押在某市××拘留所。

本院于 2019 年 4 月 8 日以（2019）×刑×字第××号刑事裁定，对×××人民检察院起诉的被告人万某 2019 年 1 月份盗窃某市某商场一案中止审理。

经查，被告人万某逃脱后已被依法缉拿归案。依照《中华人民共和国刑事诉讼法》第二百零六条的规定，裁定如下：

本案恢复审理。

审判长　齐某
审判员　陈某
审判员　李某
二〇一九年五月十日
（院印）

本件与原本核对无异

书记员　江某

法律链接

《中华人民共和国刑事诉讼法》

第二百零六条　在审判过程中，有下列情形之一，致使案件在较长时间内无法继续审理的，可以中止审理：

（一）被告人患有严重疾病，无法出庭的；

（二）被告人脱逃的；

（三）自诉人患有严重疾病，无法出庭，未委托诉讼代理人出庭的；

（四）由于不能抗拒的原因。

中止审理的原因消失后，应当恢复审理。中止审理的期间不计入审理期限。

刑事裁定书

（终止审理用）

了解文书

刑事诉讼中涉及终止审理的刑事裁定书，是指各级人民法院对于刑事案件中的被告人在审理过程中，遇有法律规定的情形致使审判不应当或者不需要继续进行而终结案件的诉讼活动时所使用的裁定书。

本文书样式供各级人民法院依法决定终止案件审理时使用。

文书样式

×××人民法院

刑事裁定书

（××××）×刑×字第××号

公诉机关：×××人民检察院。

被告人：________________（写明姓名、性别、出生年月日、民族、出生地、文化程度、职业或者工作单位和职务等基本情况）。

×××人民检察院于××××年××月××日以〔××××〕×检×诉第××号起诉书，指控被告人×××犯××罪，向本院提起公诉。在审理过程中，被告人×××于××××年××月××日死亡。依照________________（写明裁定的法律依据）的规定，裁定如下：

本案终止审理。

本裁定送达后即发生法律效力。

审判长　×××

审判员　×××

审判员　×××

××××年××月××日

（院印）

本件与原本核对无异

书记员　×××

制作说明

1. 首部

（1）标题。应写明“×××人民法院”“刑事裁定书”。

（2）案号。写：“（××××）×刑×字第××号”。

2. 正文

（1）被告人的基本情况

写明姓名、性别、出生年月日、民族、出生地、文化程度、职业或者工作单位和职务等基本情况。

（2）案件基本介绍

写明所涉及的案件受理时间、案号及被告人犯罪情况。

（3）裁定依据及结果

该部分主要阐明本案终止审理的原因及依据，案件终止审理应具备法律规定中规定的应当终止的具体情形，如：犯罪嫌疑人、被告人死亡的；犯罪已过追诉时效期限的；经特赦令免除刑罚的或者其他法律规定免予追究刑事责任的情形。最后注明裁定结果：本案终止审理。

3. 尾部

需注明“本裁定送达后即发生法律效力”。同时依据裁定书格式，结尾应由审判员署名，并注明日期、印章、与原件核对无异等，需要注意的是，书记员署名在日期下方。

举例示范

案情简述：某市居民黄某在与朋友朱某喝酒时发生纠纷，遂拿起酒瓶砸中朱某头部，顿时血流不止，饭店服务员立即报警，黄某意识到犯罪后便逃跑。后朱某抢救无效死亡，黄某被警方依法抓获。2019 年 5 月 11 日，该市某区人民检察院以故意杀人罪将黄某起诉至所在区人民法院。但案件审理过程中黄某因心脏病发作意外死亡，区人民法院经决定终止案件审理。

×××人民法院

刑事裁定书

（××××）×刑×字第××号

公诉机关：×××人民检察院。

被告人：黄某，男，1984 年 1 月 14 日出生，汉族，专科学历，住某市某区某路××号，就职于本市某设计院。

×××人民检察院于 2019 年 5 月 11 日以〔2019〕×检×诉第××号起诉书，指控被告人黄某犯故意杀人罪，向本院提起公诉。

本院在审理过程中，被告人黄某于 2019 年 6 月 4 日死亡。依照《中华人民共和国刑事诉讼法》第十六条的规定，裁定如下：

本案终止审理。

本裁定送达后即发生法律效力。

审判长　任某

审判员　胡某

审判员　刘某

二〇一九年六月九日

（院印）

本件与原本核对无异

书记员　李某

法律链接

《中华人民共和国刑事诉讼法》

第十六条　有下列情形之一的，不追究刑事责任，已经追究的，应当撤销案件，或者不起诉，或者终止审理，或者宣告无罪：

（一）情节显著轻微、危害不大，不认为是犯罪的；

（二）犯罪已过追诉时效期限的；

（三）经特赦令免除刑罚的；

（四）依照刑法告诉才处理的犯罪，没有告诉或者撤回告诉的；

（五）犯罪嫌疑人、被告人死亡的；

（六）其他法律规定免予追究刑事责任的。

第三百零一条第一款　在审理过程中，在逃的犯罪嫌疑人、被告人自动投案或者被抓获的，人民法院应当终止审理。

刑事裁定书

（准许撤回上诉、抗诉用）

了解文书

刑事裁定书（准许撤回上诉、抗诉用）是指中级以上人民法院在受理上诉、抗诉案件后，对上诉人申请撤回上诉或者人民检察院要求撤回抗诉的，经审查后决定准许撤回上诉、抗诉而作出的裁定类文书。

本裁定书样式供中级以上人民法院对上诉、抗诉案件依法裁定准许撤回时使用。

文书样式

×××人民法院

刑事裁定书

（××××）×刑终字第××号

原公诉机关：×××人民检察院。

上诉人（原审被告人）：________________（写明姓名、性别、出生年月日、民族、出生地、文化程度、职业或者工作单位和职务、住址和因本案所受强制措施情况等，现羁押处所）。

×××人民法院审理×××人民检察院指控原审被告人×××犯××罪一案，于××××年××月××日作出（××××）×刑初字第××号刑事判决，判处________________（写明判处结果）。自诉人或被告人×××不服，提出上诉。（或者人民检察院认为________________，提出抗诉。）本院审理过程中，上诉人×××申请撤回上诉（或者人民检察院要求撤回抗诉）。

本院认为，________________（写明准许撤回上诉、抗诉的理由）。依照________________（写明裁定的法律依据）的规定，裁定如下：

________________分两种情况：

第一，上诉人上诉的案件，写“准许上诉人×××撤回上诉。”

第二，抗诉机关抗诉的案件，写“准许×××人民检察院撤回抗诉。”

×××人民法院（××××）×刑初字第××号刑事判决自本裁定送达之日起发生法律效力。

本裁定为终审裁定。

审判长　×××

审判员　×××

审判员　×××

××××年××月××日

（院印）

本件与原本核对无异

书记员　×××

制作说明

1. 首部

（1）标题。写明“×××人民法院”“刑事裁定书”。

（2）案号。写：“（××××）×刑终字第××号”。

2. 正文

写明原公诉机关×××人民检察院，如果是检察院提出的抗诉，则写明抗诉机关×××人民检察院；如果是自诉案件，则写明自诉人×××，并列明自诉人的基本信息，包括姓名、性别、出生年月日、民族、籍贯、职业或工作单位和职务、住址等。

另起一段列明被告人的基本信息，写明被告人的姓名、性别、出生年月日、民族、籍贯、职业或工作单位和职务、住址等。这里需要强调的是，如果是自诉人或者被告人提出上诉的，应在相应的当事人称呼前加“上诉人”，后附注括号为原审×××，即上诉人（原审自诉人）或上诉人（原审被告人）。

然后写明原审人民法院对×××一案于何年何月何日作出（××××）某刑初字第××号判决，并写明判决结果；然后写明上诉人的上诉理由或者抗诉机关的抗诉依据；最后写明上诉人或抗诉机关要求撤回上诉、抗诉。

最后写明本院经审查作出的裁定结果以及法律依据。另起一行注明“×

××人民法院（××××）×刑初字第××号刑事判决自本裁定送达之日起发生法律效力。”

3. 尾部及附项

审判员签字；注明年月日；法院印章；本件与原本核对无异；书记员签字。

举例示范

案情简述：2018年11月21日，自诉人李某以被告人张某犯侵占罪向河北省秦皇岛市某县人民法院提起刑事诉讼，法院经审理，判决张某犯侵占罪，单处罚金5000元。自诉人不服一审判决向秦皇岛市中院提起上诉，后因与被告人张某达成调解协议，请求撤回上诉。秦皇岛市中院经审查，上诉人李某的申请符合法律规定，裁定准许撤诉。

秦皇岛市中级人民法院

刑事裁定书

（××××）×刑终字第××号

上诉人（原审自诉人）：李某，男，1975年3月15日出生，汉族，河北省秦皇岛市卢龙县某村人，现住秦皇岛市海港区西岗镇120号，某机械厂职工。

原审被告人：张某，女，1978年10月22日出生，汉族，河北省秦皇岛市海港区某村人，现住秦皇岛市海港区某村某某号。

秦皇岛市某县人民法院审理上诉人（原审自诉人）李某指控原审被告人张某犯侵占罪一案，于2019年2月10日作出（2019）某刑初字第213号刑事判决，判处被告人张某侵占罪成立，单处罚金5000元。自诉人李某不服一审判决，提出上诉。本院审理过程中，上诉人李某以与被告人张某达成协议为由，申请撤回上诉。

本院认为，该案属于自诉案件，当事人对自己的权利有自由处分权，达成的调解协议真实、有效，符合法律规定的申请撤回上诉的理由，依据《中华人民共和国刑事诉讼法》第二百一十二条之规定，裁定如下：

准许上诉人李某撤回上诉。

秦皇岛市某县人民法院（2019）某刑初字第213号刑事判决自本裁定送

达之日起发生法律效力。

本裁定为终审裁定。

审判长　崔某
审判员　吴某
审判员　刘某
二〇一九年二月二十七日
（院印）

本件与原本核对无异

书记员：李某

法律链接

《中华人民共和国刑事诉讼法》

第二百一十二条　人民法院对自诉案件，可以进行调解；自诉人在宣告判决前，可以同被告人自行和解或者撤回自诉。本法第二百一十条第三项规定的案件不适用调解。

……

第二百三十二条　地方各级人民检察院对同级人民法院第一审判决、裁定的抗诉，应当通过原审人民法院提出抗诉书，并且将抗诉书抄送上一级人民检察院。原审人民法院应当将抗诉书连同案卷、证据移送上一级人民法院，并且将抗诉书副本送交当事人。

上级人民检察院如果认为抗诉不当，可以向同级人民法院撤回抗诉，并且通知下级人民检察院。

刑事裁定书

（按一审程序再审维持原判用）

了解文书

按一审程序再审维持原判的刑事裁定书是供各级人民法院对本院已经发生法律效力的一审判决，经提起再审程序后，另行组成合议庭，就案件的实体问题进行再审，确认原判在认定事实上和适用法律上没有错误，决定维持原判时所使用的文书。

本文书样式供审判人员在审理一审程序再审维持原判案件时使用。

文书样式

×××人民法院

刑事裁定书

（××××）×刑再初字第××号

原公诉机关：×××人民检察院。

原审被告人：________________（写明基本情况）。

辩护人：________________（写明姓名、工作单位）。

×××人民检察院指控原审被告人×××犯××罪一案，本院于××××年××月××日作出（××××）×刑×字第××号刑事判决，已经发生法律效力。原审被告人×××不服，提出申诉。本院依法另行组成合议庭，公开（或不公开）开庭审理了本案。×××人民检察院检察员×××出庭执行职务，原审被告人×××及其辩护人×××等到庭参加诉讼。本案现已审理终结。

一审认为，________________（写明原判决定的事实、证据、理由和判决结果等）。

经再审查明，________________（写明再审查明的事实、证据和法律依据）。

本院认为，________________（应针对申请再审的主要理由进行分析，论证原审法院判决在认定事实和适用法律方面是正确的。对诉讼各方提出的异议，应予回答，说明不予采纳的理由。为了增强说服力，驳回的理由应当具体、充分）。

依照________________（写明裁定的法律依据）的规定，裁定如下：

维持本院（××××）×刑×字第××号刑事判决。

如不服本裁定，可在接到裁定书的第二日起×日内，通过本院或者直接向×××人民法院提出上诉。书面上诉的，应交上诉状正本一份，副本×份。

审判长　×××

审判员　×××

审判员　×××

××××年××月××日

本件与原本核对无异

书记员×××

制作说明

1. 首部

（1）标题。要写明“×××人民法院”“刑事裁定书”。

（2）案号。写：“（××××）×刑再初字第××号”。

2. 正文

（1）写明原公诉机关。

（2）原审被告人的基本情况

原审被告人是公民的，写明姓名、性别、年龄、民族、职业或工作单位、住所，还应写明采取何种强制措施及以前受过何种刑事处分等。

原审被告人是法人或其他组织的，写明单位全称、法定代表人、住所、联系方式。

原审被告人有辩护人的，写明辩护人的姓名、工作单位。

（3）写明案件来源，开庭审判的组织、审判方式，各方到庭的人员。

（4）事实部分

①概述原判决的基本内容，即原判决认定的事实、证据、理由和判决结果。

②概述上诉人、辩护人的意见。

③概述人民检察院在再审中提出的新意见。

④法院认定的事实和证据。

（5）理由

理由部分在“本院认为”之后，应针对申请再审的主要理由进行分析论证原审法院判决在认定事实和适用法律方面是正确的。对诉讼各方提出的异议，应予回答，说明不予采纳的理由。为了增强说服力，驳回的理由应当具体、充分。

（6）裁定维持原判。

3. 尾部

尾部应依次写明下列内容：

（1）说明法律效力，交代上诉权。

（2）审判人员署名。

（3）发文日期和人民法院盖章。

（4）说明本件与原本核对无异。

（5）书记员署名。

举例示范

案情简述：2014年10月17日上午，被告人张某因琐事与王某发生争执，二人发生口角，张某将王某打成轻伤。一审判决张某犯故意伤害罪，判处有期徒刑二年。张某认为自己当时只是打了他的屁股两下，构不成轻伤，遂在判决书生效以后，提出申诉，请求撤销一审判决，改判其无罪。

×××人民法院

刑事裁定书

（2018）×刑再初字第051号

原公诉机关：某县人民检察院。

原审被告人：张某，男，1985年5月21日出生，汉族，农民，初中文化，住某省某县某镇某村，2015 年 11 月 15 日被逮捕，现在某监狱服刑。

辩护人：姚某，某律师事务所律师。

某县人民检察院指控原审被告人张某犯故意伤害罪一案，某县人民法院于 2016 年 10 月 18 日作出（2016）×刑初字第 159 号刑事判决书。该判决书已经发生法律效力，张某不服，提出申诉。本院依法另行组成合议庭，公开开庭审理了本案。某县人民检察院杨某出庭执行职务，原审被告人张某及其辩护人姚某等到庭参加诉讼。本案现已审理终结。

一审认定：2015 年 10 月 17 日上午，被告人张某与刚刚下地回家的王某在村口聊天时，因言语不和发生口角。二人发生口角后，张某一气之下，抢过王某手中除草用的锄头，用锄头杆打王某的屁股，王某下意识的跑。张某拎着锄头追赶王某，追上以后用锄头杆击打王某的右腿，致王某右腿损伤，经法医鉴定属轻伤。

认定上述事实的证据如下：

1. 被告人张某的供述与辩解：侦查阶段供述，用锄头朝王某屁股上打了两下，不承认追打王某，打到王某的右腿，在庭审中也拒不承认打王某，辩解自己无罪。

2. 被害人王某陈述：开始两人发生口角以后，张某抢过自己手中除草用的锄头，用锄头杆打自己的屁股，自己下意识的跑。张某拎着锄头追赶自己，追上以后用锄头杆击打自己的右腿，致自己右腿损伤，后住院治疗。

3. 证人姜某证言：证实听见张某和王某吵架，然后看到张某用锄头杆打王某的屁股，追赶王某，两人撕扯到了一起，被拉开以后，就看到王某的右腿受伤了。

4. 证人李某证言：证实看见张某用锄头杆打了王某，拉开以后看到王某右腿黑青，走路一瘸一拐的。

5. 王某的住院病历及诊断证明：证实王某在案发当天住院治疗，右腿受伤。

6. 现场图、作案工具照片：证实案发现场及作案使用的工具。

7. 法医鉴定：证实王某右腿损伤属轻伤。

8. 被告人张某身份证明：证实张某出生于 1985 年 5 月 21 日，某县某镇某村人，具有完全刑事责任能力。

一审法院认为，被告人张某故意伤害他人身体致人轻伤，犯罪事实清楚，证据确实充分，其行为构成故意伤害罪。某县人民检察院指控罪名成立，该院予以支持，被告人张某拒不认罪。一审判决：被告人张某犯故意伤害罪，判处有期徒刑二年。

判决书生效后，张某不服提出了申诉，其申诉称：我当时没有打王某的右腿，只是打了他的屁股两下。他的右腿根本没有受伤，也就不可能构成轻伤，因此请求撤销一审判决，改判无罪。

再审查明的事实和证据与一审一致。

本院认为，被告人张某故意伤害他人身体致人轻伤，其行为已构成故意伤害罪。原审判决认定事实和适用法律正确，量刑适当，审判程序合法。申诉人张某的申诉理由经查不能成立，不予采纳。依照《中华人民共和国刑事诉讼法》第二百四十五条之规定，经本院审判委员会研究决定，裁定如下：

维持本院（2016）×刑初字第159号刑事判决。

如不服本裁定，可在接到裁定书的第二日起五日内，通过本院或者直接向某人民法院提出上诉。书面上诉的，应交上诉状正本一份，副本二份。

审判长　刘某

审判员　曾某

审判员　张某

二〇一八年四月十五日

本件与原本核对无异

书记员　白某

法律链接

《中华人民共和国刑事诉讼法》

第二百五十六条　人民法院按照审判监督程序重新审判的案件，由原审人民法院审理的，应当另行组成合议庭进行。如果原来是第一审案件，应当依照第一审程序进行审判，所作的判决、裁定，可以上诉、抗诉；如果原来是第二审案件，或者是上级人民法院提审的案件，应当依照第二审程序进行审判，所作的判决、裁定，是终审的判决、裁定。

人民法院开庭审理的再审案件，同级人民检察院应当派员出席法庭。

刑事裁定书

（二审维持、撤销、变更一审裁定用）

了解文书

刑事裁定书（二审维持、撤销、变更一审裁定用）是第二审人民法院在受理不服第一审刑事裁定提出上诉、抗诉的刑事案件后，按照审理查明的事实，决定驳回上诉、抗诉，或者撤销原裁定，发回重审，或者变更原裁定时所使用的文书。

本文书样式供二审人民法院维持、撤销、变更一审裁定时使用。

文书样式

×××人民法院

刑事裁定书

（××××）×刑终字第××号

上诉人（原审自诉人）：________________（写明姓名、性别、出生年月日、民族、出生地、文化程度、职业或工作单位和职务、住址等）。

原审被告人：________________（写明姓名、性别、出生年月日、民族、出生地、文化程度、职业或工作单位和职务、住址，还应写明采取何种强制措施及受过何种刑事处分等）。

××××人民法院审理自诉人×××控诉被告人×××一案，于××××年××月××日作出（××××）×刑初字第××号刑事裁定，驳回自诉人×××的控诉。自诉人×××不服，提出上诉。本院依法组成合议庭审理了本案，现已审理终结。

________________（概述原裁定的基本内容等）。

经审理查明，________________（写明查明的事实等）。

本院认为，________________（应针对上诉人的主要理由进行分析论证，写明二审裁定维持、变更或者撤销一审法院裁定的理由）。依照____________

____（写明裁定的法律依据）的规定，裁定如下：

________________〔裁定结果，分三种情况

第一，驳回上诉，维持原裁定的，表述为：

“驳回上诉，维持原裁定。”

第二，撤销原裁定，发回重审的，表述为：

“一、撤销×××人民法院（××××）×刑初字第××号刑事裁定；

二、发回×××人民法院重新审判。”

第三，变更原裁定的，表述为：

“一、撤销×××人民法院（××××）×刑初字第××号刑事裁定；

二、________________（写明裁定内容）。”〕

本裁定为终审裁定。

审判长　×××

审判员　×××

审判员　×××

××××年××月××日

本件与原本核对无异

书记员　×××

制作说明

1. 首部

（1）标题。要写明“×××人民法院”“刑事裁定书”。

（2）案号。写：“（××××）×刑终字第××号”。

2. 正文

（1）写明上诉人即原审自诉人的基本信息，包括姓名、性别、年龄、民族、职业或工作单位、住所。

（2）原审被告人的基本情况

原审被告人是公民的，写明姓名、性别、年龄、民族、职业或工作单位、住所，还应写明采取何种强制措施及以前受过何种刑事处分等。

原审被告人是法人或其他组织的，写明单位全称、法定代表人、住所、

联系方式。

（3）写明案件来源。

（4）事实部分

①概述原裁定的基本内容，即原判决认定的事实、理由和裁决结果。

②概述上诉人的上诉理由意见。

③概述二审法院认定的事实和证据。

（5）理由。

理由部分在“本院认为”之后，应针对上诉人的主要理由进行分析论证，写明二审裁定维持、变更或者撤销一审法院裁定的理由。

（6）写明裁定结果。

3. 尾部

尾部应依次写明下列内容：

（1）说明法律效力，为终审裁决。

（2）审判人员署名。

（3）发文日期和人民法院盖章。

（4）说明本件与原本核对无异。

（5）书记员署名。

举例示范

案情简述： 沈某与陈某系夫妻关系，2017年年底，沈某向法院控告陈某在二人婚姻存续期间以夫妻名义与他人共同生活，已涉嫌构成重婚罪。经一审法院调查认为本案证据不足，裁定驳回自诉人沈某对被告人陈某的控诉。沈某不服该裁定，提出上诉，请求撤销一审裁定，发回重审或依法改判。

×××人民法院

刑事裁定书

（2018）某刑终字第109号

上诉人（原审自诉人）：沈某，女，1977年10月5日生，汉族，农民，住某市某县某乡某村。

原审被告人：陈某，男，1976年11月28日生，汉族，农民，住址同上。

某人民法院审理自诉人沈某控诉被告人陈某涉嫌重婚罪一案，于2018年2月20日作出（2018）某刑初字第028号刑事裁定书，驳回自诉人沈某的控诉。自诉人沈某不服，提出上诉。本院依法组成合议庭审理了本案，现已审理终结。

一审认定，自诉人沈某与被告人陈某系夫妻，自诉人沈某所述被告人陈某在二人婚姻存续期间以夫妻名义与他人共同生活，已构成重婚罪，但提不出确凿证据。经本院实地调查，自诉人沈某住所地的群众以及自诉人提供的被告人陈某与他人同居地的群众都不能证实被告人陈某有重婚的行为。因此，本案证据不足。依照《中华人民共和国刑事诉讼法》第二百一十一条第一款第（二）项的规定，裁定如下：

驳回自诉人沈某对被告人陈某的控诉。

裁决书下达后，沈某不服提出了上诉，其上诉称：被告人陈某在二人婚姻存续期间确实以夫妻名义与他人共同生活，一审法院认定事实不清，因此请求撤销一审裁定，发回重审或依法改判。

经审理查明的事实与一审认定事实一致。

本院认为，原裁定认定事实和适用法律正确，审判程序合法。自诉人沈某的上诉理由经查不能成立，不予采信。依照《中华人民共和国刑事诉讼法》第二百三十六条之规定，经本院审判委员会研究决定，裁定如下：

驳回上诉，维持原裁定。

本裁定为终审裁定。

审判长　杨某
审判员　肖某
审判员　王某
二〇一八年十二月十五日

本件与原本核对无异

书记员　郭某

法律链接

《中华人民共和国刑事诉讼法》

第二百一十一条第一款　人民法院对于自诉案件进行审查后，按照下列情形分别处理：

（一）犯罪事实清楚，有足够证据的案件，应当开庭审判；

（二）缺乏罪证的自诉案件，如果自诉人提不出补充证据，应当说服自诉人撤回自诉，或者裁定驳回。

第二百三十六条第一款　第二审人民法院对不服第一审判决的上诉、抗诉案件，经过审理后，应当按照下列情形分别处理：

（一）原判决认定事实和适用法律正确、量刑适当的，应当裁定驳回上诉或者抗诉，维持原判；

（二）原判决认定事实没有错误，但适用法律有错误，或者量刑不当的，应当改判；

（三）原判决事实不清楚或者证据不足的，可以在查清事实后改判；也可以裁定撤销原判，发回原审人民法院重新审判。

刑事裁定书

（二审维持原判用）

了解文书

刑事裁定书（二审维持原判用）是指第二审人民法院依照《中华人民共和国刑事诉讼法》规定的第二审程序，在上诉或者抗诉的刑事案件审理终结后，根据二审法院查明的案情事实和相关的法律规定，确认原判决在认定事实上没有错误，定罪量刑适当，诉讼程序合法，作出驳回上诉（抗）诉，维持原审判决的书面决定。

本文书样式供第二审人民法院在受理上诉或抗诉案件后，经审理查明原判决在认定事实和适用法律方面没有错误，量刑适当，决定驳回上诉或者抗诉，维持原判时使用。

文书样式

×××人民法院

刑事裁定书

（××××）×刑终字第××号

原公诉机关：×××人民检察院。

上诉人（原审被告人）：________（写明姓名、性别、出生年月日、民族、出生地、文化程度、职业或者工作单位和职务、住址和因本案所受强制措施情况等，现羁押处所）。

辩护人：________（写明姓名、工作单位和职务）。

×××人民法院审理×××人民检察院指控原审被告人×××犯××罪一案，于××××年××月××日作出（××××）×刑初字第××号刑事判决。原审被告人×××不服，提出上诉。（或者原公诉机关认为________，提出抗诉。）本院依法组成合议庭，公开（或者不公开）开庭审理了本案。×××人民检察院指派检察员×××出庭履行职务。上诉人（原审被告人）×××及其辩护人×××等到庭参加诉讼。现已审理终结。

________（首先概述原判决认定的事实、证据、理由和判决结果；其次概述上诉、辩护的意见；最后概述人民检察院在二审中提出的新意见）。

经审理查明，________（首先写明经二审审理查明的事实；其次写明二审据以定案的证据；最后针对上诉理由中与原判认定的事实、证据有异议的问题进行分析、认证）。

本院认为，________（根据二审查明的事实、证据和有关法律规定，论证原审法院判决认定事实、证据和适用法律是正确的。对于上诉人、辩护人或者出庭履行职务的检察人员等在适用法律、定性处理方面的意见，应当逐一作出回答，阐明不予采纳的理由）。依照________（写明裁定的法律依据）的规定，裁定如下：

驳回上诉，维持原判。

本裁定为终审裁定。

审判长　×××

审判员　×××

审判员　×××

××××年××月××日

（院印）

本件与原本核对无异

书记员　×××

制作说明

1. 首部

（1）标题。要写明“×××人民法院”“刑事裁定书”。

（2）案号。写：“（××××）×刑终字第××号”。

2. 正文

（1）写明原公诉机关。

（2）写明上诉人的基本情况

上诉人（注明原审被告人）的基本情况：写明姓名、性别、出生年月日、民族、出生地、文化程度、职业或者工作单位和职务、住址和因本案所受强制措施情况等，现羁押处所。

上诉人有辩护人的，写明辩护人的姓名、工作单位、职务。

（3）写明案件来源、一审处理结果、提出上诉或者抗诉的主要理由、审判组织和方式。本部分末句写“本案现已审理终结。”

（4）事实

①概述原判决认定的事实、证据、理由和判决结果。

②概述上诉、辩护的意见。

③概述人民检察院在二审中提出的新意见。

④写明经二审审理查明的事实。

⑤写明二审据以定案的证据。

⑥针对上诉理由中与原判认定的事实、证据有异议的问题进行分析、认证。

（5）理由

理由部分在“本院认为”之后，写明根据二审查明的事实、证据和有关法律规定，论证原审法院判决认定事实、证据和适用法律是正确的。对于上诉人、辩护人或者出庭履行职务的检察人员等在适用法律、定性处理方面的意见，应当逐一作出回答，阐明不予采纳的理由，写明裁定的法律依据。

（6）裁定结果

裁定结果应写：驳回上诉，维持原判。

3. 尾部

尾部应依次写明下列内容：

（1）一般应写本裁定为终审裁定，若高级人民法院在制作本裁定书且裁定维持的结果中有判处死刑、死刑缓期二年执行的内容时，关于本裁定书的效力应当分别不同情况予以表述：

①裁定维持死刑判决的，应当将“本裁定为终审裁定”改写为“本裁定依法报请最高人民法院核准”。

②裁定维持死刑缓期二年执行判决的，在“本裁定为终审裁定”之后，续写：“根据《中华人民共和国刑事诉讼法》第二百四十八条的规定，本裁定即为核准以××罪判处被告人×××死刑，缓期二年执行，剥夺政治权利终身的刑事裁定”。

（2）审判人员署名。

（3）发文日期和人民法院盖章。

（4）说明本件与原本核对无异。

（5）书记员署名。

举例示范

案情简述：2018年12月至2019年1月，被告人军某在北京务工期间，以非法占有为目的，多次入户窃取他人财物，后被公安机关抓获。由于其窃取财物数额巨大，其行为已构成盗窃罪且为累犯，一审被判处有期徒刑三年零八个月并处罚金五千元。现被告人军某不服，提出上诉。本院受理后，依法组成合议庭，通过阅卷，讯问上诉人军某，审阅辩护人的辩护意见，认为事实清楚，决定不开庭审理。现已审理终结，依法作出刑事裁定书。

×××人民法院
刑事裁定书

（2019）某刑终字第10578号

原公诉机关：北京市某区人民检察院。

上诉人（原审被告人）：军某，男，43岁，汉族，初中文化，无业，1976年9月9日出生于北京市某县某村。曾因犯盗窃罪于2011年3月8日被北京市某区人民法院判处有期徒刑一年，并处罚金人民币3000元，于2012年3月7日刑满释放。现因涉嫌盗窃罪于2019年1月10日被刑事拘留，次月6日被逮捕。现羁押在北京市某区第一看守所。

辩护人：郭某，某律师事务所律师。

北京市某区人民法院审理北京市某区人民检察院指控原审被告人军某犯盗窃罪一案，于2019年6月19日作出（2019）某刑初字第998号刑事判决。原审被告人军某不服，提出上诉。本院受理后，依法组成合议庭，通过阅卷，讯问上诉人军某，审阅辩护人的辩护意见，认为事实清楚，决定不开庭审理。现已审理终结。

原判认定：1. 2018年12月12日，被告人军某流窜到北京市某镇某村3号楼被害人马某某家中，盗走现金6900元、金戒指一枚、金耳环一只（物品经鉴定，价值共计2340元）。

2. 2019年1月8日，被告人军某流窜到北京市某区联通公司经理薛某办公室，盗走现金3500元、手机三部（手机经鉴定，价值共计12000元）。

上述事实，有公诉机关提供并经庭审举证、质证的下列证据予以证实：

1. 被害人马某的陈述，证明其于2018年12月12日上午12时许发现家中现金6900元、金戒指一枚、金耳环一只被盗，同时发现家中地上有血迹的事实。

2. 被害人薛某的证言，证明其被盗现金6900元、手机三部的事实。

3. 北京市某区公安分局作出的《指纹检验鉴定书》四份，证明在案发现场提取的指纹与被告人军某的对应指纹均吻合的事实。

原判认为，被告人军某以非法占有为目的，多次入户窃取他人财物，数额巨大，其行为已构成盗窃罪。被告人军某曾因故意犯罪被判处有期徒刑，刑罚执行完毕以后，在五年以内再犯应当判处有期徒刑以上的刑罚之罪，是累犯，应当从重处罚。据此，依照《中华人民共和国刑法》第二百六十四条之规定，判决：

一、被告人军某犯盗窃罪，判处有期徒刑三年零八个月，并处罚金五千元。

二、被告人军某应在判决生效之日起五日内退出赃物折价款返还给被害人。

上诉人军某上诉称：鉴定结论依据的现场指纹是伪造的，申请重新鉴定。

经审理查明，原判认定上诉人军某犯盗窃罪的犯罪事实，有经原审法院庭审举证、质证并已在原审判决书中认证的各证据证实。证据来源合法，内容客观、真实，且能相互印证，本院予以确认。

关于上诉人军某申请指纹重新鉴定的诉辩意见。经查，有北京市某区公安分局《现场勘验检查笔录》、现场照片、《指纹检验鉴定书》等证据证实。故上诉人军某申请重新鉴定的理由不能成立，不予采纳。

本院认为，上诉人军某以非法占有为目的，多次入户窃取他人财物，价值24740元，数额巨大，其行为已构成盗窃罪。原判认定事实清楚，证据确实充分，审判程序合法，适用法律准确，量刑适当。上诉人军某的诉辩意见不能成立，不予采纳。据此，依照《中华人民共和国刑事诉讼法》第二百三十六条第一款第（一）项的规定，裁定如下：

驳回上诉，维持原判。

本裁定为终审裁定。

审判长　杨某
审判员　范某
审判员　军某
二〇一九年七月十八日
（院印）

本件与原本核对无异

书记员　张某

法律链接

《中华人民共和国刑事诉讼法》

第二百三十六条　第二审人民法院对不服第一审判决的上诉、抗诉案件，经过审理后，应当按照下列情形分别处理：

（一）原判决认定事实和适用法律正确、量刑适当的，应当裁定驳回上诉或者抗诉，维持原判；

……

第二百四十八条　中级人民法院判处死刑缓期二年执行的案件，由高级人民法院核准。

刑事裁定书

（二审发回重审用）

了解文书

刑事裁定书（二审发回重审用）是指对于当事人不服一审判决提出上诉或者人民检察院提出抗诉的刑事案件，二审法院依法受理后，经审理发现原判决事实不清楚或者证据不足，或者违反法律规定的诉讼程序，决定撤销原判决，发回重审所作出的法律文书。

本文书样式供第二审人民法院在审理上（抗）诉刑事案件时，依法作出撤销原判，发回重审的裁定时使用。

文书样式

×××人民法院

刑事裁定书

（××××）×刑终字第××号

原公诉机关：×××人民检察院。

上诉人（原审被告人）：________________（写明姓名、性别、出生年月日、民族、籍贯、职业或工作单位和职务、住址和因本案所受强制措施情况，现在何处等）。

辩护人：＿＿＿＿＿＿＿＿（写明姓名、性别、工作单位和职务）。

×××人民法院审理被告人＿＿＿＿＿＿＿＿（写明姓名和案由）一案，于××××年××月××日作出（××××）×刑初字第××号刑事判决，认定被告人×××犯××罪，判处＿＿＿＿＿＿＿＿（简写判处结果）。被告人×××不服一审判决，以＿＿＿＿＿＿＿＿（简写上诉的主要理由）为由，提出上诉。〔或者写“×××人民检察院认为＿＿＿＿＿＿＿＿（提起抗诉的理由），依法提出抗诉。”〕本院依法组成合议庭公开（或不公开）审理了本案，＿＿＿＿＿＿＿＿（经过开庭审理的，应写明庭审形式和到庭参加诉讼的人员）。现已审理终结。

本院认为，＿＿＿＿＿＿＿＿（简述原判事实不清，证据不足，或者严重违反法律程序的情况）。依照＿＿＿＿＿＿＿＿（写明裁定所依据的法律条款项）的规定，裁定如下：

一、撤销×××人民法院（××××）×刑初字第××号刑事判决；

二、发回×××人民法院重新审判。

本裁定为终审裁定。

审判长　×××

审判员　×××

审判员　×××

××××年××月××日

（院印）

本件与原本核对无异

书记员　×××

制作说明

1. 首部

（1）标题。写明“×××人民法院”“刑事裁定书”。

（2）案号。写：“（××××）×刑终字第××号”。

2. 正文

（1）具体写明原公诉机关。

（2）写明上诉人（原审被告人）的基本情况，具体应写明姓名、性别、出生年月日、民族、籍贯、职业或工作单位和职务、住址和因本案所受强制措施情况等，现在何处。

（3）写明辩护人的姓名、工作单位和职务。

（4）写明人民法院审理的案件，于何时作出的第几号刑事判决及判处结果，被告人不服，提出上诉（简写上诉理由），法院依法组成合议庭审理了本案（经过开庭审理的，还应写明庭审形式和到庭参加诉讼的人员）。

（5）阐述法院发回重审的理由及裁定结果。

3. 尾部及附项

审判长、审判员签字；注明年月日；法院盖章；注明“本件与原本核对无异”；书记员签字。

举例示范

案情简述：被告人周某因不服河南省某市某区法院周某故意伤害案的一审判决提出上诉，二审法院经审理认为原判决事实不清楚，证据不足，遂决定撤销原判，发回重审。

×××人民法院

刑事裁定书

（2018）×刑终字第××号

原公诉机关：河南省某市某区人民检察院。

上诉人（原审被告人）：周某，男，1985年6月20日出生，汉族，河南省某市某区某某村人，现住河南省某市某区103号。2018年3月17日因故意伤害罪被逮捕，现关押在河南省某市第二看守所。

辩护人：刘某，男，某律师事务所律师。

河南省某市某区人民法院审理被告人周某故意伤害一案，于2018年6月15日作出（2018）某刑初字第124号刑事判决，认定被告人周某犯故意伤害罪，判处有期徒刑三年。被告人周某不服，以原判决认定事情有误为由，提出上诉。本院依法组成合议庭审理了本案。现已审理终结。

本院认为，原审法院认定周某故意伤害案的事实不清，证据不足，现有证据无法形成证据链，不能有效证明周某故意伤害他人的事实和危害结果。依照《中华人民共和国刑事诉讼法》第二百三十六条之规定，裁定如下：

一、撤销河南省某市某区人民法院2018年6月15日（2018）某刑初字第124号刑事判决；

二、发回河南省某市某区人民法院重新审判。

本裁定为终审裁定。

审判长　董某

审判员　李某

审判员　张某

二〇一八年十一月五日

（院印）

本件与原本核对无异

书记员　穆某某

法律链接

《中华人民共和国刑事诉讼法》

第二百三十六条　第二审人民法院对不服第一审判决的上诉、抗诉案件，经过审理后，应当按照下列情形分别处理：

（一）原判决认定事实和适用法律正确、量刑适当的，应当裁定驳回上诉或者抗诉，维持原判；

（二）原判决认定事实没有错误，但适用法律有错误，或者量刑不当的，应当改判；

（三）原判决事实不清楚或者证据不足的，可以在查清事实后改判；也可以裁定撤销原判，发回原审人民法院重新审判。

……

刑事裁定书

（按二审程序再审维持原判用）

了解文书

按二审程序再审维持原判的刑事裁定书，是指人民法院按照第二审程序审理再审案件，确认原判在认定事实上和适用法律上均无错误，从而裁定维持原判时作出的法律文书。

本文书样式供中级以上人民法院按二审程序再审刑事案件裁定维持原判时使用。

文书样式

×××人民法院

刑事裁定书

（××××）×刑再终字第××号

原公诉机关：×××人民检察院。

原审上诉人（原审被告人）：________________（写明姓名、性别、出生年月日、民族、出生地、文化程度、职业或工作单位和职务、住址等，现羁押处所）。

辩护人：________________（写明姓名、工作单位和职务）。

×××人民检察院指控被告人×××犯××罪一案，×××人民法院于××××年××月××日作出（××××）×刑初字第××号刑事判决，本院于××××年××月××日作出×刑终字第××号刑事判决（或裁定）。上述裁判发生法律效力后，________________（人民法院进行再审的事实和理由）。本院依法另行组成合议庭，公开（或者不公开）开庭审理了本案。×××人民检察院检察员×××出庭履行职务。被害人×××，原审被告人×××及其辩护人×××等到庭参加诉讼。现已审理终结。

________________（原审认定的事实、证据及法律依据）。

经再审查明，________________（再审查明的事实、理由和证据）。

本院认为，________________。依照________________（裁定的法律依据）的规定，裁定如下：

________________〔写明裁定的法律依据及裁定结果，分三种情况：

第一，原系一审的，表述为：“维持×××人民法院（××××）×刑初字第××号刑事判决”。

第二，原系二审维持原判的，表述为：“维持本院（××××）×刑终字第××号刑事裁定和×××人民法院（××××）×刑初字第××号刑事判决”。

第三，原系二审改判的，表述为：

“维持本院（××××）×刑终字第××号刑事判决”。

本裁定为终审裁定。

审判长　×××

审判员　×××

审判员　×××

×××年××月××日

（院印）

本件与原本核对无异

书记员　×××

制作说明

1. 首部

（1）标题。写“×××人民法院”“刑事裁定书”。

（2）案号。写：“（××××）×刑再终字第××号”。

2. 正文

（1）诉讼参与人的基本情况

①原公诉机关的名称。

②原审上诉人（原审被告人），要写明其姓名、性别、出生年月日、民族、文化程度、职业或工作单位和职务、住址以及现羁押处所。

辩护人要写明姓名、工作单位和职务。

（2）案件的由来和审理经过

该部分主要阐述案件的由来和审理经过，要写明提起再审的根据。注意写清审判组织形式（独任制还是合议庭），标明是否公开审理，不公开的要说明理由。然后，要列出参加诉讼的人员，包括检察人员、被害人、原审被告人及其辩护人等。最后，写明“现已审理终结”。

（3）原判认定的事实和采信的证据

这部分首先要概述原判认定的事实及其所采信的证据。其中，叙述犯罪事实应以犯罪构成要件为重点，兼顾影响量刑的各种情形。表述证据一般先客观后主观；先被害人陈述，再证人证言，最后被告人供述和辩解。

（4）再审查明的事实、理由和证据

首先，要概述再审查明的事实、理由和证据。其中，再审中原审被告人的辩解和辩护人的辩护意见，人民检察院在再审中提出的意见，都应当一并写明。其次，要写明再审认定的事实和证据，并就诉讼双方对原判有异议的事实、证据作出分析、认证。最后，根据有关法律规定，通过分析论证，具体写明原判定罪准确，量刑适当，应予维持，被告人的辩解和辩护人的辩护意见不予采纳的理由。

（5）再审结果

写明裁定的法律依据及裁定结果，分三种情况：第一，原系一审的，表述为：“维持×××人民法院（××××）×刑初字第××号刑事判决”；第二，原系二审维持原判的，表述为：“维持本院（××××）×刑终字第××号刑事裁定和×××人民法院（××××）×刑初字第××号刑事判决”；第三，原系二审改判的，表述为：“维持本院（××××）×刑终字第××号刑事判决”。末尾写明：“本裁定为终审裁定”。

3. 尾部

此部分需注明审判人员姓名及发文的日期，并加盖人民法院印章。

举例示范

案情简述：2017年9月，邓某因琐事与同村村民胡某发生争执，后双方间发展为打架斗殴，并致使胡某的哥哥胡甲遭受重伤。邓某的行为已经构成故意伤害罪，昆明市西山区人民检察院依法对邓某提起公诉。终审判决生效后，邓某以原判认定事实不清提起申诉，昆明市中级人民法院按二审程序再审此案，并依法作出判决。

云南省昆明市中级人民法院

刑事裁定书

（2018）昆中刑再终字第58号

原公诉机关：昆明市西山区人民检察院。

原审上诉人：邓某，男，1976年2月7日出生，汉族，昆明市西山区人，初中文化，无业，家住昆明市西山区，现羁押于昆明市西山区看守所。

辩护人：陈某，昆明市某律师事务所律师。

昆明市西山区人民检察院指控被告人邓某犯故意伤害罪一案，昆明市西山区人民法院于2017年12月27日作出（2017）刑初字第34号刑事判决，本院于2018年8月13日作出（2018）昆中刑终字第132号刑事判决。上述判决发生法律效力后，原审上诉人邓某以原判认定事实不清，可能影响量刑为由进行申诉。本院依法另行组成合议庭，公开开庭审理了本案。昆明市西山区人民检察院检察员刘某出庭履行职务。被害人胡甲，原审被告人邓某及其辩护人陈某等到庭参加诉讼。本案现已审理终结。

原判中认定，2017年9月23日上午，被告人邓某与同组的村民王某等人去本村4组帮忙时，与前去买猪的胡某发生纠纷。胡某当场被被告人邓某打倒在地，邓某又顺手拿起一根钢管乱打了胡某一通。后被告人邓某离开。当天下午，胡某邀约其兄胡甲等5人到被告邓某家“报仇”。在被告家未找到人，胡某等人不甘心，又来到邓某的堂兄崔某家寻找。到达崔某家后，胡某等人曾被崔某拦阻劝说，但他们不听劝阻，强行要进家里找邓某。躲在屋里的被告人邓某见状，便拿起身边砖头向胡甲砸去，胡甲被砸中后当即昏倒在地。后经昆明市法医临床司法鉴定所鉴定，胡某系开放性颅脑损伤，构成重伤。

原审认定上述事实的证据有，1. 书证：（1）昆明市法医临床司法鉴定所的鉴定书，证实被害人胡甲的受伤情况；（2）现场照片，证明胡甲被砖头砸中的现场；（3）民事赔偿协议书，证明邓某对被害人进行了民事赔偿，并取得了被害人的谅解。2. 证人证言：（1）崔某的证人证言；（2）胡某的证人证言；（3）同村村民王某的证人证言。

根据上述事实和证据，昆明市中级人民法院认为：被告人邓某故意伤害他人身体，致人重伤，其行为构成故意伤害罪。依据《中华人民共和国刑事诉讼法》第二百三十六条之规定，作出判决，被告人邓某犯故意伤害罪，判处有期徒刑三年零六个月。

被告人邓某认为：本案的发生被害人胡甲有明显过错，且他已对被害人进行了赔偿，取得了被害人的谅解，原判决量刑过重，请求改判。

经再审查明，本案被害人对该案的发生存在一定过错，被告人对被害人的经济损失进行赔偿之后，被害人表达了对被告人的谅解，但原审判决对上述情节在量刑上均已考虑，且已从轻量刑，故对被告人的上诉请求不予支持。

本院认为，原判认定事实清楚，证据确实、充分，定罪准确，量刑适当，审判程序合法。依照《中华人民共和国刑事诉讼法》第二百三十六条的规定，裁定如下：

维持本院（2018）昆中刑终字第132号刑事判决。

本裁定为终审裁定。

审判长　何某

审判员　刘某

审判员　杜某

二〇一八年十月二十八日

（院印）

本件与原本核对无异

书记员　王某

法律链接

《中华人民共和国刑事诉讼法》

第二百三十六条　第二审人民法院对不服第一审判决的上诉、抗诉案件，经过审理后，应当按照下列情形分别处理：

（一）原判决认定事实和适用法律正确、量刑适当的，应当裁定驳回上诉或者抗诉，维持原判；

（二）原判决认定事实没有错误，但适用法律有错误，或者量刑不当的，应当改判；

（三）原判决事实不清楚或者证据不足的，可以在查清事实后改判；也可以裁定撤销原判，发回原审人民法院重新审判。

原审人民法院对于依照前款第三项规定发回重新审判的案件作出判决后，被告人提出上诉或者人民检察院提出抗诉的，第二审人民法院应当依法作出判决或者裁定，不得再发回原审人民法院重新审判。

刑事附带民事裁定书

（二审维持原判用）

了解文书

刑事附带民事裁定书（二审维持原判用）是指第二审人民法院在审理当事人不服第一审人民法院刑事附带民事判决而提出上诉，或者人民检察院依法对一审刑事附带民事判决提出抗诉的案件过程中，认为原判决事实认定清楚，证据确实、充分，适用法律方面没有错误，量刑和责令赔偿经济损失均无不当，决定驳回上诉，维持原判时作出的文书。

本文书样式供第二审人民法院在审理一审刑事附带民事的上诉或抗诉案件后，经审理依法作出驳回上诉，维持原判的裁定时使用。

文书样式

×××人民法院

刑事附带民事裁定书

（××××）×刑终字第××号

原公诉机关：×××人民检察院。

上诉人（原审被告人）：＿＿＿＿＿＿＿＿（写明姓名、性别、出生年月日、民族、出生地、文化程度、职业或者工作单位和职务、住址和因本案所受强制措施情况等，现羁押处所）。

辩护人：＿＿＿＿＿＿＿＿（写明姓名、工作单位和职务）。

原审附带民事诉讼原告人：＿＿＿＿＿＿＿＿（写明姓名、性别、出生年月日、民族、出生地、文化程度、职业或者工作单位和职务、住址等）。

诉讼代理人：＿＿＿＿＿＿＿＿（写明姓名、工作单位和职务）。

×××人民法院审理×××人民检察院指控原审被告人×××犯××罪、原审附带民事诉讼原告人×××提起附带民事诉讼一案，于××××年××月××日作出（××××）×刑初字第××号刑事附带民事判决。原审被告人×××不服，提出上诉。〔或者原审附带民事诉讼原告人不服一审判决，提出上诉；或者原公诉机关认为一审判决＿＿＿＿＿＿＿＿（写明抗诉理由），提出抗诉〕。本院依法组成合议庭，公开（或者不公开）开庭审理了本案。×××人民检察院指派检察员×××出庭履行职务。上诉人（原审被告人）×××及其辩护人×××、附带民事诉讼原告人×××及其诉讼代理人×××等到庭参加诉讼。现已审理终结。

＿＿＿＿＿＿＿＿（首先概述原判决认定的事实、证据、理由和判处结果；其次概述上诉、辩护的意见；最后概述人民检察院和原审附带民事诉讼原告人在二审中提出的新意见）。

经审理查明，＿＿＿＿＿＿＿＿（首先写明经二审审理查明的事实；其次写明二审据以定案的证据；最后针对上诉理由中与原判认定的事实、证据有异议的问题进行分析、认证）。

本院认为，＿＿＿＿＿＿＿＿（根据二审查明的事实、证据和有关法律规定，论证原审法院认定事实、证据和适用法律包括判处被告人赔偿经济损失是正确的。对于上诉人、辩护人或者出庭履行职务的检察人员等在适用法律、定性处理方面的意见，应当逐一进行回答，说明不予采纳的理由）。依照＿＿＿＿＿＿＿＿（写明裁定的法律依据）的规定，裁定如下：

驳回上诉，维持原判。

本裁定为终审裁定。

审判长　×××

审判员　×××

审判员　×××

××××年××月××日

（院印）

本件与原本核对无异

书记员　×××

制作说明

1. 首部

（1）标题。要写明“×××人民法院”“刑事附带民事裁定书”。

（2）案号。写：“（××××）×刑终字第××号”。

2. 正文

（1）写明原公诉机关、上诉人、辩护人和原审附带民事诉讼原告人的基本情况

原公诉机关：“写×　×　×人民检察院”。

上诉人基本情况：注明是原审被告人，写明姓名、性别、出生年月日、民族、出生地、文化程度、职业或者工作单位和职务、住址和因本案所受强制措施情况等，现羁押处所。

辩护人基本情况：写明姓名、工作单位和职务。

原审附带民事诉讼原告人基本情况：写明姓名、性别、出生年月日、民族、出生地、文化程度、职业或者工作单位和职务、住址等。

诉讼代理人基本情况：写明姓名、工作单位和职务。

（2）写明案件来源、审判组织形式和方式、检察员及其他诉讼参与人出庭情况。

（3）事实

①概述原判决认定的事实、证据、理由和判处结果；其次概述上诉、辩护的意见；最后概述人民检察院和原审附带民事诉讼原告人在二审中提出的新意见。

②写明经二审审理查明的事实，据以定案的证据以及针对上诉理由中与

原判认定的事实、证据有异议的问题进行分析、认证。

（4）理由

理由部分在“本院认为”之后，应根据二审查明的事实、证据和有关法律规定，论证原审法院认定事实、证据和适用法律包括判处被告人赔偿经济损失是正确的。对于上诉人、辩护人或者出庭履行职务的检察人员等在适用法律、定性处理方面的意见，应当逐一进行回答，说明不予采纳的理由。写明裁定的法律依据。

（5）裁定结果

直接写明：“驳回上诉，维持原判”。

3. 尾部

尾部应依次写明下列内容：

（1）本裁定为终审裁定。

（2）审判人员署名。

（3）发文日期和人民法院盖章。

（4）说明本件与原本核对无异。

（5）书记员署名。

举例示范

案情简述：2017 年 10 月 10 日凌晨 1 时许，因被告人龙某怀疑被害人卢某戳破了自己的大货车车胎，遂来到被害人卢某租住处，采取用刀刺、拳打脚踢的方式，将被害人卢某殴打致死。一审法院以被告人龙某犯故意伤害罪，判处被告人龙某无期徒刑，剥夺政治权利终身；判令被告人龙某赔偿附带民事诉讼原告人陆某各种经济损失共计人民币 15000 元。原审被告人龙某不服，提出上诉。

×××人民法院

刑事附带民事裁定书

（2018）某刑终字第 10578 号

原公诉机关：北京市某区人民检察院。

上诉人（原审被告人）：龙某，男，1973年10月21日生，河北省某县人，汉族，小学文化，农民，家住北京市某区某村180号。因本案于2017年11月19日被刑事拘留，同年11月22日被逮捕。现羁押于北京市某区第一看守所。

辩护人：白某，某律师事务所律师。

原审附带民事诉讼原告人：陆某，女，1960年1月2日生，云南省某县人，汉族，初中文化，农民，家住北京市某区某村9号。系被害人卢某之母。

诉讼代理人：董某，某律师事务所律师。

北京市某区人民法院审理北京市某区人民检察院指控原审被告人龙某犯故意伤害罪、原审附带民事诉讼原告人陆某提起附带民事诉讼一案，于2018年6月6日作出（2018）某刑初字第××号刑事附带民事判决。原审被告人龙某不服，提出上诉。本院依法组成合议庭，公开开庭审理了本案。北京市某区人民检察院指派检察员夏某出庭履行职务。上诉人（原审被告人）龙某及其辩护人白某、附带民事诉讼原告人陆某及其诉讼代理人董某等到庭参加诉讼。本案现已审理终结。

原判认定，2017年10月10日凌晨1时许，被告人龙某在北京市某区某路8号，采取用刀刺、拳打脚踢的方式，将被害人卢某殴打致死。原审法院根据上述事实，依照《中华人民共和国刑法》及《中华人民共和国民法通则》的相关规定，以故意伤害罪，判处被告人龙某无期徒刑，剥夺政治权利终身；判令被告人龙某赔偿附带民事诉讼原告人陆某各种经济损失共计人民币15000元；随案移送的作案工具刀一把、手机一部予以没收。宣判后，原审被告人龙某上诉称，有重大立功情节，一审量刑过重。

经审理查明，2017年10月10日凌晨1时许，上诉人龙某因其驾驶的大货车车胎被人戳破，怀疑是被害人卢某所为，遂来到北京市某区某路8号被害人卢某的租房处。因被害人卢某未返回住处，上诉人龙某即在门口等待。1时30分许，被害人卢某骑摩托车来到租住房门前，上诉人龙某看见后上去便对被害人卢某拳打脚踢。后用一把长刀朝被害人卢某的背部砍击。被害人卢某经送医院抢救无效死亡。上述事实，有充分证据证实，且证据来源合法，内容客观、真实，并经原审庭审质证、认证，能够证明龙某故意伤害的犯罪事实，本院予以确认。

本院认为：上诉人龙某无视国法，故意伤害他人身体，致人死亡，其行为均已构成故意伤害罪。虽然龙某有自首立功情节，依法可从轻处罚，但原判根据龙某的犯罪事实，法定从轻处罚情节所作量刑适当，考虑了从轻处罚情节，上诉人龙某所提上诉理由不能成立，本院不予采纳。原审定罪准确，量刑适当，审判程序合法。依照《中华人民共和国刑事诉讼法》第二百三十六条第一款第（一）项及《中华人民共和国刑法》第二百三十四条第二款之规定，裁定如下：

驳回上诉，维持原判。

本裁定为终审裁定。

审判长　杨某

审判员　范某

审判员　军某

二〇一八年十月十八日

（院印）

本件与原本核对无异

书记员　张某

法律链接

《中华人民共和国刑法》

第二百三十四条　故意伤害他人身体的，处三年以下有期徒刑、拘役或者管制。

犯前款罪，致人重伤的，处三年以上十年以下有期徒刑；致人死亡或者以特别残忍手段致人重伤造成严重残疾的，处十年以上有期徒刑、无期徒刑或者死刑。本法另有规定的，依照规定。

《中华人民共和国刑事诉讼法》

第二百三十六条　第二审人民法院对不服第一审判决的上诉、抗诉案件，经过审理后，应当按照下列情形分别处理：

（一）原判决认定事实和适用法律正确、量刑适当的，应当裁定驳回上诉或者抗诉，维持原判；

……

刑事裁定书

（再审后上诉、抗诉案件二审维持原判用）

了解文书

刑事裁定书（再审后上诉、抗诉案件二审维持原判用）是第二审人民法院在收到不服第一审人民法院的再审裁定或者判决提出上诉或者抗诉的刑事案件后，按照第二审程序审理查明第一审人民法院的再审裁定或者判决，在认定事实上和适用法律上没有错误，决定维持原判时使用的文书。

本文书样式供二审审判人员在审理再审后上诉、抗诉案件二审时维持原判使用。

文书样式

××××人民法院

刑事裁定书

（××××）×刑再终字第××号

原公诉机关：×××人民检察院

上诉人（原审被告人）：________________（写明姓名、性别、出生年月日、民族、出生地、文化程度、职业或工作单位和职务、住址等，现羁押处所）。

辩护人：________________（写明姓名、工作单位和职务）。

原审被告人×××犯××罪一案，×××人民法院于××××年××月××日作出（××××）×刑初字第××号刑事判决，已发生法律效力。原审被告人×××提请再审。×××人民法院经过再审，于××××年××月××日作出（××××）×刑再初字第××号刑事裁定（或判决），原审被告人×××提出上诉，本院依法组成合议庭，公开（或不公开）开庭审理了本案。×××人民检察院检察员×××出庭执行职务，上诉人（原审被告人）×××及其辩护人×××到庭参加诉讼。本案现已审理终结。

_______________（写明原裁判的基本内容）。

经审理查明，_______________（写明查明的事实、证据）。

本院认为，_______________（根据本院进一步查证属实的事实、情节和当时的法律政策，批驳上诉、辩护等对定罪量刑方面不服的主要意见和理由，论证一审法院再审判决的正确性）。依照_______________（写明裁定的法律依据）的规定，裁定如下：

_______________〔写明裁定结果，分两种情况：

第一，一审法院再审系裁定维持原判的，表述为：

"驳回上诉，维持×××人民法院（××××）×刑初字第××号刑事判决和×××人民法院（××××）××刑再初字第××号刑事裁定。"

第二，一审再审系改变原判的，表述为：

"驳回上诉，维持×××人民法院（××××）×刑再初字第××号刑事判决。"〕

本裁定为终审裁定。

审判长　×××

审判员　×××

审判员　×××

××××年××月××日

本件与原本核对无异

书记员　×××

制作说明

1. 首部

（1）标题。要写明"×××人民法院""刑事裁定书"。

（2）案号。写："（××××）×刑再终字第××号"。

2. 正文

（1）写明原公诉机关。

（2）原审被告人的基本情况

原审被告人是公民的，写明姓名、性别、年龄、民族、职业或工作单位、住所，还应写明采取何种强制措施及以前受过何种刑事处分等。

原审被告人是法人或其他组织的，写明单位全称、法定代表人、住所、联系方式。

原审被告人有辩护人的，写明辩护人的姓名、工作单位。

(3) 写明案件来源，一审法院提起再审程序的经过、开庭审判的组织、审判方式，各方到庭的人员。

(4) 事实部分

①概述一审法院的再审裁定或判决的基本内容。

②概述上诉人、辩护人的意见。

③概述人民检察院在第二审中提出的新意见。这些新意见大多数是二审同级检察院提出的。

④法院认定的事实和证据，肯定一审法院的再审裁定或判决认定的事实、情节是正确的，证据确凿、充分。如果上诉、辩护等对事实、情节方面提出异议，应通过对有关证据的分析论证，予以否定。

(5) 理由

理由部分在“本院认为”之后，根据本院进一步查证属实的事实、情节和当时的法律政策，批驳上诉、辩护等对定罪量刑方面不服的主要意见和理由，论证一审法院再审判决的正确性。

(6) 裁定维持原判。

3. 尾部

尾部应依次写明下列内容：

(1) 说明法律效力，为终审裁定。

(2) 审判人员署名。

(3) 发文日期和人民法院盖章。

(4) 说明本件与原本核对无异。

(5) 书记员署名。

举例示范

案情简述：郝某犯组织卖淫罪，被判处有期徒刑六年，并处罚金五万元。该判决书已经发生法律效力，2018年9月20日，郝某申请再审。

法院依法另行组成合议庭，于2018年11月25日作出了（2018）某刑再初字第021号刑事判决书，改判原审被告郝某犯组织卖淫罪，判处有期徒刑五年十个月，并处罚金五万元。原审被告人郝某不服，提出上诉。

×××人民法院

刑事裁定书

（2019）某刑再终字第006号

原公诉机关：某县人民检察院。

上诉人（原审被告人）：郝某，男，1981年1月12日出生，汉族，农民，初中文化，住某省某县某镇某村，现在某监狱服刑。

辩护人：刘某，某律师事务所律师。

某县人民检察院指控的原审被告人郝某犯组织卖淫罪一案，某县人民法院于2018年1月5日作出（2017）某刑初字第013号刑事判决书，以被告人郝某犯组织卖淫罪，判处有期徒刑六年，并处罚金五万元。该判决书已经发生法律效力，交付执行。2018年9月20日，郝某申请再审。该院依法另行组成合议庭，于2018年11月25日作出（2018）某刑再初字第021号刑事判决书，改判原审被告郝某犯组织卖淫罪，判处有期徒刑五年十个月，并处罚金五万元。原审被告人郝某不服，向本院提出上诉。本院受理后，依法组成合议庭，公开开庭审理了本案，某人民检察院检察员肖某出庭执行职务，原审被告人郝某及其辩护人刘某等到庭参加诉讼。本案现已审理终结。

原判认定，2017年3月至6月间，被告人郝某组织多名妇女在该县的某足疗店卖淫，收入所得与卖淫女按3:7的比例分成。2017年6月10日，民警接到举报电话，对该足疗店进行突击检查时，当场查获准备卖淫嫖娼的5对男女，并在该足疗店查获卖淫女8名。

原审法院根据以上事实及相关法律规定，认为原审被告人郝某犯组织卖淫罪事实清楚，证据充分，作出（2018）某刑再初字第021号刑事判决书，判决原审被告人郝某犯组织卖淫罪，判处有期徒刑五年十个月，并处罚金五万元。

上诉人郝某不服原再审判决，向本院提出上诉，其上诉称：我没有组织卖淫，只是招了几个服务员；涉案的卖淫女是6个，而非法院认定的8个，原再审法院量刑过重。因此请求二审法院依法改判。

二审查明的事实和与原再审判决认定的事实一致。

本院认为，上诉人郝某以牟利为目的，组织他人卖淫，已构成组织卖淫罪，原再审法院对其定罪量刑并无不当，上诉人郝某的上诉意见与事实和法律不符，本院不予采纳。原审判决认定事实和适用法律正确，量刑适当，审判程序合法。依照《中华人民共和国刑事诉讼法》第二百三十六条第一款之规定，裁定如下：

驳回上诉，维持本院（2018）某刑再初字第021号刑事判决书。

本裁定为终审裁定。

审判长　李某

审判员　孙某

审判员　赵某

二〇一九年四月二日

本件与原本核对无异

书记员　蒋某

法律链接

《中华人民共和国刑事诉讼法》

第二百三十六条第一款　第二审人民法院对不服第一审判决的上诉、抗诉案件，经过审理后，应当按照下列情形分别处理：

（一）原判决认定事实和适用法律正确、量刑适当的，应当裁定驳回上诉或者抗诉，维持原判；

（二）原判决认定事实没有错误，但适用法律有错误，或者量刑不当的，应当改判；

（三）原判决事实不清楚或者证据不足的，可以在查清事实后改判；也可以裁定撤销原判，发回原审人民法院重新审判。

刑事裁定书

（核准或者不核准法定刑以下判处刑罚用）

了解文书

刑事裁定书（核准或者不核准法定刑以下判处刑罚用）是高、中级人民法院对下级人民法院在法定刑以下判处被告人刑罚并上报复核的案件进行复核后，作出的核准或不核准在法定刑以下判处刑罚时所使用的文书。

本文书样式供中级以上人民法院对报请复核或者核准在法定刑以下判处刑罚的案件，裁定核准或不核准在法定刑以下判处刑罚使用。

文书样式

×××人民法院

刑事裁定书

（××××）×刑核字第××号

原公诉机关：×××人民检察院。

原审被告人：________________（写明基本信息）。

×××人民法院审理×××人民检察院指控被告人×××犯××罪一案，于××××年××月××日作出（××××）×刑初字第××号刑事判决，以被告人×××犯××罪，依法在法定刑以下判处________________（写明判决结果）。控辩双方在法定期限内没有上诉、抗诉。×××人民法院依法逐级报送本院复核。本院依法组成合议庭进行审理。现已审理终结。

原审法院认定________________。

（写明原判决认定的事实和证据，以及在法定刑以下判处刑罚的理由）。

经复核查明，________________。

（写明复核查明的事实和证据，以及有无在法定刑以下判处刑罚的情况）。

本院认为，________________（阐明本院核准或者不核准对被告人在法定刑以下判处刑罚的理由）。依照________________（写明裁定法律依据）的规定，裁定如下：

________________〔裁定结果，分两种情况：

第一，核准在法定刑以下判处刑罚的，表述为：

“核准×××人民法院（××××）×刑初字第××号以被告人×××犯××罪，在法定刑以下判处________________的刑事判决。”

第二，不予核准的，表述为：

“一、撤销×××人民法院（××××）×刑初字第××号以被告人×××犯××罪，在法定刑以下判处________________的刑事判决。

二、发回×××人民法院重新审判（或者指定其他下级人民法院重新审判）。”〕

本裁定送达后即发生法律效力。

审判长　×××

审判员　×××

审判员　×××

××××年××月××日

本件与原本核对无异

书记员　×××

制作说明

1. 首部

（1）标题。要写明“×××人民法院”“刑事裁定书”。

（2）案号。写：“（××××）×刑核字第××号”。

2. 正文

（1）写明原公诉机关。

（2）原审被告人的基本情况。

原审被告人是公民的，写明姓名、性别、年龄、民族、职业或工作单位、住所，还应写明采取何种强制措施及以前受过何种刑事处分等。

原审被告人是法人或其他组织的，写明单位全称、法定代表人、住所、联系方式。

（3）写明案件来源。

（4）事实部分：

①概述原判决认定的事实、证据和在法定刑以下判处刑罚的理由。

②写明经复核查明的事实、证据和有无在法定刑以下处罚的特殊情况。

（5）理由。

理由部分在“本院认为”之后，阐明本院核准或者不核准对被告人在法定刑以下判处刑罚的理由。

（6）写明裁定结果。

3. 尾部

尾部应依次写明下列内容：

（1）说明法律效力，送达后即发生法律效力。

（2）审判人员署名。

（3）发文日期和人民法院盖章。

（4）说明本件与原本核对无异。

（5）书记员署名。

举例示范

案情简述：被告人牛某于2017年3月1日晚上10时许，见受害人马某戴有金戒指，金耳环，便尾随其后，待受害人马某回到家以后，乘其不备，翻墙进入院中。被马某发现后，遂用木棒将马某打晕，摘下马某戴的金银首饰，并进室内将马某的银行存折及现金2万元盗走。鉴于牛某尚未满18周岁等情节，某人民法院在法定刑下判处其八年有期徒刑。控辩双方在法定期限内没有上诉、抗诉，遂报请中级人民法院复核。

×××人民法院

刑事裁定书

（2019）某刑核字第089号

原公诉机关：某市人民检察院。

原审被告人：牛某，男，2000年6月25日出生，汉族，农民，小学文化，住某省某县某镇某村，2017 年 3 月 15 日被逮捕，现羁押于某看守所。

某人民法院审理某人民检察院指控被告人牛某犯抢劫罪一案，于 2018 年 9 月 18 日作出（2018）某刑初字第 108 号刑事判决，以被告人牛某犯抢劫罪，依法在法定刑以下判处有期徒刑八年。控辩双方在法定期限内没有上诉、抗诉。某人民法院依法逐级报送本院复核。本院依法组成合议庭进行审理。现已审理终结。

原审法院认定被告人牛某于 2017 年 3 月 1 日晚上 10 时许，在镇上见受害人马某戴有金戒指，金耳环，便尾随其后，将马某打晕，并进室内将马某的银行存折及现金 2 万元盗走。被告人牛某在抢劫过程中入室抢劫，应从重处罚。但被告人牛某犯罪时年满 16 周岁不满 18 周岁，尚未成年，在庭审中认罪态度较好，主动退还赃款，缴纳罚金，可在法定刑以下判处。依照《中华人民共和国刑法》第二百六十三条、第二十五条第一款之规定判决被告人牛某犯抢劫罪，在法定刑以下判处有期徒刑八年。

经本院复核查明被告人牛某于 2017 年 3 月 1 日晚上 10 时许，在镇上见受害人马某戴有金戒指，金耳环，便尾随其后，待受害人马某回到家以后，乘其不备，翻墙进入院中。牛某翻入院中以后，被马某发现，遂用木棒将马某打晕，摘下马某戴的金银首饰，并进室内将马某的银行存折及现金 2 万元盗走。认定上述事实的证据如下：

1. 被告人牛某的供述与辩解：被告人牛某对其入室抢劫马某并将其打晕的犯罪行为供认不讳。

2. 被害人马某陈述：自己外出回到家中，在休息的时候，发现牛某潜入自己家中，后就被牛某打晕，醒来后发现自己戴的金银首饰及家中的现金被盗。

3. 马某的住院病历及诊断证明：证实马某在案发当天住院治疗，受伤。

4. 现场图、作案工具照片：证实案发现场及作案使用的工具。

5. 法医鉴定：证实马某损伤属轻微伤。

6. 被告人牛某身份证明：证实牛某出生于 2000 年 6 月 25 日，某县某镇某村人，完全刑事责任能力，但是尚未满 18 周岁。

本院认为被告人牛某，目无国法，为图他人钱财，入室抢劫，危害社会治安，情节恶劣。但鉴于牛某犯罪时年满 16 周岁不满 18 周岁，尚未成年，在庭审中认罪态度较好，主动退还赃款，缴纳罚金，可在法定刑以下判处。原审人民法院判决认定的事实清楚，证据确实、充分，定罪准确，量刑适当，审判程序合法。根据《中华人民共和国刑法》第六十三条的规定，裁定如下：

核准某人民法院（2018）某刑初字第108号以被告人牛某犯抢劫罪，在法定刑以下判处八年的刑事判决。

本裁定送达后即发生法律效力。

审判长　吴某
审判员　齐某
审判员　张某
二〇一九年五月十一日

本件与原本核对无异

书记员　李某

法律链接

《中华人民共和国刑法》

第六十三条　犯罪分子具有本法规定的减轻处罚情节的，应当在法定刑以下判处刑罚；本法规定有数个量刑幅度的，应当在法定量刑幅度的下一个量刑幅度内判处刑罚。

犯罪分子虽然不具有本法规定的减轻处罚情节，但是根据案件的特殊情况，经最高人民法院核准，也可以在法定刑以下判处刑罚。

刑事裁定书

（核准或者不核准有特殊情况的假释用）

了解文书

刑事裁定书（核准或者不核准有特殊情况的假释用）是对于因犯罪分子具有特殊情况，不受执行刑期限制的假释案件，中级人民法院依法作出假释裁定后，报请高级人民法院复核。高级人民法院同意假释的，应当制作报请核准假释的报告，报请最高人民法院核准；高级人民法院不同意假释的，应当裁定撤销中级人民法院的假释裁定，作出不核准假释的裁定。

本文书样式供最高人民法院对罪犯在服刑期间具有特殊情况依法核准或不核准假释用。

文书样式

×××人民法院

刑事裁定书

（××××）×刑执核字第××号

罪犯：________________（写明姓名、性别、出生年月日、民族、出生地、文化程度、现服刑监所和原住址等）。

×××人民法院于××××年××月××日作出（××××）×刑初字第××号刑事判决，以被告人×××犯××罪，判处________________（写明刑种、刑期等）。执行机关×××于××××年××月××日以该犯具有特殊情况，不受执行刑期限制为由，向×××中级（或者高级）人民法院提出假释建议书。经×××中级（或者高级）人民法院审理后，依法报请本院核准。本院依法组成合议庭进行了审理。现已审理终结。

________________（简述原审认定有特殊情况的事实和证据）。

经审理查明，________________（写明查明的事实和证据）。

本院认为，________________（阐明应予假释或者不准假释的理由及依据）。依照________________（写明裁定的法律依据）的规定，裁定如下：

________________〔裁决结果，分两种情况：

第一，核准假释的，表述为：

“一、核准×××人民法院（××××）×刑执字第××号对罪犯×××假释的刑事裁定。

二、对犯罪×××予以假释。”

第二，不核准假释的，表述为：

“一、撤销×××人民法院（××××）×刑执字第××号对罪犯×××

假释的刑事裁定；

二、对罪犯×××不准假释。”〕

本裁定送达后即发生法律效力。

审判长 ×××

审判员 ×××

审判员 ×××

××××年××月××日

本件与原本核对无异

书记员×××

制作说明

1. 首部

（1）标题。要写明“×××人民法院”“刑事裁定书”。

（2）案号。写：“（××××）×刑执核字第××号”。

2. 正文

（1）写明罪犯的基本情况：姓名、性别、出生年月日、民族、出生地、文化程度、现服刑监所和原住址等。

（2）写明罪犯的具体刑种、刑期，上诉、抗诉的写明二审裁判结果。未经二审的写明“判决发生法律效力后交付执行”，同时写明执行中的刑种、刑期变更情况。

（3）事实部分

①简述原审人民法院认定罪犯有特殊情况的事实和证据。

②写明有特殊情况的具体事实或者不属于特殊情况的事实。

（4）理由

在“本院认为”之后，阐明应予假释或者不准假释的理由及依据。

（5）写明裁定结果。

3. 尾部

尾部应依次写明下列内容：

（1）说明法律效力，送达后即发生法律效力。

（2）审判人员署名。

（3）发文日期和人民法院盖章。

（4）说明本件与原本核对无异。

（5）书记员署名。

举例示范

案情简述：罪犯吴某因犯盗窃罪，被判处有期徒刑八年，并处罚金四万元（已履行）。判决发生法律效力后交付执行。执行机关某监狱于2013年10月10日以该犯具有特殊情况，因政治因素及身体的原因，不受执行刑期限制为由，向某高级人民法院提出假释建议书。经某高级人民法院审理后，依法报请最高人民法院核准。

×××人民法院

刑事裁定书

（2019）某刑执核字第011号

罪犯：吴某，男，1977年2月3日出生，汉族，小学文化，住某省某县某小区101号，现在在某省某监狱服刑。

某人民法院于2014年11月20日作出（2014）某刑初字第078号刑事判决，以被告人吴某犯盗窃罪，判处有期徒刑八年，并处罚金四万元（已履行）。判决发生法律效力后交付执行。执行机关某监狱于2018年10月10日以该犯具有特殊情况，因政治因素及身体的原因，不受执行刑期限制为由，向某高级人民法院提出假释建议书。经某高级人民法院审理后，依法报请本院核准。本院依法组成合议庭进行了审理。现已审理终结。

经审理查明，罪犯吴某在服刑改造期间，认真遵守监规，接受教育改造，积极参加政治、文化、技术学习；积极参加劳动，爱护公物，完成劳动任务，且其罚金刑已经履行，确有悔改表现。同时罪犯吴某的身体不太好，政治上也有一定的特殊原因。以上有执行机关提供的罪犯评审鉴定表、医院出具的吴某身体情况证明、罪犯假释审核表等证据印证，本院予以确认。

本院认为，罪犯吴某在服刑改造期间，认真遵守监规，接受教育改造，积极参加政治、文化、技术学习；积极参加劳动，爱护公物，完成劳动任务，同时吴某的身体不好，政治上有特殊情况，确有悔改表现，符合假释条件，不受执行刑期的限制，依法可以假释。对于执行机关提出的罪犯吴某适用假释的建议，本院予以采纳。依照《中华人民共和国刑法》第八十一条第一款、第八十二条、第八十三条的规定，裁定如下：

一、核准某人民法院（2019）某刑执字第014号对罪犯吴某假释的刑事裁定。

二、对犯罪吴某予以假释。

本裁定送达后即发生法律效力。

审判长 夏某

审判员 冯某

审判员 刘某

二〇一九年七月十一日

本件与原本核对无异

书记员 王某

法律链接

《中华人民共和国刑法》

第八十一条 被判处有期徒刑的犯罪分子，执行原判刑期二分之一以上，被判处无期徒刑的犯罪分子，实际执行十三年以上，如果认真遵守监规，接受教育改造，确有悔改表现，没有再犯罪的危险的，可以假释。如果有特殊情况，经最高人民法院核准，可以不受上述执行刑期的限制。

对累犯以及因故意杀人、强奸、抢劫、绑架、放火、爆炸、投放危险物质或者有组织的暴力性犯罪被判处十年以上有期徒刑、无期徒刑的犯罪分子，不得假释。

……

刑事裁定书

（死刑缓期两年执行减刑用）

了解文书

刑事裁定书（死刑缓期两年执行减刑用）是高级人民法院对于在死刑缓期二年执行期间对没有故意犯罪的犯罪分子予以减刑时使用。对死缓罪犯的减刑是一种法定的特殊形式的减刑。

本文书样式供高级以上人民法院在犯罪分子在死刑缓期执行期间没有故意犯罪，依法减为无期徒刑时使用。

文书样式

××××人民法院

刑事裁定书

（××××）×刑执字第××号

罪犯：________（写明姓名、性别、出生年月日、民族、出生地、文化程度、现服刑监所和原住址等）。

××××年××月××日×××中级人民法院作出（××××）×刑初字第××号刑事判决，认定被告人×××犯××罪，判处死刑，缓期二年执行，剥夺政治权利终身。被告人×××不服，提出上诉（或者×××人民检察院提出抗诉）。×××高级人民法院二审审理，于××××年××月××日以（××××）×刑终字第××号刑事裁定，驳回上诉（或者抗诉），维持原判。宣判后即交付执行。×××监狱于××××年××月××日提出减刑建议书。经×××监狱管理局审核，报送本院审理。本院依法组成合议庭进行了审理。现已审理终结。

执行机关×××监狱以罪犯________（写明减刑理由）为由，建议对罪犯×××减刑。

经审理查明，罪犯×××因犯××罪，被判处死刑，缓期二年执行，剥夺政治权利终身。×××高级人民法院依法核准后，于××××年××月××日交付执行。现死刑缓期执行期满。执行期间，罪犯×××确无故意犯罪。

本院认为，罪犯×××在死刑缓期二年执行期间，没有故意犯罪（或者确有重大立功表现），应予减刑。依照《中华人民共和国刑事诉讼法》第二百六十一条第二款，《中华人民共和国刑法》第五十条、第五十七条第二款的规定，裁定如下：

将罪犯×××死刑缓期二年执行，剥夺政治权利终身的刑罚，减为无期徒刑，剥夺政治权利终身不变。

本裁定送达后即发生法律效力。

审判员　×××

审判员　×××

××××年××月××日

本件与原本核对无异

书记员　×××

制作说明

1. 首部

（1）标题。要写明“×××人民法院”“刑事裁定书”。

（2）案号。写：“（××××）×刑执字第××号”。

2. 正文

（1）写明罪犯的基本情况：姓名、性别、出生年月日、民族、出生地、文化程度、现服刑监所和原住址等。

（2）写明罪犯的具体刑种、刑期，上诉、抗诉的写明二审裁判结果。

（3）事实部分

①简述执行机关提出罪犯在死缓执行期间，没有故意犯罪或者有重大立功表现的事实。

②如果确有重大立功表现的，应写明查实的具体事实。

（4）理由

理由部分在“本院认为”之后，阐明罪犯在死刑缓期二年执行期间，没有故意犯罪（或者确有重大立功表现），应予减刑及相关的法律依据。

（5）写明裁定结果：将罪犯死刑缓期二年执行，剥夺政治权利终身的刑罚，减为无期徒刑，剥夺政治权利终身不变。

3. 尾部

尾部应依次写明下列内容：

（1）说明法律效力，送达后即发生法律效力。

（2）审判人员署名。

（3）发文日期和人民法院盖章。

（4）说明本件与原本核对无异。

（5）书记员署名。

举例示范

案情简述：顾某犯故意杀人罪，被判处死刑，缓期二年执行，剥夺政治权利终身。顾某在死刑缓期执行二年期间，没有故意犯罪，执行机关某监狱以此为由，建议对顾某实行减刑。

×××人民法院

刑事裁定书

（2019）某刑执字第093号

罪犯：顾某，男，汉族，1967年4月17日出生，农村，户籍地为某省某市某镇某村，现某监狱服刑。

2016年12月11日某中级人民法院作出（2016）某刑初字第022号刑事判决，认定被告人顾某犯故意杀人罪，判处死刑，缓期二年执行，剥夺政治权利终身。被告人不服，提出上诉。某高级人民法院二审审理，于2017年3月8日以（2017）某刑终字第014号刑事裁定，驳回上诉，维持原判。宣判后即交付执行。某监狱于2019年4月14日提出减刑建议书。经某监狱管理局审核，报送本院审理。本院依法组成合议庭进行了审理。现已审理终结。

执行机关某监狱以罪犯顾某在死刑缓期执行二年期间，没有故意犯罪为由，建议对罪犯顾某减刑。

经审理查明，罪犯顾某因犯故意杀人罪，被判处死刑，缓期二年执行，剥夺政治权利终身。某高级人民法院依法核准后，于2017年3月8日交付执行。现死刑缓期执行期满。执行期间，罪犯顾某确无故意犯罪。

本院认为，罪犯顾某在死刑缓期二年执行期间，没有故意犯罪，应予减刑。依照《中华人民共和国刑事诉讼法》第二百六十一条第二款，《中华人民共和国刑法》第五十条、第五十七条第二款的规定，裁定如下：

将罪犯顾某死刑缓期二年执行，剥夺政治权利终身的刑罚，减为无期徒刑，剥夺政治权利终身不变。

本裁定送达后即发生法律效力。

审判长　潘某

审判员　赵某

审判员　夏某

二〇一九年七月十一日

本件与原本核对无异

书记员　何某

法律链接

《中华人民共和国刑事诉讼法》

第二百六十一条　最高人民法院判处和核准的死刑立即执行的判决，应当由最高人民法院院长签发执行死刑的命令。

被判处死刑缓期二年执行的罪犯，在死刑缓期执行期间，如果没有故意犯罪，死刑缓期执行期满，应当予以减刑的，由执行机关提出书面意见，报请高级人民法院裁定；如果故意犯罪，情节恶劣，查证属实，应当执行死刑的，由高级人民法院报请最高人民法院核准；对于故意犯罪未执行死刑的，死刑缓期执行的期间重新计算，并报最高人民法院备案。

刑事裁定书

（核准死刑缓期二年执行用）

了解文书

刑事裁定书（核准死刑缓期二年执行用）是高级人民法院在复核死刑缓期二年执行案件中，对于原判认定事实和适用法律正确、量刑适当的案件，予以核准死刑缓期二年执行时作出的文书。

本文书样式供高级人民法院在复核死刑缓期二年执行案件中，对于原判认定事实和适用法律正确、量刑适当的案件，予以核准死刑缓期二年执行时使用。

文书样式

×××人民法院

刑事裁定书

（××××）×刑核字第××号

被告人：________________（写明姓名、性别、出生年月日、民族、出生地、文化程度、职业或工作单位和职务、住址和因本案所受强制措施情况等，现羁押处所）。

×××中级人民法院审理×××人民检察院指控被告人×××犯××罪一案，于××××年××月××日以（××××）A刑初字第××号刑事判决，认定被告人×××犯××罪，判处死刑，缓期二年执行，剥夺政治权利终身。本案在法定期限内没有上诉、抗诉。×××中级人民法院依法报送本院核准。本院依法组成合议庭进行了复核，现已复核终结。

经复核审查________________（肯定原判认定的犯罪事实、情节及其证据的具体内容）。

本院认为________________（阐明本院核准判处死刑缓期二年执行的理由）。依照________________（写明裁定的法律依据）的规定，裁定如下：

核准×××中级人民法院（××××）×刑初字第××号以××罪判处被告人×××死刑，缓期二年执行，剥夺政治权利终身的刑事判决。

本裁定送达后即发生法律效力。

审判长　×××

审判员　×××

审判员　×××

××××年××月××日

（院印）

本件与原本核对无异

书记员　×××

制作说明

1. 首部

（1）标题。要写明“×××人民法院”“刑事裁定书”。

（2）案号。写：“（××××）×刑核字第××号”。

2. 正文

（1）写明当事人基本情况

写明被告人姓名、性别、出生年月日、民族、出生地、文化程度、职业或工作单位和职务、住址和因本案所受强制措施情况等，现羁押处所。

有辩护人的写明姓名、工作单位和职务。

（2）案件由来和审理经过

该部分主要阐述案件的由来和审理经过，注明在法定期限内没有上诉、抗诉，某中级人民法院依法报送高院核准。最后，写明高院依法组成合议庭进行了复核，现已复核终结。

（3）事实部分：要肯定原判认定的犯罪事实、情节及其证据的具体内容。

（4）理由部分：在“本院认为”之后，阐明核准判处死刑缓期二年执行的理由及作出裁定的法律依据。

（5）判决结果：核准某中级人民法院（××××）×刑初字第××号以××罪判处被告人×××死刑，缓期二年执行，剥夺政治权利终身的刑事判决。

（6）正文尾部写明“本裁定送达后即发生法律效力”。

3. 尾部

尾部应依次写明下列内容：

（1）审判人员署名。

（2）发文日期和人民法院盖章。

（3）说明本件与原本核对无异。

（4）书记员署名。

举例示范

案情简述：被告人邱某因被害人马某曾允诺她离婚后与其结婚，而马某却迟迟没有离婚且生活作风不好等原因，认为马某是在欺骗自己的感情，遂产生了杀人的想法。邱某趁马某饮酒熟睡，打开煤气开关，致使马某因一氧化碳中毒死亡，邱某的行为已经构成故意杀人罪。某中级人民法院判处邱某死刑，缓期二年执行，剥夺政治权利终身，某高院将依法进行核准。

A 市中级人民法院

刑事裁定书

（2019）A 刑核字第 121 号

被告人：邱某，女，1976 年 11 月 5 日生，汉族，江苏省某市人，初中文化，无业，住江苏省 A 市 × × 区 × × 路 × × 号。2018 年 1 月 12 日因涉嫌故意杀人罪被逮捕，现羁押于江苏省 A 市看守所。

A 市中级人民法院审理 A 市人民检察院指控被告人邱某犯故意杀人罪一案，于 2019 年 4 月 21 日以（2019）A 刑初字第 34 号刑事判决，认定被告人邱某犯故意杀人罪，判处死刑，缓期二年执行，剥夺政治权利终身。本案在法定期限内没有上诉、抗诉。A 市中级人民法院依法报送本院核准。本院依法组成合议庭进行了复核，现已复核终结。

经复核审查：被告人邱某是有夫之妇，被害人马某是有妇之夫，两人于 2017 年 5 月相识。邱某同丈夫离婚后，就在 A 市与马某非法同居。同居期间，邱某认为马某迟迟不与其妻子离婚是在欺骗自己的感情，且马某生活作风不检点，邱某早已心生怨气。2019 年 1 月 5 日，邱某发现马某在某娱乐城洗浴并找“小姐”后，非常恼怒，就趁马某饮酒熟睡之际，打开厨房的煤气开关欲与马某同归于尽。2019 年 1 月 6 日凌晨，他俩被邻居发现，但是马某已经因一氧化碳中毒死亡，邱某经抢救脱离生命危险。

上述事实，有被告人邱某于案发前写的日记及其给父母的一封信为证，均表达了其想和马某同归于尽的想法。邻居王某某、邓某某等人的证言，A 市公安局对被害人马某的尸体进行检验后的鉴定结论，现场勘验、检查笔录，辨认笔录及被告人邱某的供述等证据加以证实。

本院认为，被告人邱某故意非法剥夺他人生命的行为，已构成故意杀人罪，且被告人邱某的供述与其他证据相符，足以认定被告人邱某的故意杀人行为。依照《中华人民共和国刑事诉讼法》第二百四十八条的规定，裁定如下：

核准 A 市中级人民法院（2019）A 刑初字第 34 号以故意杀人罪判处被告人邱某死刑，缓期二年执行，剥夺政治权利终身的刑事判决。

本裁定送达后即发生法律效力。

审判长　李某

审判员　董某

审判员　张某

二〇一九年四月七日

（院印）

本件与原本核对无异

书记员　邓某

法律链接

《中华人民共和国刑事诉讼法》

第二百四十八条　中级人民法院判处死刑缓期二年执行的案件，由高级人民法院核准。

……

刑事裁定书

（维持或者撤销减刑、假释用）

了解文书

刑事裁定书（维持或者撤销减刑、假释用）是人民检察院对人民法院作出的减刑、假释裁定提出书面纠正意见以后，人民法院经重新审理后作出的最终裁定书。对于被假释的犯罪分子，在假释考验期限内再犯罪，或者被发现判决宣告以前还有其他罪没有判决，应当撤销假释的，人民法院在审判新罪时予以撤销。对于在假释考验期限内，有违反法律、行政法规或者国务院公安部门有关假释的监督管理规定的行为，尚未构成新的犯罪的，人民法院依照法定程序撤销假释。

本文书样式供中级人民法院和高级人民法院对本院作出的减刑、假释裁定，经重新审理后作出最终裁定时使用。

文书样式

×××人民法院

刑事裁定书

（××××）×刑执字第××号

罪犯：________（写明姓名、性别、出生年月日、民族、出生地、文化程度、现服刑监所和原住址等）。

××××年××月××日，本院作出（××××）×刑执字第××号刑事裁定，将（对）罪犯×××________（写明减刑或假释）。×××人民检察院认为对罪犯×××减刑（或者假释）的裁定不当，在法定期间向本院提出书面纠正意见。本院依法重新组成合议庭进行了审理。现已审理终结。

×××人民检察院认为________（写明认为不当的事实和理由）。

经审理查明，________（写明对检察院所列事实和理由的查明结果）。

本院认为，________________（写明维持或者撤销减刑或假释裁定的理由以及相关的法律依据）。依照________________（写明裁定的法律依据）的规定，裁定如下：

________________〔写明裁定结果，分两种情况：

第一，裁定维持减刑或者假释的，分别表述为：

（一）裁定维持减刑的，表述为：

“维持本院××××年××月××日（××××）×刑执字第××号对罪犯×××减刑的刑事裁定。”

（二）裁定维持假释的，表述为：

“维持本院××××年××月××日（××××）×刑执字第××号对罪犯×××予以假释的刑事裁定。”

第二，裁定撤销减刑或者假释的，分别表述为：

（一）裁定撤销减刑的，表述为：

“撤销本院××××年××月××日（××××）×刑执字第××号对罪犯×××减刑的刑事裁定。”

（二）裁定撤销假释的，表述为：

“一、撤销本院××××年××月××日（××××）×刑执字第××号对罪犯×××予以假释的刑事裁定；

二、对罪犯×××收监执行未执行完毕的刑罚（即自××××年××月××日起，至××××年××月××日止）。”〕

本裁定为终审裁定。

审判长　×××

审判员　×××

审判员　×××

××××年××月××日

本件与原本核对无异

书记员　×××

制作说明

1. 首部

（1）标题。要写明“×××人民法院”“刑事裁定书”。

（2）案号。写：“（××××）×刑执字第××号”。

2. 正文

（1）写明罪犯的基本情况：姓名、性别、出生年月日、民族、出生地、文化程度、现服刑监所和原住址等。

（2）写明减刑的具体刑期或者宣告假释。

（3）事实部分

①写明检察院认为减刑或者假释裁定不当的事实和理由。

②写明本级法院对人民检察院纠正意见中所列事实、证据查证的结果。

（4）理由

理由部分在“本院认为”之后，写明维持或者撤销减刑或假释裁定的理由以及相关的法律依据。

（5）写明裁定结果。

3. 尾部

尾部应依次写明下列内容：

（1）说明法律效力，为终审裁定。

（2）审判人员署名。

（3）发文日期和人民法院盖章。

（4）说明本件与原本核对无异。

（5）书记员署名。

举例示范

案情简述：杨某犯有诈骗罪，被判处有期徒刑九年十一个月，并处罚金5000元。2018年11月22日，某法院作出（2018）某刑执字第189号刑事裁定，对罪犯杨某减去有期徒刑一年两个月。某人民检察院认为对罪犯杨某减刑的裁定不当，在法定期间向法院提出书面纠正意见。

×××人民法院

刑事裁定书

（2019）某刑执字第109号

罪犯：杨某，男，汉族，1977年5月1日生，某公司职员，户籍地某市某区某路，现在某市某监狱服刑。

2018年11月22日，本院作出（2018）某刑执字第189号刑事裁定，对罪犯杨某减去有期徒刑一年两个月。某人民检察院认为对罪犯杨某减刑的裁定不当，在法定期间向本院提出书面纠正意见。本院依法重新组成合议庭进行了审理，现已审理终结。

某人民检察院以罪犯杨某2017年12月23日、2018年3月2日及2018年5月10日三次获得的监狱行政奖励具有欺骗性为由，2019年7月10日向本院提出撤销减刑意见书，报请撤销本院作出的（2018）某刑执字第189号刑事裁定。

经审理查明，某区人民法院于2014年6月20日作出的（2014）某刑初字第138号刑事判决书，以被告人杨某犯有诈骗罪，判处有期徒刑九年十一个月，并处罚金5000元。判决发生法律效力后交付执行。执行机关某监狱于2018年10月13日以罪犯杨某在服刑期间确有悔罪表现并以受到三次监狱行政奖励为由向本院提出减刑建议。本院于2018年11月22日作出（2018）某刑执字第189号刑事裁定，对罪犯杨某减去有期徒刑一年两个月。

2017年8月20日，罪犯杨某在服刑期间，受到其家属传递的3000元钱，并将这笔钱违规带入监区。2018年6月，罪犯杨某私自接触一名来监区施工的工人，并委托其购买手机一部，并使用该手机违规给家里打电话。该手机于2018年6月30日被某监狱狱警查获没收。某监狱于2018年10月2日，撤销了罪犯杨某2017年12月23日、2018年3月2日及2018年5月10日三次获得的监狱行政奖励。

上述事实有罪犯杨某的供述、证人证言、杨某的通话记录以及监狱的监控记录、罪犯杨某行政奖励审批表等证据证实。

本院认为，因罪犯杨某2017年12月23日、2018年3月2日及2018年5月10日三次获得的监狱行政奖励被执行机关依法撤销，某人民检察院向本院提请撤销杨某的减刑意见符合法律规定，本院作出（2018）某刑执字第189

号刑事裁定的依据发生变化。依照《中华人民共和国刑事诉讼法》第二百七十四条的规定，裁定如下：

撤销本院作出的（2018）某刑执字第189号刑事裁定对罪犯杨某减刑的刑事裁定。

本裁定为终审裁定。

审判长　朱某

审判员　米某

审判员　孙某

二〇一九年九月十五日

本件与原本核对无异

书记员　刘某

法律链接

《中华人民共和国刑事诉讼法》

第二百七十四条　人民检察院认为人民法院减刑、假释的裁定不当，应当在收到裁定书副本后二十日以内，向人民法院提出书面纠正意见。人民法院应当在收到纠正意见后一个月以内重新组成合议庭进行审理，作出最终裁定。

刑事裁定书

（补正裁判文书失误用）

了解文书

刑事裁定书（补正裁判文书失误用）是指人民法院在刑事案件审判或执行过程中，对于本院已经作出的裁判文书，发现其在个别文字上存在错误或者遗漏，需要予以改正、补充时作出的书面决定。需要注意的是，刑事裁定书（补正裁判文书失误用）仅限于裁判文书中的文字技术上的失误，不涉及对实体（包括金额或者数额）和程序问题的处理。同时，该裁定书的案号应当与被补正的裁判文书相一致。对刑事裁判书作出补充裁定有利于维护法律的公正，保障法律的权威。

本文书样式供各级人民法院补充、改正裁判文书中的文字错误或遗漏时使用。

文书样式

×××人民法院

刑事裁定书

（××××）×刑×字第××号

被告人________（写明姓名与案由）一案，经本院审理，于××××年××月××日作出（××××）×刑×字第××号刑事判决书（裁定书或调解书）。现发现其中有错误（遗漏）字句，特此补充裁定如下：

原________书________（写明错误或遗漏的原文及所在页次、行数）；

现更正为________（写明改正后的字句）。

本裁定书与被补正的________书同时发生法律效力。

审判长　×××

审判员　×××

审判员　×××

××××年××月××日

（院印）

本件与原本核对无异

书记员　×××

制作说明

1. 首部

（1）标题。应写明“×××人民法院”“刑事裁定书”。

（2）案号。应写：“（××××）×刑×字第××号”，此案号应当与原案（即存在错误的裁判文书）的案号一致。

2. 正文

（1）写明被告人姓名和案由，人民法院何年何月何日作出的第××号刑事判决书（裁定书或调解书）。列明其中错误或者遗漏的字句，作出的补充裁定。

（2）写明原判决书（裁定书或者调解书）错误、遗漏的原文句及其所在页次和行数；另起一行写明改正、补充的字句。

3. 尾部及附项

（1）审判长，审判员分别签字；

（2）注明年月日；

（3）法院印章；

（4）写明“本件与原本核对无异”；

（5）书记员签字。

举例示范

案情简述：河北省某市某基层法院发现本院作出的刑事判决书出现文字性错误，因未涉及实体和程序方面的错误，于是决定做出补正裁判文书。

×××人民法院

刑事裁定书

（2017）×刑×字第00318号

被告人王明涉嫌故意伤害一案，经本院审理，于2017年6月14日作出（2017）×刑×字第00318号刑事判决书。现发现其中有错误（遗漏）字句，特此补充裁定如下：

原判决书第一页第六行“于是，李英辉拿起身边的铁锹咋向”中的“咋向”出现文字技术性失误；

现更正为“砸向”。

本裁定书与被补正的（2017）×刑×字第00318号刑事判决书同时发生法律效力。

审判长　赵某
审判员　陈某
审判员　李某
二〇一七年六月十五日
（院印）

本件与原本核对无异

书记员　单某某

刑事裁定书

（减、免罚金用）

了解文书

刑事裁定书（减、免罚金用）是人民法院对遇到不可抗拒的灾祸，缴纳罚金确有困难的刑事罚金缴纳人，减少或者免除罚金金额的请求审查后作出的处理文书。

本文书样式供人民法院作出减少或者免除应当缴纳的罚金金额处理决定时使用。

文书样式

×××人民法院

刑事裁定书

（××××）×刑×字第××号

罪犯______________（写明姓名和案由）一案，本院于××××年××月××日作出（××××）×刑×字第××号刑事判决（或裁定），其中对罪犯×××判处罚金人民币______________（写明具体数额）。在执行期间，罪犯×××______________（写明罪犯申请减、免罚金的事由和罚金数额）。本院经查证，罪犯×××______________（扼要写明查证的事实），缴纳罚金确有困难。依照______________（写明裁定的法律依据），裁定如下：

________________（写明对罪犯×××减少罚金的数额和“余额继续追缴”或免除罚金的具体数额）。

本裁定送达后即发生法律效力。

审判长　×××

审判员　×××

审判员　×××

××××年××月××日

（院印）

本件与原本核对无异

书记员　×××

制作说明

1. 首部

（1）标题。要写明“×××人民法院”“刑事裁定书”。

（2）案号。写明“（××××）×刑×字第××号”。

2. 正文

（1）开始要写明罪犯的姓名和案由。

（2）事实及理由：

①写明法院判处罚金的具体数额；

②写明罪犯申请减、免罚金的事由和罚金数额；

③写明法院查证的事实。

（3）裁定结果：写明对罪犯减少罚金的数额和“余额继续追缴”或免除罚金的具体数额。

（4）正文尾部写明“本裁定送达后即发生法律效力”。

3. 尾部

尾部应依次写明下列内容：

（1）审判人员署名。

（2）发文日期和人民法院盖章。

（3）说明本件与原本核对无异。

（4）书记员署名。

举例示范

案情简述： 被告人金某某因抢夺被害人王某的钱包，被人民法院判处罚金2000元。因金某某家在云南鲁甸地震中，房屋全部毁损，妻子在地震中死亡，年迈父母和两个未成年的女儿依靠政府救济，缴纳罚金有困难，属于法律规定的“遭遇不能抗拒的灾祸缴纳确实有困难的”情形，法院将依法作出减、免罚金的裁定。

×××人民法院

刑事裁定书

（2019）×刑×字第57号

罪犯金某某抢夺王某钱包一案，本院于2019年7月21日作出（2019）×刑×字第57号刑事判决，其中对罪犯金某某判处罚金人民币2000元。在执行期间，罪犯金某某以其家庭在云南鲁甸地震中受灾严重，无力缴纳2000元的罚金为由，提出免除罚金刑的请求。本院经查证，罪犯金某某家在鲁甸地震中，4间房屋全部毁损，妻子在地震中死亡，家中年迈父母和两个未成年的女儿依靠政府救济，缴纳罚金确有困难，属于法律规定的“遭遇不能抗拒的灾祸缴纳确实有困难的”情形。依照《中华人民共和国刑法》第五十三条、《中华人民共和国刑事诉讼法》第二百七十一条和《最高人民法院关于适用财产刑若干问题的规定》第六条之规定，裁定如下：

对（2019）×刑×字第57号刑事判决书判处被执行人金某某的罚金2000元终结执行。

本裁定送达后即发生法律效力。

审判长　马某

审判员　张某

审判员　陈某

二〇一九年八月一日

（院印）

本件与原本核对无异

书记员　刘某

法律链接

《中华人民共和国刑事诉讼法》

第二百七十一条　被判处罚金的罪犯，期满不缴纳的，人民法院应当强制缴纳；如果由于遭遇不能抗拒的灾祸等原因缴纳确实有困难的，经人民法院裁定，可以延期缴纳、酌情减少或者免除。

刑事裁定书

（将冻结的存款、汇款上缴国库或者发还被害人用）

了解文书

刑事裁定书（将冻结的存款、汇款上缴国库或者发还被害人用）是各级人民法院对人民检察院、公安机关因犯罪嫌疑人死亡，申请人民法院裁定通知冻结犯罪嫌疑人存款、汇款等的金融机构或者邮电部门，将该犯罪嫌疑人的存款、汇款等上缴国库或者发还被害人时作出的处理文书。

本文书样式供人民法院作出将冻结的存款、汇款上缴国库或者发还被害人的处理决定时使用。

文书样式

×××人民法院

刑事裁定书

（××××）×刑×字第××号

被告人：________________（写明姓名、性别、出生年月日、民族、出生地、文化程度、职业或者工作单位和职务）。

犯罪嫌疑人×××因________________（写明案由）一案，×××人民检察院（或者公安机关）________________（写明对其采取的侦查措施或者处理结果）。其间，因犯罪嫌疑人×××死亡，×××人民检察院（或者公安机关）申请本院裁定通知冻结犯罪嫌疑人×××存款、汇款等的金融机构或者邮电部门，将该犯罪嫌疑人的存款、汇款等上缴国库（或者发还被害人×××）。经阅卷、审查有关证据材料＿＿＿＿＿＿＿＿（写明审查确认的事实）。依照《最高人民法院关于适用〈中华人民共和国刑事诉讼法〉的解释》第三百六十条的规定＿＿＿＿＿＿＿＿（写明应当上缴国库或者发还被害人的理由）。裁定如下：

犯罪嫌疑人×××的存款（汇款）＿＿＿＿＿＿＿＿（写明具体存汇地点和数额）上缴国库（或者发还被害人×××）。

本裁定送达后即发生法律效力。

审判长　×××

审判员　×××

审判员　×××

××××年××月××日

（院印）

本件与原本核对无异

书记员　×××

制作说明

1. 首部

（1）标题。要写明“×××人民法院”“刑事裁定书”。

（2）案号。写：“（××××）×刑×字第××号”。

2. 正文

（1）写明被告的基本情况，包括姓名、性别、出生年月日、民族、出生地、文化程度、职业或者工作单位和职务。

（2）事实部分

①写明犯罪嫌疑人的姓名和案由。

②概述人民检察院（或者公安机关）对犯罪嫌疑人采取的侦查措施或者处理结果。

③写明犯罪嫌疑人死亡的时间、原因，冻结犯罪嫌疑人存款、汇款等的

时间、数量和金融机构或者邮电部门的名称。

（3）理由

①理由部分在“经阅卷、审查有关证据材料”之后，写明人民法院审查确认的事实和裁决所依据的法律。

②写明应当上缴国库或者发还被害人的理由。

（4）裁决结果：写明具体存汇地点和数额。

（5）正文尾部写明“本裁定送达后即发生法律效力”。

3. 尾部

尾部应依次写明下列内容：

（1）审判人员署名。

（2）发文日期和人民法院盖章。

（3）说明本件与原本核对无异。

（4）书记员署名。

举例示范

案情简述：犯罪嫌疑人易某通过谎称“自己上面有人”，能给被害人张某的儿子在政府机关找一份好工作为由，先后要求张某给其汇款23万元。易某怕事情败露，卷款逃跑到河南郑州。易某因长期患有高血压，逃亡期间没有按时服药，再加上精神紧张，在看守所脑出血，经抢救无效死亡。现湖北省A市人民法院依该市人民检察院的申请依法裁定通知冻结犯罪嫌疑人易某存款、汇款等的金融机构或者邮电部门，将该犯罪嫌疑人易某的存款、汇款等发还被害人张某。

湖北省A市中级人民法院

刑事裁定书

（2019）A刑×字第231号

被告人：易某，男，1968年11月17日生，汉族，湖北省某市某村村民，初中文化，无业。

犯罪嫌疑人易某因诈骗张某一案，湖北省某市人民检察院依法对易某在湖北省某市工商银行的20万元存款予以冻结。其间，因犯罪嫌疑人易某突然脑出血，经抢救无效死亡，湖北省某市人民检察院申请本院裁定通知冻结犯罪嫌疑人易某存款的湖北省某市工商银行将该犯罪嫌疑人的20万元存款发还给被害人张某。经阅卷、审查有关证据材料查证，易某通过谎称“自己上面有人”能给张某的儿子在政府机关找一份好工作为由，先后要求张某给其汇款23万元。后来，易某怕事情败露，卷款逃跑到河南郑州。在河南郑州警方的协作下，湖北省A市公安局于2019年2月将易某逮捕归案。易某因长期高血压，外逃期间没有按时服药，得不到很好治疗，在看守所突然脑出血，经抢救无效于2019年3月12日死亡。依照《最高人民法院关于适用〈中华人民共和国刑事诉讼法〉的解释》第三百六十条的规定，作出裁定如下：

犯罪嫌疑人易某在湖北省A市某工商银行的20万元存款发还被害人张某。

本裁定送达后即发生法律效力。

审判长　钱某
审判员　桂某
审判员　何某
二〇一九年四月六日
（院印）

本件与原本核对无异

书记员　吴某

法律链接

《最高人民法院关于适用〈中华人民共和国刑事诉讼法〉的解释》

第三百六十条　对被害人的合法财产，权属明确的，应当依法及时返还，但须经拍照、鉴定、估价，并在案卷中注明返还的理由，将原物照片、清单和被害人的领取手续附卷备查；权属不明的，应当在人民法院判决、裁定生效后，按比例返还被害人，但已获退赔的部分应予扣除。

刑事裁定书

（撤销缓刑用）

了解文书

刑事裁定书（撤销缓刑用）是指人民法院在刑事案件审理或判决执行过程中，就程序问题和部分实体问题所作的撤销缓刑，执行原判的书面决定。

本文书样式供各级人民法院撤销原判缓刑时使用。

文书样式

×××人民法院

刑事裁定书

（××××）×刑执字第××号

罪犯：________（写明姓名、性别、年龄、民族、出生地、文化程度、现住址）。××××年××月××日，本院作出了（××××）×刑×字第××号刑事判决（或者裁定），以××罪，判处被告人×××________（具体刑种、刑期）、宣告缓刑________（刑期）。原判已发生法律效力并交付执行。×××执行机关于××××年××月××日书面建议本院撤销对罪犯×××的缓刑。本院依法组成合议庭进行了审理。现已审理终结。

执行机关________（简述公安机关提出罪犯在缓刑考验期限内，违反法律、行政法规或者国务院公安部门有关缓刑的监督管理规定的事实和证据）。

本院认为，________（写明撤销缓刑的具体理由）。依照《中华人民共和国刑法》第七十七条第二款和《最高人民法院关于适用〈中华人民共和国刑事诉讼法〉的解释》第四百五十八条的规定，裁定如下：

一、撤销本院（××××）×刑×字第××号刑事判决中对罪犯×××宣告缓刑________（期限）的执行部分；

二、对罪犯×××收监执行原判________（刑种、刑期）。

（刑期自××××年××月××日起至××××年××月××日止）。

本裁定送达后即发生法律效力。

审判长 ×××

审判员 ×××

审判员 ×××

××××年××月××日

（院印）

本件与原本核对无异

书记员 ××

制作说明

1. 首部

（1）标题。写明“×××人民法院”“刑事裁定书”。

（2）案号。写：“（××××）×刑执字第××号”。

2. 正文

（1）罪犯的基本情况：姓名、性别、年龄、民族、出生地、文化程度、现住址。

（2）法院原判裁定情况及撤销缓刑请求。

（3）撤销缓刑的事实和依据

该部分主要阐明撤销缓刑的事实根据，罪犯具有在考验期内违反法律、行政法规或者国务院公安部门有关缓刑的监督管理规定的事实和证据。最后可基于所述事实和《中华人民共和国刑事诉讼法》《最高人民法院关于适用〈中华人民共和国刑事诉讼法〉的解释》的有关规定，提出请求撤销缓刑的要求。

3. 尾部

审判长、审判员、书记员签字，注明签发日期，法院加盖公章。

举例示范

案情简述：罪犯程某犯故意伤害罪被法院判处有期徒刑两年，缓刑一年执行。程某在考验期内拒绝到所在社区进行矫正。程某所在地的司法部门请求法院撤销对程某的缓刑，执行原判刑罚。

××× 人民法院
刑事裁定书

（2019） × 刑执字第 002 号

罪犯：程某，男，52 岁，汉族，出生于河北省 × 市，高中文化，家住河北省 × 市迎宾小区。2018 年 12 月 19 日，本院做出了（2018） × 刑执字第 236 号刑事判决书，以故意伤害罪，判处被告人程某有期徒刑两年，宣告缓刑一年。原判已发生效力并交付执行。在执行期间，× 市司法局书面建议本院撤销对罪犯程某的缓刑。本院依法组成合议庭进行了审理。现已审理终结。

执行机关 × 市司法局提出：社区服刑人员程某自 2019 年 1 月 1 日至 2020 年 1 月 1 日进行社区矫正。2019 年 1 月 1 日，程某到其住址所在地的司法所进行矫正，工作人员详细告知了在考验期应该遵守的相关法律和法规。自第一次到该司法所报道后，之后未经任何程序审批的情况下，程某再也没有按时接受社区矫正。该司法所通过辖区派出所的协查，并没有发现程某的去向。根据相关法律法规的规定，建议对罪犯程某撤销缓刑，收监执行原判刑罚。

经审理查明：罪犯程某于 2019 年 1 月 10 日起，在未经任何合法程序批准的情况下，至 2019 年 6 月 18 日未到所在地司法所报道，接受矫正。司法所和当地派出所协查也没有发现程某的去向。

本院认为，罪犯程某未按规定时间到当地司法所报道，并且脱离监管已经超过一个月，违反相关法律法规的规定，应对其撤销缓刑。依照《最高人民法院关于适用〈中华人民共和国刑事诉讼法〉的解释》第四百五十八条的规定，裁定如下：

一、撤销本院（2018） × 刑执字第 236 号刑事判决中对罪犯程某宣告缓刑一年的执行部分；

二、对罪犯程某收监执行有期徒刑两年的原判。

（刑期自 2019 年 7 月 15 日起至 2020 年 7 月 15 日止）。

本裁定自送达后即发生法律效力。

审判长　王某

审判员　肖某

审判员　李某

二〇一九年七月九日

（院印）

本件与原本核对无异

书记员　张某

法律链接

《最高人民法院关于适用〈中华人民共和国刑事诉讼法〉的解释》

第四百五十八条　罪犯在缓刑、假释考验期限内，有下列情形之一的，原作出缓刑、假释判决、裁定的人民法院应当在收到执行机关的撤销缓刑、假释建议书后一个月内，作出撤销缓刑、假释的裁定：

（一）违反禁止令，情节严重的；

（二）无正当理由不按规定时间报到或者接受社区矫正期间脱离监管，超过一个月的；

（三）因违反监督管理规定受到治安管理处罚，仍不改正的；

（四）受到执行机关三次警告仍不改正的；

（五）违反有关法律、行政法规和监督管理规定，情节严重的其他情形。

人民法院撤销缓刑、假释的裁定，一经作出，立即生效。

人民法院应当将撤销缓刑、假释裁定书送交罪犯居住地的县级司法行政机关，由其根据有关规定将罪犯交付执行。撤销缓刑、假释裁定书应当同时抄送罪犯居住地的同级人民检察院和公安机关。

刑事裁定书

（假释用）

了解文书

刑事裁定书（假释用）是指人民法院根据服刑罪犯的执行机关提供的悔改表现及不会对社会造成危害的真实情况进行核实，依照相关法律对罪犯予以假释的书面决定。

本文书样式供各级人民法院裁定予以假释时使用。

文书样式

×××人民法院

刑事裁定书

（××××）×刑执字第××号

罪犯：________________（写明姓名、性别、出生年月日、民族、出生地、文化程度、现服刑监所和原住地）。

×××人民法院于××××年××月××日作出（××××）×刑初字第××号判决书，以被告人×××犯××罪，判处________________（写明具体刑种、刑期）。________________（上诉、抗诉的写明二审裁判结果。未经二审的写明“判决发生法律效力后”）交付执行。________________（续写执行中的刑种、刑期变更情况）。执行机关________________（写明机关名称）于××××年××月××日提出假释建议书，报送本院审理。本院依法组成合议庭进行了审理。现已审理终结。

执行机关________________（简述执行机关所提罪犯确有悔改表现、假释后不致再危害社会或者具有的特殊情况）。

经审理查明，________________（写明确认罪犯在服刑期间确有悔改表现，假释后不致再危害社会或者有特殊情况的具体事实和证据）。

本院认为，________________（写明应予假释的理由）。依照________________（写明裁定的法律依据）的规定，裁定如下：

对罪犯×××予以假释，剥夺政治权利×年不变。（假释考验期限，从假释之日起计算，即自××××年××月××日起，至××××年××月××日止。）

本裁定送达后即发生法律效力。

审判长　×××

审判员　×××

审判员　×××

××××年××月××日

（院印）

本件与原本核对无异

书记员　×××

制作说明

1. 首部

（1）标题。写明“×××人民检察院”“刑事裁定书”。

（2）案号。写：“（××××）×刑执字第××号”。

2. 正文

（1）罪犯的基本情况：姓名、性别、出生年月日、民族、出生地、文化程度、现服刑监所和原住址。

（2）法院判决情况及执行机构提出假释的请求。

（3）假释的事实和依据

该部分主要阐明假释的事实根据，罪犯在服刑期间确有悔改的变现，并且假释后不会对社会产生危害的事实和证据。最后可基于所述事实和《中华人民共和国刑法》的有关规定，作出予以罪犯假释的决定。

3. 尾部

审判长、审判员、书记员签字，注明签发日期，法院加盖公章。

举例示范

案情简述：肖某因盗窃罪被判处有期徒刑三年，剥夺政治权利终身，在服刑期间肖某思想觉悟提高，确有悔改表现。在服刑期满两年的时候，所在监狱向人民法院提出了假释的请求。法院经审查同意对肖某予以假释。

Y 市人民法院

刑事裁定书

（2019）Y 刑执字第 005 号

罪犯：肖某，男，1976 年 8 月 2 日出生，汉族，出生于河南省 Y 市，高中文化，现服刑于 Y 市西城监狱，原家庭住址是河南省 Y 市环宇小区。

2016 年 11 月 19 日，本院做出了（2018）Y 刑执字第 323 号刑事判决书，以盗窃罪，判处被告人肖某有期徒刑三年，剥夺政治权利终身。判决发生效力后交付执行。肖某因盗窃罪被判处有期徒刑三年，在 Y 市西城监狱服刑，2018 年 11 月 18 日服刑期满两年，距离刑满释放还有一年。Y 市西城法院于

2018年11月20日，提出假释建议书，报送本院审理。本院依法组成合议庭进行了审理。现已审理终结。

Y市西城监狱对罪犯肖某两年的服刑情况作了陈述，罪犯肖某在服刑期间积极主动配合改造，非常后悔当初的非理智行为，思想上要求进步；通过学习缝纫，现已经熟练掌握一门生存的本领；在服刑期间，经常通过自己的经历和感悟来感化狱友，帮助狱友进行思想改造。通过对罪犯肖某的教育和改造，肖某确实有悔过之意，而且掌握了生存技能，假释后不再对社会造成危害。

经审理查明，罪犯肖某在服刑期间在思想上和行为上有了很大的变化。思想上，肖某认识到了自己的错误，并学习了相关政策和法律法规，成为了一个懂法的人。行为上，肖某积极学习生存本领，具备了自食其力的能力；同时，肖某帮助狱友认识错误，积极改造。这些表现均有监狱出示的证明材料和狱友的证明。综上说明，罪犯肖某在服刑期间确有悔改的表现，假释后不会对社会造成危害。

本院认为，罪犯肖某在思想上和行为上表现积极进步，依照《中华人民共和国刑法》第八十一条第一款的规定，裁定如下：

对罪犯肖某予以假释，剥夺政治权利终身不变。

（假释考验期限，从假释之日起计算，即自2019年1月5日起，至2019年11月19日止。）

本裁定自送达后即发生法律效力。

审判长　王某
审判员　杨某
审判员　李某
二〇一八年十二月一日
（院印）

本件与原本核对无异

书记员　张某

法律链接

《中华人民共和国刑法》

第八十一条第一款　被判处有期徒刑的犯罪分子，执行原判刑期二分之一以上，被判处无期徒刑的犯罪分子，实际执行十三年以上，如果认真遵守监规，接受教育改造，确有悔改表现，没有再犯罪的危险的，可以假释。如果有特殊情况，经最高人民法院核准，可以不受上述执行刑期的限制。

第八十三条　有期徒刑的假释考验期限，为没有执行完毕的刑期；无期徒刑的假释考验期限为十年。

假释考验期限，从假释之日起计算。

刑事裁定书

（减刑用）

了解文书

刑事裁定书（减刑用）是指人民法院根据执行机关给予罪犯减刑的请求，对执行机关依据的事实情况进行审查后，根据相关法律的规定对罪犯实施减刑的书面决定。

本文书样式供各级人民法院裁定予以减刑时使用。

文书样式

×××人民法院

刑事裁定书

（××××）×刑执字第××号

罪犯：________________（写明姓名、性别、出生年月日、民族、出生地、文化程度和现服刑监所）。

×××人民法院于××××年××月××日作出（××××）×刑初字第××号刑事判决，以被告人×××犯××罪，判处________________（写明主刑的刑种、刑期和附加剥夺政治权利及其刑期）。

________________（写明上诉、抗诉后二审法院的裁判结果和执行中的刑种、刑期变更情况）。执行机关________________（写明机关名称）于××××年××月××日提出减刑建议书，报送本院审理。本院依法组成合议庭进行了审理。现已审理终结。

执行机关________________（简述执行机关所提出罪犯有悔改或者立功、重大立功表现的事实和证据）。

经审理查明，________________（写明确认罪犯在服刑期间确有悔改表现或者立功、重大立功表现的具体事实和证据）。

本院认为，________________（写明应予减刑的理由）。依照________________（写明裁定的法律依据）的规定，裁定如下：

________________（写明罪犯姓名和对其减刑的具体内容）。

本裁定送达后即发生法律效力。

审判长　×××

审判员　×××

审判员　×××

××××年××月××日

（院印）

本件与原本核对无异

书记员　×××

制作说明

1. 首部

（1）标题。写明“×××人民法院”“刑事裁定书”。

（2）案号。写：“（××××）×刑执字第××号”。

2. 正文

（1）罪犯的基本情况：姓名、性别、出生年月日、民族、出生地、文化程度、现服刑监所和原住址。

（2）法院判裁定情况及执行机构提出减刑的请求。

（3）减刑的事实和依据

该部分主要阐明减刑的事实根据，罪犯在服刑期间确有悔改的变现或者立功、重大立功表现的事实和证据。最后可基于所述事实和《中华人民共和国刑法》的有关规定，作出予以罪犯减刑的决定。

3. 尾部

审判长、审判员、书记员签字，注明签发日期，法院加盖公章。

举例示范

案情简述：罪犯周某因故意伤害罪判处有期徒刑五年，在服刑期间，周某各方面表现突出，并有立功的表现。周某所在监狱向法院提出减刑建议书。法院针对周某的服刑情况作了审查后，作出了给予周某减刑一年的决定。

Z 市人民法院

刑事裁定书

（2019）Z 刑执字第 003 号

罪犯：周某，男，1986 年 4 月 8 日出生，汉族，出生于山西省 Z 市，中专文化，现服刑于 Z 市东城监狱，原家庭住址是山西省 Z 市花园小区。

2017 年 3 月 19 日，本院作出（2017）Z 刑执字第 125 号刑事判决，以被告人周某犯故意伤害罪，判处有期徒刑五年，剥夺政治权利十年。执行机关 Z 市东城监狱于 2018 年 12 月 1 日提出减刑建议书。本院依法组成了合议庭进行了审理。现已审理终结。

执行机关山西省 Z 监狱认为，罪犯周某在服刑期间深刻认识到自己所犯的罪行，能认罪伏法，积极学习国家政策和法律法规，严格遵守监规，接受教育改造。同时，周某也积极参加政治、文化、技术学习，并多次发明轻便的生产劳动工具。在服刑期间，罪犯周某积极参加劳动，按质按量完成劳动任务。2017 年 5 月以来获得表扬 2 次，记功 2 次，监狱级改造积极分子一次，悔改表现突出。

经审理查明，执行机关提出的罪犯周某在服刑期间的悔改表现和立功表现，均有所在监狱提供的证明材料和狱警、狱友的证明，周某的表现事实清楚，证据确实充分，足以认定。

本院认为，罪犯周某在服刑期间，确有悔改表现，符合法律规定的减刑条件，依照《中华人民共和国刑法》第七十八条、第七十九条，《中华人民共和国监狱法》第二十九条、第三十条之规定，裁定如下：

对罪犯周某的刑罚减去有期徒刑一年（减刑后的刑期至 2021 年 3 月 19 日止）。

本裁定自送达后即发生法律效力。

审判长　李某
审判员　杨某
审判员　冯某
二〇一九年一月五日
（院印）

本件与原本核对无异

书记员　赵某

法律链接

《中华人民共和国刑法》

第七十八条第一款　被判处管制、拘役、有期徒刑、无期徒刑的犯罪分子，在执行期间，如果认真遵守监规，接受教育改造，确有悔改表现的，或者有立功表现的，可以减刑；……

第七十九条　对于犯罪分子的减刑，由执行机关向中级以上人民法院提出减刑建议书。人民法院应当组成合议庭进行审理，对确有悔改或者立功事实的，裁定予以减刑。非经法定程序不得减刑。

《中华人民共和国监狱法》

第二十九条　被判处无期徒刑、有期徒刑的罪犯，在服刑期间确有悔改或者立功表现的，根据监狱考核的结果，可以减刑。有下列重大立功表现之一的，应当减刑：

（一）阻止他人重大犯罪活动的；

（二）检举监狱内外重大犯罪活动，经查证属实的；

（三）有发明创造或者重大技术革新的；

（四）在日常生产、生活中舍己救人的；

（五）在抗御自然灾害或者排除重大事故中，有突出表现的；

（六）对国家和社会有其他重大贡献的。

第三十条　减刑建议由监狱向人民法院提出，人民法院应当自收到减刑建议书之日起一个月内予以审核裁定；案情复杂或者情况特殊的，可以延长一个月。减刑裁定的副本应当抄送人民检察院。

第三章　决定、命令、布告类文书

对申请回避的决定书

（刑事案件用）

了解文书

对申请回避的决定书（刑事案件用）人民法院在诉讼活动中，对当事人及其法定代理人提出的申请回避，经审查依法作出的书面处理结论。

本文书供人民法院在审理案件过程中发现审判人员和其他有关人员与案件存在利害关系或者其他关系、有可能影响案件公正审理时使用。

文书样式

×××人民法院

对申请回避的决定书

（××××）×刑×字第××号

申请人：________________（写明姓名、性别、出生年月日、民族、出生地、文化程度、职业或工作单位和职务、住址等）。

法定代理人：________________（写明姓名、职业或工作单位）。

本院在审理×××人民检察院指控被告人×××犯××罪（自诉案件写“自诉人×××控诉被告人×××犯××罪”）一案中，申请人________________（写明申请人申请回避的审判人员或者书记员、翻译人员、鉴定人员等的姓名和申请其回避的理由）。

本院院长（或者本院审判委员会讨论）认为，________________（写明准许回避申请或者驳回回避申请的理由）。依照《中华人民共和国刑事诉讼法》第三十条第一款的规定，决定如下：

________________（写明决定结果）。

如不服本决定，可以向本院申请复议一次（准许回避申请的不写此句）。

××××年××月××日

（院印）

制作说明

1. 首部

（1）标题。要写明“×××人民法院”“对申请回避的决定书”

（2）案号。写：“（××××）×刑×字第××号”。

2. 正文

（1）写明提出申请回避的当事人及其法定代理人的姓名等基本情况。

（2）基本情况介绍

写明申请人申请回避的审判人员或者书记员、翻译人员、鉴定人员等的姓名和申请其回避的理由。

（3）决定结果的表述

首先写明准许回避申请或者驳回回避申请的理由，然后写明决定结果：

①准许申请的写：“准许×××提出的回避申请。”

②驳回申请的写：“驳回×××提出的回避申请。”

不予准许的，还要写明可复议一次。

3. 尾部

写明发文日期并加盖人民法院印章。

举例示范

案情简述：某村王某因故意杀人一案于2018年5月21日被某市人民法院审理，在开庭过程中王某提出对审判员李某的回避申请，理由是李某是被害人的弟弟。人民法院经审查，对案情进行核实，作出准许回避申请决定书。

×××人民法院

对申请回避的决定书

（2018）×刑×字第322号

申请人：王某，男，1983年5月9日生，汉族，出生地：河北省邢台市某县某村，初中毕业。

本院在审理某县人民检察院指控被告人王某犯故意杀人罪一案中，申请人王某因审判员李某是被害人的弟弟而对李某进行回避申请。

本院院长认为，审判员李某确实与被害人存在近亲属关系，即李某是被害人的弟弟。依照《中华人民共和国刑事诉讼法》第三十一条第一款的规定，决定如下：

准予王某提出的回避申请。

二〇一八年十一月二日

（院印）

法律链接

《中华人民共和国刑事诉讼法》

第三十一条 审判人员、检察人员、侦查人员的回避，应当分别由院长、检察长、公安机关负责人决定；院长的回避，由本院审判委员会决定；检察长和公安机关负责人的回避，由同级人民检察院检察委员会决定。

对侦查人员的回避作出决定前，侦查人员不能停止对案件的侦查。

对驳回申请回避的决定，当事人及其法定代理人可以申请复议一次。

对申请回避的复议决定书

（刑事案件用）

了解文书

对申请回避的复议决定书（刑事案件用）是指人民法院在驳回当事人的回避申请后，因当事人不服提出复议而作出的相应决定的文书。

本样式供刑事诉讼中人民法院对当事人及其法定代理人有关回避的复议申请作出决定时使用。

文书样式

×××人民法院

对申请回避的复议决定书

（××××）×刑×字第××号

申请复议人：________________（写明姓名、性别、出生年月日、民族、出生地、文化程度、职业或工作单位和职务、住址等）。

法定代理人：________________（写明姓名、职业或工作单位）。

本院在审理×××人民检察院指控被告人×××犯××罪（自诉案件写"自诉人×××控诉被告人×××犯××罪"）一案中，申请人×××申请________________（写明职务及姓名）回避。本院于××××年××月××日作出（××××）×刑×字第××号《对申请回避的决定书》后，申请人×××不服，申请复议。

经本院复议，________________（写明准许或者驳回复议申请的理由），依照《中华人民共和国刑事诉讼法》第三十一条第一款、第三款的规定，决定如下：

________________（写明决定结果）。

本决定为最终决定。

××××年××月××日

（院印）

制作说明

1. 首部

（1）标题。要写明“×××人民法院”“对申请回避的复议决定书”。

（2）案号。写：“（××××）×刑×字第××号”。

2. 正文

（1）写明提出申请回避复议的当事人及其法定代理人的姓名和基本情况。

（2）基本情况介绍

①写明案由、申请回避以及复议情况。

②写明准许或者驳回复议申请的理由。

③写明“本决定为最终决定”。

3. 尾部

写明发文日期并加盖人民法院印章。

举例示范

案情简述：黄某因故意杀人一案被某县法院审理，审理过程中黄某因得知被害人曾经欠审判长刘某的钱，于是申请回避，法院经查，认为没有此事，故驳回申请，黄某因此申请复议，某法院作出最终复议决定。

×××人民法院

对申请回避的复议决定书

（2018）×刑×字第98号

申请复议人：黄某，女，1987年4月8日生，汉族，出生于湖北省赤壁市某县，小学文化。

本院在审理某县人民检察院指控被告人黄某犯故意杀人罪一案中，申请人黄某申请审判长刘某回避。本院于2018年8月23日作出（2018）×刑×字第98号《对申请回避的决定书》后，申请人黄某不服，申请复议。

经本院复议，审判长确与被害人存在利害关系，依照《中华人民共和国刑事诉讼法》第三十一条第一款、第三款的规定，决定如下：

准许申请人对审判长刘某的回避申请。

本决定为最终决定。

二〇一八年九月一日

（院印）

法律链接

《中华人民共和国刑事诉讼法》

第三十一条　审判人员、检察人员、侦查人员的回避，应当分别由院长、检察长、公安机关负责人决定；院长的回避，由本院审判委员会决定；检察长和公安机关负责人的回避，由同级人民检察院检察委员会决定。

对侦查人员的回避作出决定前，侦查人员不能停止对案件的侦查。

对驳回申请回避的决定，当事人及其法定代理人可以申请复议一次。

改变管辖决定书

（提审、指定管辖用）

了解文书

改变管辖决定书（提审、指定管辖用）是指人民法院在审理案件时认为有必要审理下级法院案件，从而决定改变管辖所使用的文书。

本样式供上级人民法院认为有必要审理下级人民法院管辖的第一审刑事案件，决定改变管辖时使用。

文书样式

×××人民法院

改变管辖决定书

（××××）×刑×字第××号

×××人民法院：

关于＿＿＿＿＿＿＿＿（写明控辩双方名称、姓名和案由）一案，根据

《中华人民共和国刑事诉讼法》第二十四条的规定，决定由本院依照第一审程序审理此案。你院收到此决定书后，即书面通知提起公诉的×××人民检察院。

××××年××月××日

（院印）

制作说明

1. 首部

（1）标题。要写明“×××人民法院”“改变管辖决定书”。

本文书是按上级人民法院审理下级人民法院管辖的第一审刑事案件而变更管辖设计的。如系指定管辖，文书名称写为《指定管辖决定书》。

（2）案号。写：“（××××）×刑×字第××号”。

2. 正文

（1）写明控辩双方名称、姓名和案由。

（2）写明决定依据和决定内容及相关的要求。

此外，如指定下级人民法院将案件移送其他人民法院审判，决定书则可以表述为：“关于________________（写明控辩双方名称、姓名和案由）一案，根据《中华人民共和国刑事诉讼法》第二十七条的规定，指定你院将该案移送×××人民法院审判。你院收到此决定书后，即书面通知提起公诉的×××人民检察院（如系自诉案件，此句应当改写为：应将全部案卷材料移送被指定管辖的×××人民法院，并书面通知当事人）”。

3. 尾部

写明发文日期并加盖人民法院印章。

举例示范

案情简述：周某故意杀人一案在A县法院进行审理，因案情重大复杂，下级法院不宜行使管辖权，故由上级人民法院进行审理。

B 市人民法院
改变管辖决定书

（2019）B 刑 × 字第 32 号

A 县人民法院：

关于某县人民检察院指控周某故意杀人一案，由于案情重大复杂，根据《中华人民共和国刑事诉讼法》第二十四条的规定，决定由本院依照第一审程序审理此案。你院收到此决定书后，即书面通知提起公诉的某人民检察院。

二〇一九年三月二日
（院印）

法律链接

《中华人民共和国刑事诉讼法》

第二十四条　上级人民法院在必要的时候，可以审判下级人民法院管辖的第一审刑事案件；下级人民法院认为案情重大、复杂需要由上级人民法院审判的第一审刑事案件，可以请求移送上一级人民法院审判。

复议决定书

（上级人民法院复议案件用）

了解文书

复议决定书（上级人民法院复议案件用）是指人民法院审查复议人不服下级人民法院作出的拘留或罚款决定，而对此作出处理决定时所使用的文书。

本样式供上级人民法院审查申请复议人不服下级人民法院作出的拘留或者罚款决定，作出复议决定时使用。

文书样式

×××人民法院

复议决定书

（××××）×刑×字第××号

申请复议人：＿＿＿＿＿＿＿＿（写明申请复议人的姓名、性别、出生年月日、民族、出生地、文化程度、职业或工作单位和职务、住址等）。

申请复议人不服×××人民法院××××年××月××日（××××）×刑×字第××号＿＿＿＿＿＿＿＿决定，向本院提出复议申请。申请复议人提出＿＿＿＿＿＿＿＿（简要写明申请的理由和复议请求）。经审查，本院认为＿＿＿＿＿＿＿＿（写明作出复议决定的理由）。依照＿＿＿＿＿＿＿＿（写明据以作出复议决定的法律规范）的规定，决定如下：

＿＿＿＿＿＿＿＿〔写明复议决定的内容。分两种情况：

第一，维持原决定的，表述为：

“驳回申请，维持原决定。”

第二，撤销原决定的，表述为：

“一、撤销×××人民法院××××年××月××日（××××）×刑××字第××号＿＿＿＿＿＿＿＿决定；

二、＿＿＿＿＿＿＿＿（写明变更的决定内容。不需作出变更决定的，此项不写）”〕

××××年××月××日

（院印）

制作说明

1. 首部

（1）标题。要写明“×××人民法院”“复议决定书”。

（2）案号。写：“（××××）×刑×字第××号”。

2. 正文

（1）申请复议人的姓名及其基本情况。

（2）写明申请复议的缘由以及申请的理由和复议请求。

（3）写明作出复议决定的理由以及据以作出复议决定的法律条款项。

（4）复议决定的作出：

复议决定分两种情况：

①维持原决定的，表述为："驳回申请，维持原决定。"

②撤销原决定的，表述为："一、撤销×××人民法院××××年××月××日（××××）×刑×字第××号________________决定；二、________________（写明变更的决定内容。不需作出变更决定的，此项不写。）"

3. 尾部

写明发文日期并加盖人民法院印章。

举例示范

案情简述：王某因实施抢夺一案被刑事拘留，公安机关羁押已超过10天，王某对此不服，向上一级法院申请复议。

×××人民法院

复议决定书

（2018）×刑×字第78号

申请复议人：王某，男，1978年7月3日生，汉族，出生于江西省某市，高中文化。

申请复议人不服某市人民法院2018年4月8日（2018）×刑×字第45号先行拘留决定，向本院提出复议申请。申请复议人提出公安机关拘留时限已超过法定期限，故请求人民法院进行复议。经审查，本院认为本案存在特殊情况，故可以延长一至四天。依照《中华人民共和国刑事诉讼法》第九十一条的规定，决定如下：

驳回申请，维持原决定。

二〇一八年五月十一日

（院印）

法律链接

《中华人民共和国刑事诉讼法》

第九十一条　公安机关对被拘留的人，认为需要逮捕的，应当在拘留后的三日以内，提请人民检察院审查批准。在特殊情况下，提请审查批准的时间可以延长一日至四日。

对于流窜作案、多次作案、结伙作案的重大嫌疑分子，提请审查批准的时间可以延长至三十日。

……

收监执行决定书

（刑事案件用）

了解文书

收监执行决定书（刑事案件用）是指人民法院作出的，由监狱按照法定程序将被判处死刑缓期两年执行、无期徒刑、有期徒刑、拘役的罪犯收押入监的执行决定文书，收监执行是一项严肃的执法活动，必须严格依照法定程序执行。

本样式供人民法院在对罪犯作出收监决定时使用。

文书样式

×××人民法院

收监执行决定书

（××××）×刑执字第××号

罪犯：________________（写明姓名、性别、出生年月日、民族、出生地、文化程度，现羁押处所等）。

本院于××××年××月××日，作出（××××）×刑×字第××号刑事判决，以罪犯×××犯××罪，判处________________（刑罚种类和刑期）。在交付执行中，×××监狱以________________（写明监狱不收监执行的理由）为由，不予收监执行。本院依法进行了审理。

经查，罪犯×××________________（写明罪犯应予收监执行的事实和理由）。依照《中华人民共和国刑事诉讼法》第二百六十八条第一款的规定，决定将罪犯×××收监执行。

××××年××月××日

（院印）

制作说明

1. 首部

（1）标题。要写明“×××人民法院”“收监执行决定书”。

（2）案号。写：“（××××）×刑执字第××号”。

2. 正文

（1）罪犯的姓名、性别、出生年月日、民族、出生地、文化程度，现羁押处所等。

（2）简要介绍针对该罪犯的判决情况以及某监狱不予收监执行的理由等。

（3）结合具体情况，有针对性的说明应予收监执行的理由。

（4）写明决定结果以及作出决定的法律依据。

3. 尾部

写明发文日期并加盖人民法院印章。

此外，需要注意的是，本样式是按一审判决生效后，监狱对罪犯不予收监执行的模式设计的。如果适用于二审和再审案件时，有关之处应当作相应改动。

举例示范

案情简述：家住湖北省宜昌市的张某于2018年2月犯诈骗罪被判处有期徒刑两年，经查，罪犯张某正在哺乳自己的婴儿（2017年1月26日出生），不宜收监执行。依照《中华人民共和国刑事诉讼法》决定将罪犯张某暂予监外执行至2018年1月28日止。现经查，罪犯张某哺乳自己的婴儿已满一周岁，暂予监外执行的情形已消失，根据《中华人民共和国刑事诉讼法》决定将张某收监执行。

×××人民法院

收监执行决定书

（2018）×刑执字第122号

罪犯：张某，女，1985年8月1日生，汉族，出生于湖北省宜昌市，初中文化，现羁押于宜昌市某监狱。

本院于2018年4月5日，作出（2018）×刑×字第122号刑事判决，以罪犯张某犯诈骗罪，判处有期徒刑两年。在交付执行中，宜昌市某监狱以张某育有一尚在哺乳期的婴儿为由，不予收监执行。本院依法进行了审理。

经查，罪犯张某的婴儿已满一周岁，依照《中华人民共和国刑事诉讼法》第二百六十八条第一款的规定，决定将罪犯张某收监执行。

二〇一八年一月二十八日

（院印）

法律链接

《中华人民共和国刑事诉讼法》

第二百六十八条　对暂予监外执行的罪犯，有下列情形之一的，应当及时收监：

（一）发现不符合暂予监外执行条件的；

（二）严重违反有关暂予监外执行监督管理规定的；

（三）暂予监外执行的情形消失后，罪犯刑期未满的。

对于人民法院决定暂予监外执行的罪犯应当予以收监的，由人民法院作出决定，将有关的法律文书送达公安机关、监狱或者其他执行机关。

……

解除查封/扣押/冻结令

（刑事案件用）

了解文书

解除查封/扣押/冻结令（刑事案件用）是指人民法院在审理刑事案件过程中，经查明已经查封、扣押的财物、文件、邮件、电报或者冻结的存款、汇款、债券、股票、基金份额等财产与审理的案件无关而决定解除查封、扣押或冻结的一种法律文书。

本样式根据刑事审判工作实际需要制作，供各级人民法院解除查封、扣押、冻结财产时使用。

文书样式

×××人民法院

解除查封/扣押/冻结令

（××××）×刑×字第××号

本院于××××年××月××日依法查封（扣押、冻结）________________（写明被查封或扣押财产或冻结存款的当事人的姓名或者单位名称）的________________（写明被查封、扣押或者冻结的财产的所在地及其名称、数量等），现决定予以解除查封（或者扣押、冻结）。

此令。

院长　×××

××××年××月××日

（院印）

制作说明

1. 首部

（1）标题。要写明“×××人民法院”“解除查封/扣押/冻结令”。

（2）案号。写：“（××××）×刑×字第××号”。

2. 正文

（1）写明查封（扣押、冻结）的日期。

（2）写明被查封或扣押财产或冻结存款的当事人的姓名或者单位名称。

（3）写明被查封、扣押或者冻结的财产的所在地及其名称、数量等。

3. 尾部

尾部应依次写明下列内容：

（1）写明“此令”。

（2）院长签字、发文日期和人民法院印章。

举例示范

案情简述：2017年1月17日，河北省M市人民法院在审理鲁某变卖公司财产一案中冻结其在中国工商银行M市支行银行存款十万元。经2017年1月30日调查取证，此项存款与本案无关，M市人民法院解除账户冻结，予以返还。

河北省M市人民法院

解除冻结令

（2017）M刑×字第15号

本院于2017年1月17日依法冻结鲁某的中国工商银行M市支行银行存款十万元，现决定予以解除冻结。

此令。

院长　赵某

二〇一七年一月三十一日

（院印）

法律链接

《中华人民共和国刑事诉讼法》

第一百四十五条　对查封、扣押的财物、文件、邮件、电报或者冻结的存款、汇款、债券、股票、基金份额等财产，经查明确实与案件无关的，应当在三日以内解除查封、扣押、冻结，予以退还。

按撤诉处理决定书

（刑事案件用）

了解文书

按撤诉处理决定书（刑事案件用）是指法院在审理刑事案件过程中，案件延期审理后超过法定的补充侦查期限，经法庭通知，人民检察院未将案件移送人民法院且未说明原因，人民法院向人民检察院作出的决定按照撤诉处理的一种法律文书。

本样式供人民法院在审理刑事案件中，向人民检察院作出按撤诉处理决定时使用。

文书样式

×××人民法院

按撤诉处理决定书

（××××）×刑×字第××号

×××人民检察院：

你院××××年××月××日指控被告人×××犯××罪一案，向本院提起公诉。在法庭审理过程中，检察人员发现本案需要补充侦查，提出了延期审理的建议。经审查，同意延期审理。该案延期审理后，至今已超过法定的补充侦查期限。本院根据《最高人民法院关于适用〈中华人民共和国刑事诉讼法〉的解释》第二百二十三条第三款的规定，决定如下：

本案按人民检察院撤诉处理。

××××年××月××日

（院印）

制作说明

1. 首部

（1）标题。要写明“×××人民法院”“按撤诉处理决定书”。

（2）案号。写：“（××××）×刑×字第××号”。

2. 正文

（1）写明提起公诉的人民检察院的名称。

（2）注明案件提起公诉的日期、被告人姓名、罪名。

（3）概述作出决定的原因及法律依据。

3. 尾部

尾部应依次写明下列内容：发文日期和人民法院盖章。

举例示范

案情简述：2018年11月27日，海南省K市人民检察院依法对康某以破坏社会秩序罪向K市中院提起公诉。在法庭审理过程中，检察人员发现本案需要补充侦查，提出了延期审理的建议。人民法院经过审查同意延期审理，但是该案延期审理后已超过法定的补充侦查期限，人民法院通知检察院，但该院未将案件移送人民法院，且未说明原因。因此，K市中级人民法院决定此案按撤诉处理。

海南省K市中级人民法院

按撤诉处理决定书

（2018）K刑×字第17号

海南省K市人民检察院：

你院2018年11月27日指控被告人康某犯破坏社会秩序罪一案，向本院提起公诉。在法庭审理过程中，检察人员发现本案需要补充侦查，提出了延期审理的建议。经审查，同意延期审理。该案延期审理后，至今已超过法定的补充侦查期限。本院根据《最高人民法院关于适用〈中华人民共和国刑事诉讼法〉的解释》第二百二十三条第三款的规定，决定如下：

本案按人民检察院撤诉处理。

二〇一八年十二月三十一日

（院印）

法律链接

《最高人民法院关于适用〈中华人民共和国刑事诉讼法〉的解释》

第二百二十三条　审判期间，公诉人发现案件需要补充侦查，建议延期审理的，合议庭应当同意，但建议延期审理不得超过两次。

人民检察院将补充收集的证据移送人民法院的，人民法院应当通知辩护人、诉讼代理人查阅、摘抄、复制。

补充侦查期限届满后，经法庭通知，人民检察院未将案件移送人民法院，且未说明原因的，人民法院可以决定按人民检察院撤诉处理。

查封/扣押/冻结令

（刑事案件用）

了解文书

查封/扣押/冻结令（刑事案件用）是指人民法院在审理刑事案件过程中，依法查封或扣押被告人的财物、文件、邮件、电报或者冻结被告人的存款、汇款、债券、股票、基金份额等财产而出具的一种法律文书。

本样式供人民法院在审理刑事案件中查封、扣押或者冻结案件相关文件、财产时使用。

文书样式

×××人民法院

查封（扣押、冻结）令

（××××）×刑×字第××号

本院根据________________（写明适用的法律依据）的规定，特派________________（写明执行人员的职务、姓名）等，对________________（写明被查封或扣押财产或冻结存款的当事人的姓名或者单位名称）的________________（写明应予查封、扣押或者冻结的财产所在地及其名称、数量等），予以查封（或者扣押、冻结）。

此令。

院长　×××

××××年××月××日

（院印）

制作说明

1. 首部

（1）标题。要写明“×××人民法院”“查封（扣押、冻结）令”。如果是单独查封财产时写“查封令”，单独扣押财产时写“扣押令”，单独冻结时写“冻结令”。

（2）案号。写：“（××××）×刑×字第××号”。

2. 正文

（1）写明适用的法律依据。

（2）写明执行人员的职务、姓名。

（3）写明被查封或扣押财产或冻结存款的当事人的姓名或者单位名称。

（4）写明应予查封、扣押或者冻结的财产所在地及其名称、数量等。

3. 尾部

尾部应依次写明下列内容：

（1）此令。

（2）院长签名、发文日期和人民法院印章。

举例示范

案情简述：2018 年 12 月 20 日，福建省 D 市中级人民法院在受理张某因贪污受贿一案中，为查清张某个人财产情况，人民法院决定冻结张某在交通银行个人存款二百万。

福建省 D 市中级人民法院

冻结令

（2018）D 刑 × 字第 15 号

本院根据《中华人民共和国刑事诉讼法》第一百零二条的规定，特派助理审判员齐某对张某在本市交通银行存款二百万元予以冻结。

此令。

院长　张某

二〇一八年十二月二十一日

（院印）

法律链接

《中华人民共和国刑事诉讼法》

第一百零二条　人民法院在必要的时候，可以采取保全措施，查封、扣押或者冻结被告人的财产。附带民事诉讼原告人或者人民检察院可以申请人民法院采取保全措施。人民法院采取保全措施，适用民事诉讼法的有关规定。

第一百九十六条　法庭审理过程中，合议庭对证据有疑问的，可以宣布休庭，对证据进行调查核实。

人民法院调查核实证据，可以进行勘验、检查、查封、扣押、鉴定和查询、冻结。

罚款决定书

（刑事案件用）

了解文书

罚款决定书（刑事案件用）是指人民法院在审理刑事案件过程中，对于不听从审判长制止而严重扰乱法庭秩序的诉讼参与人或者旁听人员予以处罚的一种法律文书。

本样式供人民法院在审理刑事案件中对严重扰乱法庭秩序的相关人员进行处罚时使用。

文书样式

×××人民法院

罚款决定书

（××××）×刑×字第××号

被罚款人：________________（写明姓名、性别、出生年月日、民族、出生地、文化程度、职业或者工作单位和职务、住址）。

本院在审判________________（写明当事人姓名和案由）一案过程中，________________（写明被罚款人妨害刑事诉讼的事实和应当予以罚款的理由）。依照《中华人民共和国刑事诉讼法》第一百九十九条第一款的规定，决定如下：

对×××罚款×元，限在××××年××月××日前缴纳。

如不服本决定，可以在收到决定书后向××人民法院申请复议。复议期间不停止执行。

××××年××月××日

（院印）

制作说明

1. 首部

（1）标题。要写明“×××人民法院”“罚款决定书”。

（2）案号。写：“（××××）×刑×字第××号”。

2. 正文

（1）写明被罚款人的基本信息，包括姓名、性别、出生日期、民族、出生地、文化程度、职业或者工作单位和职务、住址等。

（2）写明当事人姓名和案由、被罚款人妨害刑事诉讼的事实和应当予以罚款的理由。

（3）写明罚款所依据的法律条款。

（4）写明被罚款人姓名、罚款金额、交纳期限。

（5）应写明被罚款人不服本决定申请复议的人民法院名称。

3. 尾部

尾部应写明发文日期并加盖人民法院印章。

举例示范

案情简述：2018年11月19日，湖南省×市某区人民法院在审理×市无业游民李某故意打砸该区步行街基础设施一案中，李某兄弟段某为兄弟义气大闹法庭，经审判长制止仍不听从，影响恶劣。×市某区人民法院决定对段某罚款八百元，限期十天内交纳。

湖南省×市某区人民法院

罚款决定书

（2018）×刑×字第14号

被罚款人：段某，男，1980年10月20日生，汉族，出生于湖南省×市，小学文化，务农，住址为湖南省×市红旗大街890号。

本院在审判李某故意打砸×市某区步行街基础设施一案过程中，其朋友段某大闹法庭，不听从审判长制止，造成恶劣影响。依照《中华人民共和国刑事诉讼法》第一百九十九条第一款的规定，决定如下：

对段某罚款800元，限在2018年11月29日前缴纳。

如不服本决定，可以在收到决定书后向×市人民法院申请复议。复议期间不停止执行。

二〇一八年十一月十九日

（院印）

法律链接

《中华人民共和国刑事诉讼法》

第一百九十九条　在法庭审判过程中，如果诉讼参与人或者旁听人员违反法庭秩序，审判长应当警告制止。对不听制止的，可以强行带出法庭；情节严重的，处以一千元以下的罚款或者十五日以下的拘留。罚款、拘留必须经院长批准。被处罚人对罚款、拘留的决定不服的，可以向上一级人民法院申请复议。复议期间不停止执行。

对聚众哄闹、冲击法庭或者侮辱、诽谤、威胁、殴打司法工作人员或者诉讼参与人，严重扰乱法庭秩序，构成犯罪的，依法追究刑事责任。

监视居住决定书

（刑事案件用）

了解文书

监视居住决定书（刑事案件用）是指人民法院在审理刑事案件过程中，因案件特殊需要依法出具的由公安机关对犯罪嫌疑人或被告人采取住所地监视决定的一种法律文书。

本样式供各级人民法院在审理刑事案件中，对犯罪嫌疑人、被告人采取监视居住强制措施时使用。

文书样式

第一联

×××人民法院

监视居住决定书（审批联）

（××××）×刑×字第××号

<table>
<tr><td colspan="2">案由</td><td colspan="6"></td></tr>
<tr><td rowspan="3">被告人</td><td>姓名</td><td colspan="2"></td><td>性别</td><td></td><td>出生年月日</td><td>年　月　日</td></tr>
<tr><td>文化程度</td><td></td><td colspan="2">工作单位</td><td colspan="3"></td></tr>
<tr><td>住址</td><td colspan="6"></td></tr>
<tr><td colspan="2">执行机关</td><td colspan="4"></td><td>监视居住期限</td><td>个月</td></tr>
<tr><td>监视居住期限</td><td colspan="7">经办人：
年　月　日</td></tr>
<tr><td>领导审批</td><td colspan="7">审批人：
年　月　日</td></tr>
</table>

本联存卷

第二联

×××人民法院

监视居住决定书

（××××）×刑×字第××号

根据《中华人民共和国刑事诉讼法》第七十四条的规定，决定对本院正在审理的________________（写明当事人和案由）一案的被告人×××采取监视居住的强制措施。监视居住的期限为×个月。在监视居住期间，被告人应当遵守以下规定：

（一）未经执行机关批准不得离开执行监视居住的处所；

（二）未经执行机关批准不得会见他人或者通信；

（三）在传讯的时候及时到案；

（四）不得以任何形式干扰证人作案；

（五）不得毁灭，伪造证据或者串供；

（六）将护照等出入境证件、身份证件、驾驶证件交执行机关保存。

本决定由×××公安局执行。

××××年××月××日

（院印）

向被告人宣布的时间：

××××年××月××日××时

被告人签名：×××

制作说明

第一联

1. 首部

（1）标题。要写明“×××人民法院”“监视居住决定书（审批联）”。

（2）案号。写：“（××××）×刑×字第××号”。

2. 正文

正文应当以表格形式写明下列内容：

（1）写明案由。

（2）写明被告人的基本信息，包括姓名、性别、出生年月日、文化程度、工作单位和住址。

（3）写明执行监视的执行机关名称及监视期限。

（4）写明监视居住的缘由，经办人和文书下达时间。

（5）写明领导批示，审批人签字及时间。

3. 尾部

尾部应写明：本联存卷。

第二联

1. 首部

（1）标题。要写明“×××人民法院”“监视居住决定书”。

（2）案号。写：“（××××）×刑×字第××号”。

2. 正文

（1）写明对犯罪嫌疑人、被告人实施监视所依据的法律条款及被告人姓名。

（2）写明公安机关监视被告人居住期限。

（3）分条概述被告人应遵循的规定。

（4）写明监视居住的执行机关。

3. 尾部

尾部应依次写明下列内容：

（1）写明时间并加盖人民法院印章。

（2）写明向被告人宣布的时间，被宣告人签字。

举例示范

案情简述：2018年11月19日，辽宁省Q市中级人民法院在审理Q市小学教师罗某殴打学生致重伤一案中，因罗某父亲生活不能自理且罗某是其父亲的唯一赡养人，鉴于此种情况，Q市中级人民法院决定由Q市公安局对罗某居住地执行监视，期限1个月。

第一联

辽宁省Q市中级人民法院
监视居住决定书（审批联）

（2018）Q刑×字第21号

<table>
<tr><td colspan="2">案由</td><td colspan="6">小学教师罗某殴打学生致人重伤一案</td></tr>
<tr><td rowspan="3">被告人</td><td>姓名</td><td>罗某</td><td>性别</td><td>男</td><td>出生年月日</td><td colspan="2">1970年12月1日</td></tr>
<tr><td>文化程度</td><td>本科</td><td colspan="2">工作单位</td><td colspan="3">某省Q市第一小学</td></tr>
<tr><td>住址</td><td colspan="6">辽宁省Q市裕泰小区3栋×单元×</td></tr>
<tr><td colspan="2">执行机关</td><td colspan="3">Q市公安局</td><td>监视居住期限</td><td colspan="2">1个月</td></tr>
<tr><td>监视居住原因</td><td colspan="7">辽宁省Q市中级人民法院在审理Q市小学教师罗某殴打学生致人重伤一案中，因罗某父亲生活不能自理且罗某是其父亲的唯一赡养人。

经办人：瞿某
二〇一八年十一月二十日</td></tr>
<tr><td>领导审批</td><td colspan="7">同意。

审批人：白某
二〇一八年十一月二十日</td></tr>
</table>

本联存卷

第二联

辽宁省Q市中级人民法院
监视居住决定书

（2018）Q刑×字第21号

根据《中华人民共和国刑事诉讼法》第七十四条的规定，决定对本院正在审理的罗某故意伤害一案的被告人罗某采取监视居住的强制措施。监视居住的期限为 1 个月。在监视居住期间，被告人应当遵守以下规定：

（一）未经执行机关批准不得离开执行监视居住的处所；

（二）未经执行机关批准不得会见他人或者通信

（三）在传讯的时候及时到案；

（四）不得以任何形式干扰证人作案；

（五）不得毁灭，伪造证据或者串供；

（六）将护照等出入境证件、身份证件、驾驶证件交执行机关保存。

本决定由 Q 市公安局执行。

二〇一八年十一月二十日

（院印）

向被告人宣布的时间：

2018 年 11 月 20 日 14 时

被告人签名：罗某

法律链接

《中华人民共和国刑事诉讼法》

第七十四条　人民法院、人民检察院和公安机关对符合逮捕条件，有下列情形之一的犯罪嫌疑人、被告人，可以监视居住：

（一）患有严重疾病、生活不能自理的；

（二）怀孕或者正在哺乳自己婴儿的妇女；

（三）系生活不能自理的人的唯一扶养人；

（四）因为案件的特殊情况或者办理案件的需要，采取监视居住措施更为适宜的；

（五）羁押期限届满，案件尚未办结，需要采取监视居住措施的。

对符合取保候审条件，但犯罪嫌疑人、被告人不能提出保证人，也不交纳保证金的，可以监视居住。

监视居住由公安机关执行。

解除监视居住决定书

（刑事案件用）

了解文书

解除监视居住决定书（刑事案件用）是指人民法院在审理刑事案件过程中，因监视居住时间达到六个月或者发现被监视人不应追究刑事责任而出具的解除监视居住强制措施的一种法律文书。

本样式供各级人民法院在审理刑事案件中，对被告人解除监视居住强制措施时使用。

文书样式

第一联

××× 人民法院

解除监视居住决定书（审批联）

（××××）×刑×字第××号

<table>
<tr><td colspan="2">案由</td><td colspan="6"></td></tr>
<tr><td rowspan="3">被告人</td><td>姓名</td><td></td><td>性别</td><td></td><td>出生年月日</td><td colspan="2">年　月　日</td></tr>
<tr><td>文化程度</td><td></td><td colspan="2">工作单位</td><td colspan="4"></td></tr>
<tr><td>住址</td><td colspan="6"></td></tr>
<tr><td colspan="2">执行机关</td><td colspan="3"></td><td colspan="2">监视居住期限</td><td>个月</td></tr>
<tr><td>解除监视居住原因</td><td colspan="7">经办人：
年　月　日</td></tr>
</table>

领导审批	审批人： 年 月 日

本联存卷

第二联

×××人民法院

解除监视居住决定书

（××××）×刑×字第××号

本院于××××年××月××日决定对被告人×××采取监视居住的强制措施。现因________________（写明解除的原因），本院决定对被告人×××监视居住的强制措施予以解除。

××××年××月××日

（院印）

向被告人宣布的时间：

××××年××月××日××时

被告人（签名）：×××

制作说明

第一联

1. 首部

（1）标题。要写明“×××人民法院”“解除监视居住决定书（审批联）”。

（2）案号。写：“（××××）×刑×字第××号”。

2. 正文

以表格形式写明下列内容：

（1）概述案由。

（2）写明被告人的基本信息，包括姓名、性别、出生年月日、文化程度、工作单位和住址。

（3）写明执行监视的执行机关名称。

（4）写明公安机关监视被告人居住期限。

（5）写明解除监视居住的缘由，经办人和文书下达时间。

（6）写明领导批示，审批人签字及时间。

3. 尾部

尾部应写明：本联存卷。

第二联

1. 首部

（1）标题。要写明“×××人民法院”“解除监视居住决定书”。

（2）案号。写：“（××××）×刑×字第××号”。

2. 正文

（1）写明决定对被告人解除监视的时间、被告人姓名。

（2）概述解除监视居住的缘由。

3. 尾部

尾部应依次写明下列内容：

（1）写明时间并加盖人民法院印章。

（2）向被告人宣布的时间及被告人签字。

举例示范

案情简述：安徽省某市中级人民法院于2018年6月19日决定对犯有故意伤人罪的李某采取监视居住的强制措施。2018年12月19日，由于监视居住期限届满，依法解除了对罗某的监视居住。

第一联

安徽省某市中级人民法院
解除监视居住决定书（审批联）

（2018）某刑×字第230号

<table>
<tr><td colspan="2">案由</td><td colspan="5">李某故意伤人一案</td></tr>
<tr><td rowspan="3">被告人</td><td>姓名</td><td>李某</td><td>性别</td><td>男</td><td>出生年月日</td><td>1975年12月1日</td></tr>
<tr><td>文化程度</td><td>本科</td><td colspan="2">工作单位</td><td colspan="2">某市某公司</td></tr>
<tr><td>住址</td><td colspan="5">安徽省某市某街道某小区</td></tr>
<tr><td colspan="2">执行机关</td><td colspan="3">某市公安局</td><td>监视居住期限</td><td>6个月</td></tr>
<tr><td>解除监视居住原因</td><td colspan="6">李某因故意伤人，于2018年6月20日被监视居住，李某在监视居住期间表现良好，现执行监视居住已满6个月。
经办人：王某
二〇一八年十二月十九日</td></tr>
<tr><td>领导审批</td><td colspan="6">同意。
审批人：林某
二〇一八年十二月十九日</td></tr>
</table>

本联存卷

第二联

安徽省某市中级人民法院
解除监视居住决定书

（2018）某刑×字第230号

本院于2018年6月20日决定对被告人罗某采取监视居住的强制措施。现因监视居住满6个月，本院决定对被告人罗某监视居住的强制措施予以解除。

二〇一八年十二月十九日

（院印）

向被告人宣布的时间：

2018年12月19日8时

被告人签名：李某

法律链接

《中华人民共和国刑事诉讼法》

第七十九条 人民法院、人民检察院和公安机关对犯罪嫌疑人、被告人取保候审最长不得超过十二个月，监视居住最长不得超过六个月。

在取保候审、监视居住期间，不得中断对案件的侦查、起诉和审理。对于发现不应当追究刑事责任或者取保候审、监视居住期限届满的，应当及时解除取保候审、监视居住。解除取保候审、监视居住，应当及时通知被取保候审、监视居住人和有关单位。

解除取保候审决定书

（刑事案件用）

了解文书

解除取保候审决定书（刑事案件用）是指在人民法院审理刑事诉讼中，对被告人实施取保候审时间达到十二个月或者取保候审期间发现被告人不应当追究刑事责任而出具的解除取保候审强制措施的一种法律文书。

本样式供各级人民法院在审理刑事案件中作出解除取保候审决定时使用。

文书样式

第一联

×××人民法院

解除取保候审决定书（审批联）

（××××）×刑×字第××号

<table>
<tr><td colspan="2">案由</td><td colspan="5"></td></tr>
<tr><td rowspan="3">被告人</td><td>姓名</td><td></td><td>性别</td><td></td><td>出生年月日</td><td>年 月 日</td></tr>
<tr><td>文化程度</td><td></td><td>工作单位</td><td colspan="3"></td></tr>
<tr><td>住址</td><td colspan="5"></td></tr>
<tr><td colspan="2">执行机关</td><td colspan="3"></td><td>监视居住期限</td><td>个月</td></tr>
<tr><td>解除监视居住原因</td><td colspan="6">经办人：
年 月 日</td></tr>
<tr><td>领导审批</td><td colspan="6">审批人：
年 月 日</td></tr>
</table>

本联存卷

第二联

×　×　×人民法院

解除取保候审决定书

（××××）×刑×字第××号

本院于××××年××月××日决定对被告人×××采取取保候审的强制措施。现因＿＿＿＿＿＿＿＿（写明解除的原因），本院决定对被告人×××取保候审的强制措施予以解除。

××××年××月××日

（院印）

向被告人宣布的时间：

××××年××月××日××时

被告人签名：×××

制作说明

第一联

1. 首部

（1）标题。要写明“×××人民法院”“解除取保候审决定书（审批联）”。

（2）案号。写：“（××××）×刑×字第××号”。

2. 正文

（1）概述案由。

（2）写明被逮捕人的基本信息，包括姓名、性别、出生年月、文化程度、出生地、住址等。

（3）保证形式一栏中用中文数字填写交纳保证金数额、保证人姓名和住址、保证人与被告人关系。

（4）写明执行机关名称、取保候审时间。

（5）解除取保候审原因一栏中应注明执行解除取保候审的缘由，经办人签字并注明时间。

（6）写明领导审批意见，批准人和批准时间。

3. 尾部

尾部应写明：本联入卷。

第二联

1. 首部

（1）标题。要写明“×××人民法院”“解除取保候审决定书”。

（2）案号。写：“（××××）×刑×字第××号”。

2. 正文

（1）写明执行取保候审的时间、被告人姓名。

（2）写明解除被告人取保候审的原因。

3. 尾部

尾部应依次写明下列内容：

（1）写明解除取保候审决定书的出具日期并加盖人民法院印章。

（2）写明向被告人宣布时间，被告人签名。

举例示范

案情简述：某省某市人民法院于2018年8月20日对无业游民陆某偷盗李某家财物一案中的被告人陆某决定取保候审，截止到2019年8月19日已满12个月，某市人民法院解除对陆某取保候审。

第一联

某省某市人民法院

解除取保候审决定书（审批联）

（2019）某刑×字第15号

<table>
<tr><td colspan="2">案由</td><td colspan="6">陆某偷盗李某家财物一案</td></tr>
<tr><td rowspan="3">被逮捕人</td><td>姓名</td><td>陆某</td><td>性别</td><td>男</td><td>出生年月日</td><td colspan="2">1980年6月12日</td></tr>
<tr><td>文化程度</td><td>小学</td><td colspan="2">出生地</td><td colspan="3">某省某市甲县</td></tr>
<tr><td>住址</td><td colspan="6">某省某市城东区×排×号</td></tr>
</table>

<table>
<tr><td rowspan="2">保证形式</td><td>交纳保证金数额</td><td colspan="3">壹万元整</td></tr>
<tr><td>保证人姓名住址</td><td>鲁某，某省某市城东区×排×号</td><td>与被告人关系</td><td>夫妻</td></tr>
<tr><td colspan="2">执行机关</td><td>某省某市公安局</td><td>取保候审期限</td><td>12个月</td></tr>
<tr><td>解除取保候审原因</td><td colspan="4">陆某因盗窃被判处有期徒刑五年，因服刑期间表现良好，取保候审后对社会无危害，采取取保候审强制措施，现执行取保候审已满12个月。
经办人：邓某
二〇一九年八月十九日</td></tr>
<tr><td>领导审批</td><td colspan="4">同意。
批准人：张某
二〇一九年八月十九日</td></tr>
</table>

本联存卷

第二联

某省某市人民法院
解除取保候审决定书

（2019）某刑×字第15号

本院于2018年8月20日决定对被告人陆某采取取保候审的强制措施。现因取保候审已满12个月，本院决定对被告人陆某取保候审的强制措施予以解除。

二〇一九年八月十九日

（院印）

向被告人宣布的时间：

2019 年 8 月 19 日 14 时

被告人签名：陆某

法律链接

《中华人民共和国刑事诉讼法》

第七十九条　人民法院、人民检察院和公安机关对犯罪嫌疑人、被告人取保候审最长不得超过十二个月，监视居住最长不得超过六个月。

在取保候审、监视居住期间，不得中断对案件的侦查、起诉和审理。对于发现不应当追究刑事责任或者取保候审、监视居住期限届满的，应当及时解除取保候审、监视居住。解除取保候审、监视居住，应当及时通知被取保候审、监视居住人和有关单位。

决定书

（退回减刑、假释建议书用）

了解文书

决定书（退回减刑、假释建议书用）是对执行机关所提的减刑或者假释建议书，人民法院经审理后认为不符合法定减刑或者假释的条件或者程序，将执行机关提出的减刑或者假释建议书和有关材料退回提请机关时所出具的决定书。

本文书样式供中级以上人民法院退回执行机关减刑、假释建议书时使用。

文书样式

×××人民法院
决定书

（××××）×刑执字第××号

罪犯：________________（写明姓名、性别、年龄、民族、职业或工作单位、住所，还应写明采取何种强制措施及以前受过何种刑事处分、现服刑监狱等）。

×××人民法院于××××年××月××日作出（××××）×刑初字第××号刑事判决，认定被告人×××犯××罪，判处________________（写明刑种、刑期等）。执行机关×××于××××年××月××日提出减刑（或者假释）建议书，报送本院审理。本院认为________________（写明经审核不符合法定减刑或者假释的理由，同时要写明作出该退回决定的依据。）。依照《中华人民共和国刑法》第七十九条（或者第八十二条）之规定，决定如下：

将第××号减刑（或者假释）建议书退回×××执行机关。

（院印）

××××年××月××日

制作说明

1. 首部

（1）标题。要写明“×××人民法院”“决定书”。

（2）案号。写：“（××××）×刑执字第×号”。

2. 正文

（1）罪犯的基本情况。写明姓名、性别、年龄、民族、职业或工作单位、住所，还应写明采取何种强制措施及以前受过何种刑事处分、现服刑监狱等。

（2）写明罪犯的刑种、刑期以及上诉、抗诉后第二审人民法院的裁判结果和执行中刑种、刑期的变更情况。

（3）理由

理由部分在“本院认为”之后，写明经审核不符合法定减刑或者假释的理由，同时要写明作出该退回决定的依据。

（4）决定内容，将减刑（或者假释）建议书退回执行机关。

3. 尾部应写明发文日期并加盖人民法院印章。

举例示范

案情简述：何某犯盗窃罪，被某法院（2016）某刑初字第157号刑事判决判处有期徒刑五年，并处罚金一万元。执行机关某监狱于2019年2月22日提出减刑建议书，报送某法院审理。

×××人民法院

决定书

（2019）某刑执字第051号

罪犯：何某，男，1955年7月12日出生，汉族，小学文化，农民，户籍地在某省某市某县某镇某村，现在某市监狱服刑。

某人民法院于2016年11月3日作出（2016）某刑初字第157号刑事判决，认定被告人何某犯盗窃罪，判处有期徒刑五年，并处罚金一万元。执行机关某监狱于2019年2月22日提出减刑建议书，报送本院审理。本院认为罪犯何某在服刑期间虽然有悔罪表现，但至今未退赃退赔，未缴清罚金。依照《中华人民共和国刑法》第七十九条之规定，决定如下：

将第043号减刑建议书退回某监狱。

（院印）

二〇一九年四月七日

法律链接

《中华人民共和国刑法》

第七十九条　对于犯罪分子的减刑，由执行机关向中级以上人民法院提出减刑建议书。人民法院应当组成合议庭进行审理，对确有悔改或者立功事实的，裁定予以减刑。非经法定程序不得减刑。

限制出境决定书

（刑事案件用）

了解文书

限制出境决定书（刑事案件用）是第一审人民法院按照第一审普通程序审理外国人犯罪的案件需要对被告人限制出境时使用的文书。

本文书样式供人民法院审理涉外刑事案件，认定需要限制出境的相关犯罪嫌疑人并作出限制出境决定时使用。

文书样式

×××人民法院

限制出境决定书

（××××）×刑执字第××号

公诉机关：×××人民检察院。

被告人：________________（写明姓名、性别、年龄、国籍、护照号码、职业或工作单位、常住地）。

公诉机关×××人民检察院指控被告人×××犯××罪一案，本院已于××××年××月××日受理。鉴于被告人×××系××国公民，为保证刑事诉讼顺利进行，根据《中华人民共和国出境入境管理法》第二十八条第×项，《最高人民法院关于适用〈中华人民共和国刑事诉讼法〉的解释》第四百零四条第一款、第二款之规定，决定如下：

被告人×××在本案诉讼期间不得出境。

（院印）

××××年××月××日

制作说明

1. 首部

（1）标题。要写明“×××人民法院”“限制出境决定书”。

（2）案号。写：“（××××）×刑执字第××号”。

2. 正文

（1）写明公诉机关名称。

（2）被告人的基本情况。写明姓名、性别、年龄、国籍、护照号码、职业或工作单位、常住地。

（3）写明被告人所涉嫌的案件，简要写明限制其出境的理由，同时要写明作出该限制出境决定的依据。

（4）决定内容，被告人在本案诉讼期间不得出境。

3. 尾部写明发文日期并加盖人民法院印章。

举例示范

案情简述：苏某（其英文名为：Jims）系阿拉伯联合酋长国公民，被某市人民检察院指控犯故意伤害罪一案，某人民法院已受理。

×××人民法院

限制出境决定书

（2019）某刑执字第012号

公诉机关：某市人民检察院。

被告人：苏某（其英文名为：Jims），男，1972年10月18日出生，阿拉伯联合酋长国公民，无业，住所地某省某市。

公诉机关某市人民检察院指控被告人苏某犯故意伤害罪一案，本院已于2019年4月20日受理。鉴于被告人苏某系阿拉伯联合酋长国公民，为保证刑事诉讼顺利进行，根据《中华人民共和国出境入境管理法》第二十八条第（一）项、《最高人民法院关于适用〈中华人民共和国刑事诉讼法〉的解释》第四百零四条第一款、第二款之规定，决定如下：

被告人苏某在本案诉讼期间不得出境。

（院印）

二〇一九年四月三十日

法律链接

《最高人民法院关于适用〈中华人民共和国刑事诉讼法〉的解释》

第四百零四条第一款　对涉外刑事案件的被告人，可以决定限制出境；对开庭审理案件时必须到庭的证人，可以要求暂缓出境。作出限制出境的决定，应当通报同级公安机关或者国家安全机关；限制外国人出境的，应当同时通报同级人民政府外事主管部门和当事人国籍国驻华使、领馆。

第二款　人民法院决定限制外国人和中国公民出境的，应当书面通知被限制出境的人在案件审理终结前不得离境，并可以采取扣留护照或者其他出入境证件的办法限制其出境；扣留证件的，应当履行必要手续，并发给本人扣留证件的证明。

延期审理决定书

（公诉案件用）

了解文书

延期审理决定书（公诉案件用）是人民法院在公诉案件审理过程中，人民检察院发现案件需要补充侦查建议延期审理，人民法院同意延期审理作出的决定书。

本文书样式供人民法院审理公诉案件，决定延期审理时使用。

文书样式

×××人民法院

延期审理决定书

（××××）×刑×字第××号

×××人民检察院：

你院××××年××月××日以〔××××〕×检×诉第××号起诉书指控被告人×××犯××罪，向本院提起公诉。本院审理期间，你院提出________________（写明检察院提出的理由）需要补充侦查，建议对该案延期审理。根据《中华人民共和国刑事诉讼法》第二百零四条第（二）项、《最高人民法院关于适用〈中华人民共和国刑事诉讼法〉的解释》第二百二十三条的规定，决定：

对被告人×××犯××罪一案延期审理。

（院印）

××××年××月××日

制作说明

1. 首部

（1）标题。要写明“×××人民法院”“延期审理决定书”。

（2）案号。写：“（××××）×刑×字第××号。”

2. 正文

（1）写明公诉机关名称。

（2）简要写明提起公诉案件的情况。

（3）简要写明延期审理的理由。

（4）写明决定的法律依据及决定结果。

3. 尾部应写明发文日期并加盖人民法院印章。

举例示范

案情简述：被告人肖某涉嫌拐卖妇女、儿童罪，检察院向法院提起公诉。在法院审理期间，检察院发现新的证据需要补充侦查，建议对该案延期审理。

×××人民法院

延期审理决定书

（2017）×刑×字第026号

某市人民检察院：

你院2017年4月20日以〔2017〕某检某诉第207号起诉书指控被告人肖某犯拐卖妇女、儿童罪，向本院提起公诉。本院审理期间，你院提出发现新的证据需要补充侦查，建议对该案延期审理。根据《中华人民共和国刑事诉讼法》第二百零四条第（二）项的规定，决定：

对被告人肖某犯拐卖妇女、儿童罪一案延期审理。

（院印）

二〇一七年五月十四日

法律链接

《中华人民共和国刑事诉讼法》

第二百零四条　在法庭审判过程中，遇有下列情形之一，影响审判进行的，可以延期审理：

（一）需要通知新的证人到庭，调取新的物证，重新鉴定或者勘验的；

（二）检察人员发现提起公诉的案件需要补充侦查，提出建议的；

（三）由于申请回避而不能进行审判的。

第二百零五条　依照本法第二百零四条第二项的规定延期审理的案件，人民检察院应当在一个月以内补充侦查完毕。

拘留决定书

（刑事案件用）

了解文书

拘留决定书（刑事案件用）是指在人民法院审理刑事诉讼案件时，因诉讼参与人或者旁听人员不顾审判长警告、制止，严重扰乱法庭秩序，法院对干扰法庭秩序人员决定拘留处罚的一种法律文书。

本样式供各级人民法院对妨害刑事诉讼的行为人依法决定拘留时使用。

文书样式

×××人民法院

拘留决定书

（××××）×刑×字第××号

被拘留人：________________（写明姓名、性别、出生年月日、民族、出生地、文化程度、职业或者工作单位和职务、住址）。

本院在审判________________（写明当事人姓名和案由）一案过程中，________________（写明被拘留人妨害刑事诉讼的事实和予以拘留的理由）。依照《中华人民共和国刑事诉讼法》第一百九十九条第一款的规定，决定如下：

对×××拘留×日。

如不服本决定，可以在收到决定书后向×××人民法院申请复议。复议期间不停止执行。

××××年××月××日

（院印）

制作说明

1. 首部

（1）标题。要写明“×××人民法院”“拘留决定书”。

（2）案号。写：“（××××）×刑×字第××号”。

2. 正文

（1）写明被拘留人的基本信息，包括姓名、性别、出生年月、民族、文化程度、职业或者工作单位和职务、住址等。

（2）写明当事人姓名和案由。

（3）写明被拘留人妨害刑事诉讼的事实和予以拘留的理由。

（4）写明拘留时间。

（5）如被拘留人不服决定，写明申请复议的人民法院名称。

3. 尾部

尾部应写明时间并加盖人民法院印章。

举例示范

案情简述：2019 年 1 月 7 日，河北省石家庄市无极县人民法院在审理丁某擅闯幼儿园砍人一案时，由于旁听人员王某情绪激动，不顾审判长警告和制止，做出过激行为，影响法庭正常工作，河北省石家庄市无极县人民法院决定对王某执行拘留十五日处罚。

河北省石家庄市无极县人民法院
拘留决定书

（2019）无刑执字第 16 号

被拘留人：王某，男，生于 1982 年 10 月 18 日，汉族，生于河北省石家庄市无极县，高中文化，务农，住址为河北省石家庄市无极县长龙小区 × 栋。

本院在审判丁某擅闯幼儿园砍人一案过程中，旁听人员王某情绪激动，不顾审判长警告和制止，做出过激行为，影响法庭正常工作。依照《中华人民共和国刑事诉讼法》第一百九十九条第一款的规定，决定如下：

对王某处以十五日刑事拘留。

如不服本决定，可以在收到决定书后向河北省石家庄市人民法院申请复议。复议期间不停止执行。

二〇一九年一月七日

（院印）

法律链接

《中华人民共和国刑事诉讼法》

第一百九十九条　在法庭审判过程中，如果诉讼参与人或者旁听人员违反法庭秩序，审判长应当警告制止。对不听制止的，可以强行带出法庭；情节严重的，处以一千元以下的罚款或者十五日以下的拘留。罚款、拘留必须经院长批准。被处罚人对罚款、拘留的决定不服的，可以向上一级人民法院申请复议。复议期间不停止执行。

对聚众哄闹、冲击法庭或者侮辱、诽谤、威胁、殴打司法工作人员或者诉讼参与人，严重扰乱法庭秩序，构成犯罪的，依法追究刑事责任。

逮捕决定书

（刑事案件自行决定逮捕用）

了解文书

逮捕决定书（刑事案件自行决定逮捕用）是指人民法院在审查刑事案件过程中，认为需要逮捕犯罪嫌疑人的，自行决定逮捕犯罪嫌疑人并通知公安机关执行该决定的一种法律文书。

本样式供人民法院在审理刑事案件中依法作出逮捕犯罪嫌疑人决定时使用。

文书样式

第一联

××× 人民法院

逮捕决定书（审批联）

（××××）×刑×字第××号

<table>
<tr><td colspan="2">案由</td><td colspan="6"></td></tr>
<tr><td rowspan="4">被逮捕人</td><td>姓名</td><td></td><td>性别</td><td></td><td>出生年月日</td><td colspan="2">年　月　日</td></tr>
<tr><td>民族</td><td></td><td>出生地</td><td></td><td>文化程度</td><td colspan="2"></td></tr>
<tr><td>职业</td><td></td><td>工作单位</td><td></td><td></td><td colspan="2"></td></tr>
<tr><td>住址</td><td colspan="6"></td></tr>
<tr><td colspan="2">被逮捕人家属姓名</td><td colspan="2"></td><td>工作单位</td><td colspan="3"></td></tr>
<tr><td colspan="2">执行逮捕机关</td><td colspan="6"></td></tr>
<tr><td>逮捕原因</td><td colspan="7">经办人：
年　月　日</td></tr>
</table>

审 批 决 定	批准人： 年 月 日

本联存卷

第二联

×××人民法院

逮捕决定书

（××××）×刑×字第××号

本院正在审理被告人×××，有证据证明犯有××罪，根据《中华人民共和国刑事诉讼法》第八十条和第八十一条的规定，决定予以逮捕，请予执行。

此致

×××公安局

××××年××月××日

（院印）

附：被逮捕人情况。

<table>
<tr><td rowspan="4">被
逮
捕
人</td><td>姓名</td><td></td><td>性别</td><td></td><td>出生年月日</td><td colspan="2">年 月 日</td></tr>
<tr><td>民族</td><td></td><td>出生地</td><td colspan="2"></td><td>文化程度</td><td></td></tr>
<tr><td>职业</td><td></td><td>工作单位</td><td colspan="2"></td><td></td><td></td></tr>
<tr><td>住址</td><td colspan="6"></td></tr>
<tr><td colspan="2">被逮捕人家属姓名</td><td colspan="2"></td><td colspan="2">工作单位</td><td colspan="2"></td></tr>
</table>

本联送达执行逮捕的公安机关

制作说明

第一联

1. 首部

（1）标题。要写明“×××人民法院”“逮捕决定书（审批联）”。

（2）案号。写：“（××××）×刑×字第××号”。

2. 正文

（1）写明案由。

（2）写明被逮捕人的基本信息，包括姓名、性别、出生年月、民族、出生地、文化程度、职业、工作单位、住址等。

（3）写明被逮捕人家属姓名和工作单位。

（4）写明执行逮捕任务的机关名称。

（5）写明被逮捕人被逮捕的原因，经办人和决定书日期。

（6）写明审批决定，批准人签字，注明日期。

3. 尾部

尾部应写明：本联存卷。

第二联

1. 首部

（1）标题。要写明“×××人民法院”“逮捕决定书”。

（2）案号。写：“（××××）×刑×字第××号”。

2. 正文

（1）写明被告人姓名，犯罪名称。

（2）写明决定逮捕的法律依据和执行逮捕的公安机关名称。

（3）写明出具决定书的日期并加盖法院印章。

3. 尾部

尾部应依次写明下列内容：

（1）附件以表格形式注明被逮捕人的情况，包括被逮捕人的姓名、性别、出生年月、民族、出生地、文化程度、职业、工作单位、住址、家属姓名、工作单位等。

（2）写明“本联送达执行逮捕的公安机关”。

举例示范

案情简述：2018年12月31日，广东省H市人民法院在审理史某强奸15岁幼女一案过程中，认为案情清晰，史某触犯《中华人民共和国刑法》，依法应当予以逮捕，因此，广东省H市人民法院出具逮捕决定书逮捕史某，由该市公安局执行。

第一联

广东省H市人民法院
逮捕决定书（审批联）

（2018）H刑×字第13号

<table>
<tr><td colspan="2">案由</td><td colspan="5">史某强奸幼女</td></tr>
<tr><td rowspan="4">被逮捕人</td><td>姓名</td><td>史某</td><td>性别</td><td>男</td><td>出生年月日</td><td>1980年1月10日</td></tr>
<tr><td>民族</td><td>汉</td><td>出生地</td><td>广东省H市</td><td>文化程度</td><td>小学</td></tr>
<tr><td>职业</td><td>工人</td><td>工作单位</td><td colspan="3">广东省H市商贸生产有限责任公司</td></tr>
<tr><td>住址</td><td colspan="5">广东省H市甲区159号</td></tr>
<tr><td colspan="2">被逮捕人家属姓名</td><td>史某某</td><td colspan="2">工作单位</td><td colspan="2">无</td></tr>
<tr><td colspan="2">执行逮捕机关</td><td colspan="5">广东省H市公安局</td></tr>
<tr><td>逮捕原因</td><td colspan="6">史某因强奸幼女触犯《中华人民共和国刑法》，有可能被判处有期徒刑。
经办人：齐某
二〇一九年一月十五日</td></tr>
<tr><td>审批决定</td><td colspan="6">同意
批准人：贾某
二〇一九年一月十五日</td></tr>
</table>

本联存卷

第二联

广东省H市人民法院
逮捕决定书

（2018）H刑×字第13号

本院正在审理被告人史某，有证据证明犯有强奸罪，根据《中华人民共和国刑事诉讼法》第八十条和第八十一条的规定，决定予以逮捕，请予执行。

此致

广东省H市公安局

二〇一九年一月十五日

（院印）

附：被逮捕人情况。

<table>
<tr><td rowspan="4">被逮捕人</td><td>姓名</td><td>史某</td><td>性别</td><td>男</td><td>出生年月日</td><td>1980年1月10日</td></tr>
<tr><td>民族</td><td>汉</td><td>出生地</td><td>广东省H市</td><td>文化程度</td><td>小学</td></tr>
<tr><td>职业</td><td>工人</td><td>工作单位</td><td colspan="3">广东省H市商贸生产有限责任公司</td></tr>
<tr><td>住址</td><td colspan="5">广东省H市甲区159号</td></tr>
<tr><td colspan="2">被逮捕人家属姓名</td><td colspan="2">史某某</td><td colspan="2">工作单位</td><td>无</td></tr>
</table>

本联送达执行逮捕的公安机关

法律链接

《中华人民共和国刑事诉讼法》

第八十条　逮捕犯罪嫌疑人、被告人，必须经过人民检察院批准或者人民法院决定，由公安机关执行。

第八十一条　对有证据证明有犯罪事实，可能判处徒刑以上刑罚的犯罪嫌疑人、被告人，采取取保候审尚不足以防止发生下列社会危险性的，应当予以逮捕：

（一）可能实施新的犯罪的；

（二）有危害国家安全、公共安全或者社会秩序的现实危险的；

（三）可能毁灭、伪造证据，干扰证人作证或者串供的；

（四）可能对被害人、举报人、控告人实施打击报复的；

（五）企图自杀或者逃跑的。

批准或者决定逮捕，应当将犯罪嫌疑人、被告人涉嫌犯罪的性质、情节，认罪认罚等情况，作为是否可能发生社会危险性的考虑因素。

对有证据证明有犯罪事实，可能判处十年有期徒刑以上刑罚的，或者有证据证明有犯罪事实，可能判处徒刑以上刑罚，曾经故意犯罪或者身份不明的，应当予以逮捕。

被取保候审、监视居住的犯罪嫌疑人、被告人违反取保候审、监视居住规定，情节严重的，可以予以逮捕。

取保候审决定书

（刑事案件用）

了解文书

取保候审决定书（刑事案件用）是指在刑事诉讼中，人民法院等司法机关对未被逮捕或逮捕后的犯罪嫌疑人、被告人决定采取取保候审，对其不予羁押或暂时解除对其羁押的一种法律文书。

本样式供各级人民法院在审理刑事案件中，对犯罪嫌疑人、被告人采取取保候审强制措施时使用。

文书样式

第一联

×××人民法院

取保候审决定书（审批联）

（××××）×刑×字第××号

<table>
<tr><td colspan="2">案由</td><td colspan="6"></td></tr>
<tr><td rowspan="3">被取保候审人</td><td>姓名</td><td></td><td>性别</td><td></td><td>出生年月日</td><td colspan="2">年　月　日</td></tr>
<tr><td>文化程度</td><td></td><td colspan="2">出生地</td><td colspan="4"></td></tr>
<tr><td>住址</td><td colspan="6"></td></tr>
<tr><td rowspan="2">保证形式</td><td>交纳保证金数额</td><td colspan="6"></td></tr>
<tr><td>保证人姓名住址</td><td colspan="3"></td><td colspan="2">与被告人关系</td><td></td></tr>
<tr><td colspan="2">执行机关</td><td colspan="3"></td><td colspan="2">取保候审期限</td><td>个月</td></tr>
</table>

取保候审原因	经办人： 年 月 日
领导审批	批准人： 年 月 日

本联存卷

第二联

×××人民法院

取保候审决定书

（××××）×刑×字第××号

根据《中华人民共和国刑事诉讼法》第六十七条的规定，决定对本院正在审理的________（写明当事人姓名和案由）一案的被告人×××采取取保候审的强制措施。取保候审的期限为×个月。在取保候审期间，被告人应当遵守以下规定：

（一）未经执行机关批准不得离开所居住的市、县；

（二）住址、工作单位和联系方式发生变动的，在二十四小时以内向执行机关报告；

（三）在传讯的时候及时到案；

（四）不得以任何形式干扰证人作证；

（五）不得毁灭、伪造证据或者串供。

如违反上述规定，依照《中华人民共和国刑事诉讼法》第七十一条的规定处理。

本决定由×××公安局执行。

本决定应当向被取保候审的被告人宣布，并由被告人在决定书上签名。

××××年××月××日

（院印）

向被告人宣布的时间：

××××年××月××日××时

被告人签名：×××

制作说明

第一联

1. 首部

（1）标题。要写明“×××人民法院”“取保候审决定书（审批联）”。

（2）案号。写：“（××××）×刑×字第××号”。

2. 正文

（1）写明案由。

（2）写明被取保候审人的基本信息，包括姓名、性别、出生年月、文化程度、出生地、住址等。

（3）保证形式一栏中用中文数字填写交纳保证金数额、保证人姓名和住址、保证人与被告人关系。

（4）写明执行机关名称、取保候审时间。

（5）取保候审原因一栏中应注明执行取保候审的缘由，经办人签字并注明时间。

（6）写明领导审批意见，批准人和批准时间。

3. 尾部

尾部应写明：本联入卷。

第二联

1. 首部

（1）标题。要写明“×××人民法院”“取保候审决定书”。

（2）案号。写：“（××××）×刑×字第××号”。

2. 正文

（1）写明执行取保候审的法律依据及被告人姓名。

（2）写明被告人执行取保候审的时间期限。

（3）分条列举被告人应遵循的规定。

（4）写明执行取保候审的执行机关。

3. 尾部

尾部应依次写明下列内容：

（1）写明取保候审决定书的出具日期并加盖人民法院印章。

（2）写明向被告人宣布时间，被告人签名。

举例示范

案情简述：2019 年 3 月 20 日，江西省某市无业游民贾某纵火一案在当地人民法院审理过程中，该法院发现贾某由于身体原因需住院治疗，遂出具了取保候审决定书，并由江西省某市公安局执行，执行期限为 3 个月。

第一联

江西省某市人民法院

取保候审决定书（审批联）

（2019）某刑×字第 12 号

<table>
<tr><td colspan="2">案由</td><td colspan="6">贾某纵火案</td></tr>
<tr><td rowspan="3">被逮捕人</td><td>姓名</td><td>贾某</td><td>性别</td><td>男</td><td>出生年月日</td><td colspan="2">1980 年 6 月 12 日</td></tr>
<tr><td>文化程度</td><td>中专</td><td colspan="2">出生地</td><td colspan="3">江西省某市</td></tr>
<tr><td>住址</td><td colspan="6">江西省某市兴华小区×栋×单元 601</td></tr>
</table>

<table>
<tr><td rowspan="2">保证形式</td><td>交纳保证金数额</td><td colspan="3">壹万元整</td></tr>
<tr><td>保证人姓名住址</td><td>鲁某，江西省某市兴华小区×栋×单元601</td><td>与被告人关系</td><td>妻子</td></tr>
<tr><td colspan="2">执行机关</td><td>江西省某市公安局</td><td>取保候审期限</td><td>三个月</td></tr>
<tr><td>取保候审原因</td><td colspan="4">案件审理过程中被告人贾某因身体不适需住院治疗。
经办人：邓某
二〇一九年三月二十一日</td></tr>
<tr><td>领导审批</td><td colspan="4">同意。
批准人：赵某
二〇一九年三月二十一日</td></tr>
</table>

本联存卷

第二联

江西省某市人民法院
取保候审决定书

（2019）某刑×字第12号

根据《中华人民共和国刑事诉讼法》第六十七条的规定，决定对本院正在审理的贾某纵火一案的被告人贾某采取取保候审的强制措施。取保候审的期限为叁个月。在取保候审期间，被告人应当遵守以下规定：

（一）未经执行机关批准不得离开所居住的市、县；

（二）住址、工作单位和联系方式发生变动的，在二十四小时以内向执行机关报告；

（三）在传讯的时候及时到案；

（四）不得以任何形式干扰证人作证；

（五）不得毁灭、伪造证据或者串供。

如违反上述规定，依照《中华人民共和国刑事诉讼法》第七十一条的规定处理。

本决定由江西省某市公安局执行。

本决定应当向被取保候审的被告人宣布，并由被告人在决定书上签名。

二〇一九年三月二十一日

（院印）

向被告人宣布的时间：

2019年3月21日8时

被告人签名：贾某

法律链接

《中华人民共和国刑事诉讼法》

第六十七条　人民法院、人民检察院和公安机关对有下列情形之一的犯罪嫌疑人、被告人，可以取保候审：

（一）可能判处管制、拘役或者独立适用附加刑的；

（二）可能判处有期徒刑以上刑罚，采取取保候审不致发生社会危险性的；

（三）患有严重疾病、生活不能自理，怀孕或者正在哺乳自己婴儿的妇女，采取取保候审不致发生社会危险性的；

（四）羁押期限届满，案件尚未办结，需要采取取保候审的。

取保候审由公安机关执行。

第七十一条　被取保候审的犯罪嫌疑人、被告人应当遵守以下规定：

（一）未经执行机关批准不得离开所居住的市、县；

（二）住址、工作单位和联系方式发生变动的，在二十四小时以内向执行机关报告；

（三）在传讯的时候及时到案；

（四）不得以任何形式干扰证人作证；

（五）不得毁灭、伪造证据或者串供。

人民法院、人民检察院和公安机关可以根据案件情况，责令被取保候审的犯罪嫌疑人、被告人遵守以下一项或者多项规定：

（一）不得进入特定的场所；

（二）不得与特定的人员会见或者通信；

（三）不得从事特定的活动；

（四）将护照等出入境证件、驾驶证件交执行机关保存。

被取保候审的犯罪嫌疑人、被告人违反前两款规定，已交纳保证金的，没收部分或者全部保证金，并且区别情形，责令犯罪嫌疑人、被告人具结悔过，重新交纳保证金、提出保证人，或者监视居住、予以逮捕。

对违反取保候审规定，需要予以逮捕的，可以对犯罪嫌疑人、被告人先行拘留。

审判委员会讨论案件决定书

（刑事案件用）

了解文书

审判委员会讨论案件决定书（刑事案件用）是指法院在审理刑事案件过程中，合议庭将难以作出决定的疑难、复杂、重大案件，报请院长决定提交审判委员会讨论后，审判委员会经过讨论依法作出决定时使用的一种法律文书。

本样式供人民法院审判委员会讨论难以作出决定的疑难、复杂、重大案件后作出决定时使用。

文书样式

×××人民法院

审判委员会讨论案件决定书

（××××）×刑×字第××号

<table>
<tr><td>时间</td><td></td><td>地点</td><td></td></tr>
<tr><td>汇 报 单 位</td><td></td><td>汇报人</td><td></td></tr>
<tr><td>被告人姓名</td><td></td><td>案 由</td><td></td></tr>
<tr><td>合议庭意见</td><td colspan="3"></td></tr>
<tr><td>出席人</td><td colspan="3"></td></tr>
<tr><td>列席人</td><td colspan="3"></td></tr>
<tr><td colspan="4">讨论决定：

主持人：

年　月　日</td></tr>
</table>

制作说明

1. 首部

（1）标题。要写明“×××人民法院”“审判委员会讨论案件决定书”。

（2）案号。写：“（××××）×刑×字第××号”。

2. 正文

（1）依次写明审判委员会讨论案件的时间和地点、汇报单位、汇报人、被告人姓名、案由、合议庭意见、出席人、列席人。

（2）叙述审判委员会讨论决定。

3. 尾部

尾部应依次写明下列内容：

（1）“主持人”一览填写讨论本案的审判委员会本次会议的主持人。主持人签名后，应当加盖院审判委员会的印章。

（2）发文日期。

举例示范

案情简述：董某为了防止小偷进院，在院墙上安装了电击防盗网，邻居赵某家的树枝伸到了董某院内，董某认为树枝遮挡了自家阳光，于是让赵某剪树枝。董某提醒赵某不要触碰防盗网，但是赵某不小心碰到了网，被电击摔下致重伤，案件提交法院审理后，合议庭对事故责任认定意见不一致，审判委员会作出决定。

×××人民法院
审判委员会讨论案件决定书

（2019）×刑×字第××号

时间	2019 年 5 月 8 日	地点	会议室
汇报单位	审判委员会	汇报人	邓某
被告人姓名	董某	案由	赵某触碰电网摔下致重伤
合议庭意见	有人认为董某承担全责，有人认为赵某也应负部分责任		
出席人	邓某、肖某、王某、周某、张某、吴某、臧某		
列席人	李某、赵某、陶某、高某、邓某		
讨论决定： 认定董某对赵某的重伤负全责。 主持人：邓某 二〇一九年五月八日			

法律链接

《中华人民共和国刑事诉讼法》

第一百八十五条　合议庭开庭审理并且评议后，应当作出判决。对于疑难、复杂、重大的案件，合议庭认为难以作出决定的，由合议庭提请院长决定提交审判委员会讨论决定。审判委员会的决定，合议庭应当执行。

调取证据材料决定书

（刑事案件用）

了解文书

调取证据材料决定书（刑事案件用）是指法院在审理刑事案件过程中，向人民检察院调取需要调查核实的证据材料，或者根据被告人、辩护人的申请，向人民检察院调取在侦查、审查起诉期间收集的有关被告人无罪或者罪轻的证据材料时，依法作出的一种法律文书。

本样式供人民法院在审理刑事案件中，向人民检察院调取证据材料时使用。

文书样式

×××人民法院

调取证据材料决定书

（××××）×刑×字第××号

×××人民检察院：

本院在审理被告人×××________（写明案由）一案中，________（写明需要调取证据材料的理由）。依照《最高人民法院关于适用〈中华人民共和国刑事诉讼法〉的解释》第二百二十四条规定，请你院在收到本决定书后三日内，向本院移交下列证据材料：

____

____

____

（写明调取证据材料的名称和件数。调取多种证据材料的，可以分项书写。）

××××年××月××日

（院印）

制作说明

1. 首部

（1）标题。要写明“×××人民法院”“调取证据材料决定书”。

（2）案号。写：“（××××）×刑×字第××号”。

2. 正文

（1）写明需要对该案件提供相关材料的人民检察院的名称。

（2）写明案件案由和调取证据材料的原因。

（3）概述需要人民检察院提供的证据材料的时间、名称和件数。

3. 尾部

尾部应写明发文日期并加盖人民法院印章。

举例示范

案情简述：2019年1月13日，某省B市人民法院在审理魏某及其团伙电信诈骗一案中，发现提起公诉的检察院对魏某本人的经济状况以及涉案金额方面与其他证据材料存在出入，因此需要提起公诉的检察院提供魏某的个人财务状况证明。

某省B市人民法院

调取证据材料决定书

（2019）B刑初字第18号

某省B市人民检察院：

本院在审理被告人魏某及其团伙电信诈骗一案中，由于魏某的涉案金额与个人财产等方面与其他证据材料有出入，请你院提供具体证明材料。依照《最高人民法院关于适用〈中华人民共和国刑事诉讼法〉的解释》第二百二十四条规定，请你院在收到本决定书后三日内，向本院移交下列证据材料：

（1）魏某个人财产名录，一份；

（2）魏某个人经济状况，一份。

二〇一九年一月三十一日

（院印）

法律链接

《最高人民法院关于适用〈中华人民共和国刑事诉讼法〉的解释》

第二百二十四条　人民法院向人民检察院调取需要调查核实的证据材料，或者根据被告人、辩护人的申请，向人民检察院调取在侦查、审查起诉期间收集的有关被告人无罪或者罪轻的证据材料，应当通知人民检察院在收到调取证据材料决定书后三日内移交。

同意（或者不同意）移送管辖决定书

（刑事案件用）

了解文书

同意（或者不同意）移送管辖决定书（刑事案件用）是指法院在审理刑事案件过程中，认为审理的案件重大或者几个法院同时有管辖权的或者上级指派下级人民法院审理某个案件时，由继续受理案件的人民法院向原审理案件的人民法院发送的同意或者不同意移送管辖的一种法律文书。

本样式供继续受理某案件的人民法院同意或者不同意移送管辖判决而通知原人民法院时使用。

文书样式

×××人民法院

同意（或者不同意）移送管辖决定书

（××××）×刑×字第××号

×××人民法院：

你院××××年××月××日关于________________（写明被告人姓名和案由）一案请求移送本院审判的报告收到。经审查，根据《中华人民共和国刑事诉讼法》第二十四条的规定，同意（或者不同意）将该案移送本院审判。你院收到此决定书后，即办理有关移送事宜，并书面通知提起公诉的×××人民检察院。

××××年××月××日

（院印）

制作说明

1. 首部

（1）标题。要写明“×××人民法院”“同意（或者不同意）移送管辖决定书”。

（2）案号。写：“（××××）×刑×字第××号”。

2. 正文

（1）写明该案件原受理人民法院的名称。

（2）写明案件移送的具体时间、被告人姓名和案由。

（3）写明依据的法律条款及是否同意移送案件。

（4）如同意移送，写明需要通知的提起公诉的检察院名称。

3. 尾部

尾部应写明发文日期并加盖人民法院印章。

举例示范

案情简述：2018年10月20日，湖北省A市C县张三由于和邻居李某因土地承包一事发生口角，次日张三纠结朋友若干人到邻居李某家中闹事，并殴打李某及其妻子儿女，导致李某全家严重受伤，生命垂危，A市C县人民法院认为此案案情重大，2018年10月30日申请上级A市中级人民法院审理，A市人民法院同意受理此案。

某省A市中级人民法院

同意移送管辖决定书

（2018）A刑×字第01号

湖北省A市C县人民法院：

你院2018年10月30日关于张三因土地承包与邻居李某不和，聚众殴打李某及家人一案请求移送本院审判的报告收到。经审查，根据《中华人民共和国刑事诉讼法》第二十四条的规定，同意将该案移送本院审判。你院收到此决定书后，即办理有关移送事宜，并书面通知提起公诉的某省A市C县人民检察院。

二〇一八年三月三十一日

（院印）

法律链接

《中华人民共和国刑事诉讼法》

第二十四条　上级人民法院在必要的时候，可以审判下级人民法院管辖的第一审刑事案件；下级人民法院认为案情重大、复杂需要由上级人民法院审判的第一审刑事案件，可以请求移送上一级人民法院审判。

第二十五条　刑事案件由犯罪地的人民法院管辖。如果由被告人居住地的人民法院审判更为适宜的，可以由被告人居住地的人民法院管辖。

再审决定书

（刑事案件用）

了解文书

再审决定是人民法院依照审判监督程序，为纠正已经发生法律效力的判决、裁定，对再审案件是否受理作出的一个程序性决定。再审决定书就是载有再审决定的书面文件。再审决定解决的不是实体问题，原审判决是否会被推翻还要经过进一步审理。

本文书样式供各级人民法院依照审判监督程序，对再审的刑事案件作出再审决定时使用。

文书样式

×××人民法院

再审决定书

（××××）×刑监字第××号

原审被告人________________（写明被告人姓名和案由）一案，×××人民法院于××××年××月××日以（××××）×刑×字第××号刑事判决，认为被告人×××犯××罪，判处××罪。判决已经发生法律效力。________________（写明被告人提出申诉的事实与理由）。本院认为________________（写明根据本院进一步的调查所得到的新证据和新事实，论证通过再审查清事实，纠正错误，保障当事人合法权益的必要性）。据此，依照________________（写明决定的法律依据）的规定，决定如下（分三种情况）：

第一，本院决定再审的，写："本案由本院另行组成合议庭进行审理"；

第二，本院决定提审的，写："本案由本院进行提审"；

第三，指令下级人民法院再审的，写："由×××人民法院另行组成合议庭对本案进行审理"。

本案再审期间不停止原判决的执行。

××××年××月××日

（院印）

制作说明

1. 首部

（1）标题。写明"×××人民法院""再审决定书"。

（2）案号。写明"（×××）×刑监字第××号"。

2. 正文

（1）分别写明原告和被告人的姓名，年龄，性别，民族，身份证号，文化程度，家庭住址等基本信息。

（2）写明原审机关情况，原审判决基本内容、效力情况以及被告人所判罪行、关押情况。

（3）写明案件来源。

（4）写明再审理由，理由写在“本院认为”之后，根据本院进一步的调查所得到的新证据和新事实，论证通过再审查清事实，纠正错误，保障当事人合法权益的必要性。

（5）根据再审的情况，写明应由本院再审、提审、指令下级人民法院再审的情况。

3. 尾部

（1）写明“再审期间不停止原判决执行”。

（2）写明决定再审的日期并加盖法院印章。

举例示范

案情简述：2018 年 12 月 6 日晚，无业游民李某去邻居赵某家聊天，抢劫了赵某刚从银行取出的用于买房子的 17 万元，经调查，石家庄市中级人民法院判处李某抢劫罪，因抢劫数额巨大，判处李某无期徒刑。河北省高级人民法院认为此案事实不清，证据不足，并指令石家庄市中级人民法院按照第一审程序另行组成合议庭再审。

河北省高级人民法院

再审决定书

（2019）石刑监字第 036 号

原审被告人李某抢劫邻居赵某一案，石家庄市中级人民法院于 2019 年 3 月 20 日，以（2019）石刑第 021 号刑事判决，认为被告人李某犯抢劫罪，数额巨大，被判处无期徒刑。判决已经发生效力。原审被告人李某对中院的判决不服，认为其行为应构成敲诈勒索罪而非抢劫罪，并向上级法院提出申诉。本院认为石家庄市中级人民法院对此案件的事实认定存在诸多疑点，李某并未对赵某进行人身暴力，而是口头威胁，财物的取得并不是当场，而是事后赵某因害怕李某杀害孩子将 17 万交给李某，并且认定李某抢劫的证据不充足。

据此，根据《中华人民共和国刑事诉讼法》第二百五十四条第二款的规定，决定由石家庄市中级人民法院另行组成合议庭再审。

本案再审期间不停止原判决的执行。

二〇一九年九月十六日

（院印）

法律链接

《中华人民共和国刑事诉讼法》

第二百五十四条第一款、第二款　各级人民法院院长对本院已经发生法律效力的判决和裁定，如果发现在认定事实上或者在适用法律上确有错误，必须提交审判委员会处理。

最高人民法院对各级人民法院已经发生法律效力的判决和裁定，上级人民法院对下级人民法院已经发生法律效力的判决和裁定，如果发现确有错误，有权提审或者指令下级人民法院再审。

暂予监外执行决定书

了解文书

暂予监外执行决定书是执行阶段一种重要的法律文书，即对于被判处拘役、有期徒刑、无期徒刑的犯罪分子，在符合法定条件情况下，相关司法机关决定对他们暂不收监或者收监后又决定对他们在监狱外执行时制作的法律文书。

本文书样式供司法机关在执行阶段，对那些被判处剥夺自由刑罚而在符合某种法定情况时暂不关押而委托一定机关监管时使用。

文书样式

××× 人民法院

暂予监外执行决定书

（××××）×刑执字第××号

罪犯：________________（写明姓名、年龄、性别、民族、文化程度、职业、住址，被羁押情况）。

××××年××月××日本院作出（××××）×刑×字第××号刑事判决，以××罪判处罪犯________________（写明罪犯姓名和刑种、刑期）。现×××建议对罪犯×××暂予监外执行。

经查，罪犯×××确系________________（写明存在监外执行的事实、理由），不宜收监执行。依照《中华人民共和国刑事诉讼法》第二百六十五条第一款第×项的规定，决定将罪犯×××暂予监外执行。

××××年××月××日

（院印）

制作说明

1. 首部

（1）标题。写明“×××人民法院”“暂予监外执行决定书”。

（2）案号。写明“（××××）×刑执字第××号”。

2. 正文

（1）写明罪犯的姓名、年龄、性别、民族、文化程度、职业、住址、被羁押情况等。

（2）写明案件来源，罪犯被判的刑种和刑期。

（3）写明建议暂予监外执行的理由、依据以及法院决定监外执行的结果。

3. 尾部

写明暂予监外执行决定的日期并加盖法院印章。

举例示范

案情简述：高某系云南省××县××村村民，迫于生计，伙同丈夫张某走私毒品。2019年5月，被公安机关抓获，经查，高某和丈夫走私鸦片累计达九百克、甲基苯丙胺四十五克，依法被××县人民法院判处六年有期徒刑，并处没收财产。2019年8月26日，高某和张某被送进监狱执行。执行期间，执行部门发现高某已有身孕五个月，于是，×××人民法院决定对高某暂予监外执行。

×××人民法院

暂予监外执行决定书

（2019）云刑执字第013号

罪犯：高某，女，1986年10月23日出生，汉，初中，农民，云南省××县××村村民，2019年5月14日被逮捕，现羁押于××监狱。

2019年8月20日，本院作出（2019）云刑执第010号刑事判决，以走私毒品罪判处高某有期徒刑六年，并处没收财产。现×××人民法院建议对罪犯高某暂予监外执行。

经查，高某确系怀孕的妇女，不宜收监执行。依照《中华人民共和国刑事诉讼法》第二百六十五条第一款第（二）项的规定，决定将罪犯高某暂予监外执行。

二〇一九年八月二十八日

（院印）

法律链接

《中华人民共和国刑事诉讼法》

第二百六十五条　对被判处有期徒刑或者拘役的罪犯，有下列情形之一的，可以暂予监外执行：

（一）有严重疾病需要保外就医的；

（二）怀孕或者正在哺乳自己婴儿的妇女；

（三）生活不能自理，适用暂予监外执行不致危害社会的。

对被判处无期徒刑的罪犯，有前款第二项规定情形的，可以暂予监外执行。

对适用保外就医可能有社会危险性的罪犯，或者自伤自残的罪犯，不得保外就医。

对罪犯确有严重疾病，必须保外就医的，由省级人民政府指定的医院诊断并开具证明文件。

第四章　书函类文书

办理委托复函

（答复委托法院用）

了解文书

办理委托复函（答复委托法院用），是指受委托人民法院对委托人民法院的请求事项作出回复的法律文书。

本文书样式供受委托的人民法院在办理有关受委托事项后，函复委托法院时使用。

文书样式

×××人民法院

办理委托复函

（××××）××字第××号

×××人民法院：

你院××××年××月××日（××××）××字第××号来函和附件收悉。现将你院委托事项的办理情况和结果，复函如下：

________________（写明委托事项的情况和结果）

附件：________________（列明相关资料）

××××年××月××日

（院印）

制作说明

1. 首部

（1）标题。应写“×××人民法院”“办理委托复函”。

（2）案号。写：“（××××）××字第××号”。

2. 正文

（1）写明委托法院的名称。

（2）写明委托法院来函已经收到，即知晓委托法院的委托事项。

（3）写明办理委托事项的相关情况和结果。

（4）如有相关资料需要以附件的形式加以补充说明。

3. 尾部

注明签发日期，法院加盖公章。

举例示范

案情简述： A市张某携带公款二十万逃到B市，A市法院委托B市法院对张某及款项进行调查。B市法院经调查后将结果复函给A市法院。

B市人民法院

办理委托复函

（2019）××字第45号

A市人民法院：

你院2019年2月3日（2019）××字第32号来函和附件收悉。现将你院委托事项的办理情况和结果，复函如下：

我院于2019年2月3日接到你院委托事项，对携公款潜逃到B市的张某进行了调查。经过我院调查和审讯，张某对携款逃跑事项供认不讳，并交代了公款的具体去向，我院已对公款去向进行了进一步的跟踪。

附：B市某银行账户名为张某的银行卡电子转账对账单。

二〇一九年二月二十五日

（院印）

法律链接

《最高人民法院关于人民法院相互办理委托事项的规定》

一、人民法院在案件审理和执行过程中，根据需要，可以委托其他人民法院代为调查、送达、宣判和代为执行。

二、被调查人或者被调查的事项在外地的，受理案件的人民法院可以委托当地基层人民法院代为调查。必要时也可以委托当地中级人民法院代为调查。

四、委托调查，受委托人民法院应当在收到委托书之日起三十日内完成。委托书中对完成委托调查的时间有特殊要求的，应当在要求的期限内完成。因故不能完成的，应当在上述期限内函告委托人民法院，说明情况。

报送上（抗）诉案件函（稿）

（刑事案件用）

了解文书

报送上（抗）诉案件函（稿）（刑事案件用），是指人民法院作出一审判决后，上诉人对一审判决不服或者公诉机关认为应当提起抗诉而在规定时间内提出上（抗）诉，第一审人民法院向第二审人民法院报送案卷资料的法律文书。

本样式供第一审人民法院对于宣告判决或者裁定之后，在法定期间内提出上诉、抗诉的案件，向第二审人民法院报送案卷材料时使用。

文书样式

第一联

×××人民法院

报送上（抗）诉案件函（稿）

（××××）××字第××号

×××人民法院：

我院受理________________（写明当事人姓名与案由）一案，已经作出

（××××）×刑×字第××号______________判决（裁定），并于×××
×年××月××日宣判。______________在法定期间提出____________
__诉。现将该案全部案卷材料报送你院，请查收。

一、案卷×宗，物证×件；

二、上诉状×份，抗诉书×份，答辩状×份。

××××年××月××日

（院印）

签发人 ×××

经办人 ×××

本联存卷

第二联

×××人民法院

报送上（抗）诉案件函

（××××）××字第××号

×××人民法院：

我院受理______________（写明当事人姓名与案由）一案，已经作出（××××）×刑×字第××号______________判决（裁定），并于××××年××月××日宣判。______________在法定期间提出______________诉。现将该案全部案卷材料报送你院，请查收。

附件：一、案卷×宗，物证×件；

二、上诉状×份，抗诉书×份，答辩状×份。

××××年××月××日

（院印）

制作说明

1. 首部

（1）标题。写“×××人民法院”“报送上（抗）诉案件函（稿）”。

（2）案号。写：“（××××）××字第××号”。

2. 正文

（1）写明二审人民法院名称。

（2）简明陈述一审人民法院对案件的判决情况；写明上诉主体在法定期间提出上诉或者抗诉的请求，并告知二审法院查收案卷材料。

（3）写明案卷、物证、上诉状、抗诉书、答辩书的数量。

3. 尾部

注明签发日期，法院加盖公章，签发人、经办人签名。

举例示范

案情简述：李某因盗窃罪，一审判处三年有期徒刑，宣判后，李某对判决结果不服，向上级人民法院提出了上诉。一审法院向上级人民法院报送了上诉案件函。

第一联

×××人民法院

报送上诉案件函

（2019）××字第32号

×××人民法院：

我院受理李某入室盗窃一案，已经作出（2019）×刑×字第214号判决，判处李某三年有期徒刑，并于2019年1月12日宣判。李某在法定期间提出上诉。现将该案全部案卷材料报送你院，请查收。

一、案卷二宗，物证五件；

二、上诉状一份，抗诉书一份，答辩状一份。

二〇一九年一月二十日

（院印）

签发人　张某

经办人　赵某

本联存卷

第二联

×××人民法院

报送上诉案件函

（2019）××字第32号

×××人民法院：

我院受理李某入室盗窃一案，已经作出（2019）×刑×初字第214号判决，判处李某三年有期徒刑，并于2019年1月12日宣判。李某在法定期间提出上诉。现将该案全部案卷材料报送你院，请查收。

附件：一、案卷二宗，物证五件；

二、上诉状一份，抗诉书一份，答辩状一份。

二〇一九年一月二十日

（院印）

法律链接

《中华人民共和国刑事诉讼法》

第二百二十七条第一款　被告人、自诉人和他们的法定代理人，不服地方各级人民法院第一审的判决、裁定，有权用书状或者口头向上一级人民法院上诉。被告人的辩护人和近亲属，经被告人同意，可以提出上诉。

第二百三十条　不服判决的上诉和抗诉的期限为十日，不服裁定的上诉和抗诉的期限为五日，从接到判决书、裁定书的第二日起算。

委托宣判函

（各类案件用）

了解文书

委托宣判函（各类案件用）是指对案件作出审判结果的人民法院委托其他人民法院代为宣判，并委托该法院将宣判笔录和送达回证送回的一种法律文书。

本样式供人民法院委托其他法院宣判案件审理结果时使用。

文书样式

第一联

×××人民法院

委托宣判函（稿）

（××××）××字第××号

×××人民法院：

我院受理________________（写明当事人姓名和案由）一案，现已审理终结。随函寄去本院（××××）×刑×字第××号________________书×份，送达回证×件，请于收到后×日内代为宣判和送达，并将宣判笔录和送达回证尽快寄回我院。

××××年××月××日

（院印）

签发人　×××

经办人　×××

本联存卷

第二联

×××人民法院

委托宣判函

（××××）××字第××号

×××人民法院：

我院受理________________（写明当事人姓名和案由）一案，现已审理终结。随函寄去本院（××××）×刑×字第××号________________书×份，送达回证×件，请于收到后×日内代为宣判和送达，并将宣判笔录和送达回证尽快寄回我院。

××××年××月××日

（院印）

制作说明

1. 首部

（1）标题。“×××人民法院”“委托宣判函”。

（2）案号。写：“（××××）××字第××号”。

2. 正文

（1）写明被委托法院名称。

（2）简明陈述委托法院对案件的判决情况；写明委托事项和随函附带的文书、送达回证的名称、数量。

3. 尾部

注明签发日期，加盖法院公章。

举例示范

案情简述：A人民法院对王某强奸一案已审理终结，将审判结果委托B人民法院代为宣判，并请求B人民法院将宣判笔录和送达回证尽快寄回。

第一联

A 人民法院

委托宣判函（稿）

（2019）××字第 22 号

B 人民法院：

我院受理王某强奸一案，现已审理终结。随函寄去本院（2019）A 字第 45 号判决书一份，送达回证一件，请于收到后七日内代为宣判和送达，并将宣判笔录和送达回证尽快寄回我院。

二〇一九年二月二十三日

（院印）

签发人 张某

经办人 李某

本联存卷

第二联

A 人民法院

委托宣判函

（2019）××字第 22 号

B 人民法院：

我院受理王某强奸一案，现已审理终结。随函寄去本院（2019）A 字第 45 号判决书一份，送达回证一件，请于收到后七日内代为宣判和送达，并将宣判笔录和送达回证尽快寄回我院。

二〇一九年二月二十三日

（院印）

法律链接

《最高人民法院关于严格执行案件审理期限制度的若干规定》

第十条　人民法院判决书宣判、裁定书宣告或者调解书送达最后一名当事人的日期为结案时间。如需委托宣判、送达的，委托宣判、送达的人民法院应当在审限届满前将判决书、裁定书、调解书送达受托人民法院。受托人民法院应当在收到委托书后七日内送达。

《最高人民法院关于人民法院相互办理委托事项的规定》

十、委托宣判，委托人民法院应当出具委托书和需要宣判的法律文书。委托人民法院对委托宣判事项有特殊要求的，应当在委托书中说明。

受委托人民法院应当在收到委托书之日起七日内完成，并将宣判情况制作笔录；宣判后，及时将宣判笔录和送达回证寄回委托人民法院。

准许调查书

（刑事案件用）

了解文书

准许调查书（刑事案件用）是指辩护律师依照法定程序向人民法院申请收集与案件有关的材料，人民法院予以批准的一种法律文书。

本样式供人民法院同意辩护律师收集有关案件材料时使用。

文书样式

×××人民法院

准许调查书

（××××）××字第××号

申请人：×××，×××律师事务所律师。

申请人×××，作为________________（写明当事人姓名和案由）一案的辩护律师，于××××年××月××日向本院提出申请，要求向本案的________________（写明调查对象）收集与本案有关的材料。

经审查，申请人的上述申请，符合《中华人民共和国刑事诉讼法》第四十三条第二款和《最高人民法院关于适用〈中华人民共和国刑事诉讼法〉的解释》第五十条的规定，本院予以批准。

××××年××月××日

（院印）

制作说明

1. 首部

（1）标题。写“×××人民法院”“准许调查书”。

（2）案号。写：“（××××）××字第××号”。

2. 正文

（1）写明申请人的姓名，工作单位和职务。

（2）简明陈述申请人作为辩护律师，需要向法院申请收集的证据的相关信息。

（3）法院经审查后作出的决定及相关法律依据。

3. 尾部

写明签发日期，加盖法院公章。

举例示范

案情简述：某律师事务所张某，作为盗窃案李某的辩护律师向人民法院申请收集与案件相关的材料，人民法院经审查作出批准调查的决定。

×××人民法院

准许调查书

（2019）××字第34号

申请人：张某，某律师事务所律师。

申请人张某，作为李某盗窃一案的辩护律师，于2019年4月15日向本院提出申请，要求向本案的目击证人肖某（被害人的堂哥）收集与本案有关的材料。

经审查，申请人的上述申请，符合《中华人民共和国刑事诉讼法》第四十三条第二款和《最高人民法院关于适用〈中华人民共和国刑事诉讼法〉的解释》第五十条的规定，本院予以批准。

二〇一九年四月十八日

（院印）

法律链接

《中华人民共和国刑事诉讼法》

第四十三条　辩护律师经证人或者其他有关单位和个人同意，可以向他们收集与本案有关的材料，也可以申请人民检察院、人民法院收集、调取证据，或者申请人民法院通知证人出庭作证。

辩护律师经人民检察院或者人民法院许可，并且经被害人或者其近亲属、被害人提供的证人同意，可以向他们收集与本案有关的材料。

《最高人民法院关于适用〈中华人民共和国刑事诉讼法〉的解释》

第五十条　辩护律师申请向被害人及其近亲属、被害人提供的证人收集与本案有关的材料，人民法院认为确有必要的，应当签发准许调查书。

案件移送函

（各类案件用）

了解文书

案件移送函（各类案件用）是指人民法院在立案或者查处过程中，发现案件不属于本机关的职权、级别或地域管辖范围，依法移送给其他有管辖权的行政机关或者司法机关处理时制作的法律文书。

本样式供各级人民法院在收到各类案件之后，经审查不属于本院管辖或者不属于法院主管，因而向其他法院、公安机关、检察机关或者监察、行政机关移送时使用。

文书样式

×××人民法院

案件移送函

（××××）××字第××号

×××（受移送机关名称）：

关于______________（写明当事人姓名或者名称和案由）一案，因______________（写明移送的原因和理由）。根据______________（写明有关法律、法规、司法解释和其他规范性文件的规定），现将该案移送你处，请查收。

附件：

××××年××月××日

（院印）

制作说明

1. 首部

（1）标题。要写明“×××人民法院”“案件移送函”。

（2）案号。写：“（××××）××字第××号”。

2. 正文

（1）受移送机关应写明接收单位的名称。

（2）事实部分

①写明当事人姓名并概述案由。

②概述移送的原因和理由，应写明当事人的违法行为时间、地点、情节、内容，以及涉嫌违反的法律条款内容。

③概述移送案件的依据，应写明具体法律法规。

④附件应包含本文书随附移送案件的所有涉案物品清单。

3. 尾部

尾部应依次写明下列内容：

（1）发文日期

（2）人民法院盖章。

举例示范

案情简述：2017年10月20日，江西某市某县公民张某某与李某某在某饭店门前由于抢占车位而发生口角，张某某电话召集数人对李某某大打出手导致李某某受伤严重，致使李某某车辆严重损毁不能驾驶，当地人民法院在审理过程中认为此案影响恶劣造成了不好的社会影响，案情重大需要由上级人民法院审判，遂将此案移送至上级人民法院。

×××人民法院

案件移送函

（2017）××字第521号

某省某市人民法院：

关于本院受理的张某某与李某某抢占车位致使李某某严重受伤一案，因张某某对李某某大打出手导致李某某受伤严重，致使李某某车辆严重损毁不能驾驶，本院在审理过程中认为此案影响恶劣造成了不好的社会影响，案情重大。根据《中华人民共和国刑事诉讼法》第二十四条的规定，现将该案移送你处，请查收。

附件：本案诉讼相关材料两卷

二〇一七年五月三十日

（院印）

法律链接

《中华人民共和国刑事诉讼法》

第二十四条　上级人民法院在必要的时候，可以审判下级人民法院管辖的第一审刑事案件；下级人民法院认为案情重大、复杂需要由上级人民法院审判的第一审刑事案件，可以请求移送上一级人民法院审判。

补充材料函

（刑事案件用）

了解文书

补充材料函（刑事案件用）是指在人民法院审理案件过程中发现与本案相关的材料不够翔实或者缺少必要材料，要求检察机关依法补充相关材料的文书。

本样式供第一审人民法院对公诉案件审查后，认为需要人民检察院补送有关材料时使用。

文书样式

×××人民法院

补充材料函

（××××）××字第××号

×××人民检察院：

你院××××年××月××日提起公诉的被告人________________（写明姓名和案由）一案，经审查，缺少部分材料。根据《最高人民法院关于适用〈中华人民共和国刑事诉讼法〉的解释》第一百八十一条的规定，请你院在收到本函的次日起三日内，补充以下材料，送交本院。

一、____

二、____

三、____

（列明所需材料）

××××年××月××日

（院印）

制作说明

1. 首部

（1）标题。要写明“×××人民法院”“补充材料函”。

（2）案号。写：“（××××）××字第××号”。

2. 正文

（1）受移送机关应写明接收单位的名称，“×××人民检察院”。

（2）提起公诉的时间要写明。

（3）概述起诉案件情况。

（4）写明依据的法律条文及在规定时间内递交相关材料，上交材料需分条列举。

3. 尾部

尾部应依次写明下列内容：

（1）发文日期

（2）人民法院盖章。

举例示范

案情简述：福建省某市公民张某由于故意伤害他人被当地检察机关向当地人民法院依法提起公诉，当地人民法院在案件审理过程中发现本案中被害人基本信息和目击证人信息缺乏，遂要求当地检察机关予以补充。

某市人民法院

补充材料函

（2019）××字第12号

某市人民检察院：

你院2019年1月21日起提公诉的被告人张某某故意伤害他人一案，经审查，缺少部分材料。根据《最高人民法院关于适用〈中华人民共和国刑事诉讼法〉的解释》第一百八十一条的规定，请你院在收到本函的次日起三日内，补充以下材料，送交本院。

一、被害人的基本情况；

二、目击证人情况。

二〇一九年二月一日

（院印）

法律链接

《最高人民法院关于适用〈中华人民共和国刑事诉讼法〉的解释》

第一百八十一条　人民法院对提起公诉的案件审查后，应当按照下列情形分别处理：

……

（三）不符合前条第二项至第八项规定之一，需要补充材料的，应当通知人民检察院在三日内补送；

……

对公诉案件是否受理，应当在七日内审查完毕。

查询存款函

（各类案件用）

了解文书

查询存款函（各类案件用）是指在人民法院审理案件过程中需要对本案件相关人员的财产状况向金融机构申请调查取证而出具的法律文书。

本样式供人民法院在审理刑事案件中查询存款时使用。

文书样式

第一联

×××人民法院

查询存款函（稿）

（××××）××字第××号

________：

我院受理________（写明当事人姓名或名称和案由）一案，需查询个人（或者单位）储蓄存款情况，请予协助。现将________储蓄存款的线索提供如下：

存款人姓名（或单位名称）：

存款开户时间：

存 款 种 类：

帐　　　号：

存 款 金 额：

所在储蓄所：

其　　　他：

××××年××月××日

（院印）

签发人　×××

经办人　×××

本联存卷

第二联

×××人民法院

查询存款函

（××××）××字第××号

________：

我院受理________（写明当事人姓名或名称和案由）一案，需查询个人（或者单位）储蓄存款情况，请予协助。现将________储蓄存款的线索提供如下：

存款人姓名（或单位名称）：

存款开户时间：

存 款 种 类：

帐　　　号：

存 款 金 额：

所在储蓄所：

其　　　他：

××××年××月××日

（院印）

本联送达查询的银行或者其他金融机构。

第三联

×××人民法院

查询存款函（稿）

（××××）××字第××号

________________：

你院××××年××月××日（××××）××字第××号查询______
__________的个人（或者单位）储蓄存款的来函收悉。现将______________
__的存款情况提供如下：

存款人姓名（或单位名称）：

存款开户时间：

存 款 种 类：

帐　　　号：

存 款 金 额：

所在储蓄所：

其　　　他：

××××年××月××日

（公章）

本联由银行或者其他金融机构填写并加盖公章后，退回查询法院。

制作说明

第一联和第二联

1. 首部

（1）标题。要写明“×××人民法院”“查询存款函（稿）”。

（2）案号。写：“（××××）××字第××号”。

2. 正文

（1）写明出具存款信息的单位名称全称。

（2）概述人民法院由于审理案件需要核查储蓄存款。

（3）被查询人或单位的基本信息填写完整，包括存款人姓名（或者单位名称）、开户时间、存款种类、存款账号、存款金额、所在储蓄所名称以及其他必要事项。

3. 尾部

尾部应依次写明下列内容：

（1）发文日期

（2）人民法院盖章。

（3）签发人与经办人签字。

第三联

1. 首部

（1）标题。要写明“×××人民法院”“查询存款函”。

（2）案号。写：“（××××）××字第××号”。

2. 正文

（1）写明申请出具查询存款证明的人民法院名称全称。

（2）写明人民法院出具查询案件相关人员或单位存款函的时间。

（3）被查询人或单位的基本信息填写完整，包括存款人姓名（或者单位名称）、开户时间、存款种类、存款账号、存款金额、所在储蓄所名称以及其他必要事项。

3. 尾部

尾部应依次写明下列内容：

（1）发文日期。

（2）出具此证明的金融机构盖章。

（3）本联由银行或者其他金融机构填写并加盖公章后，退回查询法院。

举例示范

案情简述：湖南省某市人民法院在审理张某出卖公司机密一案过程中需要查询张某某的银行存款状况，遂向张某某存款的银行出具查询存款函以查询张某某的存款状况。

第一联

某市人民法院

查询存款函（稿）

（2019）××字第21号

某市工商银行：

我院受理张某某出卖公司机密一案，需查询张某某储蓄存款情况，请予协助。现将张某某储蓄存款的线索提供如下：

存款人姓名（或单位名称）：张某某

存款开户时间：2015年12月25日

存 款 种 类：活期存款

帐　　　号：×××× ×××× ×××× ×××× ××××

存 款 金 额：100000元（十万元整）

所在储蓄所：某市工商银行红旗路支行

其　　　他：无

二〇一九年三月二日

（院印）

签发人　李某

经办人　王某

本联存卷

第二联

某市人民法院

查询存款函

（2019）××字第21号

某市工商银行：

我院受理张某某出卖公司机密一案，需查询个人（或者单位）储蓄存款情况，请予协助。现将张某某储蓄存款的线索提供如下：

存款人姓名（或单位名称）：张某某

存款开户时间：2015年12月25日

存款种类：活期存款

帐　　号：×××× ×××× ×××× ×××× ××××

存款金额：100000元（十万元整）

所在储蓄所：某市工商银行红旗路支行

其　　他：无

二〇一九年三月二日

（院印）

本联送达查询的银行或者其他金融机构。

第三联

某市人民法院

查询存款函（稿）

（2019）××字第21号

某市人民法院：

你院2018年10月20日（2019）××字第21号查询张某某的个人储蓄存款的来函收悉。现将张某某的存款情况提供如下：

存款人姓名（或单位名称）：张某某

存款开户时间：2015年12月25日

存 款 种 类：活期存款

帐　　　号：×××× ×××× ×××× ×××× ××××

存 款 金 额：100000 元（十万元整）

所在储蓄所：某市工商银行红旗路支行

其　　　他：无

二〇一九年三月二日

（院印）

本联由银行或者其他金融机构填写并加盖公章后，退回查询法院

法律链接

《中华人民共和国刑事诉讼法》

第一百四十四条第一款　人民检察院、公安机关根据侦查犯罪的需要，可以依照规定查询、冻结犯罪嫌疑人的存款、汇款、债券、股票、基金份额等财产。有关单位和个人应当配合。

第一百九十六条　法庭审理过程中，合议庭对证据有疑问的，可以宣布休庭，对证据进行调查核实。

人民法院调查核实证据，可以进行勘验、检查、查封、扣押、鉴定和查询、冻结。

调卷函

（各类案件用）

了解文书

调卷函（各类案件用）是人民法院在审理案件过程中需要查阅与本案相关的卷宗，向有关单位申请调卷的文书。

本样式供各级人民法院向其他法院调阅案卷材料时使用。

文书样式

第一联

×××人民法院

调卷函（稿）

（××××）××字第××号

×××人民法院：

你院审判的（××××）×刑×字第××号________（写明当事人姓名或名称和案由）一案，现因________（写明调卷原因），请将该案的全部案卷材料检送我院。

××××年××月××日

（院印）

签发人　×××

经办人　×××

本联存卷

第二联

×××人民法院

调卷函

（××××）××字第××号

×××人民法院：

你院审判的（××××）×刑×字第××号________（写明当事人姓名或名称和案由）一案，现因________（写明调卷原因），请将该案的全部案卷材料检送我院。

××××年××月××日

（院印）

制作说明

1. 首部

（1）标题，写明“×××人民法院”“调卷函（稿）”。

（2）案号，写明：“（××××）××字第××号”。

2. 正文

（1）抬头应写明提供案卷材料的人民法院名称。

（2）概述人民法院审判的案件________________，写明案号及调阅案卷材料的原因。

3. 尾部

第一联尾部应依次写明下列内容：

（1）发文日期

（2）人民法院盖章。

（3）签发人与经办人签字。

（4）本联存卷。

第二联尾部应依次写明下列内容：

（1）发文日期。

（2）人民法院盖章。

举例示范

案情简述：某省A市人民法院在审理张某故意伤害他人一案时发现与B市人民法院审理的李某盗窃案有关联，遂向B市人民法院申请查阅李某盗窃案的相关材料。

第一联

某省A市人民法院

调卷函（稿）

（2019）××字第24号

某省B市人民法院：

你院审判的（2019）×刑×字第33号李某盗窃一案，现因与本院审理的张某故意伤害他人案有关联，请将该案的全部案卷材料检送我院。

二〇一九年三月二日

（院印）

签发人　邓某某

经办人　李某某

本联存卷

第二联

某省A市人民法院

调卷函

（各类案件用）

（2019）××字第24号

某省B市人民法院：

你院审判的（2019）×刑×字第33号李某盗窃一案，现因与本院审理的张某故意伤害他人一案有关联，请将该案的全部案卷材料检送我院。

二〇一九年三月二日

（院印）

签发人　邓某某

经办人　李某某

法律链接

《最高人民法院关于开展审判监督工作若干问题的通知》

二、本院有关业务庭调卷的案件，相关高级人民法院应当在限定的期限内将案件全部卷宗寄出。

《最高人民法院关于规范高级人民法院向最高人民法院报送案件卷宗材料工作的通知》

二、各高级人民法院报送最高人民法院的各类案件卷宗材料，应当附书面报送函，说明报送案卷的原因、卷宗数量（属于最高人民法院调卷的还应注明调卷的单位及调卷文号）。

法医技术鉴定委托书

（委托法医鉴定用）

了解文书

法医技术鉴定委托书（委托法医鉴定用）是指在人民法院审理案件过程中需要对本案件相关人员依法委托法医进行专业鉴定而出具的法律文书。

本样式为填充式，如系文检、司法会计等鉴定，被鉴定人一项则不填，供各级人民法院在审理刑事案件中，委托司法鉴定时使用。

文书样式

第一联

×××人民法院

法医技术鉴定委托书（存根）

（××××）××字第××号

<table>
<tr><td colspan="2">受委托单位或部门</td><td colspan="6"></td></tr>
<tr><td colspan="2">案由</td><td colspan="6"></td></tr>
<tr><td colspan="2">案情摘要</td><td colspan="6"></td></tr>
<tr><td colspan="2">送检提供材料</td><td colspan="6"></td></tr>
<tr><td colspan="2" rowspan="2">被鉴定人</td><td>姓名</td><td>性别</td><td>出生年月</td><td>民族</td><td>文化程度</td><td>职业
（工作单位）</td></tr>
<tr><td></td><td></td><td></td><td></td><td></td><td></td></tr>
<tr><td colspan="2">鉴定目的</td><td colspan="6"></td></tr>
</table>

<table>
<tr><td rowspan="2">委托单位或部门</td><td>名称</td><td></td><td>经办人</td><td></td></tr>
<tr><td>领导批示</td><td colspan="3">年　月　日</td></tr>
</table>

第二联

×××人民法院
法医技术鉴定委托书

（××××）××字第××号

<table>
<tr><td colspan="2">受委托单位或部门</td><td colspan="6"></td></tr>
<tr><td colspan="2">案由</td><td colspan="6"></td></tr>
<tr><td>案情摘要</td><td colspan="7"></td></tr>
<tr><td>送检提供材料</td><td colspan="7"></td></tr>
<tr><td rowspan="2">被鉴定人</td><td>姓名</td><td colspan="2">性别</td><td>出生年月</td><td>民族</td><td>文化程度</td><td>职业
（工作单位）</td></tr>
<tr><td></td><td colspan="2"></td><td></td><td></td><td></td><td></td></tr>
<tr><td>鉴定目的</td><td colspan="7"></td></tr>
<tr><td rowspan="2">委托单位
或部门</td><td>名称</td><td colspan="6"></td></tr>
<tr><td>经办人</td><td colspan="3"></td><td>联系电话</td><td colspan="2"></td></tr>
<tr><td colspan="8">年　月　日
（公章）</td></tr>
</table>

制作说明

1. 首部

（1）标题。要写明“×××人民法院”“法医技术鉴定委托书（存根）”或“×××人民法院”“法医技术鉴定委托书”。

（2）案号。写：“（××××）××字第××号”。

2. 正文

（1）受委托的单位或部门：应写明受委托的单位或部门的全称。

（2）案由：概述需要出具与本案相关鉴定证明的原因。

（3）案情摘要：简明扼要叙述案件的基本情况。

（4）送检提供材料：此栏列出人民法院为委托鉴定的单位或部门提供的具体材料明细。

（5）被鉴定人：应写明被鉴定人的姓名、性别、出生年月、民族、文化程度、职业以及工作单位等内容。如本文用于文检、司法会计等鉴定，被鉴定人一项不填。

（6）鉴定目的：本栏叙述鉴定结果用途。

（7）委托单位或部门：委托单位的名称全称，经办人签名，注明时间并加盖单位公章。

3. 其他

第一联送受委托单位或部门。

第二联由法院存根。

举例示范

案情简述：某省A市人民法院在审理张某某故意伤害李某某一案过程时，双方在李某某的伤势上各执一词，李某某身上有多处伤痕，认为全部由张某某所致，但张某某认为只有两处是其所致，因此需要通过专业法医对李某某伤势出具证明，遂委托该市司法鉴定中心对李某某伤势情况进行鉴定。

第一联

某省A市人民法院
法医技术鉴定委托书（存根）

（2019）××字第23号

<table>
<tr><td colspan="2">受委托单位或部门</td><td colspan="5">某省某市司法鉴定中心</td></tr>
<tr><td colspan="2">案由</td><td colspan="5">张某某故意伤害李某某一案，对李某某伤情双方说法供述不一致。</td></tr>
<tr><td>案情摘要</td><td colspan="6">某省A市人民法院在审理张某某故意伤害李某某一案过程中，双方在李某某的伤势上各执一词，李某某身上有多处伤痕，认为全部由张某某所致，但张某某认为只有两处是其所致，因此需要通过专业法医对李某某伤势出具证明。</td></tr>
<tr><td>送检提供材料</td><td colspan="6">相关卷宗一份。</td></tr>
<tr><td rowspan="2">被鉴定人</td><td>姓名</td><td>性别</td><td>出生年月</td><td>民族</td><td>文化程度</td><td>职业
（工作单位）</td></tr>
<tr><td>李某某</td><td>男</td><td>1970年10月21日</td><td>汉族</td><td>初中文化</td><td>务农</td></tr>
<tr><td>鉴定目的</td><td colspan="6">李某某身体受伤几处、受伤时间及原因。</td></tr>
<tr><td rowspan="2">委托单位或部门</td><td>名称</td><td colspan="2">某省A市人民法院</td><td>经办人</td><td colspan="2">邓某某</td></tr>
<tr><td>领导批示</td><td colspan="5">同意
2019年3月3日</td></tr>
</table>

第二联

某省A市人民法院
法医技术鉴定委托书

（2019）××字第23号

受委托单位或部门	某省某市司法鉴定中心
案由	张某某故意伤害李某某一案，对李某某伤情双方说法供述不一致。

<table>
<tr><td>案情摘要</td><td colspan="6">某省A市人民法院在审理张某某故意伤害李某某一案过程中，双方在李某某的伤势上各执一词，李某某身上有多处伤痕，认为全部由张某某所致，但张某某认为只有两处是其所致，因此需要通过专业法医对李某某伤势出具证明。</td></tr>
<tr><td>送检提供材料</td><td colspan="6">相关卷宗一份。</td></tr>
<tr><td rowspan="2">被鉴定人</td><td>姓名</td><td>性别</td><td>出生年月</td><td>民族</td><td>文化程度</td><td>职业
（工作单位）</td></tr>
<tr><td>李某某</td><td>男</td><td>1970年10月21日</td><td>汉族</td><td>初中文化</td><td>务农</td></tr>
<tr><td>鉴定目的</td><td colspan="6">李某某身体受伤几处、受伤时间及原因。</td></tr>
<tr><td rowspan="2">或部门
委托单位</td><td>名称</td><td colspan="5">某省A市人民法院</td></tr>
<tr><td>经办人</td><td colspan="2">邓某某</td><td>联系电话</td><td colspan="2">12345678</td></tr>
<tr><td colspan="7">2019年3月3日
（公章）</td></tr>
</table>

法律链接

《中华人民共和国刑事诉讼法》

第一百四十六条　为了查明案情，需要解决案件中某些专门性问题的时候，应当指派、聘请有专门知识的人进行鉴定。

第一百四十七条　鉴定人进行鉴定后，应当写出鉴定意见，并且签名。鉴定人故意作虚假鉴定的，应当承担法律责任。

第一百四十八条　侦查机关应当将用作证据的鉴定意见告知犯罪嫌疑人、被害人。如果犯罪嫌疑人、被害人提出申请，可以补充鉴定或者重新鉴定。

第一百四十九条　对犯罪嫌疑人作精神病鉴定的期间不计入办案期限。

委托鉴定书

（委托鉴定用）

了解文书

鉴定委托书（委托鉴定用）是指在人民法院审理案件过程中对与本案相关的材料缺乏专业的认定，需要委托相关单位进行鉴定的文书。

本文书样式供人民法院在审理刑事案件中，委托有关专业单位进行鉴定时使用。

文书样式

××× 人民法院

鉴定委托书

（××××）××字第××号

________（受委托单位名称）：

我院审理________（被告人姓名和案由）一案，因有________________（写明需要鉴定的事项），根据《中华人民共和国刑事诉讼法》第一百四十六条、第一百四十七条的规定，特委托你单位予以鉴定。现将有关材料送去，请指派有专门知识的人进行鉴定。鉴定人进行鉴定后，应当写出鉴定意见，并在鉴定书上签名（对人身伤害的医学鉴定有争议需要重新鉴定或者对精神病的医学鉴定，由省级人民政府指定的医院进行。鉴定人进行鉴定后，应当写出鉴定意见，并且由鉴定人签名，医院加盖公章）。请将鉴定书寄送我院。

我院送去的有关材料，请一并退还我院。

附件：

××××年××月××日

（院印）

制作说明

1. 首部

（1）标题。要写明“×××人民法院”“鉴定委托书”。

（2）案号。写：“（××××）××字第××号”。

2. 正文

（1）受委托单位：应写明人民法院委托鉴定的单位全称。

（2）案件名称：概述法院审理的案件（包括被告人姓名和案由）。

（3）鉴定内容：需要鉴定的事项叙述清楚。

（4）概述所依据的法律条款及鉴定完成后需要将鉴定结果等完整地寄送法院。

（5）附件：应当根据附送的“有关材料”逐项写明。

3. 尾部

尾部应依次写明下列内容：

（1）发文日期

（2）人民法院盖章。

举例示范

案情简述：河北省某市公民肖某某因偷盗该市博物馆一件文物，经过公安机关侦查，肖某某被捕、文物被追回，由于被追回文物是否为真迹无法确认，遂请当地文物鉴定中心鉴定。

×××人民法院

鉴定委托书

（2019）××字第67号

某省某市文物鉴定中心：

我院审理肖某某盗窃文物一案，因有失窃文物价值无法认定，需你处鉴定，根据《中华人民共和国刑事诉讼法》第一百四十六条、第一百四十七条的规定，特委托你单位予以鉴定。现将有关材料送去，请指派有专门知识的人进行鉴定。鉴定人进行鉴定后，应当写出鉴定意见，并在鉴定书上签名。

请将鉴定书寄送我院。

我院送去的有关材料，请一并退还我院。

附件：被窃文物相关材料一份。

二〇一九年五月二十七日

（院印）

法律链接

《中华人民共和国刑事诉讼法》

第一百四十六条　为了查明案情，需要解决案件中某些专门性问题的时候，应当指派、聘请有专门知识的人进行鉴定。

第一百四十七条　鉴定人进行鉴定后，应当写出鉴定意见，并且签名。

鉴定人故意作虚假鉴定的，应当承担法律责任。

司法建议书

（各类案件用）

了解文书

司法建议书（各类案件用）是指人民法院在审判工作中，以预防纠纷和犯罪的发生为目的，针对案件中有关单位和管理部门在制度上、工作上所存在的问题，建议他们健全规章制度，堵塞漏洞，进行科学管理，提出改进和完善管理工作的建议的文书。

本样式供各级人民法院向存在问题的单位或者其上级机关提出解决问题和改进工作的书面建议时使用。

文书样式

×××人民法院

司法建议书

（××××）××字第××号

________（主送单位名称）：

本院在审判________（写明控辩双方名称或者姓名和案由）一案中，发现________（写明发现有关单位存在的重要问题和提出建议的理由）。为此，特建议：

________（写明建议的具体事项，内容多的可分项书写）。

以上建议请研究处理，并将处理结果函告本院。

××××年××月××日

（院印）

抄送：×××（抄送机关名称）

制作说明

1. 首部

（1）标题。写明“×××人民法院”“司法建议书”。

（2）案号。写明：“（××××）××字第××号”。

2. 正文

（1）主送单位：应写明该建议书的送达单位全称。

（2）案件名称：简明扼要，案件名称要与提起诉讼案件名称一致，写明控辩双方名称或者姓名和案由。

（3）写明发现有关单位存在的重要问题和提出建议的理由。

（4）写明建议的具体事项，内容多的可分项书写。

（5）将处理结果告知人民法院。

3. 尾部

尾部应依次写明下列内容：

（1）发文日期

（2）人民法院盖章。

（3）抄送机关名称。

举例示范

案情简述：某中学打架斗殴现象严重，在审理王同学故意伤害他人一案中发现受害人赵某因害怕畏惧心理不敢反抗，为了维护学生安全，创设和谐校园，以此向学校提出建议。

×××人民法院

司法建议书

（2019）××字第56号

×××高级中学：

本院在审理被告人王某故意伤害一案中发现：被告人王某在学校称霸，任意对学校学生打骂，赵某因不小心踩到了王某，为了报复，王某将赵某打成重伤，赵某害怕自己被王某赶出学校无法上学，故任由王某打骂，以致被打成重伤而不敢言，这种行为助长了犯罪分子的气焰，使你校学生及家长产生校内无安全感的心理。为此，特建议：

一、整顿校风，对违反校规的同学开展教育，严禁打架斗殴，净化校园环境。

二、教育学生学会保护自己，以积极、有效而妥当的方式、方法与违法犯罪行为作斗争。

三、加强学校安全保卫工作，建立信息传播的有效渠道。对治安案件要及时制止并与当地公安部门联系。

以上建议请研究处理，并将处理结果函告本院。

二〇一九年三月二十五日

（院印）

抄送：县教育局

法律链接

《最高人民法院关于加强司法建议工作的意见》

1. 司法建议是法律赋予人民法院的重要职责，是人民法院工作的重要组成部分，是充分发挥审判职能作用的重要方式。各级人民法院要准确把握国内外形势的新变化、新特点，牢牢抓住科学发展这个主题，紧紧围绕加快转变经济发展方式这条主线，在狠抓执法办案第一要务的同时，依法履行好司法建议职责，积极促进有关单位科学决策、完善管理、消除隐患、改进工作、规范行为，不断提高科学管理水平，预防和减少社会矛盾纠纷。

6. 提出司法建议要坚持必要性、针对性、规范性和实效性原则，做到把握问题准确，分析问题透彻，依据充足，说理充分，建议客观合理，方案切实可行，行文严谨规范，确保建议质量，符合保密规定。

8. 人民法院提出司法建议，应当制作司法建议书。

……

送卷函

（各类案件用）

了解文书

送卷函（各类案件用）是人民法院在收到有关法院调卷函后，向有关法院检送案卷材料的文书。

本样式供各级人民法院在收到有关法院调卷函后，检送所调案卷材料时使用。

文书样式

第一联

×××人民法院

送卷函（稿）

（××××）××字第××号

×××人民法院：

你院××××年××月××日（××××）××字第××号调卷函收到。现检送________________（写明当事人姓名或名称和案由）一案的全部案卷材料，请查收。

附件：案卷×宗

××××年××月××日

（院印）

签发人　×××

经办人　×××

本联存卷

第二联

×××人民法院

送卷函

（××××）××字第××号

×××人民法院：

你院××××年××月××日（××××）××字第××号调卷函收到。现检送________________（写明当事人姓名或名称和案由）一案的全部案卷材料，请查收。

附件：案卷×宗

××××年××月××日

（院印）

签发人 ×××

经办人 ×××

制作说明

1. 首部

（1）标题。写明“×××人民法院”“送卷函（稿）”。

（2）案号。写明：“（××××）××字第××号”。

2. 正文

（1）抬头应写明申请调卷的人民法院名称。

（2）申请调卷的时间编号。

（3）需要调卷的案件名称。

（4）附件写明案卷数量。

3. 尾部

尾部应依次写明下列内容：

（1）发文日期

（2）人民法院盖章。

（3）签发人与经办人签字。

举例示范

案情简述：某省A市人民法院在审理张某某由于故意伤害他人一案中发现与B市人民法院审理的李某某入室盗窃一案有关联，遂向B市人民法院申请查阅李某某入室盗窃一案卷宗，B市人民法院予以回复。

第一联

某省B市人民法院

送卷函（稿）

（2019）××字第67号

某省A市人民法院：

你院2019年1月20日（2019）××字第33号调卷函收到。现检送李某某入室盗窃一案的全部案卷材料，请查收。

附件：案卷一宗

二〇一九年四月二十六日

（院印）

签发人　邓某某

经办人　李某某

本联存卷

第二联

某省B市人民法院

送卷函

（2019）××字第67号

某省A市人民法院：

你院2019年1月20日（2019）××字第33号调卷函收到。现检送李某某入室盗窃一案的全部案卷材料，请查收。

附件：案卷一宗

二〇一九年四月二十六日

（院印）

签发人　邓某某

经办人　李某某

退卷函

（各类案件用）

了解文书

退卷函（各类案件用）是指在人民法院审理案件对从其他单位调取的相关案件材料退还至原单位的文书。

本样式供各级人民法院向其他法院退还案卷材料时使用。

文书样式

第一联

×××人民法院

退卷函（稿）

（××××）××字第××号

×××人民法院：

现将你院＿＿＿＿＿＿＿＿（写明当事人姓名或名称和案由）一案的全部案卷材料退还，请查收。

附件：案卷×宗

××××年××月××日

（院印）

签发人×××

经办人×××

本联存卷

第二联

×××人民法院

退卷函

（××××）××字第××号

×××人民法院：

现将你院＿＿＿＿＿＿＿＿（写明当事人姓名或名称和案由）一案的全部案卷材料退还，请查收。

附件：案卷×宗

××××年××月××日

（院印）

制作说明

1. 首部

（1）标题。写明“×××人民法院”“退卷函（稿）”。

（2）案号。写明：“（××××）××字第××号”。

2. 正文

（1）抬头应写明提供案卷材料的人民法院名称。

（2）退还案卷材料的名称。

（3）附件写明案卷数量。

3. 尾部

尾部应依次写明下列内容：

（1）发文日期

（2）人民法院盖章。

（3）签发人与经办人签字。

举例示范

案情简述：某省A市人民法院在审理董某某抢劫一案中，收到上级人民法院改变管辖决定书，决定由B市人民法院审理。

第一联

某省A市人民法院

退卷函（稿）

（2019）××字第78号

某省B市人民法院：

现将你院董某某盗窃一案的全部案卷材料退还，请查收。

附件：案卷一宗

二〇一九年六月二十三日

（院印）

签发人　邓某某

经办人　李某某

本联存卷

第二联

某省A市人民法院

退卷函

（2019）××字第78号

某省B市人民法院：

现将你院董某某盗窃一案的全部案卷材料退还，请查收。

附件：案卷一宗

二〇一九年六月二十三日

（院印）

法律链接

《最高人民法院关于适用〈中华人民共和国刑事诉讼法〉的解释》

第二十条　原受理案件的人民法院在收到上级人民法院改变管辖决定书、同意移送决定书或者指定其他人民法院管辖决定书后，对公诉案件，应当书面通知同级人民检察院，并将案卷材料退回，同时书面通知当事人；对自诉案件，应当将案卷材料移送被指定管辖的人民法院，并书面通知当事人。

委托送达函

（各类案件用）

了解文书

委托送达函（各类案件用）在人民法院审理各类案件中，委托其他法院代为送达诉讼文书的文书。

本样式供各级人民法院在审判各类案件中，委托其他法院代为送达诉讼文书时使用。

文书样式

第一联

×××人民法院
委托送达函（稿）

（××××）××字第××号

×××人民法院：

我院受理________（写明当事人姓名或名称和案由）一案，现委托你院送达有关诉讼文书。随函寄去×份，送达回证×件，请在收到后×日内代为向________（写明被送达人或单位）送达，并将送达回证尽快寄回我院。

××××年××月××日
（院印）
签发人 ×××
经办人 ×××

本联存卷

第二联

×××人民法院
委托送达函

（××××）××字第××号

×××人民法院：

我院受理________（写明当事人姓名或名称和案由）一案，现委托你院送达有关诉讼文书。随函寄去×份，送达回证×件，请在收到后×日内代为向________（写明被送达人或单位）送达，并将送达回证尽快寄回我院。

××××年××月××日
（院印）

制作说明

1. 首部

（1）标题。要写明“×××人民法院”“委托送达函（稿）”。

（2）案号。写：“（××××）××字第××号”。

2. 正文

（1）抬头应写明受委托送达文书的人民法院名称。

（2）需注明案件名称。

（3）需注明案件诉讼文书的数量，送达回证的数量。

（4）被送达人或单位名称。

3. 尾部

尾部应依次写明下列内容：

（1）发文日期。

（2）人民法院盖章。

（3）签发人与经办人签字。

第一联存联，第二联与诉讼文书一并送达。

举例示范

案情简述：某省A市人民法院审理岳某持刀故意伤害他人一案完毕，诉讼文书需及时送达，由于距离等原因委托某省B市法院代为送达。

第一联

某省A市人民法院

委托送达函（稿）

（2019）××字第107号

某省B市人民法院：

我院受理岳某持刀故意伤害他人一案，现委托你院送达有关诉讼文书。随函寄去三份，送达回证一件，请在收到后3日内代为向岳某家人送达，并将送达回证尽快寄回我院。

二〇一九年八月二十日

（院印）

签发人　王某某

经办人　李某某

本联存卷

第二联

某省A市人民法院

委托送达函

（2019）××字第107号

某省B市人民法院：

我院受理岳某持刀故意伤害他人一案，现委托你院送达有关诉讼文书。随函寄去三份，送达回证一件，请在收到后3日内代为向岳某家人送达，并将送达回证尽快寄回我院。

二〇一九年八月二十日

（院印）

法律链接

《最高人民法院关于适用〈中华人民共和国刑事诉讼法〉的解释》

第一百六十九条　委托送达的，应当将委托函、委托送达的诉讼文书及送达回证寄送受托法院。受托法院收到后，应当登记，在十日内送达收件人，并将送达回证寄送委托法院；无法送达的，应当告知委托法院，并将诉讼文书及送达回证退回。

委托调查函

（各类案件用）

了解文书

委托调查函（各类案件用）在人民法院审理各类案件中，委托其他法院协助调查的文书。

本样式供各级人民法院在审理各类案件中，委托其他法院协助调查时使用。

文书样式

第一联

×××人民法院

委托调查函（稿）

（××××）××字第××号

×××人民法院：

我院受理________________（写明当事人姓名或名称和案由）一案，因________________（写明委托调查的原因）。特委托你院协助调查下列提纲中所列举的事项，并将调查材料和需要说明的问题尽快函复我院。

附调查提纲：

××××年××月××日

（院印）

签发：　　　　　　　　　　　　经办人：

本联存卷

第二联

×××人民法院

委托调查函

（××××）××字第××号

×××人民法院：

我院受理________________（写明当事人姓名或名称和案由）一案，因________________（写明委托调查的原因）特委托你院协助调查下列提纲中所列举的事项，并将调查材料和需要说明的问题尽快函复我院。

附调查提纲：

××××年××月××日

（院印）

制作说明

1. 首部

（1）标题。要写明“×××人民法院”“委托调查函（稿）”。

（2）案号。写：“（××××）××字第××号”。

2. 正文

（1）抬头应写明委托调查的人民法院名称。

（2）需写明案件名称。

（3）委托调查的原因。

（4）本函发出时，必须附调查提纲，写明调查项目的要求。

3. 尾部

第一联尾部应依次写明下列内容：

（1）发文日期。

（2）人民法院盖章。

（3）签发人与经办人签字。

（4）本联存卷。

第二联尾部应依次写明下列内容：

（1）发文日期。

（2）人民法院盖章。

举例示范

案情简述： 某省A市人民法院在审理齐某某持刀抢劫一案中，由于齐某某未满18周岁，因此委托齐某某居住地县级人民法院协助调查。

第一联

某省A市人民法院

委托调查函（稿）

（2016）××字第88号

某省A市某县人民法院：

我院受理齐某某持刀抢劫一案，因齐某某未满18周岁特委托你院协助调查下列提纲中所列举的事项，并将调查材料和需要说明的问题尽快函复我院。

附调查提纲：提纲

二〇一六年九月二十九日

（院印）

签发：王某某　　经办人：李某某

本联存卷

第二联

某省A市人民法院

委托调查函

（2016）××字第88号

某省A市某县人民法院：

我院受理齐某某持刀抢劫一案，因齐某某未满18周岁特委托你院协助调查下列提纲中所列举的事项，并将调查材料和需要说明的问题尽快函复我院。

附调查提纲：提纲

二〇一六年九月二十九日

（院印）

法律链接

《最高人民法院关于适用〈中华人民共和国刑事诉讼法〉的解释》

第四百四十二条　被执行人或者被执行财产在外地的，可以委托当地人民法院执行。

第四百七十六条　对人民检察院移送的关于未成年被告人性格特点、家庭情况、社会交往、成长经历、犯罪原因、犯罪前后的表现、监护教育等情况的调查报告，以及辩护人提交的反映未成年被告人上述情况的书面材料，法庭应当接受。

必要时，人民法院可以委托未成年被告人居住地的县级司法行政机关、共青团组织以及其他社会团体组织对未成年被告人的上述情况进行调查，或者自行调查。

第五章　通知类文书

立案通知书

（自诉案件用）

了解文书

立案通知书（自诉案件用）是指被害人或其法定代理人、近亲属为追究被告人的刑事责任，直接向司法机关提起诉讼，并由司法机关直接受理的刑事案件，人民法院予以立案并通知自诉人或者代为告诉人的一种法律文书。

本样式供第一审人民法院对刑事自诉案件的起诉，经审查决定受理后，通知自诉人或者代为告诉人时使用。

文书样式

×××人民法院

立案通知书

（××××）×刑×字第××号

×××（自诉人姓名）：

你诉________________（概述自诉案件名称）一案的自诉状已收到。经审查，起诉符合法定受理条件，本院决定立案审理。现将有关事项通知如下：

一、在诉讼过程中，当事人必须依法行使诉讼权利，履行诉讼义务，遵守诉讼秩序。自诉人经两次依法传唤，无正当理由拒不到庭的，或者未经法庭许可中途退庭的，按撤诉处理。

二、在诉讼中，自诉人承担举证责任。对于缺乏证据，自诉人提不出补充证据的，自诉人应当撤回自诉，否则本院将裁定驳回起诉。

三、你有权利委托诉讼代理人，并将由被代理人签名或者盖章的授权委托书递交本院。

××××年××月××日

（院印）

制作说明

1. 首部

（1）标题。要写明“×××人民法院”“立案通知书”。

（2）案号。写：“（××××）×刑×字第××号”。

2. 正文

（1）写明自诉人的姓名。

（2）概述自诉人自诉案件名称及符合受理立案的条件。

（3）分条概述通知的有关事项：当事人的权利与义务、自诉人承担举证责任、自诉人有委托诉讼代理人的权利等。

3. 尾部

尾部应写明发文日期并加盖人民法院印章。

举例示范

案情简述：张某的妻子刘某长期遭受家庭暴力，张某屡次声称痛改前非，但是，家庭暴力并没有停止，后刘某无法忍受身体和心理的伤痛，向人民法院递交了自诉状，人民法院经审查决定立案审理。

×××人民法院

立案通知书

（2019）×刑初字第67号

刘某：

你诉丈夫张某长期实施家庭暴力，虐待家庭成员一案的自诉状已收到。经审查，起诉符合法定受理条件，本院决定立案审理。现将有关事项通知如下：

一、在诉讼过程中，当事人必须依法行使诉讼权利，履行诉讼义务，遵守诉讼秩序。自诉人经两次依法传唤，无正当理由拒不到庭的，或者未经法庭许可中途退庭的，按撤诉处理。

二、在诉讼中，自诉人承担举证责任。对于缺乏证据，自诉人提不出补充证据的，自诉人应当撤回自诉，否则本院将裁定驳回起诉。

三、你有权利委托诉讼代理人，并将由被代理人签名或者盖章的授权委托书递交本院。

二〇一九年四月六日

（院印）

法律链接

《最高人民法院关于适用〈中华人民共和国刑事诉讼法〉的解释》

第二百六十三条　对自诉案件，人民法院应当在十五日内审查完毕。经审查，符合受理条件的，应当决定立案，并书面通知自诉人或者代为告诉人。

第二百六十四条　对已经立案，经审查缺乏罪证的自诉案件，自诉人提不出补充证据的，人民法院应当说服其撤回起诉或者裁定驳回起诉；自诉人撤回起诉或者被驳回起诉后，又提出了新的足以证明被告人有罪的证据，再次提起自诉的，人民法院应当受理。

取保候审执行通知书

（刑事案件用）

了解文书

取保候审执行通知书（刑事案件用）是指刑事诉讼中人民法院等司法机关对未被逮捕或逮捕后需要变更强制措施的犯罪嫌疑人、被告人决定对其不予羁押或暂时解除其羁押的一种法律文书。

本样式供人民法院决定对犯罪嫌疑人、被告人取保候审，通知公安机关执行时使用。

文书样式

×××人民法院

取保候审执行通知书

（××××）×刑×字第××号

×××公安局：

本院决定对被告人×××采取取保候审的强制措施。取保候审期限为×个月，自××××年××月××日起至××××年××月××日止。根据《中华人民共和国刑事诉讼法》第六十七条第二款规定，请你局执行。在取保候审期间，如发现被告人有违反《中华人民共和国刑事诉讼法》第七十一条第一款规定的情形，请及时告知本院××庭。

附：取保候审决定书一份。

××××年××月××日

（院印）

被取保候审人有关情况：

<table>
<tr><td colspan="2">案由</td><td colspan="2"></td><td colspan="2">取保候审期限</td><td colspan="2">个月</td></tr>
<tr><td rowspan="3">被告人</td><td>姓名</td><td></td><td>性别</td><td></td><td>出生日期</td><td colspan="2">年 月 日</td></tr>
<tr><td>文化程度</td><td></td><td>工作单位</td><td></td><td></td><td colspan="2"></td></tr>
<tr><td>住址</td><td></td><td></td><td></td><td></td><td colspan="2"></td></tr>
<tr><td colspan="3">保证人姓名、住址、电话</td><td colspan="5"></td></tr>
<tr><td colspan="3">与被告人的关系</td><td></td><td colspan="2">交纳保证金数额</td><td colspan="2"></td></tr>
</table>

制作说明

1. 首部

（1）标题。要写明“×××人民法院”“取保候审执行通知书”。

（2）案号。写：“（××××）×刑×字第××号”。

2. 正文

（1）写明被通知的公安机关名称。

（2）写明被告人姓名、取保候审的起止时间及根据的法律条文。

（3）附加取保候审决定书一份。

3. 尾部

尾部应依次写明下列内容：

（1）发文日期和人民法院盖章。

（2）以表格的形式写清取保候审人的有关情况：案由、取保候审期限、被告人基本信息、保证人姓名、住址、电话、与被告人的关系、交纳保证金的数额。

举例示范

案情简述：董某因抢劫罪被某人民检察院提起公诉，在审理过程中，因认罪态度良好，经人民法院审查采取取保候审后不会对社会造成危害，人民法院决定对董某采取取保候审的强制措施，并通知董某居住地的公安机关执行。

×××人民法院

取保候审执行通知书

（2016）某刑执字第34号

×××公安局：

本院决定对被告人董某采取取保候审的强制措施。取保候审期限为12个月，自2016年4月1日起至2017年3月31日止。根据《中华人民共和国刑事诉讼法》第六十五条第二款规定，请你局执行。在取保候审期间，如发现被告人有违反《中华人民共和国刑事诉讼法》第七十一条第一款规定的情形，请及时告知本院刑事庭。

附：取保候审决定书一份。

二〇一六年三月二十五日

（院印）

被取保候审人有关情况：

<table>
<tr><td colspan="2">案由</td><td colspan="2">抢劫罪</td><td colspan="2">取保候审期限</td><td>12 个月</td></tr>
<tr><td rowspan="3">被告人</td><td>姓名</td><td>董某</td><td>性别</td><td>男</td><td>出生日期</td><td>1988 年 3 月 2 日</td></tr>
<tr><td>文化程度</td><td>大专</td><td>工作单位</td><td>无</td><td></td><td></td></tr>
<tr><td>住址</td><td colspan="5">××省××市花园小区</td></tr>
<tr><td colspan="3">保证人姓名、住址、电话</td><td colspan="4">肖某，××省××市花园小区，138××××8979</td></tr>
<tr><td colspan="3">与被告人的关系</td><td>夫妻</td><td colspan="2">交纳保证金数额</td><td>两万元</td></tr>
</table>

法律链接

《中华人民共和国刑事诉讼法》

第六十七条　人民法院、人民检察院和公安机关对有下列情形之一的犯罪嫌疑人、被告人，可以取保候审：

……

（二）可能判处有期徒刑以上刑罚，采取取保候审不致发生社会危险性的；

第七十一条　被取保候审的犯罪嫌疑人、被告人应当遵守以下规定：

（一）未经执行机关批准不得离开所居住的市、县；

……

释放通知书

（刑事案件用）

了解文书

释放通知书（刑事案件用）是指人民法院依据法律规定对被羁押的被告人决定释放时，告知羁押单位的一种法律文书。此通知书一式两联，一联发送羁押单位，一联留存卷宗。

本样式供各级人民法院通知羁押单位释放在押的被告人时使用。

文书样式

第一联

×××人民法院

释放通知书

（××××）×刑×字第××号

×××（羁押单位名称）：

本院羁押在你所的被告人×××，性别：________，××××年××月××日出生，××族，××人（籍贯），现因________（概述释放原因），决定予以释放，请即执行，并发给释放证明书。

××××年××月××日

（院印）

此联交羁押单位

第二联

×××人民法院

释放通知书（存根）

（××××）×刑×字第××号

×××（羁押单位名称）：

本院羁押在你所的被告人×××，性别：________，××××年××月××日出生，××族，××人（籍贯），现因________（概述释放原因），决定予以释放，请即执行，并发给释放证明书。

××××年××月××日

（院印）

签发人　×××

经办人　×××

此联存卷

制作说明

1. 首部

（1）标题。要写明“×××人民法院”“释放通知书”。

（2）案号。写：“（××××）×刑×字第××号”。

2. 正文

（1）写明被通知的羁押单位名称。

（2）写明被告人的基本情况：姓名、性别、出生年月日、民族、籍贯。

（3）概述释放被告人的原因：判决被告人无罪或者免除刑事处罚的；判处不是在监内执行的刑罚，如有期徒刑缓刑、拘役缓刑、管制或者单处剥夺政治权利、单处罚金的；在审理过程中，发现已逮捕的被告人是不应当逮捕的或者是正在怀孕、身患严重疾病一时难以治愈而应当变更强制措施的。

3. 尾部

尾部应依次写明下列内容：

（1）发文日期和人民法院盖章。

（2）签发人和经办人签字。

（3）写明此联存卷或者此联交羁押单位。

举例示范

案情简述：刘某因侵犯知识产权罪被判处有期徒刑五年。服刑期间发现刘某已经怀孕，人民法院决定对刘某予以释放，向羁押单位发布了释放通知。

第一联

×××人民法院

释放通知书

（2019）×刑×字第57号

×××监狱：

本院羁押在你所的被告人刘某，性别：女，1986年7月1日出生，汉族，湖南省长沙人，现因正处于怀孕期间，决定予以释放，请即执行，并发给释放证明书。

二〇一九年三月五日

（院印）

此联交羁押单位

第二联

×××人民法院

释放通知书（存根）

（2019）×刑×字第57号

×××监狱：

本院羁押在你所的被告人刘某，性别：女，1986年7月1日出生，汉族，湖南省长沙人，现因正处于怀孕期间，决定予以释放，请即执行，并发给释放证明书。

二〇一九年三月五日

（院印）

签发人　邓某

经办人　王某

此联存卷

法律链接

《中华人民共和国刑事诉讼法》

第九十五条　犯罪嫌疑人、被告人被逮捕后，人民检察院仍应当对羁押的必要性进行审查。对不需要继续羁押的，应当建议予以释放或者变更强制措施。有关机关应当在十日以内将处理情况通知人民检察院。

释放通知书（回执）

了解文书

释放通知书（回执）是指羁押单位在接到人民法院释放被羁押人的通知后，按照法定程序将其释放后，将完成情况告知人民法院的一种法律文书。

本样式供羁押单位将释放被羁押人的情况告知人民法院时使用。

文书样式

×××人民法院

释放通知书（回执）

（××××）×刑×字第××号

×××人民法院：

根据你院（××××）×刑×字第××号释放通知书，我所已于××××年××月××日将×××释放，并已发给释放证明书。

××××年××月××日

（院印）

此联由羁押单位填写并加盖公章后退回法院

制作说明

1. 首部

（1）标题。要写明“×××人民法院”“释放通知书（回执）”。

（2）案号。写：“（××××）×刑×字第××号”。

2. 正文

（1）写明通知释放被羁押人的人民法院名称。

（2）概述完成释放的情况：人民法院的释放通知、释放日期等。

3. 尾部

尾部应依次写明下列内容：

（1）发文日期和人民法院盖章。

（2）此联由羁押单位填写并加盖公章后退回法院。

举例示范

案情简述：羁押单位接到人民法院释放无罪的被羁押人员刘某的通知，羁押单位按照法律程序依法予以释放，并将情况及时反馈给人民法院。

×××人民法院

释放通知书（回执）

（2019）×刑×字第66号

×××人民法院：

根据你院（2019）某刑初字第75号释放通知书，我所已于2019年3月8日将刘某释放，并已发给释放证明书。

二〇一九年三月八日

（院印）

此联由羁押单位填写并加盖公章后退回法院

法律链接

《中华人民共和国刑事诉讼法》

第二百六十条　第一审人民法院判决被告人无罪、免除刑事处罚的，如果被告人在押，在宣判后应当立即释放。

应诉通知书

（自诉案件用）

了解文书

应诉通知书（自诉案件用）是指人民法院受理自诉案件后通知被告人应诉的一种法律文书。

本样式供第一审人民法院受理刑事自诉案件后，通知被告人应诉时使用。

文书样式

×××人民法院

应诉通知书

（××××）×刑×字第××号

×××（被告人姓名）：

本院受理已×××（自诉人姓名）诉你________________（案由）一案，现随文发送自诉状副本一份，并将有关应诉事项通知如下：

一、在诉讼过程中，当事人必须依法行使诉讼权利，履行诉讼义务，遵守诉讼秩序。

二、在收到自诉状副本后×日内，将申请出庭的证人名单和当庭宣读、出示的证据复印件、照片连同提出的答辩状（正本一份副本×份），一并递交本院××庭。

三、你可以委托辩护人，并将由委托人签名或盖章的辩护委托书递交本院。

××××年××月××日

（院印）

制作说明

1. 首部

（1）标题。要写明“×××人民法院”“应诉通知书”。

（2）案号。写：“（××××）×刑×字第××号”。

2. 正文

（1）写明被告人的名称。

（2）概述人民法院受理案件的缘由。

（3）分条概述有关应诉注意事项。

3. 尾部

尾部应写明发文日期并加盖人民法院印章。

举例示范

案情简述：张某向人民法院起诉肖某对其诈骗二十万元，经人民法院审查予以立案，并以书面的形式通知肖某应诉。

×××人民法院

应诉通知书

（2019）×刑×字第89号

肖某：

本院已受理张某诉你诈骗一案，现随文发送自诉状副本一份，并将有关应诉事项通知如下：

一、在诉讼过程中，当事人必须依法行使诉讼权利，履行诉讼义务，遵守诉讼秩序。

二、在收到自诉状副本后十五日内，将申请出庭的证人名单和当庭宣读、出示的证据复印件、照片连同提出的答辩状（正本一份副本五份），一并递交本院刑事法庭。

三、你可以委托辩护人，并将由委托人签名或盖章的辩护委托书递交本院。

二〇一九年二月十四日

（院印）

法律链接

《最高人民法院关于适用〈中华人民共和国刑事诉讼法〉的解释》

第二百六十三条第一款　对自诉案件，人民法院应当在十五日内审查完毕。经审查，符合受理条件的，应当决定立案，并书面通知自诉人或者代为告诉人。

阅卷通知书

（二审公诉案件用）

了解文书

阅卷通知书（二审公诉案件用）是指人民检察院指控被告人犯罪，被告人对一审判决不服或者人民检察院依法提起抗诉，二审人民法院于开庭十日前通知人民检察院审阅一审卷宗的一种法律文书。

本样式供中级人民法院在受理二审公诉案件后，通知同级人民检察院派员查阅案卷，准备出庭时使用。

文书样式

×××人民法院

阅卷通知书

（××××）×刑×字第××号

×××人民检察院：

×××人民检察院指控被告人×××犯××罪一案，经×××人民法院审理判决后，被告人×××不服，提出上诉（或 ×××人民检察院提出抗诉），我院决定近期开庭审理。依照《中华人民共和国刑事诉讼法》第二百三十五条的规定，请派员前来我院××审判庭查阅案卷，并准备出庭执行职务。

××××年××月××日

（院印）

制作说明

1. 首部

（1）标题。要写明“×××人民法院”“阅卷通知书”。

（2）案号。写：“（××××）×刑×字第××号”。

2. 正文

（1）写明人民检察院的全称。

（2）概述人民检察院指控的案件及审理情况，写明第二审程序启动的原因是被告人上诉或是人民检察院抗诉。

（3）写明查阅案卷的法律依据。

3. 尾部

尾部应写明发文日期并加盖人民法院印章。

举例示范

案情简述：人民检察院指控被告人苗某对妻子赵某长期实施家庭暴力，导致赵某精神饱受折磨，无法过正常人的生活，经法院审理判处苗某有期徒刑三年。苗某对此判决不服，提起上诉，中级人民法院受理后通知人民检察院前来查阅案卷。

×××人民法院

阅卷通知书

（2019）×刑×字第0029号

×××人民检察院：

×××人民检察院指控被告人苗某犯虐待罪一案，经×××人民法院第一审审理判决后，被告人苗某不服，提出上诉，我院决定近期开庭审理。依照《中华人民共和国刑事诉讼法》第二百三十五条的规定，请派员前来我院刑一审判庭查阅案卷，并准备出庭执行职务。

二〇一九年八月二十八日

（院印）

法律链接

《中华人民共和国刑事诉讼法》

第二百三十五条　人民检察院提出抗诉的案件或者第二审人民法院开庭审理的公诉案件，同级人民检察院都应当派员出席法庭。第二审人民法院应当在决定开庭审理后及时通知人民检察院查阅案卷。人民检察院应当在一个月以内查阅完毕。人民检察院查阅案卷的时间不计入审理期限。

执行拘留通知书

（刑事案件用）

了解文书

执行拘留通知书（刑事案件用）是指人民法院在审理案件过程对妨害诉讼的行为人，作出对其予以刑事拘留的决定，并通知公安部门执行的一种法律文书。

本样式供各级人民法院在审理刑事案件中，依法对妨害诉讼的行为人作出拘留决定后，通知公安机关收押看管时使用。

文书样式

×××人民法院

执行拘留通知书

（××××）×刑×字第××号

×××公安局：

本院在审理＿＿＿＿＿＿＿＿（写明当事人姓名或名称和案由）一案的过程中，因＿＿＿＿＿＿＿＿（写明予以拘留的理由），本院决定对×××拘留××日。请你局收押看管，期满解除。

拘留期间：自××××年××月××日起，至××××年××月××日止。

附：本院（××××）×刑×字第××号拘留决定书一份。

××××年××月××日

（院印）

本联送达执行拘留的公安机关

制作说明

1. 首部

（1）标题。要写明“×××人民法院”“执行拘留通知书”。

（2）案号。写：“（××××）×刑×字第××号”。

2. 正文

（1）写明执行拘留的公安机关的全称。

（2）概述人民法院在审理案件过程中被拘留人妨害刑事诉讼的事实和予以拘留的理由。

（3）写明拘留的起止日期。

3. 尾部

尾部应依次写明下列内容：

（1）发文日期和人民法院盖章。

（2）本联送达执行拘留的公安机关。

举例示范

案情简述：人民法院在审理邓某持刀抢劫导致受害人董某重伤一案中，因邓某妻子肖某拒不配合法院的审理工作，抗拒人民法院执行，人民法院决定对肖某实施拘留。

×××人民法院

执行拘留通知书

（2019）×刑×字第98号

×××公安局：

本院在审理邓某持刀抢劫导致受害人董某重伤一案的过程中，因邓某妻子肖某拒不配合法院的审理工作，抗拒人民法院执行，本院决定对肖某拘留十日。请你局收押看管，期满解除。

拘留期间：自2019年3月1日起，至2019年3月10日止。

附：本院（2019）×刑×字第12号拘留决定书一份。

二〇一九年二月二十八日

（院印）

本联送达执行拘留的公安机关

法律链接

《中华人民共和国刑事诉讼法》

第一百九十九条第一款　在法庭审判过程中，如果诉讼参与人或者旁听人员违反法庭秩序，审判长应当警告制止。对不听制止的，可以强行带出法庭；情节严重的，处以一千元以下的罚款或者十五日以下的拘留。罚款、拘留必须经院长批准。被处罚人对罚款、拘留的决定不服的，可以向上一级人民法院申请复议。复议期间不停止执行。

执行拘留通知书（回执）

了解文书

执行拘留通知书（回执）是指公安机关接到人民法院对被拘留人执行拘留的通知后，依法对其执行拘留，并告知人民法院执行拘留情况的一种法律文书。

本样式适合公安机关告知人民法院已经执行拘留时使用。

文书样式

×××人民法院

执行拘留通知书（回执）

×××人民法院：

你院（××××）×刑×字第××号执行拘留通知书和附件收到。我局已于××××年××月××日××时将×××收押看管在______________。

××××年××月××日

（公章）

本联由公安机关填写并加盖公章后退回法院入卷

制作说明

1. 首部

要写明"×××人民法院""执行拘留通知书（回执）"。

2. 正文

（1）写明通知执行拘留的人民法院全称。

（2）写明拘留通知书案号及执行拘留的时间、地点。

3. 尾部

尾部应依次写明下列内容：

（1）发文日期和公安机关盖章。

（2）本联由公安机关填写并加盖公章后退回法院入卷

举例示范

案情简述：公安局接到对王某的拘留通知，于2019年5月12日将王某收押看管在某公安局。

×××人民法院

执行拘留通知书（回执）

×××人民法院：

你院（2019）×刑×字第22号执行拘留通知书和附件收到。我局已于2019年5月12日8时将王某收押看管在公安局。

二〇一九年五月十二日

（公章）

本联由公安机关填写并加盖公章后退回法院入卷

法律链接

《中华人民共和国刑事诉讼法》

第三条第一款　对刑事案件的侦查、拘留、执行逮捕、预审，由公安机关负责。检察、批准逮捕、检察机关直接受理的案件的侦查、提起公诉，由人民检察院负责。审判由人民法院负责。除法律特别规定的以外，其他任何机关、团体和个人都无权行使这些权力。

执行通知书

（单处剥夺政治权利用）

了解文书

执行通知书（单处剥夺政治权利用）是指人民法院依法单独判处剥夺被告人的政治权利，并告知公安部门予以执行或者告知被告人本人的一种法律文书。此通知书一式三联，一联发送执行的公安机关，一联用于通知被告人，一联存卷。

本样式供人民法院判决单独剥夺被告人的政治权利，在判决生效后，交付公安机关执行和通知被告人本人时使用。

文书样式

第一联

×××人民法院

执行通知书

（××××）×刑×字第××号

×××公安局：

被告人×××因犯××罪，经依法判处剥夺政治权利________________（写明刑期）。现判决已发生法律效力。依照《中华人民共和国刑事诉讼法》

第二百七十条的规定，请你局执行。剥夺政治权利期满时，由执行机关及时通知本人，并向有关群众公开宣布恢复政治权利。

剥夺政治权利起刑日期：××××年××月××日起，

刑满日期：××××年××月××日止。

附执行根据：×××人民法院（××××）×刑×字第××号刑事判决书×份。

×××人民法院（××××）×刑×字第××号刑事裁定书×份。

××××年××月××日

（院印）

此联交公安机关

第二联

×××人民法院

执行通知书（存根）

（××××）×刑×字第××号

×××公安局：

被告人×××因犯××罪，经依法判处剥夺政治权利________________（写明刑期）。现判决已发生法律效力。依照《中华人民共和国刑事诉讼法》第二百七十条的规定，请你局执行。剥夺政治权利期满时，由执行机关及时通知本人，并向有关群众公开宣布恢复政治权利。

剥夺政治权利起刑日期：××××年××月××日起，

刑满日期：××××年××月××日止。

附执行根据：×××人民法院（××××）×刑×字第××号刑事判决书×份。

×××人民法院（××××）×刑×字第××号刑事裁定书×份。

××××年××月××日

（院印）

签发人　×××

经办人　×××

此联入卷

第三联

×××人民法院

执行通知书

（××××）×刑×字第××号

×××（被告人）：

你犯×××因犯××罪，经依法判处剥夺政治权利________（写明刑期）。现已发生法律效力，现交付执行。在执行期间，应当遵守法律、行政法规和国务院公安部门有关监督管理的规定，服从监督；不得行使《刑法》第五十四条规定的各项权利。

剥夺政治权利起刑日期：××××年××月××日起

刑满日期：××××年××月××日止。

××××年××月××日

（院印）

此联交给被告人本人收执

制作说明

1. 首部

（1）标题。要写明“×××人民法院”“执行通知书”或者“×××人民法院”“执行通知书（存根）”。

（2）案号。写：“（××××）×刑×字第××号”。

2. 正文

（1）写明执行公安机关的全称或者被告人的姓名。

（2）概述被告人的罪行及剥夺政治权利的法律依据。

（3）写明剥夺政治权利的起止日期。

（4）附执行依据。

3. 尾部

尾部应依次写明下列内容：

（1）发文日期和人民法院盖章。

（2）此联入卷或者此联交公安机关或者此联交给被告人本人收执。

（3）签发人和经办人签字。

举例示范

案情简述：周某因积极参加聚众扰乱社会秩序，触犯法律，人民法院单独判处其剥夺政治权利二年，自宣判之日起执行。

第一联

×××人民法院

执行通知书

（2019）×刑×字第56号

×××公安局：

被告人周某因聚众扰乱社会秩序罪，经依法判处剥夺政治权利二年。现判决已发生法律效力。依照《中华人民共和国刑事诉讼法》第二百七十条的规定，请你局执行。剥夺政治权利期满时，由执行机关及时通知本人，并向有关群众公开宣布恢复政治权利。

剥夺政治权利起刑日期：2019年1月1日起，

刑满日期：2021年12月31日止。

附执行根据：×××人民法院（2019）某刑初字第33号刑事判决书一份。

×××人民法院（2019）某刑初字第34号刑事裁定书一份。

二〇一九年一月一日

（院印）

此联交公安机关

第二联

×××人民法院

执行通知书（存根）

（2019）×刑×字第56号

×××公安局：

被告人周某因犯聚众扰乱社会秩序罪，经依法判处剥夺政治权利二年。现判决已发生法律效力。依照《中华人民共和国刑事诉讼法》第二百七十条的规定，请你局执行。剥夺政治权利期满时，由执行机关及时通知本人，并向有关群众公开宣布恢复政治权利。

剥夺政治权利起刑日期：2019年1月1日起，

刑满日期：2021年12月31日止。

附执行根据：×××人民法院（2019）某刑初字第33号刑事判决书一份。

×××人民法院（2019）某刑初字第34号刑事裁定书一份。

二〇一九年一月一日

（院印）

签发人　薛某

经办人　赵某

此联入卷

第三联

×××人民法院

执行通知书

（2019）×刑×字第56号

周某：

你犯聚众扰乱社会秩序罪，经依法判处剥夺政治权利二年。现已发生法律效力，现交付执行。在执行期间，应当遵守法律、行政法规和国务院公安部门有关监督管理的规定，服从监督；不得行使《中华人民共和国刑法》第五十四条规定的各项权利。

剥夺政治权利起刑日期：2019 年 1 月 1 日起，

刑满日期：2021 年 12 月 31 日止。

二〇一九年一月一日

（院印）

法律链接

《中华人民共和国刑事诉讼法》

第二百七十条　对被判处剥夺政治权利的罪犯，由公安机关执行。执行期满，应当由执行机关书面通知本人及其所在单位、居住地基层组织。

执行通知书（回执）

（单处剥夺政治权利用）

了解文书

执行通知书（回执）（单处剥夺政治权利用）是指公安机关接到人民法院剥夺被告人政治权利的通知后，公安机关告知法院已执行该刑罚的一种法律文书。

本样式供公安机关告知人民法院执行剥夺被告人政治权利时使用。

文书样式

×××人民法院

执行通知书（回执）

（××××）×刑×字第××号

×××人民法院：

你院××××年××月××日（××××）×刑×字第××号执行通知书和所附执行根据刑事判决书×份，刑事裁定书×份，均已收到。

我局已采取措施，对罪犯×××依法执行剥夺政治权利。

××××年××月××日

（公章）

此联由公安机关填写并加盖公章后退回法院入卷

制作说明

1. 首部

（1）标题。要写明“×××人民法院”“执行通知书（回执）”。

（2）案号。写：“（××××）×刑×字第××号”。

2. 正文

（1）写明发布执行通知的人民法院名称。

（2）写明人民法院执行通知书案号及刑事判决书/刑事裁定书的份数。

（3）写明公安机关的执行情况。

3. 尾部

尾部应依次写明下列内容：

（1）发文日期和公安机关盖章。

（2）此联由公安机关填写并加盖公章后退回法院入卷

举例示范

案情简述：公安机关接到人民法院判处剥夺张某政治权利五年的执行通知，并将执行情况反馈给人民法院。

×××人民法院

执行通知书（回执）

（2019）×刑×字第33号

×××人民法院：

你院2019年1月2日（2019）某刑初字第2号执行通知书和所附执行根据刑事判决书一份，刑事裁定书一份，均已收到。

我局已采取措施，对被告人张某依法执行剥夺政治权利。

二〇一九年一月五日

（公章）

此联由公安机关填写并加盖公章后退回法院入卷

法律链接

《中华人民共和国刑事诉讼法》

第二百七十条　对被判处剥夺政治权利的罪犯，由公安机关执行。执行期满，应当由执行机关书面通知本人及其所在单位、居住地基层组织。

执行通知书

（死刑缓期二年执行用）

了解文书

执行通知书（死刑缓期二年执行用）是指依据人民法院的审判结果对被告人实施死刑缓期二年执行的决定，并将执行通知告知监狱和被告人本人的一种法律文书。此通知书一式三联，一联发送羁押单位，一联交由被告人本人，一联入卷留存。

本样式供中级以上人民法院对判处死刑缓期二年执行的被告人，在判决发生法律效力之后，通知羁押罪犯的单位交付监狱执行和通知被告人本人时使用。

文书样式

第一联

×××人民法院

执行通知书

（××××）×刑×字第××号

×××（羁押单位名称）：

被告人×××经依法判处刑罚，判决已发生法律效力，依照《中华人民共和国刑事诉讼法》第二百六十四条第二款的规定，请按照本通知送交监狱执行。

<table>
<tr><td>姓名</td><td></td><td>性别</td><td></td><td>出生日期</td><td>年 月 日</td><td>民族</td><td></td></tr>
<tr><td>家庭住址</td><td colspan="7"></td></tr>
<tr><td>罪名</td><td colspan="7"></td></tr>
<tr><td>主刑</td><td colspan="7">死刑缓期二年执行</td></tr>
<tr><td>死刑缓期二年执行
起缓日期</td><td colspan="3">年 月 日</td><td colspan="2">死刑缓期二年执行
届满日期</td><td colspan="2">年 月 日</td></tr>
<tr><td>附加刑</td><td colspan="7">剥夺政治权利终身</td></tr>
<tr><td>执行根据</td><td colspan="7">×××人民法院（××××）×刑×字第××号刑事判决书
×××人民法院（××××）×刑×字第××号刑事裁定书</td></tr>
<tr><td>备考</td><td colspan="7"></td></tr>
<tr><td colspan="8">签发人： 经办人：

年 月 日
（院印）</td></tr>
</table>

此联送交被告人羁押单位

第二联

×××人民法院

执行通知书（存根）

（××××）×刑×字第××号

×××（羁押单位名称）：

被告人×××经依法判处刑罚，判决已发生法律效力，依照《中华人民共和国刑事诉讼法》第二百六十四条第二款的规定，请按照本通知交监狱执行。

<table>
<tr><td>姓名</td><td></td><td>性别</td><td></td><td>出生日期</td><td>年 月 日</td><td>民族</td><td></td></tr>
<tr><td>家庭住址</td><td colspan="7"></td></tr>
<tr><td>罪名</td><td colspan="7"></td></tr>
</table>

<table>
<tr><td>主刑</td><td colspan="3">死刑缓期二年执行</td></tr>
<tr><td>死刑缓期二年执行
起缓日期</td><td>年　月　日</td><td>死刑缓期二年执行
届满日期</td><td>年　月　日</td></tr>
<tr><td>附加刑</td><td colspan="3">剥夺政治权利终身</td></tr>
<tr><td>执行根据</td><td colspan="3">×××人民法院（××××）×刑×字第××号刑事判决书
×××人民法院（××××）×刑×字第××号刑事裁定书</td></tr>
<tr><td>备考</td><td colspan="3"></td></tr>
<tr><td colspan="4">签发人：　　　　　　　　经办人：

年　月　日
（院印）</td></tr>
</table>

此联入卷

第三联

×××人民法院

执行通知书

（××××）×刑×字第××号

×××（被告人姓名）：

你犯××罪，经依法判处死刑缓期二年执行。现交付执行，并将有关事项通知如下：

死刑缓期执行期间：二年

起算日期：××××年××月××日起，

届满日期：××××年××月××日止。

附加刑：剥夺政治权利终身。

××××年××月××日

（院印）

此联发给被告人本人收执

制作说明

1. 首部

（1）标题。要写明“×××人民法院”“执行通知书”或者“×××人民法院”“执行通知书（存根）”。

（2）案号。写：“（××××）×刑×字第××号”。

2. 正文

（1）本样式第一、二联的抬头，填写羁押被告人的单位名称，第三联抬头写被告人姓名。

（2）概述判处结果及交付监狱执行。

（3）本样式第一、二联以表格的形式写明被告人的基本情况：姓名、性别、出生日期、民族、家庭住址、罪名、主刑、附加刑、刑期、执行根据、备考、签发人经办人签字、发文日期和人民法院盖章。

（4）第三联写明罪行及判处结果、其他通知事项。

3. 尾部

尾部应依次写明下列内容：

（1）发文日期和人民法院盖章。

（2）此联入卷或者此联送交罪犯羁押单位或者此联交给被告人本人收执。

举例示范

案情简述：罪犯张某因故意杀人罪被判处死刑缓期两年执行，剥夺政治权利终身，交付羁押单位执行并告知张某本人。

第一联

×××人民法院

执行通知书

（2019）×刑×字第334号

×××看守所：

被告人张某经依法判处刑罚，判决已发生法律效力，依照《中华人民共和国刑事诉讼法》第二百六十四条第二款的规定，请按照本通知送交监狱执行。

姓名	张某	性别	男	出生日期	1978 年 1 月 12 日	民族	汉
家庭住址	河南省××市××村						
罪名	故意杀人罪						
主刑	死刑缓期二年执行						
死刑缓期二年执行 起缓日期	2019 年 4 月 13 日		死刑缓期二年执行 届满日期		2021 年 4 月 12 日		
附加刑	剥夺政治权利终身						
执行根据	×××人民法院（2019）×刑初字第 23 号刑事判决书 ×××人民法院（2019）×刑初字第 28 号刑事裁定书						
备考							
签发人：肖某　　经办人：赵某 二〇一九年四月十二日 （院印）							

此联送交被告人羁押单位

第二联

×××人民法院

执行通知书（存根）

（2019）×刑×字第 334 号

×××看守所：

被告人张某经依法判处刑罚，判决已发生法律效力，依照《中华人民共和国刑事诉讼法》第二百六十四条第二款的规定，请按照本通知送交监狱执行。

姓名	张某	性别	男	出生日期	1978 年 1 月 12 日	民族	汉
家庭住址	河南省××市××村						

<table>
<tr><td>罪名</td><td colspan="3">故意杀人罪</td></tr>
<tr><td>主刑</td><td colspan="3">死刑缓期二年执行</td></tr>
<tr><td>死刑缓期二年执行
起缓日期</td><td>2019 年 4 月 13 日</td><td>死刑缓期二年执行
届满日期</td><td>2021 年 4 月 12 日</td></tr>
<tr><td>附加刑</td><td colspan="3">剥夺政治权利终身</td></tr>
<tr><td>执行根据</td><td colspan="3">×××人民法院（2019）×刑初字第 23 号刑事判决书
×××人民法院（2019）×刑初字第 28 号刑事裁定书</td></tr>
<tr><td>备考</td><td colspan="3"></td></tr>
<tr><td colspan="4">签发人：肖某　　　　经办人：赵某

二〇一九年四月十二日
（院印）</td></tr>
</table>

此联入卷

第三联

×××人民法院

执行通知书

（2019）×刑×字第 334 号

被告人张某：

你犯故意杀人罪，经依法判处死刑缓期二年执行。现交付执行，并将有关事项通知如下：

死刑缓期执行期间：二年

起算日期：2019 年 4 月 13 日起

届满日期：2021 年 4 月 12 日止。

附加刑：剥夺政治权利终身。

二〇一九年四月十二日

（院印）

此联发给被告人本人收执

法律链接

《中华人民共和国刑事诉讼法》

第二百六十四条第二款　对被判处死刑缓期二年执行、无期徒刑、有期徒刑的罪犯，由公安机关依法将该罪犯送交监狱执行刑罚。对被判处有期徒刑的罪犯，在被交付执行刑罚前，剩余刑期在三个月以下的，由看守所代为执行。对被判处拘役的罪犯，由公安机关执行。

执行通知书（回执）

（反馈执行情况用）

了解文书

执行通知书（回执）是指羁押单位按照人民法院的审判结果执行，并将执行情况告知人民法院的一种法律文书。

本样式供羁押单位向人民法院反馈执行情况时使用。

文书样式

×××人民法院

执行通知书（回执）

（××××）×刑×字第××号

×××人民法院：

你院××××年××月××日（××××）×刑×字第××号执行通知书已收到。

被告人×××已于××××年××月××日送往×××执行。

××××年××月××日

（公章）

此联由羁押单位填写并加盖公章后退回法院入卷

制作说明

1. 首部

（1）标题。要写明“×××人民法院”“执行通知书（回执）”。

（2）案号。写：“（××××）×刑×字第××号”。

2. 正文

（1）写明回复的人民法院名称。

（2）概述收到人民法院的执行通知书的基本信息。

（3）执行的时间和地点。

3. 尾部

尾部应依次写明下列内容：

（1）发文日期和监狱盖章。

（2）此联由羁押单位填写并加盖公章后退回法院入卷。

举例示范

案情简述：河南省××市监狱收到人民法院对罪犯张某执行死刑缓期二年执行的通知，××市监狱已于2019年4月13日将张某送到××监狱执行。

×××人民法院

执行通知书（回执）

（2019）×刑×字第21号

×××人民法院：

你院2019年4月12日（2019）×刑初字第334号执行通知书已收到。

被告人张某已于2019年4月13日送往××监狱执行。

二〇一九年四月十三日

（公章）

此联由羁押单位填写并加盖公章后退回法院入卷

法律链接

《中华人民共和国刑事诉讼法》

第二百六十四条第一款 罪犯被交付执行刑罚的时候，应当由交付执行的人民法院在判决生效后十日以内将有关的法律文书送达公安机关、监狱或者其他执行机关。

执行通知书

（有期徒刑、拘役用）

了解文书

执行通知书（有期徒刑、拘役用）是指依据人民法院的审判结果对被告人执行有期徒刑、拘役的决定，并将执行通知告知羁押单位和被告人本人的一种法律文书。此通知书一式三联，一联发送羁押单位，一联交由被告人本人，一联入卷。

本样式供人民法院对判处有期徒刑或拘役的被告人，在判决发生法律效力之后，通知被告人羁押单位交付监狱或者公安机关执行和通知被告人本人时使用。

文书样式

第一联

×××人民法院

执行通知书

（××××）×刑×字第××号

×××（羁押单位名称）：

被告人×××经依法判处刑罚，判决已发生法律效力，根据《中华人民共和国刑事诉讼法》第二百六十四条第二款的规定，请按照本通知交监狱（或者公安机关）执行。

姓名		性别		出生日期	年 月 日	民族	
家庭住址							
罪名				主刑			
起刑日期	年 月 日						
羁押抵刑	年 个月 日			刑满日期	年 月 日		
附加刑							
执行根据	×××人民法院（××××）×刑×字第××号刑事判决书 ×××人民法院（××××）×刑×字第××号刑事裁定书						
备考							
签发人：				经办人： 年 月 日 （院印）			

此联送交被告人羁押单位

第二联

×××人民法院

执行通知书（存根）

（××××）×刑×字第××号

×××羁押单位名称：

被告人×××经依法判处刑罚，判决已发生法律效力，根据《中华人民共和国刑事诉讼法》第二百六十四条第二款的规定，请按照本通知交监狱或公安机关执行。

姓名		性别		出生日期	年 月 日	民族	
家庭住址							
罪名				主刑			

<table>
<tr><td>起刑日期</td><td colspan="3">年　月　日</td></tr>
<tr><td>羁押抵刑</td><td>年　个月　日</td><td>刑满日期</td><td>年　月　日</td></tr>
<tr><td>附加刑</td><td colspan="3"></td></tr>
<tr><td>执行根据</td><td colspan="3">×××人民法院（××××）×刑×字第××号刑事判决书
×××人民法院（××××）×刑×字第××号刑事裁定书</td></tr>
<tr><td>备考</td><td colspan="3"></td></tr>
<tr><td colspan="4">签发人：　　　　　　　　经办人：

年　月　日
（院印）</td></tr>
</table>

此联入卷

第三联

×××人民法院

执行通知书

（××××）×刑×字第××号

×××（被告人姓名）：

你犯××罪，经依法判处有期徒刑（或者拘役）×年。现交付执行，并将有关事项通知如下：

主刑起算日期：××××年××月××日起，

羁押抵刑：××××年××月××日。

刑满日期：××××年××月××日。

附加刑：________________

××××年××月××日

（院印）

此联发给被告人本人收执

制作说明

1. 首部

（1）标题。要写明"×××人民法院""执行通知书"或者"×××人民法院""执行通知书（存根）"。

（2）案号。写："（××××）×刑×字第××号"。

2. 正文

（1）本样式第一、二联的抬头填写羁押单位名称，第三联抬头写被告人姓名。

（2）概述判处结果及交付监狱或公安机关执行。

（3）本样式第一、二联以表格的形式写明被告人的基本情况：姓名、性别、出生日期、民族、家庭住址、罪名、主刑、起刑日期、羁押抵刑、羁押抵刑、附加刑、执行根据、备考、签发人经办人签字、发文日期和人民法院盖章。

（4）第三联写明罪行及判处结果、其他通知事项。

3. 尾部

尾部应依次写明下列内容：

（1）发文日期和人民法院盖章。

（2）此联入卷或者此联送交被告人羁押单位或者此联交给被告人本人收执。

举例示范

案情简述：李某因盗窃罪被人民法院判处有期徒刑五年，法院宣判后交付监狱执行。

第一联

×××人民法院

执行通知书

（2019）×刑×字第11号

××市监狱：

被告人李某经依法判处刑罚，判决已发生法律效力，根据《中华人民共和国刑事诉讼法》第二百六十四条第二款的规定，请按照本通知交监狱（或者公安机关）执行。

姓名	李某	性别	男	出生日期	1968 年 1 月 1 日	民族	汉
家庭住址	河北省××市××村						
罪名	盗窃			主刑	有期徒刑		
起刑日期	2019 年 2 月 5 日						
羁押抵刑	／年 1 个月／日			刑满日期	2024 年 1 月 4 日		
附加刑	剥夺政治权利两年						
执行根据	×××人民法院（2019）×刑初字第 23 号刑事判决书 ×××人民法院（2019）×刑初字第 34 号刑事裁定书						
备考							
签发人：薛某　　经办人：董某 二〇一九年二月五日 （院印）							

此联送交被告人羁押单位

第二联

×××人民法院

执行通知书（存根）

（2019）×刑×字第 11 号

××市监狱：

被告人李某经依法判处刑罚，判决已发生法律效力，根据《中华人民共和国刑事诉讼法》第二百六十四条第二款的规定，请按照本通知交监狱（或者公安机关）执行。

姓名	李某	性别	男	出生日期	1968 年 1 月 1 日	民族	汉
家庭住址	河北省××市××村						
罪名	盗窃			主刑	有期徒刑		
起刑日期	2019 年 2 月 5 日						
羁押抵刑	/ 年 1 个月 / 日			刑满日期	2024 年 1 月 4 日		
附加刑	剥夺政治权利两年						
执行根据	×××人民法院（2019）×刑初字第 23 号刑事判决书 ×××人民法院（2019）×刑初字第 34 号刑事裁定书						
备考							

签发人：薛某　　　　　　　　经办人：董某

二〇一九年二月五日

（院印）

此联入卷

第三联

×××人民法院

执行通知书

（2019）×刑×字第 21 号

被告人李某：

你犯盗窃罪，经依法判处有期徒刑五年。现交付执行，并将有关事项通知如下：

主刑起算日期：2019 年 2 月 5 日起，

羁押抵刑：1 个月。

刑满日期：2024 年 1 月 4 日。

附加剥夺政治权利两年。

二〇一九年二月五日

（院印）

此联发给被告人本人收执

法律链接

《中华人民共和国刑事诉讼法》

第二百六十四条第二款　对被判处死刑缓期二年执行、无期徒刑、有期徒刑的罪犯，由公安机关依法将该罪犯送交监狱执行刑罚。对被判处有期徒刑的罪犯，在被交付执行刑罚前，剩余刑期在三个月以下的，由看守所代为执行。对被判处拘役的罪犯，由公安机关执行。

驳回申诉通知书

（刑事案件用）

了解文书

驳回申诉通知书，是指刑事案件进行判决或裁定后，当事人对判决结果不服而提出申诉，人民法院对于申诉人提出的申诉，经过审查，认为原审裁决正确，申诉人的申诉理由不成立而向申诉人作出答复时使用的一种非正式法律文书。

本文书样式供各级人民法院在刑事案件中涉及驳回申诉人申诉时使用。

文书样式

×××人民法院

驳回申诉通知书

（××××）×刑监字第××号

×××（写明申诉人姓名或名称）：

你为________________一案，对×××人民法院（或者本院）（×××

×）×刑×字第××号刑事判决（或者裁定）不服，以________________为理由，向×××人民法院（或本院）提出申诉。

本院经审查，________________（写明查明的事实等）。

综上，本院认为，你对该案的申诉理由不能成立，申诉不符合《中华人民共和国刑事诉讼法》第二百五十三条规定的再审条件，原判决（或者裁定）应予维持。

特此通知。

××××年××月××日

（院印）

抄送：________________

制作说明

1. 首部

（1）标题。应写明“×××人民法院”“驳回申诉通知书”。

（2）案号。应写：“（××××）×刑监字第××号”。

2. 正文

（1）写明被通知人姓名或单位名称。

（2）案件基本情况及提起申诉的原因

写明所涉及的案件的基本情况，对案件进行判决或裁定的人民法院、案号等信息，提出申诉的原因及发送申诉书的机关。

（3）人民法院审查的事实

经过对案件的审查，写明原判在认定事实和适用法律方面是正确的，并未违反法律规定的诉讼程序，同时针对申诉的主要理由，对审查结果进行陈述，通过摆事实，讲道理，有理有据地加以分析，充分阐述驳回申诉的理由。

（4）依据及结果

该部分主要根据审查结果，说明本案的申诉理由不能成立，注明申诉不成立的法律依据，最后写明：原判决（或者裁定）应予维持。因属于通知类文书，正文结尾需另起一行写上“特此通知”。

3. 尾部及附项

写明该文书的发文时间并加盖发文机关印章，需要抄送机关的，注明抄送机关的名称。

举例示范

案情简述： 某村村民游某整天游手好闲，一次偶然的机会从网上认识了钱某，钱某跟他说自己亲戚刚生了小孩，因无力抚养想卖给他人，游某遂在中间充当了中介角色并得到了一笔不小的“中介费”。此后，游某一直以中介名义给钱某介绍买家，仅2018年就交易成功5次。2019年1月份，钱某因涉嫌拐卖儿童罪被当地人民检察院提起公诉，游某作为犯罪同伙被依法逮捕。当地区人民法院于2019年2月份一审判决游某有期徒刑十二年。游某以定罪量刑的证据不充分，原判决适用法律有错误为由，2019年3月份向当地中级人民法院提出申诉。

×××人民法院

驳回申诉通知书

（2019）×刑监字第××号

游某：

你为某区人民检察院诉被告人钱某、游某犯拐卖儿童罪一案，对×××人民法院（2019）×刑×字第××号刑事判决不服，以定罪量刑的证据不充分，原判决适用法律有错误为理由，向某市中级人民法院提出申诉。

本院经审查，根据《中华人民共和国刑法》第二百四十条之规定，拐卖妇女、儿童的，处五年以上十年以下有期徒刑，并处罚金；有下列情形之一的，处十年以上有期徒刑或者无期徒刑，并处罚金或者没收财产。申诉人涉嫌拐卖儿童五人，符合处十年以上有期徒刑条件，依法被判决有期徒刑十二年是合法的。另外，本案人证物证齐全，证据充分，事实清楚，足以认定申诉人犯罪事实。

综上，本院认为，你对该案的申诉理由不能成立，申诉不符合《中华人民共和国刑事诉讼法》第二百五十三条规定的再审条件，原判决应予维持。

特此通知。

二〇一九年三月二十五日
（院印）

抄送：________________

法律链接

《中华人民共和国刑事诉讼法》

第二百五十三条　当事人及其法定代理人、近亲属的申诉符合下列情形之一的，人民法院应当重新审判：

（一）有新的证据证明原判决、裁定认定的事实确有错误，可能影响定罪量刑的；

（二）据以定罪量刑的证据不确实、不充分、依法应当予以排除，或者证明案件事实的主要证据之间存在矛盾的；

（三）原判决、裁定适用法律确有错误的；

（四）违反法律规定的诉讼程序，可能影响公正审判的；

（五）审判人员在审理该案件的时候，有贪污受贿，徇私舞弊，枉法裁判行为的。

补充材料通知书

（自诉案件用）

了解文书

自诉案件中的补充材料通知书，是指在自诉案件中，人民法院依法受理该案后，经审查发现当事人提供的诉讼材料不清晰、不完善，或者因提供证据不足，影响案件的判决的，依法通知当事人在规定的期限内补充相关证据材料而发出的法律文书。

本文书样式供各级人民法院对自诉案件审查立案时，要求自诉人或者代为告诉人补充证据等材料时使用。

文书样式

×××人民法院

补充材料通知书

（××××）×刑×字第××号

×××（自诉人姓名）：

你××××年××月××日起诉的被告人________（写明当事人姓名或名称和案由）一案，经审查缺少部分材料，根据《中华人民共和国刑事诉讼法》第二百一十条的规定，请你在收到本通知的次日起五日内，补充以下证据、材料，送交本院××庭。

一、________________

二、________________

三、________________

（列明需补充的材料）

××××年××月××日

（院印）

制作说明

1. 首部

（1）标题。应写明“×××人民法院”“补充材料通知书”。

（2）案号。应写：“（××××）×刑×字第××号”。

2. 正文

（1）写明被通知人姓名或单位名称。

（2）案件基本情况及法律依据。

写明所涉及的案件的基本情况，要求补充相关证据材料的法律依据，并规定具体的期限，材料递交相应机关科室等信息。

（3）需要补充的材料。

该部分主要阐明人民法院要求当事人递交的相关证据材料，对所需材料进行一一列举。

3. 尾部及附项

写明该文书的发文时间并加盖发文机关印章。

举例示范

案情简述： 2016年9月11日，冀某与朋友吃完饭在回家途中，经过一个十字路口时与一辆小轿车相撞，因小轿车速度过快，直接将冀某撞到路边，轿车司机逃逸。冀某被路人送至医院，经检查确诊为右腿胫骨腓骨开放性骨折。2016年9月15日，当地交警部门破案，肇事者为唐某，因无证驾驶且超速行驶而逃逸，唐某被依法逮捕。2016年10月10日，冀某因无力支付医药费将唐某起诉至当地人民法院，但因证据材料不全，当地人民法院遂依法通知冀某进行材料补充。

×××人民法院

补充材料通知书

（2016）×刑×字第××号

冀某：

你2016年10月10日起诉的被告人唐某交通肇事逃逸一案，经审查缺少部分材料，根据《中华人民共和国刑事诉讼法》第二百一十条的规定，请你在收到本通知的次日起五日内，补充以下证据、材料，送交本院刑事一庭：

一、当地交警部门交通事故责任认定书，为本次交通事故责任认定提供相关依据；

二、交通事故现场勘验笔录、交通事故现场图及照片，用以证实事故现场的基本情况；

三、已提交的证人韩某某、王某的证言字迹模糊，叙述事实不详细，需重新进行提交。

二〇一六年十月十四日

（院印）

法律链接

《中华人民共和国刑事诉讼法》

第二百一十条　自诉案件包括下列案件：

（一）告诉才处理的案件；

（二）被害人有证据证明的轻微刑事案件；

（三）被害人有证据证明对被告人侵犯自己人身、财产权利的行为应当依法追究刑事责任，而公安机关或者人民检察院不予追究被告人刑事责任的案件。

《最高人民法院关于适用〈中华人民共和国刑事诉讼法〉的解释》

第二百六十四条　对已经立案，经审查缺乏罪证的自诉案件，自诉人提不出补充证据的，人民法院应当说服其撤回起诉或者裁定驳回起诉；自诉人撤回起诉或者被驳回起诉后，又提出了新的足以证明被告人有罪的证据，再次提起自诉的，人民法院应当受理。

出庭通知书

（刑事案件用）

了解文书

出庭通知书，是指人民法院受理刑事案件并决定开庭审判后，提前将开庭的时间、地点通知人民检察院、案件当事人，同时通知辩护人、诉讼代理人、证人、鉴定人和翻译人员，要求其准时参加诉讼活动的一种法律文书。

本文书样式供各级人民法院在刑事案件中通知案件相关人员到庭参加诉讼活动时使用。

文书样式

×××人民法院

出庭通知书

（××××）×刑×字第××号

×××：

本院受理＿＿＿＿＿＿＿＿一案，定于××××年××月××日××时××分在＿＿＿＿＿＿＿＿开庭审理。根据《中华人民共和国刑事诉讼法》第一百八十七条第三款的规定，特通知你作为本案＿＿＿＿＿＿＿＿人准时出庭。

××××年××月××日

（院印）

制作说明

1. 首部

（1）标题。应写明“×××人民法院”“出庭通知书”。

（2）案号。应写：“（××××）×刑×字第××号”。

2. 正文

（1）写明被通知人姓名或单位名称。

（2）案件基本情况及法律依据

写明所涉及的案件的基本情况，明确开庭的时间和地点，以及作出该通知的法律依据。

（3）写明被通知人在本案中的诉讼地位。

3. 尾部及附项

写明该文书的发文时间并加盖发文机关印章。

举例示范

案情简述：某市居民范某通过朋友陆某介绍认识某国企高管陈某，陈某声称自己在单位主管人事，能帮忙安排人员免试到单位上班。考虑到该国企待遇优厚，2018年8月份，范某提出让陈某帮忙安排自己的儿子去其单位上班，并按照陈某的要求向其银行卡打了五万元作为“关系费”。到2018年年底，陈某仍未搞定范某儿子上班事宜。经多方打听，范某发现陈某早在2018年6月份就已经从该国企离职，之后经常以介绍工作为由诈骗他人钱财。2019年3月4日，范某以诈骗罪将陈某起诉至当地人民法院，因证据不充分，当地人民法院同意当事人申请，依法传唤介绍人陆某到庭参加诉讼活动。

×××人民法院

出庭通知书

（2019）×刑×字第××号

陆某：

本院受理范某诉陈某诈骗他人财物一案，定于2019年3月28日10时00分在某地某区人民法院开庭审理。根据《中华人民共和国刑事诉讼法》第一百八十七条第三款的规定，特通知你作为本案重要证人准时出庭。

二〇一九年三月二十一日

（院印）

法律链接

《中华人民共和国刑事诉讼法》

第一百八十七条　人民法院决定开庭审判后，应当确定合议庭的组成人员，将人民检察院的起诉书副本至迟在开庭十日以前送达被告人及其辩护人。

在开庭以前，审判人员可以召集公诉人、当事人和辩护人、诉讼代理人，对回避、出庭证人名单、非法证据排除等与审判相关的问题，了解情况，听取意见。

人民法院确定开庭日期后，应当将开庭的时间、地点通知人民检察院，传唤当事人，通知辩护人、诉讼代理人、证人、鉴定人和翻译人员，传票和通知书至迟在开庭三日以前送达。公开审判的案件，应当在开庭三日以前先期公布案由、被告人姓名、开庭时间和地点。

上述活动情形应当写入笔录，由审判人员和书记员签名。

监视居住执行通知书

（刑事案件用）

了解文书

刑事诉讼中的监视居住执行通知书，是指各级人民法院在审理刑事案件过程中，对符合逮捕条件，但是因法定原因暂时无法逮捕的犯罪嫌疑人、被告人，各级人民法院依法请求公安机关在一定期限内对其执行监视居住时使用的一种法律文书。

本文书样式供各级人民法院在刑事案件中通知公安机关依法对犯罪嫌疑人、被告人执行监视居住时使用。

文书样式

×××人民法院

监视居住执行通知书

（××××）×刑×字第××号

×××公安局：

本院决定对被告人×××采取监视居住的强制措施。监视居住期为×个月，自××××年××月××日至××××年××月××日。根据《中华人民共和国刑事诉讼法》第七十四条第×款第×项的规定，请你局执行。在监视居住期间，如发现被告人有违反《中华人民共和国刑事诉讼法》第七十七条第一款规定的情形，请及时告知本院××庭。

附：监视居住决定书一份。

××××年××月××日

（院印）

被监视居住人的有关情况：

<table>
<tr><td>案由</td><td colspan="2"></td><td colspan="2">取保候审期限</td><td colspan="2">个月</td></tr>
<tr><td rowspan="3">被告人</td><td>姓名</td><td></td><td>性别</td><td></td><td>出生日期</td><td>年　月　日</td></tr>
<tr><td>出生地</td><td></td><td>工作单位</td><td colspan="3"></td></tr>
<tr><td>住址</td><td colspan="5"></td></tr>
<tr><td colspan="7">备注：</td></tr>
</table>

制作说明

1. 首部

（1）标题。应写明“×××人民法院”“监视居住执行通知书”。

（2）案号。应写：“（××××）×刑×字第××号”。

2. 正文

（1）此文发送至公安机关，因此，应写明公安机关的具体名称。

（2）法院的决定及法律依据

写明法院决定监视居住的被告人的名称，监视居住期限，及作出该通知的法律依据。

（3）写明被通知的公安机关在执行监视居住期间应注意的事项，即“在监视居住期间，如发现被告人有违反刑事诉讼法第七十七条第一款规定的情形，请及时告知本院某庭”。

3. 尾部及附项

（1）注明附注的内容，“监视居住决定书”和“被监视居住人的基本情况”。

（2）写明该文书的发文时间并加盖发文机关印章。

举例示范

案情简述：方某是某县某中学的教师，2018 年 9 月份，方某生了一个女儿，便休产假一直在家里照顾孩子。2018 年 10 月份，方某发现丈夫闫某出轨。一天方某在买菜回家途中碰见丈夫和情人潘某，双方发生争执，方某随手用刚购买的水果刀刺向潘某胸部，造成潘某失血过多晕倒。2018年10月23日，潘某以故意伤害罪将方某告至当地人民法院，人民法院受理该案后，被告人方某因孩子尚在哺乳期为由申请取保候审，人民法院遂向当地公安部门发送监视居住执行通知书，请求当地公安部门依法对方某进行监视。

×××人民法院

监视居住执行通知书

（2018）×刑×字第××号

×××公安局：

本院决定对被告人方某采取监视居住的强制措施。监视居住期为两个月，自2018年11月1日至2018年12月31日。根据《中华人民共和国刑事诉讼法》第七十四条第一款第（二）项的规定，请你局执行。在监视居住期间，如发现被告人有违反刑事诉讼法第七十七条第一款规定的情形，请及时告知本院刑事二庭。

附：监视居住决定书一份。

二〇一八年十一月一日

（院印）

被监视居住人的有关情况：

<table>
<tr><td>案由</td><td colspan="2">故意伤害</td><td colspan="2">取保候审期限</td><td colspan="2">2个月</td></tr>
<tr><td rowspan="3">被告人</td><td>姓名</td><td>方某</td><td>性别</td><td>女</td><td>出生日期</td><td>1983年
11月11日</td></tr>
<tr><td>出生地</td><td>某省某市某区</td><td>工作单位</td><td colspan="3">某省某市某区某某中学</td></tr>
<tr><td>住址</td><td colspan="5">某省某市某区某路××号</td></tr>
<tr><td colspan="7">备注：被告人方某因涉嫌故意伤害罪，在案件审理期间申请取保候审。</td></tr>
</table>

法律链接

《中华人民共和国刑事诉讼法》

第七十四条　人民法院、人民检察院和公安机关对符合逮捕条件，有下列情形之一的犯罪嫌疑人、被告人，可以监视居住：

（一）患有严重疾病、生活不能自理的；

（二）怀孕或者正在哺乳自己婴儿的妇女；

（三）系生活不能自理的人的唯一扶养人；

（四）因为案件的特殊情况或者办理案件的需要，采取监视居住措施更为适宜的；

（五）羁押期限届满，案件尚未办结，需要采取监视居住措施的。

对符合取保候审条件，但犯罪嫌疑人、被告人不能提出保证人，也不交纳保证金的，可以监视居住。

监视居住由公安机关执行。

第七十七条　被监视居住的犯罪嫌疑人、被告人应当遵守以下规定：

（一）未经执行机关批准不得离开执行监视居住的处所；

（二）未经执行机关批准不得会见他人或者通信；

（三）在传讯的时候及时到案；

（四）不得以任何形式干扰证人作证；

（五）不得毁灭、伪造证据或者串供；

（六）将护照等出入境证件、身份证件、驾驶证件交执行机关保存。

减刑通知书

（有期徒刑、拘役、管制减刑用）

了解文书

减刑通知书（有期徒刑、拘役、管制减刑用）是人民法院对负责执刑的机关报送的具备法定的减刑情节的被告人的材料，经过审核后，依法作出予以减轻原判刑罚的处理决定，并通知相关人员的文书。

本文书样式供原判有期徒刑、拘役和管制的罪犯减刑后交付执行和通知罪犯本人时使用。

文书样式

第一联

×××人民法院

减刑通知书（存根）

（××××）×刑执字第××号

________________（执行机关全称）：

罪犯×××已经本院裁定减刑，请按下表执行。

姓名		性别		罪名	
原判主刑				起刑日期	年　月　日
				羁押抵刑	年　个月　日
				刑满日期	年　月　日
曾经变动				刑满日期	年　月　日
此次变动				刑满日期	年　月　日
原判附加刑				曾经变动	
此次变动					
执行根据	本院（××××）×刑执字第××号刑事裁定书				
备考					

附件：本院刑事裁定书×份。

××××年××月××日

（院印）

签发人　×××

经办人　×××

此联入卷

第二联

×××人民法院

减刑通知书（存根）

（××××）×刑执字第××号

________________（执行机关全称）：

罪犯×××已经本院裁定减刑，请按下表执行。

姓名		性别		罪名	
原判主刑				起刑日期	年　月　日
				羁押抵刑	年　个月　日
				刑满日期	年　月　日
曾经变动				刑满日期	年　月　日
此次变动				刑满日期	年　月　日
原判附加刑				曾经变动	
此次变动					
执行根据	本院（××××）×刑执字第××号刑事裁定书				
备考					

附件：本院刑事裁定书×份。

××××年××月××日

（院印）

此联交给执行机关

第三联

×××人民法院

减刑执行通知书

（××××）×刑执字第××号

________________：

你原判的刑罚，已经本院裁定减刑，现交付执行，并将有关事项通知书如下：

原判主刑：________________（写明刑种、刑期）起刑日期：××××年××月××日

羁押抵刑：×年×个月×日 刑满日期：××××年××月××日

曾经变动：________________ 刑满日期：××××年××月××日

此次变动：________________刑满日期：××××年××月××日

原判附加刑：

曾经变动：

此次变动：

××××年××月××日

（院印）

此联交给罪犯本人收执

制作说明

1. 首部。

（1）标题。要写明“×××人民法院”“减刑通知书（存根）”。

（2）案号。应写：“（××××）×刑执字第××号”。

2. 本样式抬头处应填写执行机关全称。表头应写明罪犯姓名，并注明：已经本院裁定减刑，请按下表执行。

3. 罪犯姓名、性别、罪名处，需如实填写罪犯基本信息。

4. 原判主刑一栏，主要写明被告人的原判决情况，起刑日期、羁押抵刑、刑满日期要如实填写。曾经变动及此次变动处根据减刑实际情况填写。需要注意的是，原判有期徒刑缓刑和拘役缓刑的罪犯减刑案件，“羁押抵刑”一栏不填，“刑满日期”各栏，都改以“缓刑考验期期满日期”，“曾经变动”和“此次变动”两栏，应当写“减为……”；其他的同一刑种从较长刑期减为较短刑期的，均写“减去……”。

5. 原判附加刑一栏，曾经变动及此次变动处根据减刑实际情况填写。附加刑只填剥夺政治权利的一种，“曾经变动”和“此次变动”两栏，应当写“减为剥夺政治权利×年”。

6. 执行根据一栏，写明本次减刑的裁定书案号。

7. 本文书有附件的，需在最后注明“本院刑事裁定书×份”。

8. 尾部需注明发文日期和人民法院盖章，有需要的需签发人、经办人签字。

9. 没有内容可填的空栏、空格，应当画上一道斜线。

举例示范

案情简述：董某与江某是邻居，双方因为小事起争执，争吵过程中，董某用手抓了一下江某衣服，江某挣脱时用力过大将董某推倒撞到水泥台阶，当时就造成董某后脑、耳朵出血。送往医院途中董某不治身亡。后江某到公安机关自首，经县人民法院依法审理，判决江某有期徒刑5年，剥夺政治权利3年。江某服刑两年后因表现良好，服刑机关提出减刑建议。市中级人民法院依法受理后，裁定江某减去有期徒刑10个月，减为剥夺政治权利2年，并将减刑通知书送达相关人员。

第一联

×××人民法院
减刑通知书（存根）

（2019）×刑执字第××号

×××公安局：

罪犯江某已经本院裁定减刑，请按下表执行。

姓名	江某	性别	男	罪名	过失致人死亡罪
原判主刑	有期徒刑5年			起刑日期	2016年11月11日
				羁押抵刑	年　个月　日
				刑满日期	2021年11月10日
曾经变动				刑满日期	年　月　日
此次变动	减去有期徒刑10个月			刑满日期	2021年1月10日
原判附加刑	剥夺政治权利3年			曾经变动	
此次变动	减为剥夺政治权利2年				
执行根据	本院（2019）×刑执字第××号刑事裁定书				
备考					

附件：本院刑事裁定书一份。

二〇一九年一月六日

（院印）

签发人：范某

经办人：张某

此联入卷

第二联

×××人民法院

减刑通知书（存根）

（2019）×刑执字第××号

×××公安局：

罪犯江某已经本院裁定减刑，请按下表执行。

姓名	江某	性别	男	罪名	过失致人死亡罪
原判主刑	有期徒刑5年			起刑日期	2016年11月11日
				羁押抵刑	年　个月　日
				刑满日期	2021年11月10日
曾经变动				刑满日期	年　月　日
此次变动	减去有期徒刑10个月			刑满日期	2021年1月10日
原判附加刑	剥夺政治权利3年			曾经变动	
此次变动	减为剥夺政治权利2年				
执行根据	本院（2019）×刑执字第××号刑事裁定书				
备考					

附件：本院刑事裁定书一份。

二〇一九年一月六日

（院印）

此联交给执行机关

第三联

×××人民法院

减刑执行通知书

（××××）×刑执字第××号

江某：

你原判的刑罚，已经本院裁定减刑，现交付执行，并将有关事项通知书如下：

原判主刑：有期徒刑5年，起刑日期：2016年11月11日

羁押抵刑：×年×个月×日 刑满日期：××××年××月××日

曾经变动：________________ 刑满日期：××××年××月××日

此次变动：减去有期徒刑10个月 刑满日期：2021年1月10日

原判附加刑：剥夺政治权利3年

曾经变动：

此次变动：减为剥夺政治权利2年

二〇一九年一月六日

（院印）

此联交给罪犯本人收执

法律链接

《中华人民共和国刑事诉讼法》

第二百七十三条　罪犯在服刑期间又犯罪的，或者发现了判决的时候所没有发现的罪行，由执行机关移送人民检察院处理。

被判处管制、拘役、有期徒刑或者无期徒刑的罪犯，在执行期间确有悔改或者立功表现，应当依法予以减刑、假释的时候，由执行机关提出建议书，报请人民法院审核裁定，并将建议书副本抄送人民检察院。人民检察院可以向人民法院提出书面意见。

《最高人民法院关于适用〈中华人民共和国刑事诉讼法〉的解释》

第四百五十四条　人民法院作出减刑、假释裁定后，应当在七日内送达提请减刑、假释的执行机关、同级人民检察院以及罪犯本人。人民检察院认

为减刑、假释裁定不当，在法定期限内提出书面纠正意见的，人民法院应当在收到意见后另行组成合议庭审理，并在一个月内作出裁定。

领取骨灰通知书

（告知罪犯家属用）

了解文书

领取骨灰通知书（告知罪犯家属用）是人民法院对罪犯判处死刑的刑事案件，尸体火化后让罪犯家属到火葬场领取骨灰时使用的通知类文书。

本文书供执行罪犯死刑的人民法院通知罪犯家属领取骨灰时使用。

文书样式

×××人民法院

领取骨灰通知书

（××××）×刑执字第××号

________________（被执行死刑罪犯家属姓名）：

罪犯×××因犯××罪，经依法判处死刑，已于××××年××月××日执行死刑，尸体已经火化。家属可持本通知书于××××年××月××日以前到×××火葬场领取骨灰。逾期不领，骨灰由火葬场予以处理。

××××年××月××日

（院印）

制作说明

1. 首部

（1）标题。要写明“×××人民法院”“领取骨灰通知书”。

（2）案号。写：“（××××）×刑执字第××号”。

2. 正文

（1）抬头写被执行死刑罪犯家属的姓名。

（2）写明罪犯的犯罪情况，并注明判死刑后的执行死刑日期，并通知家属持本通知书领取骨灰的期限和地点，同时告知逾期不领的后果。

3. 尾部应注明发文日期和人民法院盖章。

4. 注：本通知书应当填一份存卷。

举例示范

案情简述：2016 年 10 月份，白某将芳芳绑架后关在某废弃大楼地下室，不但不给其食物，还对其进行恐吓鞭打，造成芳芳死亡。2016 年 12 月底，该市人民检察院对白某提起公诉，市中级人民法院开庭进行了审理，并判处白某死刑。2019 年 1 月 21 日，白某被执行死刑后，市中级人民法院依法通知白某儿子白某某到市×××火葬场领取白某骨灰。

×××人民法院

领取骨灰通知书

（2019）×刑执字第××号

白某某：

罪犯白某因犯绑架罪，经依法判处死刑，已于 2019 年 1 月 21 日执行死刑，尸体已经火化。家属可持本通知书于 2019 年 2 月 20 日以前到市×××火葬场领取骨灰。逾期不领，骨灰由火葬场予以处理。

二〇一九年一月二十二日

（院印）

法律链接

《最高人民法院关于适用〈中华人民共和国刑事诉讼法〉的解释》

第四百二十八条　执行死刑后，负责执行的人民法院应当办理以下事项：

（一）对罪犯的遗书、遗言笔录，应当及时审查；涉及财产继承、债务清偿、家事嘱托等内容的，将遗书、遗言笔录交给家属，同时复制附卷备查；

涉及案件线索等问题的，抄送有关机关；

（二）通知罪犯家属在限期内领取罪犯骨灰；没有火化条件或者因民族、宗教等原因不宜火化的，通知领取尸体；过期不领取的，由人民法院通知有关单位处理，并要求有关单位出具处理情况的说明；对罪犯骨灰或者尸体的处理情况，应当记录在案；

（三）对外国籍罪犯执行死刑后，通知外国驻华使、领馆的程序和时限，根据有关规定办理。

执行通知书

（无期徒刑用）

了解文书

执行通知书（无期徒刑用）是指人民法院经过依法审理，对罪犯判处无期徒刑的，判决书生效后，需要将罪犯交付羁押单位执行时用到的对羁押单位和罪犯发送的一种通知类文书。

本样式供中级以上人民法院对判处无期徒刑的罪犯，在判决发生法律效力之后，通知罪犯羁押单位交付监狱执行和通知罪犯本人时使用。

文书样式

第一联

×××人民法院

执行通知书（存根）

（××××）×刑×字第××号

________________（羁押单位名称）：

罪犯×××经依法判处刑罚，判决已发生法律效力，根据《中华人民共和国刑事诉讼法》第二百六十四条第二款的规定，请按照本通知交监狱执行。

<table>
<tr><td>姓名</td><td></td><td>性别</td><td></td><td>出生日期</td><td>年　月　日</td><td>民族</td><td></td></tr>
<tr><td>家庭住址</td><td colspan="7"></td></tr>
<tr><td>罪名</td><td colspan="7"></td></tr>
<tr><td>主刑</td><td colspan="7">无期徒刑</td></tr>
<tr><td>附加刑</td><td colspan="7">剥夺政治权利终身</td></tr>
<tr><td>执行根据</td><td colspan="7">×××人民法院（××××）×刑×字第××号刑事判决书
×××人民法院（××××）×刑×字第××号刑事裁定书</td></tr>
<tr><td>备考</td><td colspan="7"></td></tr>
<tr><td colspan="8">签发人：　　　　　　　　经办人：

年　月　日
（院印）</td></tr>
</table>

此联入卷

第二联

×××人民法院

执行通知书

（××××）×刑×字第××号

______________（羁押单位名称）：

罪犯×××经依法判处刑罚，判决已发生法律效力，根据《中华人民共和国刑事诉讼法》第二百六十四条第二款的规定，请按照本通知交监狱执行。

<table>
<tr><td>姓名</td><td></td><td>性别</td><td></td><td>出生日期</td><td>年　月　日</td><td>民族</td><td></td></tr>
<tr><td>家庭住址</td><td colspan="7"></td></tr>
<tr><td>罪名</td><td colspan="7"></td></tr>
<tr><td>主刑</td><td colspan="7">无期徒刑</td></tr>
<tr><td>附加刑</td><td colspan="7">剥夺政治权利终身</td></tr>
</table>

<table>
<tr><td>执行根据</td><td>×××人民法院（××××）×刑×字第××号刑事判决书
×××人民法院（××××）×刑×字第××号刑事裁定书</td></tr>
<tr><td>备考</td><td></td></tr>
<tr><td colspan="2">年　月　日
（院印）</td></tr>
</table>

此联送交罪犯羁押单位

第三联

×××人民法院

执行通知书

（××××）×刑×字第××号

×××人民法院：

你院××××年××月××日（××××）×刑×字第××号执行通知书已收到。

罪犯×××已于××××年××月××日送往×××执行。

××××年××月××日

（公章）

此联由羁押单位填写并加盖公章后退回法院入卷

第四联

×××人民法院

执行通知书

（××××）×刑×字第××号

×××（被告人姓名）：

你犯××罪，经依法判处无期徒刑，现剥夺政治权利终身。现交付执行，并将有关事项通知如下：

主刑起刑日期：××××年××月××日。

附加刑：剥夺政治权利终身。

××××年××月××日

（院印）

此联发给罪犯本人收执

制作说明

1. 首部。

（1）标题。要写明“×××人民法院”“执行通知书（存根）”。

（2）案号。应写：“（××××）×刑×字第××号”。

2. 本样式抬头处应填写羁押罪犯的单位名称。表头应写明罪犯姓名、所判处刑罚及相关法律依据，并注明“请按照本通知交监狱执行”字样。

3. 罪犯姓名、性别、罪名等基本信息处，需如实填写。

4. 主刑一栏，填写无期徒刑；附加刑一栏，一般为剥夺政治权利终身。

5. 执行根据一栏，写明生效的裁判文书。即：一审结案的，只填第一审人民法院生效的刑事判决书；二审结案改判的，只填第二审人民法院生效的刑事判决书；二审结案维持原判的，既要填写第一审人民法院刑事判决书，又要填写二审法院生效的刑事裁定书。

6. 尾部需注明发文日期和人民法院盖章，有需要的需签发人、经办人签字。

7. 备注：对于判处无期徒刑的罪犯，在交付执行、送达执行通知书的同时，应当将判决书、裁定书、人民检察院的起诉书副本或者自诉状复印件、结案登记表等送达看守所，由公安机关将罪犯交付监狱执行。需要保存的一联由羁押单位填写并加盖公章后退回法院入卷。

举例示范

案情简述：朱某经营一家建筑公司。2018 年 4 月份，朱某因投资不慎使得企业倒闭，为弥补亏损，朱某仍使用原企业施工资质与多家房地产开发单位签订建筑施工合同，先后共骗取定金约 260 万元。事发后，朱某被公诉机关诉至当地人民法院，一审人民法院判处朱某无期徒刑，剥夺政治权利终身。朱某不服进行上诉，二审结案维持原判。2019 年 8 月份，判决书生效后将朱某交付羁押机关执行。

第一联

×××人民法院

执行通知书（存根）

（2019）×刑×字第××号

某市公安局：

罪犯朱某经依法判处刑罚，判决已发生法律效力，根据《中华人民共和国刑事诉讼法》第二百六十四条第二款的规定，请按照本通知交监狱执行。

姓名	朱某	性别	男	出生日期	1969年11月8日	民族	汉
家庭住址	某省某市某区某街道123号						
罪名	合同诈骗罪						
主刑	无期徒刑						
附加刑	剥夺政治权利终身						
执行根据	×××中级人民法院（2013）×刑×字第××号刑事判决书 ×××高级人民法院（2014）×刑×字第××号刑事裁定书						
备考							
签发人：郝某　　经办人：秦某 二〇一九年八月二十三日 （院印）							

此联入卷

第二联

×××人民法院

执行通知书

（××××）×刑×字第××号

某市公安局：

罪犯朱某经依法判处刑罚，判决已发生法律效力，根据《中华人民共和国刑事诉讼法》第二百六十四条第二款的规定，请按照本通知交监狱执行。

姓名	朱某	性别	男	出生日期	1969年11月8日	民族	汉
家庭住址	某省某市某区某街道123号						
罪名	合同诈骗罪						
主刑	无期徒刑						
附加刑	剥夺政治权利终身						
执行根据	×××中级人民法院（2013）×刑×字第××号刑事判决书 ×××高级人民法院（2014）×刑×字第××号刑事裁定书						
备考							
签发人：郝某　　经办人：秦某 二〇一九年八月二十三日 （院印）							

此联送交罪犯羁押单位

第三联

×××人民法院

执行通知书

（2019）×刑×字第××号

某人民法院：

你院2014年8月23日（2019）×刑×字第××号执行通知书已收到。

罪犯朱某 已于2019年9月1日送往某处执行。

二〇一九年九月二日

（公章）

此联由羁押单位填写并加盖公章后退回法院入卷

第四联

×××人民法院

执行通知书

（××××）×刑×字第××号

朱某：

你犯合同诈骗罪，经依法判处无期徒刑，现剥夺政治权利终身。现交付执行，并将有关事项通知如下：

主刑起刑日期：2019年9月1日。

附加刑：剥夺政治权利终身。

二〇一九年八月二十四日

（公章）

（院印）

此联发给罪犯本人收执

法律链接

《中华人民共和国刑事诉讼法》

第二百六十四条第二款　对被判处死刑缓期二年执行、无期徒刑、有期徒刑的罪犯，由公安机关依法将该罪犯送交监狱执行刑罚。对被判处有期徒刑的罪犯，在被交付执行刑罚前，剩余刑期在三个月以下的，由看守所代为执行。对被判处拘役的罪犯，由公安机关执行。

执行通知书

（宣告缓刑用）

了解文书

执行通知书（宣告缓刑用）是指人民法院经过依法审理，对罪犯判决为缓期执行的，判决书生效后，需要将罪犯交付羁押单位执行时用到的对羁押单位和罪犯发送的一种通知类文书。

本样式供人民法院对判处有期徒刑或者拘役，宣告缓刑的罪犯，在判决生效之后，通知公安机关执行和通知罪犯本人时使用。

文书样式

第一联

×××人民法院

执行通知书

（××××）×刑×字第××号

×××公安局：

罪犯×××因犯××罪，经依法判处________________，缓期________________。现判决已发生法律效力。依照《中华人民共和国刑法》第七十六条的规定，请你局对该犯予以考察。

缓刑考验期间：自××××年××月××日起，

至××××年××月××日止。

附执行根据：×××人民法院（××××）×刑×字第××号刑事判决书×份。

×××人民法院（××××）×刑×字第××号刑事裁定书×份。

××××年××月××日

（院印）

签发人

经办人

此联入卷

第二联

×××人民法院

执行通知书

（××××）×刑×字第××号

×××公安局：

罪犯×××因犯××罪，经依法判处＿＿＿＿＿＿＿＿，缓期＿＿＿＿＿＿＿＿＿＿＿＿。现判决已发生法律效力。依照《中华人民共和国刑法》第七十六条的规定，请你局对该犯予以考察。

缓刑考验期间：自××××年××月××日起，

至××××年××月××日止。

附执行根据：×××人民法院（××××）×刑×字第××号刑事判决书××份。

×××人民法院（××××）×刑×字第××号刑事裁定书××份。

××××年××月××日

（院印）

此联交公安机关

第三联

×××人民法院

执行通知书（回执）

（××××）×刑×字第××号

×××人民法院：

你院××××年××月××日（××××）×刑×字第××号执行通知书和所附执行根据＿＿＿＿＿＿＿＿均已收到。

我局已于××××年××月××日对罪犯×××予以考察。

××××年××月××日

（公章）

此联由公安机关填写并加盖公章后退回法院入卷

第四联

×××人民法院

执行通知书

（××××）×刑×字第××号

________________：

你犯××罪，经依法判处________________，缓期________________。判决已发生法律效力，现交付执行。你在缓期考验期间，必须遵守《中华人民共和国刑法》第七十五条的规定：

（一）遵守法律、行政法规，服从监督；

（二）按照考察机关的规定报告自己的活动情况；

（三）遵守考察机关关于会客的规定；

（四）离开所居住的市、县或者迁居，应当报经考察机关批准。如违反上述规定，依照《中华人民共和国刑法》第七十七条第二款的规定处理。

缓刑考验期间：自××××年××月××日起，

至××××年××月××日止。

××××年××月××日

（院印）

此联交给罪犯本人收执

制作说明

1. 首部

（1）标题。要写明"×××人民法院""执行通知书"。

（2）案号。写："（××××）×刑×字第××号"。

2. 正文

（1）抬头写明执行机关名称。

（2）写明罪犯的名称及案由，并注明所判处刑罚及缓期执行期限。同时要求执行单位根据相关法律规定对已发生法律效力的判决对罪犯进行考察，写明考察起止日期。

（3）后附执行根据，写明生效的裁判文书。即：一审结案的，只填第一审人民法院生效的刑事判决书；二审结案改判的，只填第二审人民法院生效的刑事判决书；二审结案维持原判的，既要填写第一审人民法院刑事判决书，又要填写二审法院生效的刑事裁定书。

3. 尾部应注明发文日期并加盖人民法院印章。有需要的需签发人、经办人签字。

举例示范

案情简述：毛某在网吧上网时认识了朋友肖某，肖某不务正业，经常干些坑蒙拐骗之事。两人熟悉之后，肖某告诉毛某其兄弟准备抢劫某银行，邀请毛某参与。毛某被说服，2018 年 11 月份，毛某与肖某及其兄弟四人到某银行实施抢劫。抢劫失败后，肖某被判死刑，毛某被判处有期徒刑三年，缓期两年执行。2019 年 10 月 23 日，二审判决生效后，中级人民法院依法通知市公安局对毛某进行缓刑考察。

第一联

×××人民法院

执行通知书

（2019）×刑×字第××号

某某市公安局：

罪犯毛某因犯抢劫罪，经依法判处有期徒刑三年，缓期两年执行。现判决已发生法律效力。依照《中华人民共和国刑法》第七十六条的规定，请你局对该犯予以考察。

缓刑考验期间：自 2019 年 10 月 23 日起，

至 2021 年 10 月 22 日止。

附执行根据：某中级人民法院（2019）×刑×字第××号刑事判决书一份。

某高级人民法院（2019）×刑×字第××号刑事裁定书一份。

二〇一九年十月二十三日

（院印）

签发人 杜某

经办人 李某

此联入卷

第二联

×××人民法院

执行通知书

（2019）×刑×字第××号

某某市公安局：

罪犯毛某因犯抢劫罪，经依法判处有期徒刑三年，缓期两年执行。现判决已发生法律效力。依照《中华人民共和国刑法》第七十六条的规定，请你局对该犯予以考察。

缓刑考验期间：自2019年10月23日起，

至2021年10月22日止。

附执行根据：某中级人民法院（2021）×刑×字第××号刑事判决书一份。

某高级人民法院（2021）×刑×字第××号刑事裁定书一份。

二〇一九年十月二十三日

（院印）

此联交公安机关

第三联

×××人民法院

执行通知书（回执）

（××××）×刑×字第××号

某人民法院：

你院2019年10月23日（2019）×刑×字第××号执行通知书和所附执

行根据＿＿＿＿＿＿＿＿＿均已收到。

我局已于2019年10月30日对罪犯毛某予以考察。

二〇一九年十月三十一日

（公章）

此联由公安机关填写并加盖公章后退回法院入卷

第四联

×××人民法院

执行通知书

（××××）×刑×字第××号

毛某：

你犯抢劫罪，经依法判处有期徒刑三年，缓期两年执行。判决已发生法律效力，现交付执行。你在缓期考验期间，必须遵守《中华人民共和国刑法》第七十五条的规定：

（一）遵守法律、行政法规，服从监督；

（二）按照考察机关的规定报告自己的活动情况；

（三）遵守考察机关关于会客的规定；

（四）离开所居住的市、县或者迁居，应当报经考察机关批准。如违反上述规定，依照《中华人民共和国刑法》第七十七条第二款的规定处理。

缓刑考验期间：自2019年10月23日起，

至2021年10月22日止。

二〇一九年十月二十三日

（院印）

法律链接

《中华人民共和国刑法》

第七十六条　对宣告缓刑的犯罪分子，在缓刑考验期限内，依法实行社区矫正，如果没有本法第七十七条规定的情形，缓刑考验期满，原判的刑罚就不再执行，并公开予以宣告。

第七十七条 被宣告缓刑的犯罪分子，在缓刑考验期限内犯新罪或者发现判决宣告以前还有其他罪没有判决的，应当撤销缓刑，对新犯的罪或者新发现的罪作出判决，把前罪和后罪所判处的刑罚，依照本法第六十九条的规定，决定执行的刑罚。

被宣告缓刑的犯罪分子，在缓刑考验期限内，违反法律、行政法规或者国务院有关部门关于缓刑的监督管理规定，或者违反人民法院判决中的禁止令，情节严重的，应当撤销缓刑，执行原判刑罚。

《最高人民法院关于适用〈中华人民共和国刑事诉讼法〉的解释》

第四百三十六条 对被判处管制、宣告缓刑的罪犯，人民法院应当核实其居住地。宣判时，应当书面告知罪犯到居住地县级司法行政机关报到的期限和不按期报到的后果。判决、裁定生效后十日内，应当将判决书、裁定书、执行通知书等法律文书送达罪犯居住地的县级司法行政机关，同时抄送罪犯居住地的县级人民检察院。

第四百五十七条 罪犯在缓刑、假释考验期限内犯新罪或者被发现在判决宣告前还有其他罪没有判决，应当撤销缓刑、假释的，由审判新罪的人民法院撤销原判决、裁定宣告的缓刑、假释，并书面通知原审人民法院和执行机关。

改变管辖通知书

（上级法院用）

了解文书

改变管辖通知书（上级法院用）是下级人民法院在审理案件过程中，认为案情重大、复杂需要由上级人民法院审判的，或者上级人民法院认为有必要审判下级人民法院管辖的第一审刑事案件，通知同级人民检察院改变管辖的文书。

本样式供上级人民法院认为有必要审判下级人民法院管辖的第一审刑事案件，并已下达改变管辖决定书，书面通知同级人民检察院时使用。

文书样式

×××人民法院

改变管辖通知书

（××××）×刑×字第××号

×××人民检察院：

×××人民检察院于××××年××月××日以〔××××〕×检刑诉第××号起诉书，向×××人民法院提起公诉的被告人×××犯××罪一案，根据《中华人民共和国刑事诉讼法》第二十四条的规定，本院认为有必要改变管辖，由本院审判此案，并于××××年××月××日下达《改变管辖决定书》。

特此通知。

××××年××月××日

（院印）

制作说明

1. 首部

（1）标题。要写明“×××人民法院”“改变管辖通知书”。

（2）案号。写：“（××××）×刑×字第××号”。

2. 正文

（1）抬头写明要通知的人民检察院的名称。

（2）写明人民检察院提起公诉的时间、案号、人民法院名称，以及被告人的犯罪情况。同时注明需要改变管辖的法律依据及下达《改变管辖决定书》的日期。

（3）注明“特此通知”字样。

3. 尾部应注明发文日期并加盖人民法院印章。

4. 注：本样式系填充式，一式两份：一份入卷备查；另一份连同《改变管辖决定书》送达同级人民检察院。

举例示范

案情简述：某县房地产开发企业招标过程中涉及招投标人员恶意串通投标一案，某县人民检察院于2019年5月11日向某县人民法院提起公诉。案件在审理过程中，市中级人民法院认为本案涉案人员较多，案情较为复杂，特下达改变管辖通知书，直接由市中级人民法院负责该案件的审理审判工作，并将改变管辖通知书送达县人民检察院。

×××人民法院

改变管辖通知书

（2019）×刑×字第××号

某县人民检察院：

某县人民检察院于2019年5月11日以〔××××〕某检刑诉第××号起诉书，向某县人民法院提起公诉的被告人任某等三人犯串通投标罪一案，根据《中华人民共和国刑事诉讼法》第二十四条的规定，本院认为有必要改变管辖，由本院审判此案，并于2019年6月18日下达《改变管辖决定书》。

特此通知。

二〇一九年六月十八日

（院印）

法律链接

《中华人民共和国刑事诉讼法》

第二十四条　上级人民法院在必要的时候，可以审判下级人民法院管辖的第一审刑事案件；下级人民法院认为案情重大、复杂需要由上级人民法院审判的第一审刑事案件，可以请求移送上一级人民法院审判。

《最高人民法院关于适用〈中华人民共和国刑事诉讼法〉的解释》

第十四条　上级人民法院决定审判下级人民法院管辖的第一审刑事案件的，应当向下级人民法院下达改变管辖决定书，并书面通知同级人民检察院。

第二十条　原受理案件的人民法院在收到上级人民法院改变管辖决定书、

同意移送决定书或者指定其他人民法院管辖决定书后，对公诉案件，应当书面通知同级人民检察院，并将案卷材料退回，同时书面通知当事人；对自诉案件，应当将案卷材料移送被指定管辖的人民法院，并书面通知当事人。

改变管辖通知书

（通知当事人用）

了解文书

改变管辖通知书（通知当事人用）是指下级人民法院在审理案件过程中，认为案情重大、复杂需要由上级人民法院审判的，或者上级人民法院认为有必要审判下级人民法院管辖的第一审刑事案件，通知当事人改变管辖的文书。

本样式供基层人民法院接到上级人民法院同意移送或者改变管辖决定书后，通知当事人时使用。

文书样式

×××人民法院

改变管辖通知书

（××××）×刑×字第××号

________________：

人民检察院××××年××月××日以〔××××〕×检×诉第××号起诉书，向本院提出公诉的被告人×××犯××罪一案，根据×××人民法院（××××）×刑×字第××号关于《同意移送（改变）管辖决定书》的决定，现该案已改由×××人民法院依法审判。

特此通知。

××××年××月××日

（院印）

制作说明

1. 首部

（1）标题。要写明"×××人民法院""改变管辖通知书"。

（2）案号。写："（××××）×刑×字第××号"。

2. 正文

（1）抬头写明要通知的当事人名称。

（2）写明人民检察院提起公诉的时间、案号、人民法院名称，以及被告人的犯罪情况。同时注明需要改变管辖的法律依据及下达《改变管辖决定书》的日期。

（3）注明"特此通知"字样。

3. 尾部应注明发文日期和人民法院盖章。

4. 注：本样式系填充式，一式数份；除一份入卷备查外，另根据本案当事人的人数填制并送达。

举例示范

案情简述：某影视明星赵某因对另一知名影视明星黄某进行诽谤，造成黄某无法忍受舆论压力而自杀。2019年8月18日，某区人民检察院以被告人赵某犯诽谤罪向区人民法院提出公诉。区人民法院认为此案件受关注度较大，请求移送上一级人民法院审判。市中级人民法院同意改变管辖后，区人民法院将改变管辖通知书送达当事人。

×××人民法院

改变管辖通知书

（2019）×刑×字第××号

赵某：

某区人民检察院2019年8月18日以〔××××〕×检刑诉第××号起诉书，向本院提出公诉的被告人赵某犯诽谤罪一案，根据×××人民法院（2019）×刑×字第××号关于《同意移送（改变）管辖决定书》的决定，现该案已改由某市中级人民法院依法审判。

特此通知。

二〇一九年九月二十一日
（院印）

法律链接

《最高人民法院关于适用〈中华人民共和国刑事诉讼法〉的解释》

第十五条　基层人民法院对可能判处无期徒刑、死刑的第一审刑事案件，应当移送中级人民法院审判。

基层人民法院对下列第一审刑事案件，可以请求移送中级人民法院审判：

（一）重大、复杂案件；

（二）新类型的疑难案件；

（三）在法律适用上具有普遍指导意义的案件。

需要将案件移送中级人民法院审判的，应当在报请院长决定后，至迟于案件审理期限届满十五日前书面请求移送。中级人民法院应当在接到申请后十日内作出决定。不同意移送的，应当下达不同意移送决定书，由请求移送的人民法院依法审判；同意移送的，应当下达同意移送决定书，并书面通知同级人民检察院。

改变管辖通知书

（下级法院用）

了解文书

改变管辖通知书（下级法院用）是指下级人民法院在审理案件过程中，认为案情重大、复杂需要由上级人民法院审判的，或者上级人民法院认为有必要审判下级人民法院管辖的第一审刑事案件，通知同级人民检察院改变管辖的文书。

本样式供下级人民法院在接到上级人民法院《同意移送（改变）管辖决定书》以后，通知同级人民检察院，并退回起诉材料时使用。

文书样式

×××人民法院

改变管辖通知书

（××××）×刑×字第××号

×××人民检察院：

你院××××年××月××日以〔××××〕×检×诉第××号起诉书，向本院提起公诉的被告人×××犯××罪一案，根据×××人民法院（××××）×刑×字第××号关于《同意移送（改变）管辖决定书》的决定，本案改由×××人民法院审判。现将起诉材料退回你院，依法重新办理移送起诉事宜。

附：一、该案卷宗×卷。

二、证据材料×件。

××××年××月××日

（院印）

制作说明

1. 首部

（1）标题。要写明“×××人民法院”“改变管辖通知书”。

（2）案号。写：“（××××）×刑×字第××号”。

2. 正文

（1）抬头写明要通知的人民检察院的名称。

（2）写明人民检察院提起公诉的时间、案号、人民法院名称，以及被告的犯罪情况。同时注明需要改变管辖的法律依据及上级人民法院下达《同意移送（改变）管辖决定书》的日期。

（3）注明后附卷宗及证据材料份数。

3. 尾部应注明发文日期和人民法院盖章。

4. 注：本样式系填充式，一式两份：一份入卷备查；另一份连同《同意移送（改变）管辖决定书》送达同级人民检察院。

举例示范

案情简述：某市居民焦某等人涉嫌宣传邪教，在某大型商场聚众滋事，被公安机关依法逮捕后，某区人民检察院于2019年10月22日以〔××××〕×检×诉第××号起诉书，向区人民法院对焦某等八人提起公诉。区人民法院认为此案件案情较为复杂，请求移送上一级人民法院审判。市中级人民法院同意改变管辖后，区人民法院将改变管辖通知书送达区人民检察院。

×××人民法院

改变管辖通知书

（2019）×刑×字第××号

某区人民检察院：

你院2019年10月22日以〔××××〕×检×诉第××号起诉书，向本院提起公诉的被告人焦某等八人犯聚众扰乱公共场所秩序罪一案，根据某市中级人民法院（2019）×刑×字第××号关于《改变管辖决定书》的决定，本案改由某市中级人民法院审判。现将起诉材料退回你院，依法重新办理移送起诉事宜。

附：一、该案卷宗一卷。

二、证据材料二件。

二〇一九年十一月二十四日

（院印）

法律链接

《中华人民共和国刑事诉讼法》

第二十四条　上级人民法院在必要的时候，可以审判下级人民法院管辖的第一审刑事案件；下级人民法院认为案情重大、复杂需要由上级人民法院审判的第一审刑事案件，可以请求移送上一级人民法院审判。

《最高人民法院关于适用〈中华人民共和国刑事诉讼法〉的解释》

第十四条　上级人民法院决定审判下级人民法院管辖的第一审刑事案件的，应当向下级人民法院下达改变管辖决定书，并书面通知同级人民检察院。

公告

（通告开庭用）

了解文书

公告（通告开庭用）是各级人民法院在审理案件过程中，需要对案件进行公开审理或宣判的，提前将开庭信息向外界进行公开时使用的文书。

本文书样式供各级人民法院在开庭公开审理（或者宣判）刑事案件前，公开张贴时使用。

文书样式

×××人民法院

公告

本院定于××××年××月××日××时××分在×××公开审理________________（写明当事人姓名或名称和案由）一案。

特此公告。

××××年××月××日

（院印）

注：本公告已于××××年××月××日张贴

书记员　　（签名）

制作说明

1. 首部。要写明“×××人民法院”“公告”。

2. 正文。

（1）写明开庭的时间、地点及案由。

（2）注明“特此公告”字样。

3. 尾部。写明发文日期和人民法院盖章。

4. 注明本公告张贴日期并由书记员签名。

举例示范

案情简述： 2019 年 3 月 23 日，某市人民检察院提起公诉的某市行政机关工作人员卢某等六人集体贪污公款一案，某市中级人民法院依法受理后决定于 2019 年 5 月 19 日 09 时 30 分公开开庭进行审理。在开庭三日以前先期公布案由、被告人姓名、开庭时间和地点，将公告进行张贴。

×××人民法院

公告

本院定于 2019 年 5 月 19 日 09 时 30 分在市中级人民法院公开审理卢某等六人集体贪污公款一案。

特此公告。

二〇一九年五月十九日

（院印）

注：本公告已于 2019 年 5 月 15 日张贴

书记员　赵某

法律链接

《中华人民共和国刑事诉讼法》

第一百八十七条　人民法院决定开庭审判后，应当确定合议庭的组成人员，将人民检察院的起诉书副本至迟在开庭十日以前送达被告人及其辩护人。

……

人民法院确定开庭日期后，应当将开庭的时间、地点通知人民检察院，传唤当事人，通知辩护人、诉讼代理人、证人、鉴定人和翻译人员，传票和通知书至迟在开庭三日以前送达。公开审判的案件，应当在开庭三日以前先期公布案由、被告人姓名、开庭时间和地点。

假释执行通知书

（宣告假释用）

了解文书

假释执行通知书（宣告假释用）是人民法院对负责执刑的机关报送的具备法定的假释情节的被告人的材料，依法作出予以假释决定后，向执行部门和罪犯本人使用的一种通知类文书。

本文书样式供中级以上人民法院对被判处无期徒刑、有期徒刑宣告假释的罪犯，在裁定生效之后，通知公安机关交付执行和通知罪犯本人时使用。

文书样式

第一联

×××人民法院

假释执行通知书（存根）

（××××）×刑执字第××号

×××公安局：

罪犯×××因犯××罪，被判处________________，现已执行________________。经×××监狱提出假释建议，本院依法裁定予以假释。裁定已发生法律效力。依照《中华人民共和国刑法》第八十五条的规定，请你局予以监督。如果没有《中华人民共和国刑法》第八十六条规定的情形，假释考验期满，就认为原判刑罚已经执行完毕，并请公开予以宣告。

假释考验期：自××××年××月××日起，至××××年××月××日止。

附执行根据：×××人民法院（××××）×刑执字第××号刑事判决

书×份

××××年××月××日

（院印）

签发人　×××

经办人　×××

此联入卷

第二联

×××人民法院

假释执行通知书（存根）

（××××）×刑执字第××号

×××公安局：

罪犯×××因犯××罪，被判处________________，现已执行________________。经×××监狱提出假释建议，本院依法裁定予以假释。裁定已发生法律效力。依照《中华人民共和国刑法》第八十五条的规定，请你局予以监督。如果没有刑法第八十六条规定的情形，假释考验期满，就认为原判刑罚已经执行完毕，并请公开予以宣告。

假释考验期：自××××年××月××日起，

至××××年××月××日止。

附执行根据：××××人民法院（××××）×刑执字第××号刑事判决书×份。

××××年××月××日

（院印）

此联交公安机关

第三联

×××人民法院

假释执行通知书（存根）

（××××）×刑执字第××号

×××人民法院：

你院××××年××月××日（××××）×刑执字第××号假释执行通知书及所付执行根据________________均已收到。

我局已于××××年××月××日对罪犯×××予以监督。

××××年××月××日

（公章）

此联由公安机关填写并加盖公章后退回法院入卷

第四联

×××人民法院

假释执行通知书

（××××）×刑执字第××号

×××：

你犯××罪，被判处________________，现已执行________________，经×××监狱提出假释建议，本院依法裁定予以假释。裁定已发生法律效力。你在假释考验刑期应当遵守《中华人民共和国刑法》第八十四条的规定：

（一）遵守法律、行政法规，服从监督；

（二）按照监督机关的规定报告自己的活动情况；

（三）遵守监督机关关于会客的规定；

（四）离开所居的市、县或者迁居，应当报经监督机关批准。

如违反上述规定，依照《中华人民共和国刑法》第八十六条第三款的规定处理。

××××年××月××日

（院印）

此联交给罪犯本人收执

制作说明

1. 首部

（1）标题。要写明“×××人民法院”“假释执行通知书”。

（2）案号。写：“（××××）×刑执字第××号”。

2. 正文

（1）抬头写明假释执行机关名称。

（2）写明罪犯的犯罪基本情况及被判刑罚和执行情况，注明已依法裁定准予假释。同时要求执行单位根据相关法律规定对已发生法律效力的判决对罪犯进行考察，写明考察起止日期。

（3）后附执行根据，写明生效的裁判文书。

3. 尾部。应写明发文日期和人民法院盖章。如有需要则应有签发人、经办人签字。

举例示范

案情简述：乔某经营一家服装生产企业，常年生产某品牌服装，2017年3月份，乔某被市检察院以假冒注册商标罪起诉。经某市中级人民法院审理，2017年6月11日，市中级人民法院作出判决书，判决乔某有期徒刑三年，并处罚金十五万元。乔某在服刑两年期间，认真遵守监规，接受教育和改造，有悔改表现，所在监狱依法作出乔某假释建议书。经中级人民法院审核裁定给予其假释，假释考验期一年，由市公安局进行监督。

第一联

×××人民法院

假释执行通知书（存根）

（2019）×刑执字第××号

某市公安局：

罪犯乔某因犯假冒注册商标罪，被判处有期徒刑三年，并处罚金十五万元，现已执行两年。经某市某监狱提出假释建议，本院依法裁定予以假释。裁定已发生法律效力。依照《中华人民共和国刑法》第八十五条的规定，请你局予以监督。如果没有刑法第八十六条规定的情形，假释考验期满，就认为原判刑罚已经执行完毕，并请公开予以宣告。

假释考验期：自2019年6月11日起，

至2020年6月10日止。

附执行根据：某市中级人民法院（2017）×刑×字第××号刑事判决书一份。

二〇一九年六月十一日

（院印）

签发人　黄某

经办人　陈某

此联入卷

第二联

×××人民法院

假释执行通知书（存根）

（2019）×刑执字第××号

某市公安局：

罪犯乔某因犯假冒注册商标罪，被判处有期徒刑三年，并处罚金十五万元，现已执行两年。经某市某监狱提出假释建议，本院依法裁定予以假释。裁定已发生法律效力。依照《中华人民共和国刑法》第八十五条的规定，请你局予以监督。如果没有刑法第八十六条规定的情形，假释考验期满，就认为原判刑罚已经执行完毕，并请公开予以宣告。

假释考验期：自2019年6月11日起，

至2020年6月10日止。

附执行根据：某市中级人民法院（2017）×刑×字第××号刑事判决书一份。

二〇一九年六月十一日

（院印）

此联交公安机关

第三联

×××人民法院

假释执行通知书（存根）

（2019）×刑执字第××号

某人民法院：

你院2019年6月11日（2019）×刑执字第××号假释执行通知书及所付执行根据________________均已收到。

我局已于2019年6月15日对罪犯乔某予以监督。

二〇一九年六月十一日

（公章）

此联由公安机关填写并加盖公章后退回法院入卷

第四联

×××人民法院

假释执行通知书

（2019）×刑执字第××号

乔某：

你犯假冒注册商标罪，被判处有期徒刑三年，并处罚金十五万元，现已执行两年。经某市某监狱提出假释建议，本院依法裁定予以假释。裁定已发生法律效力。你在假释考验刑期应当遵守《中华人民共和国刑法》第八十四条的规定：

（一）遵守法律、行政法规，服从监督；

（二）按照监督机关的规定报告自己的活动情况；

（三）遵守监督机关关于会客的规定；

（四）离开所居的市、县或者迁居，应当报经监督机关批准。

如违反上述规定，依照《中华人民共和国刑法》第八十六条第三款的规定处理。

二〇一九年六月十一日

（院印）

此联交给罪犯本人收执

法律链接

《中华人民共和国刑法》

第八十五条　对假释的犯罪分子，在假释考验期限内，依法实行社区矫正，如果没有本法第八十六条规定的情形，假释考验期满，就认为原判刑罚已经执行完毕，并公开予以宣告。

《中华人民共和国刑事诉讼法》

第二百七十三条　罪犯在服刑期间又犯罪的，或者发现了判决的时候所没有发现的罪行，由执行机关移送人民检察院处理。

被判处管制、拘役、有期徒刑或者无期徒刑的罪犯，在执行期间确有悔改或者立功表现，应当依法予以减刑、假释的时候，由执行机关提出建议书，报请人民法院审核裁定，并将建议书副本抄送人民检察院。人民检察院可以向人民法院提出书面意见。

减刑执行通知书

（死刑缓期执行、无期徒刑减刑用）

了解文书

减刑执行通知书（死刑缓期执行、无期徒刑减刑用）是人民法院对负责执刑的机关报送的具备法定的减刑情节的罪犯的材料，依法作出予以减轻原判刑罚后，向执行部门和罪犯本人使用的一种通知类文书。

本文书样式供人民法院在原判死刑缓期二年执行、无期徒刑的罪犯减刑后交付执行和通知罪犯本人时使用。

文书样式

第一联

×××人民法院

减刑执行通知书（存根）

（××××）×刑执字第××号

________________（执行机关全称）：

罪犯××已经本院裁定减刑，请按下表执行。

<table>
<tr><td>姓名</td><td></td><td>性别</td><td></td><td>罪名</td><td></td></tr>
<tr><td>原判主刑</td><td colspan="5"></td></tr>
<tr><td rowspan="2">此次变动</td><td colspan="3" rowspan="2"></td><td>起刑日期</td><td>年　月　日</td></tr>
<tr><td>刑满日期</td><td>年　月　日</td></tr>
<tr><td>原判附加刑</td><td colspan="5"></td></tr>
<tr><td>此次变动</td><td colspan="5"></td></tr>
<tr><td>执行根据</td><td colspan="5">本院（××××）×刑执字第××号刑事裁定书</td></tr>
<tr><td>备考</td><td colspan="5"></td></tr>
<tr><td colspan="6">附件：本院刑事裁定书×份

经办人：
××××年××月××日
（院印）</td></tr>
</table>

此联入卷

第二联

×××人民法院

减刑执行通知书

（××××）×刑执字第××号

________________（执行机关全称）：

罪犯××已经本院裁定减刑，请按下表执行。

<table>
<tr><td>姓名</td><td></td><td>性别</td><td></td><td>罪名</td><td></td></tr>
<tr><td>原判主刑</td><td colspan="5"></td></tr>
<tr><td rowspan="2">此次变动</td><td colspan="3" rowspan="2"></td><td>起刑日期</td><td>年　月　日</td></tr>
<tr><td>刑满日期</td><td>年　月　日</td></tr>
<tr><td>原判附加刑</td><td colspan="5"></td></tr>
<tr><td>此次变动</td><td colspan="5"></td></tr>
<tr><td>执行根据</td><td colspan="5">本院（××××）×刑执字第××号刑事裁定书</td></tr>
<tr><td>备考</td><td colspan="5"></td></tr>
<tr><td colspan="6">附件：本院刑事裁定书×份

经办人：
××××年××月××日
（院印）</td></tr>
</table>

第三联

×××人民法院

减刑执行通知书

（××××）×刑执字第××号

________________：

你原判的刑罚，已经本院裁定减刑。现交付执行，并将有关事项通知如下：

<table>
<tr><td colspan="4">原判主刑</td></tr>
<tr><td colspan="2" rowspan="2">此次变动：</td><td>起刑日期</td><td>年　月　日</td></tr>
<tr><td>刑满日期</td><td>年　月　日</td></tr>
<tr><td>原判附加刑：</td><td colspan="3"></td></tr>
<tr><td>此次变动：</td><td colspan="3"></td></tr>
</table>

制作说明

1. 首部

（1）标题。要写明“×××人民法院”“减刑执行通知书”。

（2）案号。写：“（××××）×刑执字第××号”。

2. 抬头处应填写罪犯执行机关的全称，并注明“罪犯×××已经本院裁定减刑，请按下表执行”字样。

3. 表格中罪犯的姓名、性别、罪名及原判主刑、附加刑几栏，应如实填写。需要注意的是，附加刑只填剥夺政治权利及其改动的期限。

4. 主刑由死刑缓期二年执行或者无期徒刑减为有期徒刑的，应当填写“起刑日期”和“刑满日期”两栏。根据《中华人民共和国刑法》第五十一条、第八十条的规定，死刑缓期执行减为有期徒刑的刑期，从死刑缓期执行期满之日起计算；无期徒刑减为有期徒刑的刑期，从裁定减刑之日起计算。

5. 执行根据一栏需填写人民法院作出刑事裁定书的案号。

6. 表格中没有内容可填的应当划上一道斜线，且最后应有经办人签字。

7. 应写明发文日期和人民法院盖章。

举例示范

案情简述：某市刑警宋某在执行公务过程中，发现在逃嫌疑犯正是曾与自己结仇的陆某，宋某便利用职务之便将其击毙。宋某后被检察机关提起公诉，被判死刑，缓期两年执行。宋某认识到自己的错误，在狱中表现良好，缓刑期满后申请减刑。经监狱管理机关及高级人民法院审核后，裁定减刑为有期徒刑30年，刑期自死刑缓期执行期满之日起计算，并向减刑执行机关发送减刑执行通知书。

第一联

×××人民法院

减刑执行通知书（存根）

（2019）×刑执字第××号

某市公安局：

罪犯宋某已经本院裁定减刑，请按下表执行。

<table>
<tr><td>姓名</td><td>宋某</td><td>性别</td><td>男</td><td>罪名</td><td>故意杀人罪</td></tr>
<tr><td>原判主刑</td><td colspan="5">死刑，缓期两年执行</td></tr>
<tr><td rowspan="2">此次变动</td><td colspan="3" rowspan="2">有期徒刑30年</td><td>起刑日期</td><td>2019年7月25日</td></tr>
<tr><td>刑满日期</td><td>2049年7月24日</td></tr>
<tr><td>原判附加刑</td><td colspan="5">剥夺政治权利终身</td></tr>
<tr><td>此次变动</td><td colspan="5">剥夺政治权利30年</td></tr>
<tr><td>执行根据</td><td colspan="5">本院（2019）×刑执字第××号刑事裁定书</td></tr>
<tr><td>备考</td><td colspan="5"></td></tr>
<tr><td colspan="6">附件：本院刑事裁定书一份

经办人：邵某
二〇一九年七月二十五日
（院印）</td></tr>
</table>

此联入卷

第二联

×××人民法院

减刑执行通知书

（2019）×刑执字第××号

某市公安局：

罪犯宋某已经本院裁定减刑，请按下表执行。

<table>
<tr><td>姓名</td><td>宋某</td><td>性别</td><td>男</td><td>罪名</td><td>故意杀人罪</td></tr>
<tr><td>原判主刑</td><td colspan="5">死刑，缓期两年执行</td></tr>
<tr><td rowspan="2">此次变动</td><td colspan="3" rowspan="2">有期徒刑30年</td><td>起刑日期</td><td>2019年7月25日</td></tr>
<tr><td>刑满日期</td><td>2049年7月24日</td></tr>
<tr><td>原判附加刑</td><td colspan="5">剥夺政治权利终身</td></tr>
<tr><td>此次变动</td><td colspan="5">剥夺政治权利30年</td></tr>
<tr><td>执行根据</td><td colspan="5">本院（2019）×刑执字第××号刑事裁定书</td></tr>
<tr><td>备考</td><td colspan="5"></td></tr>
</table>

附件：本院刑事裁定书一份   经办人：邵某 二〇一九年七月二十五日 （院印）

第三联

×××人民法院
减刑执行通知书

（2019）×刑执字第××号

罪犯宋某：

你原判的刑罚，已经本院裁定减刑。现交付执行，并将有关事项通知如下：

<table>
<tr><td colspan="4">原判主刑：死刑，缓期两年执行</td></tr>
<tr><td colspan="2" rowspan="2">此次变动：有期徒刑30年</td><td>起刑日期</td><td>2019年7月25日</td></tr>
<tr><td>刑满日期</td><td>2049年7月24日</td></tr>
<tr><td>原判附加刑：</td><td colspan="3">剥夺政治权利终身</td></tr>
<tr><td>此次变动：</td><td colspan="3">剥夺政治权利30年</td></tr>
</table>

法律链接

《中华人民共和国刑事诉讼法》

第二百六十一条第二款　被判处死刑缓期二年执行的罪犯，在死刑缓期执行期间，如果没有故意犯罪，死刑缓期执行期满，应当予以减刑的，由执行机关提出书面意见，报请高级人民法院裁定；如果故意犯罪，情节恶劣，查证属实，应当执行死刑的，由高级人民法院报请最高人民法院核准；对于故意犯罪未执行死刑的，死刑缓期执行的期间重新计算，并报最高人民法院备案。

第二百七十三条第二款　被判处管制、拘役、有期徒刑或者无期徒刑的罪犯，在执行期间确有悔改或者立功表现，应当依法予以减刑、假释的时候，由执行机关提出建议书，报请人民法院审核裁定，并将建议书副本抄送人民检察院。人民检察院可以向人民法院提出书面意见。

解除监视居住执行通知书

（刑事案件用）

了解文书

解除监视居住执行通知书（刑事案件用）是人民法院对被监视居住的被告人的判决、裁定生效后或者监视居住期限届满的，通知监视居住执行机关解除监视居住时使用的一种通知类文书。

本文书样式供人民法院决定对被告人解除监视居住后，通知公安机关执行时使用。

文书样式

×××人民法院

解除监视居住执行通知书

（××××）×刑×字第××号

×××公安局：

本院于××××年××月××日决定对被告人×××（性别________________，住址：________________，）采取了监视居住的强制措施。现因________________，本院决定对其监视居住的强制措施予以解除。

特此通知。

附：解除监视居住决定书一份。

××××年××月××日

（院印）

制作说明

1. 首部

（1）标题。要写明“×××人民法院”“解除监视居住执行通知书”。

（2）案号。写：“（××××）×刑×字第××号”。

2. 正文

（1）抬头写明送达执行解除监视居住的公安机关名称。

（2）写明被告人的姓名、性别、住址等基本信息，并注明决定对其监视居住的强制措施予以解除及人民法院作出该决定的日期，最后写明“特此通知”字样。

（3）本文书后应注明：附“解除取保候审决定书一份”。

3. 尾部需写明发文日期和人民法院盖章。

4. 注：本样式为填充式。使用一式两份，一份送达执行解除监视居住的公安机关，另一份存卷备查。

举例示范

案情简述：某县居民张某因在某大型商场盗窃金银首饰被当地公安机关依法逮捕。2019 年 3 月 11 日，当地人民检察院对张某以盗窃罪向县人民法院提起公诉。张某以母亲瘫痪在床，且张某为母亲唯一抚养人为由，向县人民法院求助，县人民法院于 2019 年 3 月 21 日决定对被告人张某采取监视居住。2019 年 6 月 20 日，县人民法院对该案件审理终结后，依法作出了判决，同时通知公安机关解除对张某的监视居住。

×××人民法院

解除监视居住执行通知书

（2019）×刑×字第××号

某县公安局：

本院于 2019 年 3 月 21 日决定对被告人张某（性别：男，住址：某市某县某村 123 号）采取了监视居住的强制措施。现因本案审理终结，判决书已生效，本院决定对其监视居住的强制措施予以解除。

特此通知。

附：解除监视居住决定书一份。

二〇一九年六月二十日

（院印）

法律链接

《中华人民共和国刑事诉讼法》

第七十九条 人民法院、人民检察院和公安机关对犯罪嫌疑人、被告人取保候审最长不得超过十二个月，监视居住最长不得超过六个月。

在取保候审、监视居住期间，不得中断对案件的侦查、起诉和审理。对于发现不应当追究刑事责任或者取保候审、监视居住期限届满的，应当及时解除取保候审、监视居住。解除取保候审、监视居住，应当及时通知被取保候审、监视居住人和有关单位。

解除取保候审执行通知书

（刑事案件用）

了解文书

解除取保候审执行通知书（刑事案件用）是人民法院对被取保候审的被告人的判决、裁定生效后或者取保候审期限届满的，通知取保候审执行机关解除取保候审时使用的一种通知类文书。

本文书样式供人民法院决定对被告人解除取保候审后，通知公安机关执行时使用。

文书样式

×××人民法院

解除取保候审执行通知书

（××××）×刑×字第××号

×××公安局：

本院于××××年××月××日决定对被告人×××（性别：________，住址：________________）采取了取保候审的强制措施。现因________________，本院决定对其取保候审的强制措施予以解除。

特此通知。

附：解除取保候审决定书一份。

××××年××月××日

（院印）

制作说明

1. 首部

（1）标题。要写明“×××人民法院”“解除取保候审执行通知书”。

（2）案号。写：“（××××）×刑×字第××号”。

2. 正文

（1）抬头写明送达执行解除取保候审的公安机关名称。

（2）写明被告人的姓名、性别、住址等基本信息，并注明采取取保候审的强制措施决定的日期，同时写明决定对其取保候审的强制措施予以解除的原因。写明“特此通知”字样。

（3）本文书后应注明：附解除取保候审决定书一份。

3. 尾部需写明发文日期并加盖人民法院印章。

4. 本样式为填充式。使用时一式两份，一份送达执行解除取保候审的公安机关，另一份存卷备查。

举例示范

案情简述：2019 年 2 月份，某区公安部门在一次反赌专项活动中抓捕了一批参与聚众赌博人员，胡某因涉案被公安机关逮捕。区检察机关涉入调查后，于 2019 年 7 月 22 日以赌博罪向当地人民法院提起公诉。区人民法院依法立案后，胡某向区人民法院申请取保候审被获准。2019 年 9 月 12 日，区人民法院经过开庭审理，依法作出判决，同时通知公安机关执行解除对胡某的取保候审。

×××人民法院

解除取保候审执行通知书

（2019）×刑×字第××号

某市公安局：

本院于 2019 年 7 月 30 日决定对被告人胡某（性别：男，住址：某市某区某街道 123 号）采取了取保候审的强制措施。现因本案审理终结，判决书已生效，本院决定对其取保候审的强制措施予以解除。

特此通知。

附：解除取保候审决定书一份。

二〇一九年九月十二日

（院印）

法律链接

《中华人民共和国刑事诉讼法》

第七十九条　人民法院、人民检察院和公安机关对犯罪嫌疑人、被告人取保候审最长不得超过十二个月，监视居住最长不得超过六个月。

在取保候审、监视居住期间，不得中断对案件的侦查、起诉和审理。对于发现不应当追究刑事责任或者取保候审、监视居住期限届满的，应当及时解除取保候审、监视居住。解除取保候审、监视居住，应当及时通知被取保候审、监视居住人和有关单位。

第六章　报告类文书

立案登记表

（自诉案件用）

了解文书

立案登记表（自诉案件用）是人民法院在审查自诉案件的立案材料时，就案件基本情况及证据进行登记并提请相关负责人进行审查时使用的非正式文书。

本文书样式供各级人民法院在刑事自诉案件的立案审查时使用。

文书样式

×××人民法院
立案登记表

<table>
<tr><td>案由</td><td colspan="2"></td><td>收到起诉状日期</td><td colspan="2"></td><td>案件编号</td><td></td></tr>
<tr><td>当事人称谓</td><td>姓名</td><td>性别</td><td colspan="2">出生日期</td><td colspan="3">住址、工作单位</td></tr>
<tr><td></td><td></td><td></td><td colspan="2"></td><td colspan="3"></td></tr>
<tr><td></td><td></td><td></td><td colspan="2"></td><td colspan="3"></td></tr>
<tr><td>自诉的事实、理由及其请求</td><td colspan="7"></td></tr>
<tr><td>证据材料</td><td colspan="7"></td></tr>
<tr><td>审查意见</td><td colspan="7">（签名）
年　月　日</td></tr>
</table>

<table>
<tr><td>审批意见</td><td colspan="3">（签名）
年　月　日</td></tr>
<tr><td>立案时间</td><td></td><td>移交审判庭日期及接收人</td><td></td></tr>
<tr><td>备注</td><td colspan="3"></td></tr>
</table>

制作说明

1. 标题。要写明“×××人民法院”“立案登记表”。

2. 案由、收到诉状日期及案件编号需如实填写。

3. 当事人基本信息处，应当根据案件情况填写当事人的姓名或单位名称等基本信息。

4. 事实、理由及其请求一栏，主要写明自诉人控诉被告人的犯罪事实、相关依据及其诉讼请求。

5. 证据材料一栏，需一一列明自诉人所提交的证据名称。

6. 立案时间，则为经审查决定受理或者立案登记的日期；移交日期，为决定立案后将案件移送有关审判庭审理的日期。

7. 本样式供刑事自诉案件的立案审查用，需要相关负责人审批并签字。

举例示范

案情简述：某村村民赵某与韩某是房前房后邻居，2019 年 3 月份，赵某因盖新房与韩某就宅基地问题产生纠纷。2019 年 3 月 17 日傍晚，韩某喝醉酒后到赵某家中滋事，并出手将赵某打伤，造成赵某脑出血住院。赵某住院期间韩某并未支付相关医药费，还经常到赵某家中滋事。2019 年 4 月 12 日，赵某出院后以故意伤害罪将韩某起诉至县人民法院，县人民法院依照程序进行立案登记。

×××人民法院
立案登记表

<table>
<tr><td>案由</td><td colspan="2">故意伤害</td><td>收到起诉状日期</td><td colspan="2">2019 年
4 月 12 日</td><td>案件编号</td><td>（2019）
×刑×字
第××号</td></tr>
<tr><td>当事人称谓</td><td>姓名</td><td>性别</td><td colspan="2">出生日期</td><td colspan="3">住址、工作单位</td></tr>
<tr><td>自诉人</td><td>赵某</td><td>男</td><td colspan="2">1976 年 10 月 14 日</td><td colspan="3">某省某市某县某乡某村 123 号</td></tr>
<tr><td></td><td></td><td></td><td colspan="2"></td><td colspan="3"></td></tr>
<tr><td>自诉的事实、理由及其请求</td><td colspan="7">自诉人赵某与被告韩某是房前房后邻居，2019 年 3 月份，赵某因盖新房与韩某就宅基地问题产生纠纷。2019 年 3 月 17 日，韩某喝醉酒后到赵某家中将赵某打伤，造成赵某脑出血。现赵某要求韩某支付医药费、误工费及精神赔偿金等共计 45000 元。</td></tr>
<tr><td>证据材料</td><td colspan="7">1. 2019 年 3 月 17 日县 110 出警记录；
2. 邻居乔某、任某两份证言。</td></tr>
<tr><td>审查意见</td><td colspan="7">符合立案条件，建议立案受理。
（签名）朱某
2019 年 4 月 16 日</td></tr>
<tr><td>审批意见</td><td colspan="7">同意立案。
（签名）吴某
2019 年 4 月 16 日</td></tr>
<tr><td>立案时间</td><td colspan="4">2019 年 4 月 16 日</td><td colspan="2">移交审判庭日期及接收人</td><td>2019 年
4 月 18 日
汪某</td></tr>
<tr><td>备注</td><td colspan="7"></td></tr>
</table>

法律链接

《中华人民共和国刑事诉讼法》

第一百一十四条　对于自诉案件，被害人有权向人民法院直接起诉。被害人死亡或者丧失行为能力的，被害人的法定代理人、近亲属有权向人民法院起诉。人民法院应当依法受理。

立案登记表
（公诉案件用）

了解文书

立案登记表（公诉案件用）是各级人民法院在审查人民检察院侦查终结，依法追究被告人刑事责任而提请人民法院进行审判的案件时，就案件基本情况进行登记并提请相关负责人进行审查时使用的非正式文书。

本文书样式供各级人民法院在刑事公诉案件的立案审查时使用。

文书样式

××× 人民法院
立案登记表

<table>
<tr><td>公诉机关</td><td colspan="2"></td><td>起诉书编号</td><td>〔××××〕×检×诉第××号</td></tr>
<tr><td>案由</td><td colspan="2"></td><td>收到起诉书日期</td><td>年　月　日</td></tr>
<tr><td>被告人姓名</td><td>性别</td><td>出生日期</td><td colspan="2">住址或羁押处所</td></tr>
<tr><td></td><td></td><td>年　月　日</td><td colspan="2"></td></tr>
<tr><td></td><td></td><td>年　月　日</td><td colspan="2"></td></tr>
<tr><td colspan="5">审查意见：

审查人（签名）：
年　月　日</td></tr>
<tr><td colspan="5">审批意见：

审批人（签名）：
年　月　日</td></tr>
<tr><td colspan="3">立案时间：　年　月　日</td><td colspan="2">案件编号：（××××）×刑×字第××号</td></tr>
</table>

移交审判庭日期及接收人： 年　月　日	备注：

制作说明

1. 标题。要写明“×××人民法院”“立案登记表”。

2. 公诉机关、起诉书编号、案由、收到诉状日期及案件编号需如实填写。

3. 被告人基本信息处，应当根据案件情况填写被告人的姓名或单位名称等基本信息。

4. 审查审批意见需要相关负责人审批并签字。

5. 案件编号需注明人民法院立案编号。

6. 立案时间，则为经审查决定受理或者立案登记的日期；移交日期，为决定立案后将案件移送有关审判庭审理的日期。

7. 本样式供刑事公诉案件的立案审查用。

举例示范

案情简述：2019年4月19日，某市刑警队接到匿名电话，举报某居民房内在交易毒品。搜查中发现陆某、陈某二人在陆某家中进行毒品交易，同时在房内查获冰毒35克，二人在查获物品清单上签字，但拒不承认进行毒品交易。后经公安机关侦查终结后，认定两人为贩卖毒品，遂将案件移交当地区人民检察院。2019年5月20日，某市某区人民检察院对陆某、陈某交易毒品一案向当地人民法院提起公诉，区人民法院依法进行立案登记。

×××人民法院

立案登记表

公诉机关	某市某区人民检察院		起诉书编号	〔2019〕某检刑诉第123号
案由	贩卖毒品罪		收到起诉书日期	2019年5月20日
被告人姓名	性别	出生日期	住址或羁押处所	

<table>
<tr><td>陆某</td><td>男</td><td>1982 年 10 月 14 日</td><td>现羁押在某市拘留所</td></tr>
<tr><td>陈某</td><td>男</td><td>1978 年 11 月 29 日</td><td>现羁押在某市拘留所</td></tr>
<tr><td colspan="4">审查意见：
符合立案条件，建议立案受理。
审查人（签名）：张某
2019 年 5 月 22 日</td></tr>
<tr><td colspan="4">审批意见：
同意立案。
审批人（签名）：郝某
2019 年 5 月 22 日</td></tr>
<tr><td colspan="3">立案时间：2019 年 5 月 22 日</td><td>案件编号：（2019）×刑×字第 98 号</td></tr>
<tr><td colspan="3">移交审判庭日期及接收人：赵某
2019 年 5 月 23 日</td><td>备注：</td></tr>
</table>

法律链接

《中华人民共和国刑事诉讼法》

第一百六十九条　凡需要提起公诉的案件，一律由人民检察院审查决定。

第一百七十六条　人民检察院认为犯罪嫌疑人的犯罪事实已经查清，证据确实、充分，依法应当追究刑事责任的，应当作出起诉决定，按照审判管辖的规定，向人民法院提起公诉，并将案卷材料、证据移送人民法院。

立案登记表

（刑事申诉案件用）

了解文书

立案登记表（刑事申诉案件用）是当事人及其法定代理人对已经发生法律效力的判决、裁定、调解，认为确有错误而不服的，向原审人民法院和上级人民法院提出申诉，人民法院在审查刑事申诉材料时，就案件基本情况进行登记并提请相关负责人进行审查时使用的非正式文书。

本文书样式适用于不服人民法院作出的已经发生法律效力的刑事判决、裁定，向人民法院提出申诉案件的审查立案。

文书样式

×××人民法院

立案登记表

申诉人姓名		案由		收到申诉日期	年　月　日
原审法院			生效裁判案号		
原审被告人	姓名	性别	出生日期	住址或工作单位	
原判事实和申诉理由					
审查意见	签名： 年　月　日				

审批意见	签名： 年　月　日		
立案时间		移交审判庭 日期及接收人	
备注			

制作说明

1. 标题。要写明“×××人民法院”“立案登记表”。

2. 申诉人姓名、案由、收到申诉日期、原审法院及生效裁判案号需如实填写。

3. 原审被告人基本信息处，应当根据案件情况填写被告人的姓名或单位名称等基本信息。

4. 原判事实和申诉理由一栏，需写明申诉的事实依据和法律依据，应针对原终审判决认定事实、适用法律或审判程序上存在的问题和错误陈述理由，当事人有新证据证明原裁判认定的事实确有错误为由申诉的，应当同时附证据清单。

5. 审查审批意见需要相关负责人审批并签字。需要注意的是，对于上级人民法院指令再审等情形的案件，可以在“审查意见”一栏内据实填写。

6. 立案时间，为经审查决定受理或者立案登记的日期；移交日期，为决定立案后将案件移送有关审判庭审理的日期。

7. 本样式供刑事申诉案件的立案审查用。

举例示范

案情简述：2018 年 6 月份，某县某超市发生火灾，报警后公安机关介入调查，最后锁定犯罪嫌疑人是曾在该超市打工的冯某，冯某因为与超市老板发生争执，故意纵火，造成超市不同程度损失约 15000 元。2018 年 9 月，公安机关侦破案件后，超市老板蒋某将冯某起诉至当地人民法院，县人民法院开庭进行了审理，因被告人冯某无任何证据，县人民法院依法作出判决。2018 年 12 月份，冯某妻子王某调取到事发时冯某在某酒店消费记录及现场监控录像，证明冯某当时并不在案发现场，特向县人民法院提起申诉。

×××人民法院
立案登记表

<table>
<tr><td>申诉人姓名</td><td>王某</td><td>案由</td><td>放火罪</td><td>收到申诉日期</td><td>2018 年
12 月 12 日</td></tr>
<tr><td>原审法院</td><td colspan="2">某县人民法院</td><td colspan="2">生效裁判案号</td><td>（2019）×刑×字
第××号</td></tr>
<tr><td>原审被告人</td><td>姓名</td><td>性别</td><td>出生日期</td><td colspan="2">住址或工作单位</td></tr>
<tr><td>冯某</td><td>冯某</td><td>男</td><td>1985 年 12 月</td><td colspan="2">某省某市某县某街道第××号</td></tr>
<tr><td>原判事实和
申诉理由</td><td colspan="5">因被告人冯某未提供证据证明自己与某超市放火案无关，县人民法院按放火罪对其进行判决。2018 年 12 月份，冯某妻子王某调取到事发时冯某在某酒店消费记录及现场监控录像，证明冯某当时并不在案发现场，特向县人民法院提起申诉。</td></tr>
<tr><td>审查意见</td><td colspan="5">新证据充分，符合立案条件，建议对案件重新进行审理。
审查人（签名）：余某
2019 年 5 月 22 日</td></tr>
<tr><td>审批意见</td><td colspan="5">同意立案。
审批人（签名）：李某
2019 年 5 月 22 日</td></tr>
<tr><td>立案时间</td><td colspan="3">2018 年 12 月 15 日</td><td>移交审判庭
日期及接收人</td><td>2018 年
12 月 17 日
陆某</td></tr>
<tr><td>备注</td><td colspan="5"></td></tr>
</table>

法律链接

《中华人民共和国刑事诉讼法》

第二百五十二条　当事人及其法定代理人、近亲属，对已经发生法律效力的判决、裁定，可以向人民法院或者人民检察院提出申诉，但是不能停止判决、裁定的执行。

第二百五十三条　当事人及其法定代理人、近亲属的申诉符合下列情形之一的，人民法院应当重新审判：

（一）有新的证据证明原判决、裁定认定的事实确有错误，可能影响定罪量刑的；

（二）据以定罪量刑的证据不确实、不充分、依法应当予以排除，或者证明案件事实的主要证据之间存在矛盾的；

（三）原判决、裁定适用法律确有错误的；

（四）违反法律规定的诉讼程序，可能影响公正审判的；

（五）审判人员在审理该案件的时候，有贪污受贿，徇私舞弊，枉法裁判行为的。

立案登记表

（二审刑事案件用）

了解文书

立案登记表（二审刑事案件用）是指第二审人民法院根据上诉人的上诉或者人民检察院的抗诉，对第一审人民法院尚未发生法律效力的判决或裁定决定立案受理时，就案件基本情况进行登记并提请相关负责人进行审查时使用的非正式文书。

本文书样式供各级人民法院在二审刑事案件立案审查时使用。

文书样式

×××人民法院
立案登记表

<table>
<tr><td>一审法院</td><td colspan="2"></td><td>一审案号</td><td>（××××）×刑×字第××号</td></tr>
<tr><td>案由</td><td colspan="2"></td><td>收到卷宗日期</td><td>年　月　日</td></tr>
<tr><td>当事人称谓或抗诉机关名称</td><td>姓名</td><td>性别</td><td>出生日期</td><td>住址或羁押处所</td></tr>
<tr><td></td><td></td><td></td><td></td><td></td></tr>
<tr><td></td><td></td><td></td><td></td><td></td></tr>
<tr><td></td><td></td><td></td><td></td><td></td></tr>
<tr><td>审查意见</td><td colspan="4">签名：
年　月　日</td></tr>
<tr><td>审批意见</td><td colspan="4">审批人：
年　月　日</td></tr>
<tr><td colspan="3">立案时间：　　年　月　日</td><td colspan="2">案件编号：（××××）×刑×字第××号</td></tr>
<tr><td colspan="3">移交审判庭日期及接收人：</td><td colspan="2">备注：
年　月　日</td></tr>
</table>

制作说明

1. 标题。要写明“×××人民法院”“立案登记表”。

2. 一审法院、案号、案由、收到卷宗日期需如实填写。

3. 当事人称谓或抗诉机关名称处，应当根据案件情况填写案件当事人的姓名、性别、出生年月等基本信息，或者是抗诉机关名称。

4. 审查审批意见需要相关负责人审批并签字。

5. 立案时间，为经审查决定受理或者立案登记的日期；移交日期，为决定立案后将案件移送有关审判庭审理的日期。

6. 本样式供刑事申诉案件的立案审查用。

举例示范

案情简述： 陈某是本市一名国有企业职工，单身的他租住在本市某小区。2018 年年底，陈某隔壁住进来一个女孩韩某，陈某心生歹意。一天晚上，陈某从窗户外跳到韩某家中，因韩某朋友白某碰巧也在，两人合力将陈某制服并报警，公安机关以强奸罪破案。后区人民检察院对陈某以强奸罪向区人民法院对陈某提起公诉，区人民法院以强奸未遂判处陈某有期徒刑两年。陈某不服，向市中级人民法院提起上诉。

×××人民法院
立案登记表

一审法院	某市某区人民法院		一审案号	（2019）×刑×字第××号
案由	强奸罪		收到卷宗日期	2019 年 3 月 12 日
当事人称谓或抗诉机关名称	姓名	性别	出生日期	住址或羁押处所
被告人	陈某	男	1984 年 4 月	现羁押于本市某拘留所
审查意见	符合立案条件，建议立案进行审理 。 审查人（签名）：康某 2019 年 3 月 12 日			
审批意见	同意立案。 审批人（签名）：李某 2019 年 3 月 12 日			
立案时间：2019 年 3 月 12 日			案件编号：（2019）×刑×字第××号	

移交审判庭日期及接收人：邢某 2019年3月13日	备注： 年　月　日

法律链接

《中华人民共和国刑事诉讼法》

第二百二十七条　被告人、自诉人和他们的法定代理人，不服地方各级人民法院第一审的判决、裁定，有权用书状或者口头向上一级人民法院上诉。被告人的辩护人和近亲属，经被告人同意，可以提出上诉。

附带民事诉讼的当事人和他们的法定代理人，可以对地方各级人民法院第一审的判决、裁定中的附带民事诉讼部分，提出上诉。

对被告人的上诉权，不得以任何借口加以剥夺。

第二百二十八条　地方各级人民检察院认为本级人民法院第一审的判决、裁定确有错误的时候，应当向上一级人民法院提出抗诉。

延长审限案件呈批表

（刑事案件用）

了解文书

延长审限案件呈批表（刑事案件用）是基层人民法院或者中级人民法院在审理案件过程中，发现案件较为复杂，在法定审理期限内无法审理完成，需要延长审理时间时，向上级人民法院申请批准延长审理期限而使用的审批类表格。

本文书样式供供基层或者中级人民法院对需要延长审理期限的案件，依法向上级人民法院报请审批延长审限时使用。

文书样式

×××人民法院

延长审限案件呈批表

<table>
<tr><td colspan="2">案　由</td><td colspan="4"></td><td>案　号</td><td colspan="2">（××××）×刑×字第××号</td></tr>
<tr><td colspan="2">公诉机关</td><td colspan="4"></td><td>自诉人</td><td colspan="2"></td></tr>
<tr><td rowspan="2">被告人</td><td>姓名</td><td></td><td>性别</td><td></td><td>出生年月日</td><td></td><td>民族</td><td></td></tr>
<tr><td>出生地</td><td></td><td colspan="2">工作单位
或地址</td><td colspan="2"></td><td>职务或
职业</td><td></td></tr>
<tr><td colspan="3">收案日期</td><td colspan="3">年　月　日</td><td colspan="2">审限届满日期</td><td>年　月　日</td></tr>
<tr><td colspan="9">简述案情和延长审限的理由：</td></tr>
<tr><td colspan="4">报告机关意见：

年　月　日
（院印）</td><td colspan="5">审批机关决定：

年　月　日
（院印）</td></tr>
</table>

制作说明

1. 标题。要写明“×××人民法院”“延长审限案件呈批表”。

2. 案由、案号、公诉机关或自诉人需如实填写。

3. 被告人基本信息处，应当根据案件情况填写案件当事人的姓名、性别、出生年月日等基本信息。

4. 收案日期和审限届满日期应详细记录立案登记的日期及按照规定应审理终结的日期。

5. 简述案情和延长审限的理由一栏，需简要写明案件基本情况，并根据案情写明案件需延长审限的原因。

6. 报告机关意见一栏，应当写明请求延长审限的具体时间。上级人民法院收到该呈批表（一式两份）后，应当在审批机关决定一栏内写明是否准予延长审限的决定，然后一份留存，另一份退回报告机关，以代替书面批复。

7. 本文书样式供基层或者中级人民法院对需要延长审理期限的案件，依法向上级人民法院报请审批延长审限时使用。

举例示范

案情简述： 2019 年 2 月份，某市某区人民检察院接到匿名举报，该市某区教育局副局长卢某个人贪污校园安保费用 15 万元，该区人民检察院依法立案受理，侦破案件后，以贪污罪将该市某区教育局副局长卢某起诉至当地区人民法院，区人民法院受理案件并开庭进行了审理，但在审理过程中，检察人员发现卢某同时涉嫌受贿罪，认为案件需要补充侦查。区人民法院接受延期审理建议并向上级人民法院报送延长审限案件呈批表进行审批。

×××人民法院

延长审限案件呈批表

<table>
<tr><td colspan="2">案　由</td><td colspan="3">贪污罪</td><td>案　号</td><td colspan="3">（2019）×刑×字第××号</td></tr>
<tr><td colspan="2">公诉机关</td><td colspan="3">某市某区人民检察院</td><td>自诉人</td><td colspan="3"></td></tr>
<tr><td rowspan="2">被告人</td><td>姓名</td><td>卢某</td><td>性别</td><td>女</td><td>出生年月日</td><td>1976 年 10 月 17 日</td><td>民族</td><td>汉</td></tr>
<tr><td></td><td>出生地</td><td colspan="2">某省某市某县某村</td><td>工作单位或地址</td><td>某市某区教育局</td><td>职务或职业</td><td>副局长</td></tr>
<tr><td colspan="2">收案日期</td><td colspan="3">2019 年 3 月 25 日</td><td colspan="2">审限届满日期</td><td colspan="2">2019 年 5 月 24 日</td></tr>
</table>

<table>
<tr><td colspan="2">简述案情和延长审限的理由：
某区人民检察院提起公诉的被告人卢某贪污罪一案，在审理过程中，检察人员发现卢某同时涉嫌受贿罪，认为案件需要补充侦查，特申请延长审理期限。</td></tr>
<tr><td>报告机关意见：
因案情较复杂，本院建议本案审理期限延长15 日，请审批。
2019 年 5 月 20 日
（院印）</td><td>审批机关决定：
同意延期申请。
2019 年 5 月 21 日
（院印）</td></tr>
</table>

法律链接

《中华人民共和国刑事诉讼法》

第二百零四条　在法庭审判过程中，遇有下列情形之一，影响审判进行的，可以延期审理：

（一）需要通知新的证人到庭，调取新的物证，重新鉴定或者勘验的；

（二）检察人员发现提起公诉的案件需要补充侦查，提出建议的；

（三）由于申请回避而不能进行审判的。

第二百零八条第一款　人民法院审理公诉案件，应当在受理后二个月以内宣判，至迟不得超过三个月。对于可能判处死刑的案件或者附带民事诉讼的案件，以及有本法第一百五十八条规定情形之一的，经上一级人民法院批准，可以延长三个月；因特殊情况还需要延长的，报请最高人民法院批准。

提请审判委员会讨论案件报告表

（刑事案件用）

了解文书

提请审判委员会讨论案件报告表（刑事案件用）是人民法院在审理案件过程中，合议庭开庭审理并且评议后，对于合议庭认为的疑难、复杂、重大的难以作出决定的案件，提请院长决定提交审判委员会讨论决定后作出判决时使用的一种审批类文书。

本文书样式供各级人民法院对开庭审理并且评议后，合议庭认为难以作出决定的疑难、复杂、重大的案件，提请院长决定提交审判委员会讨论时使用。

文书样式

×××人民法院

提请审判委员会讨论案件报告表

<table>
<tr><td>案　由</td><td></td><td>案　号</td><td colspan="2">（××××）×刑×字第××号</td></tr>
<tr><td>被告人或者
上诉人的姓名</td><td></td><td>开庭日期</td><td colspan="2">年　月　日</td></tr>
<tr><td colspan="5">合议庭（独任审判员）提请院长决定提交审判委员会讨论的理由：

审判长（或独任审判员）签名：
年　月　日</td></tr>
<tr><td colspan="5">院长意见：

签字：
年　月　日</td></tr>
<tr><td colspan="5">备注：</td></tr>
</table>

制作说明

1. 标题。要写明“×××人民法院”“提请审判委员会讨论案件报告表”。

2. 案由、案号、被告人或上诉人姓名及开庭日期需如实填写。

3. 合议庭（独任审判员）提请院长决定提交审判委员会讨论的理由处，应当根据案件实际情况由合议庭审判长根据合议庭评议的意见（或者独任审判员的意见），填写需提请院长决定提交审判委员会讨论的理由。

4. 院长意见处需由院长作出决定，是否将案件提交审判委员会讨论。

5. 本文书样式供各级人民法院对开庭审理并且评议后，合议庭认为难以作出决定的案件，提请院长决定提交审判委员会讨论时使用。

举例示范

案情简述：2018 年 10 月份，某县某乡土地征收办公室工作人员集体侵吞 258 万元征地补偿款一案，经县人民检察院提起公诉，县人民法院已依法开庭进行了审理并由合议庭进行了合议，但是考虑到本案件在社会上有较大影响，全县人民极其关注，案情也较为复杂，合议中参加合议人员出现不同意见，认为难以作出决定，故合议庭提请院长决定提交审判委员会讨论决定。

×××人民法院
提请审判委员会讨论案件报告表

<table>
<tr><td>案　由</td><td>贪污罪</td><td>案　号</td><td>（2018）×刑×字第××号</td></tr>
<tr><td>被告人或者
上诉人的姓名</td><td>万某、齐某
等 6 人</td><td>开庭日期</td><td>2018 年 11 月 13 日</td></tr>
<tr><td colspan="4">合议庭（独任审判员）提请院长决定提交审判委员会讨论的理由：

因本案涉及到乡政府工作人员较多，受到全县人民广泛关注，考虑到本案件在社会上有较大影响，属于疑难、复杂、重大的案件，合议庭已进行开庭审理并进行评议，认为难以作出决定，故本合议庭提请院长决定提交审判委员会讨论决定。

审判长（或独任审判员）签名：焦某
2018 年 11 月 18 日</td></tr>
</table>

院长意见： 同意本案件提交审判委员会讨论。 签字：方某 2018 年 11 月 18 日
备注：

法律链接

《中华人民共和国刑事诉讼法》

第一百八十五条　合议庭开庭审理并且评议后，应当作出判决。对于疑难、复杂、重大的案件，合议庭认为难以作出决定的，由合议庭提请院长决定提交审判委员会讨论决定。审判委员会的决定，合议庭应当执行。

报请核准假释案件的报告

（有特殊情况假释用）

了解文书

报请核准假释案件的报告（有特殊情况假释用）供中级以上人民法院将犯罪分子因有特殊情况，不受执行刑期限制而予以假释的案件报请复核时使用。如系中级人民法院报请高级人民法院复核的，文书名称应当写为《报请复核假释案件的报告》。

文书样式

×××人民法院

报请核准假释案件的报告

（××××）×刑×字第××号

×××人民法院：

×××中级人民法院（或者本院）于××××年××月××日作出了

（××××）×刑×执字第××号裁定书，因罪犯×××具有特殊情况，裁定准予假释。________________（写明高级人民法院复核的经过和同意的具体意见）。现将罪犯×××具有特殊情况的报告，×××中级人民法院（或者本院）假释裁定书各×份和全案卷宗一并报上，请予复核（或者核准）。

（院印）

××××年××月××日

制作说明

1. 首部

（1）标题。要写明"×××人民法院""报请核准假释案件的报告"。

（2）案号。写："（××××）×刑×字第××号"。

2. 正文

（1）写明报请核准的人民法院名称。

（2）写明某中级人民法院作出准予假释裁定书的时间、案号及案件基本情况，并写明高级人民法院复核的经过和同意的具体意见，最后将假释裁定书和全案卷宗一并报请最高人民法院核准。

3. 尾部。应写明发文日期并加盖人民法院印章。

举例示范

案情简述：在外地打工的杨某接到母亲生病的消息后，急忙赶回家给母亲看病，因为手术费需要两万余元，而打工为生的杨某实在拿不出钱，向亲戚朋友也借不到。一天，杨某到银行取钱，发现前面取钱的人忘记退出银行卡，杨某便将其卡内三万元余额取出。事情曝光后，杨某因盗窃罪被判有期徒刑三年并处罚金10000元。因杨某在服刑期间没有违规行为，而且服刑两年间曾受奖三次，所在监狱向市中级人民法院提出杨某假释建议书，市中级人民法院经高级人民法院复核同意，书面报请最高人民法院核准。

×××人民法院
报请核准假释案件的报告

（2019）×刑×字第××号

最高人民法院：

×××中级人民法院于2019年4月12日作出（2019）×刑×执字第××号裁定书，因罪犯杨某盗窃罪一案具有特殊情况，裁定准予假释。×××高级人民法院经复核，认为杨某在服刑期间没有违规行为，而且服刑两年间曾受奖三次，有悔过意愿，同意本院准予假释的刑事裁定。现将罪犯杨某具有特殊情况的报告，×××中级人民法院假释裁定书各×份和全案卷宗一并报上，请予核准。

（院印）

二〇一九年四月二十一日

法律链接

《最高人民法院关于适用〈中华人民共和国刑事诉讼法〉的解释》

第三百四十一条　报请最高人民法院核准因罪犯具有特殊情况，不受执行刑期限制的假释案件，应当按照下列情形分别处理：

（一）中级人民法院依法作出假释裁定后，应当报请高级人民法院复核。高级人民法院同意的，应当书面报请最高人民法院核准；不同意的，应当裁定撤销中级人民法院的假释裁定；

（二）高级人民法院依法作出假释裁定的，应当报请最高人民法院核准。

第三百四十二条　报请最高人民法院核准因罪犯具有特殊情况，不受执行刑期限制的假释案件，应当报送报请核准的报告、罪犯具有特殊情况的报告、假释裁定书各五份，以及全部案卷。

第三百四十三条　对因罪犯具有特殊情况，不受执行刑期限制的假释案件，最高人民法院予以核准的，应当作出核准裁定书；不予核准的，应当作出不核准裁定书，并撤销原裁定。

报请核准死刑缓期二年执行案件报告

（中级人民法院用）

了解文书

报请核准死刑缓期二年执行案件报告（中级人民法院用）是中级人民法院在审理刑事案件过程中，依法作出死刑缓期二年执行的判决时，就案件的基本情况报请高级人民法院核准时使用的文书。

本文书样式供中级人民法院报请高级人民法院核准死刑缓期二年执行案件时使用。

文书样式

××××中级人民法院

报请核准死刑缓期二年执行案件报告

（××××）×刑×字第××号

×××高级人民法院：

我院审理________________（写明被告人姓名和案由）一案，于××××年××月××日以（××××）×刑××字第××号刑事判决，判处被告人×××死刑，缓期二年执行，剥夺政治权利终身。在法定期限内，被告人不上诉且人民检察院不抗诉。依照《中华人民共和国刑事诉讼法》第二百四十八条的规定，现将全案卷宗材料报去，请予核准。

附：判决书×份，死刑案件综合报告×份，案卷×宗，证据×件。

（院印）

××××年××月××日

制作说明

1. 首部

（1）标题。要写明“×××人民法院”“报请核准死刑缓期二年执行案件报告”。

（2）案号。写：“（××××）×刑×字第××号”。

2. 正文

（1）写明报请核准的高级人民法院名称。

（2）写明案件的基本情况，某中级人民法院作出刑事判决的时间、案号及所判刑罚，并写明被告人不上诉、人民检察院不抗诉，同时注明报请核准死刑缓期二年执行的法律依据，请予核准。

（3）写明附件内容及份数，判决书、死刑案件综合报告、案卷及证据等。

3. 尾部

应写明发文日期并加盖人民法院印章。

举例示范

案情简述：胡某是某市重点高中应届毕业生，2018年7月份，胡某得知自己高考成绩后一度抑郁，天天闷在家里。2018年9月份，胡某携带刀具跑到所在高中，见人就砍，造成一人死亡三人受伤，后胡某被公安机关抓获并依法刑事拘留。2019年2月份，该市中级人民法院开庭审理了此案，判决胡某死刑，缓期两年执行，剥夺政治权利终身，同时依法报请某高级人民法院进行死刑缓期二年执行的核准。

×××中级人民法院

报请核准死刑缓期二年执行案件报告

（2019）×刑×字第××号

×××高级人民法院：

我院审理被告人胡某持刀杀人一案，于2019年2月22日以（2019）×刑××字第××号刑事判决，判处被告人胡某死刑，缓期二年执行，剥夺政治权利终身。在法定期限内，被告人不上诉、人民检察院不抗诉。依照《中华人民共和国刑事诉讼法》第二百四十八条的规定，现将全案卷宗材料报去，请予核准。

附：判决书×份，死刑案件综合报告×份，案卷×宗，证据×件。

（院印）

二〇一九年二月二十四日

法律链接

《中华人民共和国刑事诉讼法》

第二百四十八条　中级人民法院判处死刑缓期二年执行的案件，由高级人民法院核准。

《最高人民法院关于适用〈中华人民共和国刑事诉讼法〉的解释》

第三百四十五条　中级人民法院判处死刑缓期执行的第一审案件，被告人未上诉、人民检察院未抗诉的，应当报请高级人民法院核准。

高级人民法院复核死刑缓期执行案件，应当讯问被告人。

报请核准在法定刑以下判处刑罚的报告

（刑事案件用）

了解文书

报请核准在法定刑以下判处刑罚的报告（刑事案件用）是指地方各级人民法院根据案件的特殊情况，对于不具有法定的减轻处罚情节的犯罪分子在法定刑以下判处刑罚时，报请上级人民法院复核或者最高人民法院核准而使用的报告类文书。

本文书样式供人民法院报请复核或者核准在法定刑以下判处刑罚的案件时使用。

文书样式

×××人民法院

报请核准在法定刑以下判处刑罚的报告

（××××）×刑×字第××号

×××人民法院：

×××人民检察院提起公诉的被告人×××________（写明案由）一案，本院（或者×××人民法院）已于××××年××月××日作出（××××）×刑×字第××号刑事判决，以被告人×××犯××罪，在法定刑以下判处________（写明具体刑种，刑罚）。________（经过二审审理终结的，写明上诉、抗诉和第二审审理结果，或者经×××人民法院复核的经过和意见）。现将在法定刑以下判处刑罚的被告人×××________（写明案由）一案的审理报告、判决书各×份，以及全案诉讼案卷、证据一并送上，请予核准（或者复核）。

××××年××月××日

（院印）

制作说明

1. 首部

（1）标题。要写明“×××人民法院”“报请核准在法定刑以下判处刑罚的报告”。

（2）案号。写：“（××××）×刑×字第××号”。

2. 正文

（1）写明报请核准的上级人民法院名称。

（2）写明案件的基本情况，人民法院作出刑事判决的时间、案号及所判刑罚，并写明对被告人处以法定刑以下刑罚，同时注明报请核准在法定刑以下判处刑罚的法律依据，请予核准。

（3）写明附件内容及份数，判决书、案卷及证据等。

3. 尾部

应写明发文日期并加盖人民法院印章。

举例示范

案情简述：2017 年 3 月份，因黄某夜间闯红灯行驶，将宋某撞成重伤，黄某将宋某送至医院后到公安机关自首。2017 年 6 月份，公诉机关将黄某起诉至当地中级人民法院，人民法院开庭进行了审理。在审理过程中，黄某对案件事实供认不讳，被害人家属称在宋某住院期间，黄某家人对其细心照顾，现已部分康复，被害人已谅解。市中级人民法院给予被告人减轻刑罚处罚。在法定期限内被告人未提出上诉，人民检察院也未提出抗诉，经高级人民法院复核同意原判，市中级人民法院向最高人民法院报请核准在法定刑以下判处刑罚的报告。

×××人民法院

报请核准在法定刑以下判处刑罚的报告

（××××）×刑×字第××号

最高人民法院：

×××人民检察院提起公诉的被告人黄某交通肇事一案，本院已于 2017 年 7 月 13 日作出（2017）×刑×字第××号刑事判决，以被告人黄某犯交通肇事罪，在法定刑以下判处有期徒刑一年。被告人未提出上诉，人民检察院也未提出抗诉，经高级人民法院复核同意原判。现将在法定刑以下判处刑罚的被告人黄某交通肇事一案的审理报告、判决书各×份，以及全案诉讼案卷、证据一并送上，请予核准。

二〇一七年七月二十一日

（院印）

法律链接

《最高人民法院关于适用〈中华人民共和国刑事诉讼法〉的解释》

第三百三十八条　对在法定刑以下判处刑罚的案件，最高人民法院予以核准的，应当作出核准裁定书；不予核准的，应当作出不核准裁定书，并撤销原判决、裁定，发回原审人民法院重新审判或者指定其他下级人民法院重新审判。

审理报告

（一审刑事案件用）

了解文书

审理报告（一审刑事案件用）是案件主审人员对一审刑事案件案件审理后和判决前书写的提交给合议庭评议或者报给审判委员会讨论、领导审查的书面汇报材料，这份书面材料不仅是制作裁判文书的基础，也是检查案件质量、总结审判工作经验的依据之一。

本文书用于刑事案件的主审人员在一审审理后、判决作出前提交给相关部门或领导汇报时使用。

文书样式

关于某案的审理报告

（××××）×刑初字第××号

一、控辩双方和其他诉讼参与人的基本情况

公诉机关：×××人民检察院。

被害人：________________。

自诉人：________________。

附带民事诉讼原告人：________________。

委托（或者法定、指定）代理人：________________。

被告人：________________。

辩护人：________________。

二、案件的由来和审理经过

被告人＿＿＿＿＿＿＿＿一案，由×××人民检察院于××××年××月××日以〔××××〕×检×诉第××号起诉书，向本院提起公诉。

本院审查后，认为符合法定开庭条件，决定开庭审判，依法组成合议庭，于××××年××月××日公开开庭审理了本案。×××人民检察院检察员×××出庭支持公诉，被害人×××及其诉讼代理人×××，被告人×××及其辩护人×××，鉴定人×××、翻译人员×××等到庭参加诉讼。现已审理终结。

三、案件的侦破、揭发情况

＿＿＿＿＿＿＿＿。

四、控辩双方的主要控辩内容

＿＿＿＿＿＿＿＿。

五、审理查明的事实和证据

＿＿＿＿＿＿＿＿。

六、需要说明的问题

＿＿＿＿＿＿＿＿。

七、处理意见和理由

合议庭评议认为＿＿＿＿＿＿＿＿。

审判员　×××

××××年××月××日

制作说明

1. 首部

（1）标题。简要写明被告人的姓名和案由，注意不能简写成“审理报告”。

（2）案号。写明“（××××）×刑初字××号”。

2. 正文

（1）控辩双方当事人和其他参与人的基本情况

①写明被害人、自诉人、附带民事诉讼原告人的姓名、性别、出生日期、民族、文化程度、工作单位和职务、家庭住址，另外，被害人还需写明与被

告人的关系以及受害情况等。

②写明代理人的姓名、性别、工作单位、职务等。

③分三部分写明被告人的基本情况。第一，写明姓名、性别、出生日期、民族、文化程度、工作单位和职务、家庭住址，因此案件被采取相关强制措施时间和情况，现羁押于某地点；第二，写明被告于何时、何地、何原因受过何种劳动教养、刑事拘留、行政拘留等处罚；第三，写明被告人的家庭成员情况。

④写明被告人请的辩护律师的姓名、工作单位、职务。如果被告人或者其他诉讼参与人有多个人员的，依次在后面列明。

（2）案件由来和审理经过

① 由来：写明某案，由某人民检察院于××××年××月××日以〔××××〕×检×诉第××号起诉书，向本院提起公诉。如果是自诉案件，写明自诉人×××以被告人×××犯××罪一案，于××××年××月××日向本院提起控诉。

②审理经过：写明本院审查后，认为符合法定开庭条件，决定开庭审判，并依法组成合议庭。如果是独任审判，写明依法由审判员独任审判，于××××年××月××日公开或者不公开开庭审理了此案。某人民检察院检察员某某出庭支持公诉。最后需写明现已审理终结。

（3）案件的侦破、揭发情况

在这里需要写明案件发生经过、侦查、破获过程的情况，包括时间、地点、侦查方法以及主要参与人员等。如果案情特别重大复杂的，应当详细写明。如果所写案件时自诉案件的，这项可以省略不写。

（4）控辩双方控辩内容

① 写明检察机关或者自诉人对被告人指控的罪名、犯罪事实、犯罪情节、证据、诉讼请求。

②写明被告人及其辩护人对检察机关或者自诉人指控的罪名、犯罪事实和证据、犯罪情节的供认情况，辩解内容和相关证据。如果被告的口供有反复的，应当一并写明。在自诉案件中，如果被告人提出反诉的，应当写明反诉的内容，包括事实、证据、诉讼请求事项及其理由。

（5）审理查明的事实和证据

写明经法庭审理查证后所认定的事实和具体证据。犯罪事实部分应写明作案的时间、地点、动机、目的、实施过程、危害后果，以及被告人作案后的认罪态度等。证据部分应是经过庭审查证属实的证据。

（6）需要说明的问题

这部分根据案件的具体实际情况，对案件的审判有影响而又不宜写入裁判文书的事实有什么需要特别说明，就将特殊情况写清楚即可。案件本身没有什么要写的，就可以省略此部分。

（7）处理意见和理由

将案件的处理意见和理由写在“合议庭评议认为”后面，此项应当写明的内容，实际上就是判决书中的理由和判决两部分的内容。

3. 尾部

由审理本案的独任审判员或者合议庭成员署名，并写明此报告作出的日期。

举例示范

案情简述：刘某系白酒供应商，2019 年 2 月，刘某以贵州某酒业公司名义收取了某国际酒店的 56 万元货款后，没有如约履行供货义务，而是把 56 万元挥霍一空后逃跑到外地。某国际酒店向某公安局报案，公诉机关某人民检察院依法调查审理了此事。

关于刘某合同诈骗一案的审理报告

（2019）某刑初字第 101 号

一、控辩双方和其他诉讼参与人的基本情况

公诉机关：某区人民检察院。

被害人上海某国际酒店，地址：上海市某区某街道 30 号。

委托代理人孙某某，上海某律师事务所主任。

被告人刘某，男，1967 年 4 月生，汉族，高中文化，零售商，住址：贵州省某市某区。

辩护人杨某，某律师事务所律师。

二、案件的由来和审理经过

被告人刘某合同诈骗一案，由某区人民检察院于2019年3月22日以〔2019〕某检某诉第09号起诉书，向本院提起公诉。

本院审查后，认为符合法定开庭条件，决定开庭审判，依法组成合议庭，于2019年4月3日公开开庭审理了本案。某人民检察院检察员徐某出庭支持公诉，被害人某公司及其诉讼代理人孙某某，被告人刘某及其辩护人杨某，鉴定人赵某等到庭参加诉讼，现已审理终结。

三、案件的侦破、揭发情况

2019年1月，刘某以贵州某酒业公司的名义和某国际酒店签订了一份购酒协议，协议约定，2月2日某国际酒店先交给某酒业公司56万预付款，2月10日，某贵州酒业公司将五粮液十箱送到某国际饭店，十天后再由某国际公司交付尾款，某酒业公司将剩余的五粮液和赠送的二十箱杜康酒一起送到某国际饭店。合同签订后，某国际酒店如约给某贵州酒业公司打了56万元，其实，打到了刘某的账户上。2月10日，某贵州酒业迟迟没有送货上门，某国际公司经理打电话催货，某贵州酒业称，货在路上遭遇泥石流可能晚几天到，一周后，某国际酒店再打电话催货时，对方电话已关机。2月21日，某国际酒店向当地公安局报案，称2月2日，一位叫刘某的白酒供应商诈骗了本饭店56万货款，接到报案后，上海某公安局马上和贵州某公安局取得联系，贵州某公安局传唤了刘某，经审查，刘某有诈骗的客观事实。

四、控辩双方的主要控辩内容

公诉机关指控，2019年2月，被告人刘某以贵州某酒业白酒供销商身份和原告上海某国际酒店签订购酒协议，在收到货款56万元后，未在指定时间和指定地点交付货物，刘某并连夜逃到外地，被告人刘某的行为已构成合同诈骗罪，应适用《中华人民共和国刑法》第二百二十四条之规定定罪量刑。

被告人刘某辩称，其被指控的未在指定时间、地点正常交货，不符合合同诈骗罪的主观要件，主客观不统一，因此合同诈骗罪不成立，案件最多也只能定性为民事合同违约行为，承担违约责任。

五、审理查明的事实和证据

经审理查明，刘某是某国际酒店的长期供酒商，一直合作的都很愉快。但2013年底，上海某国际公司新聘请了一位采购部的经理徐某，徐某曾经和刘某是同事关系，两人因竞争某一职位结下了仇。2019 年 2 月，刘某和某国际公司签订合同后，想趁机报复经理徐某，将 56 万存入自己账户后根本就没有备酒，接下来又编造路遇泥石流的借口，不给国际酒店供货，因为刘某知道国际酒店近期将举行大型国际会议，需要这批五粮液招待客人，想利用这种手段让徐某丢掉工作。后刘某将这 56 万元货款挥霍一空，在案发后不能将钱归还。刘某诈骗这一事实查证属实。

认定刘某犯罪的主要证据有：某国际公司提交的打款凭证、往来短信、刘某的司机张某的证人证言、双方签订的购酒协议等，本案事实清楚，证据确实、充分，足以认定合同诈骗事实成立，而不是简单的合同违约。

六、处理意见和理由

合议庭评议认为，刘某以非法占有为目的，骗取某国际酒店的货款 56 万元，又虚构了遭遇泥石流的事实，不给国际酒店供货，给国际酒店的经营带来恶劣影响，符合诈骗罪的构成要件，刘某及其律师杨某的辩护与事实不符，此案不属于简单的民事纠纷，公诉机关指控的合同诈骗罪成立。被告刘某的行为性质恶劣，社会危害性较大，定罪证据充分，确能够认定刘某有罪，罪名为合同诈骗罪。鉴于被告人刘某在审讯时，配合调查，认罪态度良好，可以从轻处罚。主审人意见：可依《中华人民共和国刑法》第二百二十四条的规定，以合同诈骗罪判处被告人刘某有期徒刑 6 年零 6 个月。诈骗所得的货款 56 万予以追缴。

审判员　周某
刘某
李某
二零一九年七月五日

法律链接

《中华人民共和国刑法》

第二百二十四条　有下列情形之一，以非法占有为目的，在签订、履行合同过程中，骗取对方当事人财物，数额较大的，处三年以下有期徒刑或者拘役，并处或者单处罚金；数额巨大或者有其他严重情节的，处三年以上十年以下有期徒刑，并处罚金；数额特别巨大或者有其他特别严重情节的，处十年以上有期徒刑或者无期徒刑，并处罚金或者没收财产：

……

（四）收受对方当事人给付的货物、货款、预付款或者担保财产后逃匿的。

……

审理报告

（二审刑事案件用）

了解文书

审理报告（二审刑事案件用）是二审法院的审判人员在二审判决作出前，就二审刑事案件审理全过程、事实定性、审理意见等作出全面总结后，提交给院领导审核或者上报给该院审判委员会讨论的书面汇报材料。这份书面材料既是制作裁判文书的依据，也是检查案件质量、总结审判工作经验的重要参考材料。

本文书用于刑事案件的主审人员在二审审理后、判决作出前提交给有关部门或上报领导时使用。

文书样式

关于某案的审理报告

（××××）×刑终字第××号

一、一审控辩双方和其他诉讼参与人的基本情况

原公诉机关：×××人民检察院。

被害人：________________。

原审被告人：________________。

辩护人：________________。

二、案件的来源和审理经过

原审被告人________________一案，×××人民法院于××××年××

月××日作出（××××）×刑初字第××号刑事判决，______________。被告人×××不服，提出上诉。（或×××人民检察院认为______________，依法提出抗诉。）

本院受理后，依法组成合议庭，于××××年××月××日公开（或不公开）开庭审理了本案，×××人民检察院检察员×××出庭履行职务。概述诉讼参加人到庭情况。本案现已审理终结。

三、案件的侦破、揭发情况

____。

四、原判要点和上诉、抗诉的主要内容

____。

五、二审审理查明的事实和证据

____。

六、需要说明的问题

____。

七、处理意见和理由

合议庭评议认为，______________________________。

审判员　×××

××××年××月××日

制作说明

1. 首部

（1）标题。写明“关于××案的审理报告”。

（2）案号。写：“（××××）×刑终字第××号”。

2. 正文

（1）一审控辩双方和其他诉讼参与人的基本情况

①写明原公诉机关：×××人民检察院。

②写明被害人的姓名、年龄、民族、性别、工作单位、家庭住址等基本信息。另外，最好能写明与被告人的关系和受害情况。

③写明原审被告人的姓名、年龄、民族、性别、工作单位、家庭住址等

基本信息。另外，还要写明被告人因为此案受到的拘留、羁押的强制措施情况，现羁押地点。如果被告人曾受过刑事处罚，要如实写明受处罚的时间、地点以及所受处罚种类。最后，要写明被告人的家庭成员情况，如果家庭成员有侨居国外或居住在港澳台的，也要一一写明。

④写明原审被告人辩护律师的姓名、工作单位、职务。如果是非律师辩护人还要特别写明是否与原审被告人有亲属关系，是何种关系。

（2）案件由来和审判经过

①写明原审某案，原审被告人不服原审法院作出的（××××）×刑初字第××号刑事判决，现提出上诉。或者是某人民检察院认为应当提出抗诉的事实和理由，依法提出抗诉。

②写明本案受理后，于某年某月某日依法组成了合议庭，公开（或不公开）审理了此案，接着写检察院检察员、被告人及其辩护人、被害人及其代理人、证人等诉讼参与人出庭的情况。最后写本案现已审理终结。

（3）案件的侦破和揭发情况

在这里主要写案件的发生、揭发、侦查、破获的全过程，具体要写明时间、地点、主要参与人物、案件的复杂问题和曲折过程等详细信息。自诉案件可以不写此部分。

（4）原判要点和上诉、抗诉的主要内容

首先写明原审判决认定的事实和证据；其次写明案件定性处理的理由和依据；最后写明诉讼双方意见、理由、依据。

（5）二审审理查明的事实和证据

重点写明本院经审理后认定的原审法院的审判事实哪些是正确的，哪些是错误的；正确的有哪些证据可以证明，错误的有哪些理由可以说明。如果上诉或者抗诉对事实和证据都提出了不同意见，还应写明本院是否依法进行了调查论证，以便能够充分确认上诉或者抗诉的理由和依据能否成立，进而作出公正而又准确的判决。

（6）需要说明的问题

该项的处理因案件而异。如果案件有特殊情况而又对案件的处理结果有重大影响的，那么就要详细地写清楚，如果没有特别情况要说明，也可以省略不写。

（7）处理意见和理由

这部分的写作是审理报告的最后一部分也是最重要的部分。通常要根据二审认定的事实和证据，依据法律法规或者相关司法解释对一审的判决也就是二审上（抗）诉部分内容作出全面综合的论述，再写明依据《中华人民共和国刑事诉讼法》的有关规定，提出对原判决的维持、改判或者发回重审的具体意见。需要向有关单位提出司法建议的，也要在最后写明。

3. 尾部

由审理本案的独任审判员或者合议庭成员署名，并写明此报告作出的日期。

举例示范

案情简述：郭某、杨某、杜某系某农用拖拉机加工厂工人，三人于2018年11月25日盗窃了该加工厂的三辆拖拉机并开往外地进行了销赃。法院依法对三人作出判决后，郭某、杨某不服此判决于是向二审法院提出上诉，二审法院经过审查，认为一审判决在事实认定、法律适用、程序方面并无不妥，维持了原判，并向相关领导作出审理报告。

关于被告人郭某、杨某、杜某盗窃某农用拖拉机加工厂拖拉机一案的审理报告

（2019）某刑终字第55号

一、一审控辩双方和其他诉讼参与人的基本情况

原公诉机关：某人民检察院。

被害人：某农业拖拉机加工厂，某省某市某区某街道30号。法定代表人张某，该厂厂长。

上诉人（原审被告人）郭某，男，1977年9月17日生，汉族，初中文化，某省某市某县某某村人，某农用拖拉机加工厂工人。

辩护人：蔡某，祥云律师事务所律师。

上诉人（原审被告人）杨某，男，1978年3月12日生，汉族，初中文化，某省某市某县某某村人，某农用拖拉机加工厂工人。

辩护人：周某，恒久律师事务所律师。

原审被告人：杜某，男，1980年4月20日生，汉族，高中文化，某省某

市某县某某村人，某农用拖拉机加工厂工人。

辩护人：周某某，某司法局法律援助律师。

二、案件的来源和审理经过

上诉人（原审被告人郭某）、杨某和原审被告人杜某涉嫌盗窃农用拖拉机一案，某人民法院于2019年1月13日作出（2019）某刑初字第10号刑事判决，判决郭某、杨某、杜某构成盗窃罪，分别判处郭某有期徒刑七年，杨某有期徒刑五年，杜某有期徒刑三年零六个月。被告人杨某、郭某不服，提出上诉。

本院受理后，依法组成合议庭，于2019年3月4日公开开庭审理了本案，某人民检察院检察员王某出庭履行职务。本案现已审理终结。

三、案件的侦破、揭发情况

2018年12月4日，某农用拖拉机加工厂的库管人员廖某发现仓库中存放的三辆拖拉机丢失，于是向加工厂厂长张某报告了拖拉机被盗的情况，张某立即报警。十天后案件侦破，得知在拖拉机被盗后，由杨某带赃物去外地的某村销赃，在销赃过程中被某公安局当场抓获。在审讯中，杨某供出了同案犯郭某和杜某。某派出所对郭某、杜某进行监视居住，经审讯，两人供认了伙同杨某偷盗拖拉机的犯罪事实。

四、原判要点和上诉的主要内容

原审法院判决认定，2018年11月1日，被告人郭某提出盗窃本厂农用拖拉机的想法，杜某表示愿意配合。11月12日晚，郭某找到被告人杨某密谋作案，在密谋过程中，杨某提出将拖拉机盗出后卖掉，然后将所得赃款均分的主意，郭某、杜某表示同意。11月25日晚上十点左右，郭某、杜某、杨某三人，按照计划先由郭某把仓库管理员廖某灌醉，然后由杨某将放在仓库中准备出售的三台拖拉机盗走，杜某负责在门口望风。趁着天黑无人发现，杨某将盗窃的拖拉机开往外地进行销赃。此三人的行为已构成盗窃罪，情节严重。在共同犯罪中，郭某、杨某是起主要作用的主犯，应当从重处罚。杜某在犯罪过程中起到次要作用，可比照主犯减轻处罚。郭某认罪态度不好，可从重处罚，杜某、杨某配合工作人员审理案件，态度较好，可从轻处罚。依据《中华人民共和国刑法》第二百六十四条规定，郭某、杨某、杜某构成盗窃罪，盗窃数额较大，分别判处郭某有期徒刑七年，杨某有期徒刑五年，杜某有期徒刑三年零六个月，且将追缴的赃物赃款归还给某拖拉机加工厂。

一审判决后，被告人郭某提出上诉，推翻了参与盗窃拖拉机的事实，辩称自己是在办案工作人员刑讯逼供的情况下才作出承认盗窃事实，违背了自己的真实意愿。被告人杨某以一审判决与事实不符提出上诉，认为自己被郭某欺骗，并不知道要去盗窃的事情，自己是被胁迫的，主观上并无盗窃恶意，不应构成盗窃罪，之所以承认盗窃，是因为办案人员在调查取证时进行了刑讯逼供，所得证据不能被法官采信。

五、二审审理查明的事实和证据

经审查，郭某、杨某、杜某本系某农用拖拉机加工厂工人。2018 年 3 月 6 日，郭某、杜某因被生产组组长调离到生产效益不好的小组，直接影响了两人的工资收入，于是两人怀恨在心，多次想找机会报复组长。后郭某提出将厂中生产的拖拉机盗出废弃野外，以此报复生产组组长，杜某表示同意。郭某又将此想法告诉杨某，请杨某帮忙盗车，杨某认为郭某平时很照顾自己，应该帮忙替郭某出气，因此同意郭某的提议。3 月 10 日，郭某、杨某和杜某三人进行密谋商议，杨某提出将盗窃日期定在星期六，周六放假，值班人员少，盗车容易得手，并提议将车盗出后开到离厂子二十里地处卖掉，郭某、杜某表示同意。郭某让杨某准备两瓶二锅头和一些下酒菜准备把看库房门的老头廖某灌醉。随后，郭某用自己私藏的与被盗车的开关钥匙相似的钥匙，改配成被盗车的点火开关钥匙。11 月 25 日晚十点左右，杨某、郭某、杜某按事先的约定，在拖拉机加工厂门前会合，郭某先以请廖某喝酒为名，将廖某灌醉，将廖某的库房钥匙偷走，然后由杜某在车库附近望风，郭某、杨某潜至车库，郭某用改配的点火开关钥匙将拖拉机发动后，将车开出车库交给杨某，杨某将拖拉机开离厂子前往外地销赃，此三人在一晚上用此种方法总共盗窃拖拉机三辆。

上述事实认定的主要证据有：（1）上诉人杨某、郭某与同案犯杜某的供述大体一致，能够互相印证。杨某、郭某虽有翻供，但供认基本犯罪事实和情节基本吻合；（2）参加侦查人员和见证人出具的不存在逼供、诱供的情况的证明材料和视频监控；（3）杨某妻子证实，杨某 11 月 25 日晚确离家外出至十二点以后才回家，说明杨某具备作案的时间；（4）从郭某住处查到了郭某私藏的被盗车的开关钥匙以及改配的被盗车点火开关钥匙；（5）某市物价局关于被盗车辆的价格鉴定。

上诉人杨某和郭某辩称自己是在办案工作人员的刑讯逼供的情况下才作出承认盗窃事实，违背自己的真实意愿的说法没有事实根据，是杨某、郭某为了逃避法律责任而编造的供词。

综上所述，此案证据确实、充分、合法，杨某、郭某、杜某盗窃某厂拖拉机的犯罪事实可以认定成立。

六、需要说明的问题

关于上诉人、被告人翻供问题，是因为三名罪犯订立了“攻守同盟”，在侦查过程中和押解途中有串供的现象，办案人员并未对他们刑讯逼供。

七、处理意见和理由

合议庭评议认为，上诉人杨某、郭某，同案犯杜某以非法占有为目的，秘密窃取农用拖拉机，情节严重，构成盗窃罪。在共同犯罪中，郭某提起盗车犯意、改配作案钥匙，在实施盗车中起主要作用，系主犯，应从重处罚；杨某提起盗卖车辆、选定作案时间、积极参与盗车，起主要作用，系主犯，应从重处罚；杜某在盗车中望风，起次要作用，系从犯，应比照主犯减轻处罚。一审法院判决定性准确，量刑适当，程序合法。依据《中华人民共和国刑事诉讼法》第二百三十六条第一款规定，裁定“驳回上诉，维持原判”。以上是否妥当，请审判委员会审议。

审判员　左某

张某

周某

二〇一九年七月十五日

法律链接

《中华人民共和国刑事诉讼法》

第二百二十七条第一款　被告人、自诉人和他们的法定代理人，不服地方各级人民法院第一审的判决、裁定，有权用书状或者口头向上一级人民法院上诉。被告人的辩护人和近亲属，经被告人同意，可以提出上诉。

第二百三十六条　第二审人民法院对不服第一审判决的上诉、抗诉案件，经过审理后，应当按照下列情形分别处理：

（一）原判决认定事实和适用法律正确、量刑适当的，应当裁定驳回上诉或者抗诉，维持原判；

……

审理报告

（再审刑事案件用）

了解文书

审理报告（再审刑事案件用）是指再审法院的审判人员对于再审案件的审理状况、事实认定、法律适用等审判情况作出的汇报材料，这份汇报材料是对整个再审案件的综合概括，更是作出再审判决的依据。

本文书样式供各级人民法院按照第一审程序或者中级人民法院按照第二审程序审理再审案件过程中，向相关领导或者部门汇报案件审理情况时使用。

文书样式

关于某案的审理报告

（××××）×刑×字第××号

一、原审控辩双方和其他诉讼参与人的基本情况

原公诉机关：×××人民检察院。

被害人：＿＿＿＿＿＿＿＿。

原审自诉人：＿＿＿＿＿＿＿＿。

原审附带民事诉讼原告人：＿＿＿＿＿＿＿＿。

委托（或法定、指定）代理人：＿＿＿＿＿＿＿＿。

原审被告人：＿＿＿＿＿＿＿＿。

辩护人：＿＿＿＿＿＿＿＿。

二、案件的由来和审理经过

原审被告人＿＿＿＿＿＿＿＿一案，本院于××××年××月××作出

（××××）×刑×字第××号判决（或者裁定）。该判决（或者裁定）已经发生法律效力。________（启动再审程序的原因、事实和理由等）。本院依法另行组成合议庭，于××××年××月××日公开（或不公开）开庭审理了本案。×××人民检察院检察员 ×××出庭履行职务，被害人×××及其诉讼代理人×××，原审被告人×××及其辩护人×××和证人×××等到庭参加诉讼。本案现已审理终结。

三、案件的侦破、揭发情况

____。

四、原判要点和再审中诉讼双方的意见

____。

五、再审认定的事实和证据

____。

六、需要说明的问题

____。

七、处理意见和理由

合议庭评议认为，________________________________。

审判员（或者独任审判员）×××

××××年××月××日

制作说明

1. 首部

（1）标题。写明“关于某案的审理报告”。

（2）案号。写明“（××××）×刑×字第××号”。

2. 正文

（1）一审控辩双方当事人以及其他诉讼参与人的基本情况

①如果是某人民检察院依照审判监督程序提出抗诉的再审案件，应写明抗诉机关某人民检察院。

②写明被害人的姓名、年龄、民族、性别、工作单位、家庭住址、以及与被告人的关系和受害情况等基本信息。

③写明原审自诉人、原审附带民事诉讼原告人的姓名、年龄、民族、性别、工作单位、家庭住址等信息；写明委托代理人的姓名、工作单位、职务以及与被代理人的关系。

④写明原审被告人的姓名、年龄、民族、性别、工作单位、家庭住址等基本信息，另外，还要写明被告人因为此案受到的拘留、羁押等强制措施情况，现羁押地点。如果被告人曾受过刑事处罚，要如实写明受处罚的时间、地点以及所受处罚种类。最后写明原审被告人辩护律师的姓名、工作单位、职务，要特别写明是否与原审被告人有亲属关系。

需要注意的是，本部分内容，应当结合启动再审程序的具体情况，按实际需要进行叙述。

（2）案件由来和审判经过

①写明原审某案，本院于某年某月某作出（××××）×刑×字第××号判决，该判决已经发生法律效力，接着写明提起再审案件的经过。

②写明本案受理后，于某年某月某日依法组成了合议庭，公开（或不公开）审理了此案，接着写检察院人员、被告人及其辩护人、被害人及其代理人、证人等诉讼参与人出庭的情况。最后写本案现已审理终结。

（3）案件的侦破和揭发情况

在这里主要写案件侦破或揭发的时间、地点、人物、侦破方式。案件有复杂问题和曲折过程的，要详细写明。

（4）原判要点和再审中诉讼双方的意见

首先写明原审判决认定的事实、证据、定性处理的理由和依据；然后写明再审中诉讼双方意见、理由、依据。

（5）再审认定的事实和证据

重点写明本院经再审审理后认定的原审法院的审判事实哪些是正确的，哪些是错误的；正确的有哪些证据可以证明，错误的有哪些理由可以说明。诉讼双方当事人对事实认定和证据有异议的，写出异议的理由和依据。

（6）需要说明的问题

需要说明的问题是与本案的事实认定、证据采用、定罪量刑等有密切联系的重大问题，包括上级机关的交办情况、人大代表的建议、政协委员的提案、有关单位的反映和意见，由以上需特别交代的问题，要依次写明。

（7）处理意见和理由

根据再审所确认的事实和证据，在“合议庭评议认为”后，对诉讼双方提出的异议、量刑意见进行最后评定。此外，需全面论述原审被告人是否犯罪，犯什么罪，有无从宽或从严处理情节，原判适用的法律是否正确，是否违反程序规定。最后写明要提出对原审判决维持或者改判的具体意见。需要向有关单位提出司法建议的，一并写明。

3. 尾部

由审理本案的独任审判员或者合议庭成员署名，并写明此报告作出的日期。

举例示范

案情简述：郭某是某国有企业的会计，2016 年 6 月，某检察院以涉嫌贪污罪对郭某提起公诉，一审认为郭某贪污的事实清楚，证据确实充分，判定贪污罪成立。判决生效后，郭某不服此判决，认为原审认定事实不清提起申诉，启动了再审程序。在再审程序的调查中，法院对事实重新进行了定性，认为原审对事实没有调查清楚，从而撤销了原判，判决郭某无罪。再审判决宣判前，再审审判人员作出以下审理报告。

关于郭某贪污一案的审理报告

（××××）×刑×字第××号

一、原审控辩双方和其他诉讼参与人的基本情况

原公诉机关：某人民检察院。

申诉人（原审被告人）：郭某，男，1974 年 1 月 14 日出生，汉族，初中文化，家住某小区 3 栋 3 单元 1 号，某国有企业会计。

辩护人：周某，某律师事务所律师。

二、案件的由来和审理经过

原审被告人郭某贪污一案，本院于 2016 年 4 月 10 日作出（2016）某刑初字第 10 号判决。该判决已经发生法律效力。郭某及其亲属认为本案定罪量刑的证据不确实、不充分，判决事实不清，向本法院提出申诉。本院依法另行组成合议庭，于 2016 年 6 月 1 日公开开庭审理了本案。某人民检察院检察

员洪某出庭履行职务，原审被告人郭某及其辩护人周某和证人张某等到庭参加诉讼。本案现已审理终结。

三、案件的侦破、揭发情况

2015 年 12 月，某国有企业在年终会计报告中发现了由该企业会计郭某经手的一批货款出现了问题，有关领导找到郭某了解情况，郭某没有给出合理解释。于是，某国有企业财务部停止了郭某的工作，对他以往经手的账目进行了全面审查，发现自2015 年9 月份，工人赵某的妻子领取的生活补助中有重复列支现象，而且是郭某签字代领的，郭某有侵吞国家财产的嫌疑。某国有企业向相关部门揭发了此事，检察院对郭某贪污一事进行了调查，认定郭某有贪污的事实。

四、原判要点和再审中诉讼双方的意见

原审法院认定，1. 2014 年 5 月，郭某经手收取一批货款时，除上交某国有企业财务部 10 万外，余款 3 万元至 2016 年长达 2 年不作收入入账，给予侵吞。2. 自 2015 年 9 月，郭某在同事赵某去世后，单位每月给家属发放 1200 元生活补助，赵某的妻子张某委托郭某签字代领，郭某利用职务之便，在年账中重复列支，从而侵吞公款 6000 元整。被告人郭某利用职务上的便利，采用收入不入账和重复列支的手段侵吞公款 36000 元。虽然郭某全部交出了赃款，但只是一种退赃行为。被告人的行为符合贪污罪的主客观要件，人民检察院指控被告人郭某贪污罪罪名成立。被告人郭某的认罪态度尚好，积极退出全部赃款，可酌情从轻处罚。为了维护社会经济秩序，打击犯罪，依据《中华人民共和国刑法》第三百八十二条、第三百八十三条规定，判决被告人郭某有期徒刑一年，缓刑二年，郭某退缴给某人民检察院的贪污赃款 36000 元，予以归还该企业和张某。

原审法院依法作出判决后，郭某对原判决不服，认为自己并未贪污公款 36000 元，该款是经领导安排用于外出考察的费用，自己并没有侵占的故意，只是没有及时上交。因为自己不懂法，在侦查、起诉和审判过程中，虽然被采取了取保候审的强制措施，但对他的生活并没有造成太大影响，自己没有认识到事情的严重性，对整个事情的前因后果没有说清楚，一些收据也没有上交。现郭某提出申诉，要求再审此案，撤销原判决。

再审中，郭某的辩护人周某辩护意见如下：1. 原审认定郭某贪污 30000

元不成立。在进一步调查中提供的大量证据证实，以上款项是某国有企业在2012年“五一假期”期间用于集体到上海考察旅游而开支了，而不是郭某个人贪污，对此事实检察机关调查的结果与被告人郭某举证所证明的事实以及法院调查核实的内容一致。2. 关于工人赵某家属的生活补助6000元也不应当认定为贪污。工人赵某的妻子张某因为孩子上学交学费向某国有企业借了6000元钱，但财政部门要求会计逐月报账，所以，张某借款6000元按其每月领款1200元当月报上去，也是分月报完的。郭某以自己的名义每月从企业财政部代张某领取1200元。为了在账上有所显示，避免以后和张某说不清楚发生纠纷，所以每月又下了支出账。在主观方面郭某没有贪污这笔款的故意，客观方面没有实施贪污行为。会计做账有个过程，法律也没有明确规定在某一时间内一定要把账做完，否则视为贪污。综上所述，辩护人周某请求法院公平、公正地重新认定本案事实，判决撤销原判决，还郭某清白。

五、再审认定的事实和证据

经审查，2014年5月，某国有企业面临改制的形势，领导决定利用公款带某部门人员集体外出考察一次，于是郭某将其保管的货款30000元交给外出考察人员，作为考察费用。考察返回后，由于此款不符合报销条件，领导决定由参与考察人员郭某等五人各自出具6000元欠条一张，欠款总金额30000元交给郭某保管，以应付有关机关的查处，直至2015年12月，郭某贪污案案发时此款一直未作账务处理。在郭某贪污案进入侦查、起诉和审判阶段，郭某一直没有供述上述情节，导致司法机关误认为郭某侵吞定此款。另外，企业为了帮助赵某的家属解决生活困难，从公款中借给了张某6000元钱，财政部门要求逐月报账，为避免纠纷，才每月又下了支出单。

上述事实认定的主要证据有：1. 某人民检察院调查核实的某领导、集体考察四人、郭某笔录；2. 本院庭前核实的证人张某证言材料；3. 郭某提交的五份欠条原件；4. 庭审笔录。

六、处理意见和理由

本院再审认为，原审认定的事实不清楚，证据不确凿充分，被告人郭某犯贪污罪罪名不成立。依照《中华人民共和国刑事诉讼法》第二百三十六条第一款第（一）项的规定，经本院审判委员会讨论决定，判决如下：

一、撤销本院于2016年4月10日作出（2016）某刑字第10号判决。

二、宣告被告人郭某无罪。

审判员 李某
吴某
谢某
二〇一六年六月一日

法律链接

《中华人民共和国刑事诉讼法》

第二百五十二条　当事人及其法定代理人、近亲属，对已经发生法律效力的判决、裁定，可以向人民法院或者人民检察院提出申诉，但是不能停止判决、裁定的执行。

审理报告

（减刑、假释案件用）

了解文书

审理报告（减刑、假释案件用）是指各级人民法院在对减刑、假释案件审理后作出判决前书写的，提交给审判委员会、合议庭讨论或者提交给领导审查的书面汇报材料。此书面汇报材料是制作判决文书的依据。

此文书适用于各级人民法院审理减刑、假释案件时使用。

文书样式

关于对罪犯×××减刑（或假释）一案的审理报告

（××××）×刑执字第××号

一、罪犯的基本情况

罪犯：×××，性别，出生日期，民族，住所地，工作单位和职务等 。应特别注明罪犯是否存在不能假释的情况。

二、案件的由来和审理经过

罪犯________（写明原判文书认定的案件定性、罪名、刑罚，执行过程中有无减刑或者加刑的情况，执行机关减刑、假释的意见和理由，合议庭的审理结果等信息）。

三、罪犯在服刑中的表现

________（主要包括是否认真服从监规，接受教育改造，是否有立功表现，或者减刑、假释后有无危害社会可能性等）。

四、需要说明的问题

________________________________。

五、处理意见和理由

合议庭评议认为________（是否适宜减刑或假释，及其法律依据）。

审判员（或者独任审判员）×××

××××年××月××日

制作说明

1. 首部

（1）标题。写明“关于对罪犯某某减刑（或假释）一案的审理报告”。

（2）案号。写：“（××××）×刑执字第××号”。

2. 正文

（1）写明罪犯的基本情况。主要包括姓名、性别、年龄、党派、工作单位、家庭住址，另外要特别写明是否是累犯或者杀人、强奸、爆炸、绑架等暴力性犯罪判处十年以上有期徒刑、无期徒刑不得假释的情况。

（2）案件的由来和审理经过。写明原判文书认定的案件定性、罪名、刑罚，执行过程中有无减刑或者加刑的情况，执行机关减刑、假释的意见和理由，合议庭的审理结果等信息。

（3）罪犯在服刑过程中的表现。主要包括是否认真服从监规，接受教育改造，是否有立功表现，或者减刑、假释后有无危害社会可能性等。

（4）需要特别说明的问题。这里要根据具体情况书写，通常写原判决中存在的问题或者监狱管理过程中存在的特殊情况。

（5）处理意见和理由。主要是写明罪犯是否符合减刑、假释的条件以及减刑、假释后是否对社会有危害性，并依据相关法条，对减刑、假释提出具体意见。

3. 尾部

写明审判员或者独任审判员的姓名，并写明此报告作出的日期。

举例示范

案情简述：赵某和张某本是感情尚好的夫妻，但在赵某生育孩子后几年里，张某的生意越做越大，经常不回家，在赵某多次劝说下，收效甚微。后来，赵某从张某的几位朋友处才得知张某在外面包养了情人。2015 年 3 月的一个晚上，赵某一时冲动想要杀死丈夫，于是开着奥迪车向走在路边的丈夫撞去，张某严重受伤。法院认定赵某故意杀人罪成立，并判处赵某五年有期徒刑。赵某在监狱中表现积极，符合假释条件，为确定赵某的假释申请能否获得批准，现某法院作出了关于赵某假释的审理报告如下：

关于罪犯赵某假释一案的审理报告

（2019）某刑执字第 45 号

一、罪犯的基本情况

罪犯：赵某，女，1983 年 2 月 3 日出生，汉族，住所地某省某市某街道 23 号，初中文化，现于某女子监狱服刑。服刑前是某工厂车间工人，并没有累犯或者因杀人、爆炸、抢劫、绑架等被判处十年以上有期徒刑或者无期徒刑的限制假释的情况。

二、案件的由来和审理经过

罪犯赵某和张某是夫妻，赵某生完小孩子后一直在家照顾孩子没有工作，张某在外面打拼自己的事业，几年下来，生意经营越来越好，因工作需要张某回家越来越晚，后来甚至很少回家，后赵某发现丈夫张某在外面包养了情人，伤心之余，和丈夫谈了几次却都没效果。2015 年，赵某又一次与丈夫谈判未果后，一时冲动，开着奥迪车要将丈夫撞死，致其丈夫受重伤。某法院认为赵某不能正确处理夫妻关系，产生矛盾后竟欲非法剥夺他人生命，其行为侵犯了公民的生命权利，已构成故意杀人罪。鉴于赵某系犯罪未遂，事发后对被害人有救助行为，且本案属于婚姻家庭矛盾引发的犯罪，故对其所犯罪行予以减轻处罚，赵某被判徒刑五年。赵某在服刑期间并无减刑的情况，但赵某在监狱中认真遵守监规，有悔改表现，并且已经服刑了三年，符合假释的条件。合议庭依法对赵某的表现进行了讨论，认为可以假释。

三、罪犯在服刑中的表现

赵某在入狱后，认识到了自己的一时冲动给整个家庭都带来了灾难，尤其是愧对自己刚刚三岁的孩子，很是后悔，于是积极表现，想争取早日回归家庭。在服刑期间，赵某配合工作人员的询问，认罪态度好，又积极帮助其他需要帮助的囚犯。2018年7月，赵某提供其他犯人越狱线索，阻止两名女囚的越狱事件，立功一次。通过监狱部门的考察，赵某回归社会后不会再危害社会。

四、处理意见和理由

合议庭评议认为，赵某在服刑期间认真遵守监规，接受教育改造，并且有立功表现，服三年以上，假释后不会成为社会不安因素。为了给赵某改过自新，重新做人的机会，依照《中华人民共和国刑法》第八十一条的规定，赵某可以假释。

审判员　王某

赵某

陈某

二〇一九年八月十日

法律链接

《中华人民共和国刑法》

第八十一条　被判处有期徒刑的犯罪分子，执行原判刑期二分之一以上，被判处无期徒刑的犯罪分子，实际执行十三年以上，如果认真遵守监规，接受教育改造，确有悔改表现，没有再犯罪的危险的，可以假释。如果有特殊情况，经最高人民法院核准，可以不受上述执行刑期的限制。

对累犯以及因故意杀人、强奸、抢劫、绑架、放火、爆炸、投放危险物质或者有组织的暴力性犯罪被判处十年以上有期徒刑、无期徒刑的犯罪分子，不得假释。

第七章　笔录类文书

查封（扣押、冻结）财产笔录
（刑事案件用）

了解文书

查封（扣押、冻结）财产笔录（刑事案件用）是指刑事案件在法庭审理过程中，合议庭对证据有疑问，需要对证据进行调查核实时或在人民法院认为有必要对被告人的财产采取保全措施时，就查封、扣押或者冻结被告人的财产所作出的笔录。

本文书样式供人民法院在查封、扣押、冻结被告人的财产时使用。

文书样式

查封（扣押、冻结）财产笔录

时　　间：××××年××月××日××时××分至××时××分

地　　点：

执行人员：

书记员：

被查封（扣押、冻结）财产人或者其成年家属：

被邀到场人：

执行人员宣读________________〔根据《中华人民共和国刑事诉讼法》第一百零二条（或者第一百九十六条第二款）的规定，×××人民法院作出（××××）×刑×字第××号查封（扣押、冻结）令的具体内容。〕

查封（扣押、冻结）情况记载如下：

____

附：查封（扣押、冻结）财产清单

××××年××月××日

编号	财务名称	面额型号	数额数量	规格	重量	质量	成色	颜色	新旧程度	缺损严重
被查封（扣押、冻结）财产或者其他成年家属（签名）： 执行人员（签名）： 书记员（签名）：										

制作说明

1. 标题

要写明“查封（扣押、冻结）财产笔录”。

2. 首部

（1）写明时间、地点和执行人员、书记员、被查封（扣押、冻结）财产人或者其成年家属及被邀到场人姓名。

（2）被邀到场人，应当写明其姓名、工作单位和职务或者职业。

（3）写明执行人员应宣读查封（扣押、冻结）财产的依据及具体内容。

3. 正文

正文在“查封（扣押、冻结）情况记载如下”以后，要如实、清晰记载查封（扣押、冻结）情况。

4. 尾部

由被查封（扣押、冻结）财产人或者其成年家属签名，并由执行人员、书记员和在场的有关人员签名或者盖章。

举例示范

案情简述：2017 年至 2018 年，被告人王某在担任北京市某区农机局局长期间，利用职务之便，为他人在农机销售过程中提供帮助，并分多次索要、收受农机经销商共计 856 000 元，款项全部用于其个人消费。案件审理过程中，为查清被告人王某挥霍受贿款的情况，法院作出了扣押其名下财产的决定。

查封（扣押、冻结）财产笔录

时　　间：2018 年 12 月 10 日 9 时 30 分至 11 时 10 分

地　　点：北京市海淀区某小区

执行人员：李某、张某、赵某、邢某

书记员：杨某

被扣押财产人：王某

被邀到场人：薛某，某小区物业管理处，主任

　　　　　　董某，某小区物业管理处，管理员

执行人员宣读：根据《中华人民共和国刑事诉讼法》第一百九十六条第二款的规定，北京市海淀区人民法院作出（2019）某字第 20 号扣押令，以被告人涉嫌受贿罪，决定扣押被告人名下的部分财产。

扣押情况记载如下：

依据北京市海淀区人民法院作出的（2019）某字第 20 号扣押令，在执行中，扣押了被告人王某所有的梅赛德斯奔驰轿车一辆、别克轿车一辆、斯巴鲁轿车一辆。详细见附件扣押财产清单。

附：查封（扣押、冻结）财产清单

2018 年 8 月 10 日

编号	财物名称	面额型号	数额数量	规格	重量	质量	成色	颜色	新旧程度	缺损严重
1	梅赛德斯奔驰轿车	S350	1	轿车			好	红色	较新	否
2	别克轿车	GL8	1	轿车			好	白色	较新	否
3	斯巴鲁轿车	×V	1	轿车			好	黑色	较新	否
被查封（扣押、冻结）财产或者其他成年家属（签名）：王某 执行人员（签名）：李某、张某、赵某、邢某 书记员（签名）：杨某										

法律链接

《中华人民共和国刑事诉讼法》

第一百四十二条　对查封、扣押的财物、文件，应当会同在场见证人和被查封、扣押财物、文件持有人查点清楚，当场开列清单一式二份，由侦查人员、见证人和持有人签名或者盖章，一份交给持有人，另一份附卷备查。

调查笔录

（刑事案件用）

了解文书

调查笔录（刑事案件用）是指司法机关工作人员、律师等人员在办理刑事案件的过程中，为查明案件事实需要进行调查时，调查人员在对被调查人进行调查时作出的文书。

本文书样式供司法机关工作人员、律师等人员在办理刑事案件过程中，对被调查人员进行调查时使用。

文书样式

调查笔录

时间：××××年××月××日××时××分至××时××分

地点：

调查人：

记录人：

被调查人：

问：____

____

____

被调查人（签名）

调查人（签名）

记录人（签名）

制作说明

1. 标题

要写明“调查笔录”。

2. 首部

（1）写明时间、地点和调查人、记录人、被调查人的姓名。应注意的是，调查人员至少应为两人。

（2）被调查人一栏，应当依次写明姓名、性别、出生年月日、民族、出生地、文化程度、职业或者工作单位和职务、住址。

3. 正文

只要是调查人和被调查人的谈话内容都应当如实、客观、全面进行记录。

4. 尾部

经被调查人校阅后，由被调查人和调查人、记录人签名或者盖章。

举例示范

案情简述：重庆市某县人民检察院指控，2018年12月22日，被告人王某到重庆市某县中心医院，趁无人之际入室盗窃作案，盗窃财物总价值9040元，该县人民检察院认为被告人王某的行为已经构成盗窃罪，应判处一年以上三年以下有期徒刑。被告人王某辩称，2018年12月22日那天，自己和村民一起在本村修路，根本没有作案时间。被告人王某的辩护人许律师为查明被告人王某2018年12月22日那天在做什么，是否具备作案时间，对被告人王某所在村的村民范某进行了调查。

调查笔录

时间：2019年3月21日08时45分至09时30分

地点：重庆市某县某镇某村

调查人：许某

记录人：谢某

被调查人：范某，女，1980年1月31日生，汉族，初中文化，个体户，住重庆市某县某镇某村。

问：我们是某律师事务所的律师，今天向你了解一下你们村村民王某盗窃一事，希望你实事求是，讲清楚，不要隐瞒，你听明白了吗？

答：我听明白了。

问：你与王某认识吗？

答：认识。

问：2018年12月22日时你和王某在一起吗？

答：在一起。

问：那天你们在一起干什么呢？

答：那时候村里边修路，我们每天在一起干活。

问：你们一整天都在一起，没分开过吗？

答：我们早上八点钟集合，一直到下午六点钟收工都在一起。

问：好，今天就谈到这里，请你看看，刚才的笔录是否有误？如果有误，请提出，如果没有出入，请签名。

答：以上笔录我看过，跟我讲的完全一样。

签名：许某　2019 年 3 月 21 日

谢某　2019 年 3 月 21 日

范某　2019 年 3 月 21 日

法律链接

《中华人民共和国刑事诉讼法》

第四十三条第一款　辩护律师经证人或者其他有关单位和个人同意，可以向他们收集与本案有关的材料，也可以申请人民检察院、人民法院收集、调取证据，或者申请人民法院通知证人出庭作证。

第一百一十五条　公安机关对已经立案的刑事案件，应当进行侦查，收集、调取犯罪嫌疑人有罪或者无罪、罪轻或者罪重的证据材料。对现行犯或者重大嫌疑分子可以依法先行拘留，对符合逮捕条件的犯罪嫌疑人，应当依法逮捕。

第一百一十六条　公安机关经过侦查，对有证据证明有犯罪事实的案件，应当进行预审，对收集、调取的证据材料予以核实。

勘验笔录

（刑事案件用）

了解文书

勘验笔录（刑事案件用）是指司法机关为了查明案件的事实，指派勘验人员对与案件争议有关的现场、物品或物体进行查验、拍照、测量，并将查验的情况与结果制成的笔录。

本文书样式供司法机关对有关案件勘验物证或者现场时使用。

文书样式

勘验笔录

时间：××××年××月××日××时××分至××时××分

天气情况：

勘验地址和场所：

勘验人：

记录人：

在场当事人或者其成年家属：

被邀参加人：

勘验对象：

勘验情况和结果：

____

____

____

勘验人、记录人、当事人或者其成年家属和被邀参加人等分别签名或盖章。如果当事人或者其成年家属不在场，或者拒绝签名、盖章，应当在笔录上记明。

制作说明

1. 标题

要写明“勘验笔录”。

2. 首部

（1）写明时间和天气情况。

（2）写明勘验地址和场所。

（3）写明勘验人、记录人、在场当事人或者其成年家属、被邀参加人的姓名。其中，被邀参加人，是指人民法院邀请的当地基层组织或者有关单位的人员。笔录中应写明被邀参加人的姓名、性别、工作单位和职务等。

3. 正文

（1）写明勘验对象。

（2）写明勘验情况和结果。

4. 尾部

应当由勘验人、记录人、当事人或者其成年家属和被邀参加人等分别签名或盖章。如果当事人或者其成年家属不在场，或者拒绝签名、盖章，应当在笔录上记明。

举例示范

案情简述：2019年8月11日18时35分许，被告人龚某无证驾驶一辆车牌号为京L×××××号普通轿车由北京沿京密线往密云县方向行驶，当行驶至京密线2128KM+400M处某村路口时，将前方同向行走的被害人祝某撞倒，祝某被送往医院经抢救无效死亡，被告人龚某因此涉嫌交通肇事罪。由于被告人龚某没有驾驶证比较害怕，事后找到谢某顶罪。法院为确定肇事人，派人对事发现场进行了勘验。

勘验笔录

时间：2019年10月1日15时30分至15时55分

天气情况：晴，微风

勘验地址和场所：北京市某县某村路口

勘验人：赵某、梁某

记录人：薛某

在场当事人或者其成年家属：胡某，被告人母亲。

被邀参加人：冯某，男，北京市某县某村，村支部书记。

勘验对象：交通事故现场。

勘验情况和结果：

现在我们对被告人龚某交通肇事现场进行勘验。路上有清洁工人在工作，路口坐着几个村民在说话。京密线从该村穿过，路宽5米，路上刹车痕迹清晰，刹车痕迹1.2米。与村民交谈，事发当天，这几个村民正好在路口坐着聊天，目睹了事发过程。经过向村民了解事发时的情况，可以确定是龚某造成的交通事故。

结果：交通肇事由龚某造成，而非谢某造成。

赵某、梁某、薛某签字　　　　冯某签名并摁手印　　　　胡某拒绝签字。

法律链接

《中华人民共和国刑事诉讼法》

第一百二十八条　侦查人员对于与犯罪有关的场所、物品、人身、尸体应当进行勘验或者检查。在必要的时候，可以指派或者聘请具有专门知识的人，在侦查人员的主持下进行勘验、检查。

第一百二十九条　任何单位和个人，都有义务保护犯罪现场，并且立即通知公安机关派员勘验。

第一百三十条　侦查人员执行勘验、检查，必须持有人民检察院或者公安机关的证明文件。

第一百三十三条　勘验、检查的情况应当写成笔录，由参加勘验、检查的人和见证人签名或者盖章。

第一百三十四条　人民检察院审查案件的时候，对公安机关的勘验、检查，认为需要复验、复查时，可以要求公安机关复验、复查，并且可以派检察人员参加。

检查笔录

（刑事案件用）

了解文书

检查笔录（刑事案件用）是指在办理刑事案件的过程中，办案人员为确定被害人、犯罪嫌疑人、被告人的某些特征、伤害情况和生理状态等，对他们的人身进行检验和观察以后所作的客观记录。

本文书样式供办理刑事案件的办案人员对被害人、犯罪嫌疑人、被告人的人身进行检查时使用。

文书样式

检查笔录

时间：××××年××月××日××时××分至××时××分

地点：

检查人：

记录人：

在场被检查人或者其家属：

见证人或者被邀到场人：

检查对象：

检查情况和结果：

____

____

____

检查人、记录人、被检查人或者他的家属、见证人或者被邀到场人分别签名或者盖章。如果被检查人或者其家属不在场，或者拒绝签名、盖章，应当在笔录上记明。

制作说明

1. 标题

要写明“检查笔录”。

2. 首部

（1）写明时间和地点。

（2）写明检查人、记录人、在场被检查人或者其家属、见证人或者被邀到场人的姓名，其中，检查人应当为两人；检查妇女的身体，应当由女性工作人员或者医师进行。

（3）在场被检查人或者其家属、见证人或者被邀到场人，应写明其姓名、性别、职业或者工作单位和职务等。

3. 正文

（1）写明检查对象。

（2）写明检查情况和结果。

4. 尾部

应当由检查人、记录人、被检查人或者他的家属、见证人或者被邀到场人分别签名或者盖章。如果被检查人或者其家属不在场，或者拒绝签名、盖章，应当在笔录上记明。

举例示范

案情简述：2018年8月28日13时许，被告人金某至北京市某区某村，将黄某的男式二轮摩托车盗走，其将该摩托车推往该村村口方向时，被该村村民黄某发现，被告人金某弃车逃跑。当黄某欲将该摩托车扶起并推回本村时，被告人金某带人又返回该处殴打黄某，并欲抢走该摩托车。由于黄某反抗，被告人金某未能将该摩托车抢走。后被告人金某被抓获。法庭审理时，被告人金某当庭翻供，称自己被刑讯逼供。法院为查清事实，对被告人金某进行了检查。

检查笔录

时间：2018年12月30日10时00分至10时30分

地点：北京市某看守所医院

检查人：郭某、董某

记录人：镇某

在场被检查人或者其家属：肖某，被检查人母亲。

见证人或者被邀到场人：周某，男，北京市某看守所副所长。

检查对象：被告人金某，男，汉族，1986年2月10日出生，现住北京市某区某号路温馨家园1号楼。

检查情况和结果：

被检查人金某，在看守所警察带领下自行步入检查中心接受检查。查体：神清语晰，应答切题，查体合作，双瞳孔等大等圆，对光反射灵敏。外耳道干洁，无充血、无渗透。全身体征无外伤，胸廓外观正常，未见明显畸形。CT片（C11189号）显示：左侧第4、5、6肋骨骨折，无移位；右侧第11、

12 肋骨骨折，无移位。余无特殊。

检查结果：根据医院病历记载和法医临床学检查所见，被检查人金某因外伤致胸部左侧第 4、5、6 肋骨骨折，右侧第 11、12 肋骨骨折。依照《人体损伤致残程度鉴定标准（试行）》之规定，评定为九级伤残。

检查人、记录人、被检查人或者他的家属、见证人或者被邀到场人分别签名或者盖章

法律链接

《中华人民共和国刑事诉讼法》

第一百二十八条　侦查人员对于与犯罪有关的场所、物品、人身、尸体应当进行勘验或者检查。在必要的时候，可以指派或者聘请具有专门知识的人，在侦查人员的主持下进行勘验、检查。

第一百三十二条　为了确定被害人、犯罪嫌疑人的某些特征、伤害情况或者生理状态，可以对人身进行检查，可以提取指纹信息，采集血液、尿液等生物样本。

犯罪嫌疑人如果拒绝检查，侦查人员认为必要的时候，可以强制检查。

检查妇女的身体，应当由女工作人员或者医师进行。

第一百三十三条　勘验、检查的情况应当写成笔录，由参加勘验、检查的人和见证人签名或者盖章。

第一百三十四条　人民检察院审查案件的时候，对公安机关的勘验、检查，认为需要复验、复查时，可以要求公安机关复验、复查，并且可以派检察人员参加。

讯问笔录

（刑事案件用）

了解文书

讯问笔录（刑事案件用）是指人民法院在办理刑事案件中，为了证实犯罪、查明犯罪事实，对被告人进行讯问时如实记载讯问情况的文字记录。

本文书样式供各级人民法院在办理刑事案件中讯问被告人时使用。

文书样式

讯问笔录

时间：××××年××月××日××时××分至××时××分

地点：

审判员：

书记员：

审判人员核对被告人的姓名、性别、出生年月日、民族、出生地、文化程度等。

问：____

____

____

审判人员、书记员应当在笔录上签名；被告人确认笔录无误后，应当签名或者盖章。

制作说明

1. 标题

要写明“讯问笔录”。

2. 首部

写明时间、地点和审判员与书记员的姓名。

3. 正文

如实、清楚记录审判人员，核对被告人的姓名、性别、出生年月日、民族、出生地、文化程度等情况。

4. 尾部

审判人员、书记员应当在笔录上签名；被告人确认笔录无误后，应当签名或者盖章。

举例示范

案情简述：被告人刘某于2018年7月31日下午6时许，在北京市某区某商务办公楼703室内，因故与被害人常某发生口角，后持烟灰缸击打被害人常某的头部，并持尖刀刺击其胸腹部、头面部等处，伤及右侧颈静脉致被害人常某失血性休克死亡。后被告人刘某窃取被害人的宝马牌轿车一辆、手表一块等物品及人民币3000余元。被告人刘某于2018年8月1日被北京市公安局某分局查获归案。该案现已进入法院审理阶段。

讯问笔录

时间：2018年12月10日09时30分至09时50分

地点：审判庭一庭

审判员：郭某

书记员：赵某

问：被告人刘铁钢，男，46岁，1972年10月23日出生于北京市，汉族，中专文化，无业，户籍所在地：北京市某区某村123号。因涉嫌犯故意杀人罪于2017年7月31日被羁押，同年8月1日被监视居住，同年8月10日被刑事拘留；因涉嫌犯故意杀人罪、盗窃罪于2018年1月17日被逮捕。

答：是的。

问：请你讲述一下事发当天的具体情况。

答：……

问：你所讲的是不是实话。

答：是实话。

问：现在向你宣读笔录，你听一下与你讲的是否相符。

答：记录向我宣读过，和我讲的一样。

审判人员、书记员在笔录上签名；被告人确认笔录无误后，签名或者盖章。

法律链接

《中华人民共和国刑事诉讼法》

第一百九十一条第三款　审判人员可以讯问被告人。

第二百零七条第一款　法庭审判的全部活动，应当由书记员写成笔录，经审判长审阅后，由审判长和书记员签名。

送达起诉书副本笔录

（公诉案件用）

了解文书

送达起诉书副本笔录（公诉案件用）是指各级人民法院受理公诉案件后，向被告人送达人民检察院起诉状副本时作出的文书。

本文书样式供各级人民法院向被告人送达人民检察院起诉状副本时使用。

文书样式

送达起诉书副本笔录

时间：××××年××月××日××时

地点：

送达人：　　　　　　　　　　　　记录人：

送达人核对被告人姓名、性别、出生年月日、民族、出生地、文化程度等情况：

问：你何时被拘留？何时被逮捕？

答：

告知：×××人民检察院指控你犯有××罪向本院提起公诉，我院已经受理。根据《中华人民共和国刑事诉讼法》第一百八十七条第一款，现将×××人民检察院×检×诉（××××）第××号起诉状副本送达给你。我院即将开庭审理。除你自己行使辩护权外，还可以委托律师等辩护人为你辩护。

问：你听清了吗？有什么要说的？

答：

____

____

____

被告人认为记录无误后，应当签名或者盖章。送达人和记录人应当在笔录上签名。

制作说明

1. 标题

要写明“送达起诉书副本笔录”。

2. 首部

写明时间、地点和送达人、记录人的姓名。

3. 正文

（1）写明送达人核对被告人姓名、性别、出生年月日、民族、出生地、文化程度等情况。

（2）写明被告人被拘留、逮捕时间。

（3）告知被告人案由、诉讼权利和义务。

4. 尾部

被告人认为记录无误后，应当签名或者盖章。送达人和记录人应当在笔录上签名。

举例示范

案情简述：被告人苟某于2018年10月23日16时许，在北京市某区某路8号楼唐某住所内向唐某贩卖毒品时被抓获，当场起获毒品甲基苯丙胺192.16克，含量为65.5%。2018年10月24日，公安人员在北京市某区东北郊粮油仓库宿舍最西侧房间内，起获被告人苟某放置于此的大量待卖毒品甲基苯丙胺3429.94克，麻黄碱49.25克。本案侦查终结后，由北京市某区人民检察院向区人民法院提起公诉，现该案已进入法院审理阶段。

送达起诉书副本笔录

时间：2019年1月10日10时

地点：北京市某区看守所

送达人：赵某、吴某　　　　　　　　　　记录人：邢某送达人核对被告人姓名、性别、出生年月日、民族、出生地、文化程度等情况：

被告人：苟某，男，1980年10月1日出生，汉族，高中文化，农民，暂住北京市某区某里10号楼（户籍所在地：四川省某县某村1社）。现羁押于北京市某看守所。

问：你何时被拘留？何时被逮捕？

答：2018年10月23日被羁押，同年11月10日被逮捕。

告知：北京市某区人民检察院指控你犯有贩卖毒品罪、非法持有毒品罪向本院提起公诉，我院已经受理。根据《中华人民共和国刑事诉讼法》第一百八十七条第一款的规定，现将北京市某区人民检察院〔2019〕某检刑诉第××号起诉状副本送达给你。我院即将开庭审理。除你自己行使辩护权外，还可以委托律师等辩护人为你辩护。

问：你听清了吗？有什么要说的？

答：听清了，没什么说的了。

被告人苟某签名或者盖章。送达人和记录人赵某、吴某和邢某签名。

法律链接

《中华人民共和国刑事诉讼法》

第一百八十七条第一款　人民法院决定开庭审判后，应当确定合议庭的组成人员，将人民检察院的起诉书副本至迟在开庭十日以前送达被告人及其辩护人。

合议庭评议笔录

（刑事案件用）

了解文书

合议庭评议笔录（刑事案件用）是指在刑事案件的法庭审理完毕之后，案件依法进入裁判阶段，合议庭评议如何裁判时所制作的记录。

本文书样式供各级人民法院合议庭评议各类案件时使用。

文书样式

合议庭评议笔录（第×次合议）

时　　间：××××年××月××日××时××分

地　　点：

合议庭成员：审判长

审判员（人民陪审员）：

书记员：

评议＿＿＿＿＿＿＿＿（写明当事人姓名或名称和案由）一案。

记录如下：

＿＿

＿＿

＿＿

评议人员（签名）

书记员（签名）

制作说明

1. 标题

要写明“合议庭评议笔录（第×次合议）”。

2. 首部

（1）写明时间、地点和合议庭成员及书记员姓名。

（2）“评议＿＿＿＿＿＿＿＿一案”处应填明当事人姓名或名称和案由。

3. 正文

正文在“记录如下”以后，应写明下列内容：

（1）简要概述案件的事实、理由和经过，并总结出争议焦点。

（2）对案件事实、证据、性质、罪名的认定；适用法律定罪量刑的具体意见；对赃证物的处理；对有附带民事诉讼的如何解决；评议中的分歧意见、评议结果。

（3）二审、再审案件的评议，应记明承办审判员对案件事实的简介，对原审判决、裁定的意见及其评价（二审案件还应针对上诉或抗诉理由作出评定）；评议中的分歧意见和评议结果等。

4. 尾部

笔录记完后，由合议庭成员和书记员核对审阅，并由合议庭成员、书记员签名。

举例示范

案情简述：2018 年 5 月 1 日 16 时许，被告人郝某与被害人阮某因家庭琐事产生矛盾，郝某便伙同何某将被害人阮某骗到位于北京市某郊区其租住的房间内，为防止被害人阮某逃跑，被告人郝某将被害人阮某的衣服撕烂并反锁房门，非法剥夺其人身自由。2018 年 7 月 15 日，在民警的解救下被害人阮某恢复人身自由。2018 年 9 月 14 日，北京市某区人民检察院于向北京市某区人民法院提起公诉，请求依法判处被告人郝某犯非法拘禁罪。现该案已经法院审理进入了合议庭评议阶段。

合议庭评议笔录（第一次合议）

时　　间：2018 年 12 月 10 日 9 时 30 分

地　　点：合议庭办公室

合议庭成员：审判长　李某

审判员：张某

审判员（人民陪审员）：佘某

书记员：杨某

评议被告人郝某、何某犯非法拘禁罪一案。

记录如下：

李某：现就开庭查明的案件事实作介绍（略）。

被告人郝某、何某非法限制他人人身自由，其行为已经构成非法拘禁罪。公诉机关指控的犯罪事实及罪名成立，予以支持。关于被告人郝某辩解其行为不构成非法拘禁的意见，经查，被告人郝某、何某的供述及被害人的陈述，证人证言能够证明被告人郝某实施了非法限制他人人身自由的行为，其行为符合非法拘禁罪的主客观构成要件，构成非法拘禁罪，故被告人郝某的辩解意见不能成立。依照《中华人民共和国刑法》第二百三十八条第一款、第二十五条第一款之规定，我建议判决如下：

一、被告人郝某犯非法拘禁罪，判处有期徒刑八个月。

二、被告人何某犯非法拘禁罪，判处有期徒刑七个月。

张某：本案事实清楚，证据确实、充分，指控罪名成立，同意以上意见。

佘某：同意。

评议结果：

一、被告人郝某犯非法拘禁罪，判处有期徒刑八个月。

二、被告人何某犯非法拘禁罪，判处有期徒刑七个月。

李某、张某、佘某、杨某签名

法律链接

《中华人民共和国刑事诉讼法》

第二百条　在被告人最后陈述后，审判长宣布休庭，合议庭进行评议，根据已经查明的事实、证据和有关的法律规定，分别作出以下判决：

（一）案件事实清楚，证据确实、充分，依据法律认定被告人有罪的，应当作出有罪判决；

（二）依据法律认定被告人无罪的，应当作出无罪判决；

（三）证据不足，不能认定被告人有罪的，应当作出证据不足、指控的犯罪不能成立的无罪判决。

审委会讨论案件笔录

（刑事案件用）

了解文书

审委会讨论案件笔录（刑事案件用）是指各级人民法院在审理案件过程中，合议庭开庭审理并且评议后认为该案件属疑难、复杂、重大案件，难以作出决定时或独任审判员在审理案件时，认为有必要将案件提交审判委员会讨论时，提请院长决定提交到审判委员会讨论时所制作的记录。

本文书样式供各级人民法院在合议庭开庭审理并且评议后，对于疑难、复杂、重大的案件，认为难以作出决定的，或者独任审判员认为有必要的案件，提请院长决定提交审判委员会讨论时使用。

文书样式

审委会讨论案件笔录

时间：××××年××月××日××时××分至××时××分

地点：

会议主持人：

出席委员：

列席人员：

案件汇报人：

记录人：

讨论 ________________（写明当事人姓名或名称和案由）一案。

记录如下：

____

____

____

由参加讨论的审判委员会成员、记录人签名。

制作说明

1. 标题

要写明“审委会讨论案件笔录”。

2. 首部

（1）写明时间、地点和会议主持人、出席委员、列席人员、案件汇报人、记录人的姓名。

（2）列席人员应写明其姓名、单位和职务。

（3）“讨论________________一案”处应填明当事人姓名或名称和案由。

3. 正文

正文在“记录如下”以后，应写明下列内容：

（1）要如实记录讨论案件的经过情况，与会人员的发言要点，会议作出的处理决定等。

（2）案件主审人汇报案情时，如有书面审理报告的，可以只作摘要记录。讨论中有争议的问题，各种不同的意见，均应如实记录；列席人员的发言，也应记录；有关处理决定，如果意见不一致而进行表决的，应当少数服从多数，但少数人的意见允许保留，亦应如实记录。

4. 尾部

一般由参加讨论的审判委员会成员签名，以示负责。最后，由记录人签名。

举例示范

案情简述：甲公司挂靠在乙公司名下，以乙公司的名义通过招投标方式取得了某项目施工权，甲公司向乙公司支付了挂靠管理费。甲公司以乙公司名义取得某项目施工权后，又将该项目承包于被告人王某。后被告人王某无法支付工程材料款、借款等，乙公司被该项目所属公司提起民事诉讼，被要求偿还借款。其后乙公司法定代表人以被告人王某利用职务之便，将资金据为己有为由，以被告人王某涉嫌职务侵占罪向公安局报案。现该案进入审委会讨论阶段。

审委会讨论案件笔录

时　　间：2018 年 12 月 10 日 9 时 30 分至 11 时 10 分

地　　点：某法院审委会办公室

会议主持人：李某

出席委员：杨某、张某、赵某

列席人员：王某，某区人民检察院，公诉处副处长。

案件汇报人：薛某

记录人：沈某

讨论被告人王某犯职务侵占罪一案。

记录如下：

薛某：被告人王某利用职务之便，借款不还，将资金据为己有，导致乙公司被某项目所属公司提起民事诉讼，经审理查明被告人王某的行为已经构成职务侵占罪。公诉机关指控的犯罪事实及罪名成立，予以支持。关于被告人王某辩解其行为不构成职务侵占罪的意见，经查，被告人王某的供述及乙公司法定代表人的陈述，证人证言能够证明被告人王某实施了职务侵占的行为，其行为符合职务侵占罪的主客观构成要件，构成职务侵占罪。依照《中华人民共和国刑法》第二百七十一条之规定，我建议判决如下：被告人王某犯职务侵占罪，判处有期徒刑两年。

王某：同意以上意见。

杨某：被告人王某的身份是该项目的实际承包人，不是乙公司的员工，不具备职务侵占罪的主体条件，不构成职务侵占罪。

张某：同意杨某的意见。

赵某：王某不是乙公司工作人员，其与乙公司之间的纠纷系民事纠纷，应通过民事途径解决，其行为不构成犯罪。

讨论结果：

该案件属于民事纠纷，被告人王某无罪。

薛某、王某、杨某、张某、赵某签名

记录人沈某签名

法律链接

《中华人民共和国刑事诉讼法》

第一百八十五条　合议庭开庭审理并且评议后，应当作出判决。对于疑难、复杂、重大的案件，合议庭认为难以作出决定的，由合议庭提请院长决定提交审判委员会讨论决定。审判委员会的决定，合议庭应当执行。

调解笔录

（自诉案件和附带民事诉讼案件用）

了解文书

调解笔录（自诉案件和附带民事诉讼案件用）是指在刑事诉讼过程中，人民法院依法主持调解，为促成当事人自愿、合法达成解决纠纷的协议而记录具体调解过程时制作的文书。

本文书样式供各级人民法院对自诉案件和附带民事诉讼案件进行调解时使用。

文书样式

调解笔录

时间：××××年××月××时××分至××时××分

地点：

审判人员：　　　　　　　　书记员：

被邀协助调解人员：

调解经过和结果：

（首先核对当事人，宣布案由，告知诉讼权利和义务等）

____

____

____

审判人员、书记员签名

自诉人、刑事附带民事诉讼原告人、被告人等签字或按手印。

制作说明

1. 标题

要写明“调解笔录”。

2. 首部

写明时间、地点和审判人员、书记员、被邀协助调解人员的姓名。

3. 正文

在“调解经过和结果”之后，要首先核对当事人，宣布案由，告知诉讼权利和义务等，然后再具体记录调解的经过和达成的调解合意。

4. 尾部

审判人员、书记员、当事人应在笔录上签名。

举例示范

案情简述：2019年2月28日早上，自诉人李某与其岳父范某因家务琐事发生口角，互有污言秽词。被告人范某将李某撵至院子的角落，打了自诉人李某两巴掌，并顺手拿起一根杨木柴趁机打在自诉人李某右腿上。李某当日被送往医院治疗，经司法鉴定构成轻伤。自诉人李某现请求依法追究被告人范某故意伤害罪的刑事责任，并由范某赔偿医疗费等损失。该案最终由法院调解结案。

调解笔录

时间：2019年6月6日10时10分至11时10分

地点：某县人民法院调解室

审判人员：王某

书记员：荀某

被邀协助调解人员：刘某

调解经过和结果：

自诉人（附带民事诉讼原告人）：李某，男，1981年4月20日出生于河北省某县，汉族，农民，住河北省某县某村三组。

被告人：范某，男，1942年3月26日出生于河北省某县，汉族，农民，无前科，住河北省某县某村三组。

自诉人李某以被告人范某犯故意伤害罪并给其造成经济损失为由向本院提起控诉。

自诉案件的被告人有权随时委托辩护人。被告人、附带民事诉讼的原告人有权委托代理人、提出回避申请、收集、提供证据、申请执行。当事人必须依法行使诉讼权利，遵守诉讼秩序，履行发生法律效力的判决书。

法院调解贯穿于诉讼的始终，案件立案即可以调解。本案立案后，当事人双方主动联系法官，要求以调解的方式结案，本院及时于2019年6月6日在当事人不提异议的情况下开庭调解。调解结果如下：

一、被告范某支付自诉人（附带民事诉讼原告人）李某医疗费等费用20 000元。

二、自诉人李某撤回起诉。

王某、荀某、刘某、李某、范某签名

法律链接

《中华人民共和国刑事诉讼法》

第二百一十二条第一款　人民法院对自诉案件，可以进行调解；自诉人在宣告判决前，可以同被告人自行和解或者撤回自诉。本法第二百一十条第三项规定的案件不适用调解。

第二百一十条　自诉案件包括下列案件：

（一）告诉才处理的案件；

（二）被害人有证据证明的轻微刑事案件；

（三）被害人有证据证明对被告人侵犯自己人身、财产权利的行为应当依法追究刑事责任，而公安机关或者人民检察院不予追究被告人刑事责任的案件。

法庭笔录

（刑事案件用）

了解文书

法庭笔录（刑事案件用）是指由人民法院书记员制作的、如实反映人民法院在审判刑事案件中审判人员、公诉人员、被告人以及其他诉讼参与人的主要活动的书面记录。

本文书样本供各级人民法院开庭审理刑事案件记录庭审过程时使用。

文书样式

法庭笔录（第×次）

时　　间：××××年××月××时××分至××时××分

地　　点：

是否公开审理：　　　　　　　　旁听人数：

审判人员：

书记员：

被告人：

审判长（员）宣布开庭审理________________（写明被告人姓名和案由）一案。

记录如下：

书记员核对当事人及到庭情况，并宣读法庭纪律。

审判长：现在开庭，首先查明被告人身份（被告人的姓名、曾用名、出生年月、民族、籍贯、文化程度、职业、家庭住址、拘留及逮捕时间、是否受过法律处分、是否收到起诉书副本及时间。）

____

____

____

（宣布审判人员、书记员、公诉人、辩护人、诉讼代理人、鉴定人和翻译人员的名单，告知当事人诉讼权利和义务，询问当事人是否申请回避等。）

____

____

____

（记录审判活动）

审判人员、书记员签名

自诉人、刑事附带民事诉讼原告人、被告人签字或摁手印

证人签字或摁手印

制作说明

1. 标题

要写明“法庭笔录（第×次）”。

2. 首部

（1）写明时间和地点。

（2）写明审理方式和旁听人数。

（3）写明审判人员和书记员姓名。

（4）写明被告人姓名和案由。

3. 正文

（1）开庭时，首先由书记员核对当事人到庭情况并宣读法庭纪律；然后由审判长（员）依照《中华人民共和国刑事诉讼法》的规定，依次核对当事人是否到庭，宣布案由，宣布审判人员、书记员、公诉人、辩护人、诉讼代理人、鉴定人和翻译人员的名单，告知当事人诉讼权利和义务，是否申请回避等。

（2）书记员应当全面、客观、详细地记录法庭审判的全部活动，包括当事人和其他诉讼参与人的诉讼活动，都应如实记载。如果当庭宣布判决结果的，也应当一并记明。

4. 尾部

由审判长或者独任审判员、书记员、证人、当事人签名。

举例示范

案情简述： 2018 年 9 月 5 日 14 时许，被告人冉某到自己责任田农作时，将砍下的干草点燃焚烧。因天气干燥，被告人冉某不能有效控制火源，引发森林火灾。经鉴定，该火烧迹地总面积 5.1 公顷，均为有林地，给国家造成巨大经济损失。2018 年 9 月 6 日 10 时许，被告人冉某到公安机关投案自首。现该案已进入法院审理阶段。

法庭笔录（第一次）

时　　间：2019 年 1 月 10 日 09 时 00 分至 11 时 30 分

地　　点：刑事审判庭

是否公开审理：公开　　　　　　　　　旁听人数：43 人

审判人员：叶某、圣某、陶某

书记员：镇某

被告人：冉某

审判长（员）宣布开庭审理被告人张某失火罪一案

记录如下：

书记员核对当事人到庭情况并宣布法庭纪律（略）。

审判长（下简称审）：现在开庭，下面查明被告人的身份，被告人冉某，男，1967 年 6 月 19 日生于某省某县某村，汉族，农民，现居住在某省某县某村，无前科，被告人冉某于 2013 年 12 月 30 日收到起诉书。

审：北京市某县人民法院刑事审判庭审理由北京市某县人民检察院提起公诉的被告人张某失火一案，本院依照《中华人民共和国刑事诉讼法》第一百八十六条之规定，今天在这里依法公开开庭审理本案。依照《中华人民共和国刑事诉讼法》第一百八十七条之规定，今天审理本案的合议庭组成人员是：审判员叶某、审判员圣某、审判员陶某，由审判员叶某担任审判长，主审本案，书记员镇某担任本庭记录，北京市某县人民检察院检察员龚某出庭支持公诉。

审：告知被告人在法庭审理过程中，依法享有下列诉讼权利：申请回避权；辩护权；有权申请通知新的证人到庭，调取新的物证，申请重新鉴定或勘验；辩论结束后有最后陈述的权利。

审：鉴于被告人张某在十天前收到了起诉书副本，未提出回避申请，现在进行法庭调查，请公诉人宣读起诉书。

公诉人：宣读起诉书（略，详见起诉书）。

审：现在由被告人就起诉书的指控内容答辩。

被告人：宣读答辩状（略，详见答辩状）。

审：法庭调查结束，开始法庭辩论，请公诉人发表公诉词。

公诉人：……

审：请被告人提出辩论意见

被告人：……

审：法庭辩论结束，下面由被告人张某作最后陈述

被告人张某：因我的行为对国家和人民造成了损失，请求法院给我从轻处罚，希望以后不会发生这样的事。

审：现在休庭合议。

审：现在继续开庭，经过刚才合议庭评议，认为本案事实清楚，证据充分，被告人也表示认罪。合议庭将根据被告人的犯罪事实、情节、后果及认罪态度对本案作出判决，具体宣判日期另行通知。

审：现在宣布休庭。

叶某、圣某、陶某、镇某签字

公诉人员、冉某签字

法律链接

《中华人民共和国刑事诉讼法》

第二百零七条第一款　法庭审判的全部活动，应当由书记员写成笔录，经审判长审阅后，由审判长和书记员签名。

宣判笔录

（刑事案件用）

了解文书

宣判笔录（刑事案件用）是指人民法院在法庭审理结束后，由审判长宣布判决结果时制作的笔录。

本文书样式供各级人民法院宣判刑事案件时使用。

文书样式

宣判笔录

时间：××××年××月××时××分

地点：

审判长：　　　　　　　　审判员（人民陪审员）：

书记员：

到庭的公诉人：

到庭的当事人和其他诉讼参与人：

记录如下：

审判长（员）×××宣读×××人民法院××××年××月××日（××××）×刑×字第××号刑事××书。

____

____

____

审判人员、书记员、当事人应在笔录上签名。

制作说明

1. 标题

要写明“宣判笔录”。

2. 首部

（1）写明时间、地点和审判长、审判员、到庭公诉人、到庭的当事人和其他诉讼参与人的姓名。

（2）到庭的公诉人应写明其职务和姓名；到庭的当事人和其他诉讼参与人应写明其称谓和姓名。

3. 正文

在“记录如下”以后，要如实、清楚记录审判长宣读的判决书内容。

4. 尾部

审判人员、书记员、当事人应在笔录上签名。

举例示范

案情简述：被告人苟某在假释期间，于2017年11月20日，从广东省深圳市乘长途汽车将毒品甲基苯丙胺993.11克（含量为61.6%）运输至北京，并藏匿于北京市某区某宾馆105房间内。当日5时许，苟某在该宾馆被抓获归案。现该案已经审理完结。

宣判笔录

时间：2019 年 5 月 5 日 10 时 10 分

地点：刑庭一庭

审判长：李某　　　　审判员：苏某　　　　人民陪审员：王某

书记员：赵某

到庭的公诉人：王某，北京市某人民检察院公诉处副处长。

到庭的当事人和其他诉讼参与人：张某，被告人母亲。

记录如下：

审判长李某宣读北京市某人民法院 2019 年 5 月 5 日（2019）×刑×字第××号刑事××书。

被告人苟某犯运输毒品罪，判处死刑，缓期二年执行（死刑缓期二年执行的期间，从北京市高级人民法院核准之日起计算），剥夺政治权利终身，并处没收个人全部财产；与前罪尚未执行完毕的刑罚即有期徒刑三年六个月零十日，并处没收个人财产人民币五万元，决定执行死刑，缓期二年执行，剥夺政治权利终身，并处没收个人全部财产。

审判人员李某、苏某、王某，书记员赵某，公诉人王某，被告人苟某签名。

法律链接

《中华人民共和国刑事诉讼法》

第二百零七条第一款　法庭审判的全部活动，应当由书记员写成笔录，经审判长审阅后，由审判长和书记员签名。

验明正身笔录

（执行死刑用）

了解文书

验明正身笔录（执行死刑用）是指中级以上人民法院根据《中华人民共和国刑事诉讼法》第二百六十三条第四款的规定，遵照最高人民法院院长签发的执行死刑命令，在对死刑犯执行死刑前，验明死刑罪犯正身时制作的笔录。

本文书样式供中级以上人民法院在执行死刑前，对死刑罪犯验明正身时使用。

文书样式

验明正身笔录

案由：

死刑罪犯姓名：

时间：××××年××月××时××分

地点：

指挥执行的审判人员：　　　　　　　书记员：

临场监督人：　　　　　　人民检察院检察员：

（核对死刑罪犯的姓名、性别、出生年月日、民族、出生地、文化程度、住址等）。

答：____

____

____

（核对犯罪事实）

答：____

____

____

问：你有没有遗言和信札，还有什么话要说？

答：____

____

____

指挥执行的审判员或者代理审判员、书记员签名。

制作说明

1. 标题

要写明"验明正身笔录"。

2. 首部

(1) 写明案由、死刑罪犯姓名及时间、地点。

(2) 写明指挥执行的审判人员、书记员、临场监督人、人民检察院检察员的姓名。

3. 正文

正文内容主要是和死刑罪犯的对话，包括以下内容：

(1) 核对死刑罪犯的姓名、性别、出生年月日、民族、出生地、文化程度、住址等。

(2) 核对犯罪事实。

(3) 询问死刑罪犯有没有遗言和信札以及还有什么话要说。

4. 尾部

由指挥执行的审判员或者代理审判员、书记员签名。

举例示范

案情简述：被告人王某因玩网络游戏需要赔偿网友损失及急于归还老乡欠款，萌生抢劫还钱的念头。2019年1月20日凌晨，被告人王某窜至北京市某区某小区居民楼天台，发现楼下住户打开的窗户具有可乘之机，遂锁定在此作案。被告人王某从楼顶放绳坠入位于22层的宋家行窃，惊醒宋家人后用锤子、镰刀疯狂砍杀，连年仅5岁的幼女和2岁的男孩也没放过，一家三代六口被灭门。后王某被判处死刑立即执行并报最高院核准。现对其验明正身，执行死刑。

验明正身笔录

案由：故意杀人案

死刑罪犯姓名：王某

时间：2019年9月6日10时30分

地点：北京市某看守所

指挥执行的审判人员：张某　　　　书记员：李某

临场监督人：赵某　　　　人民检察院检察员：杨某

问：王某，男，1977年8月20日出生于河北省某市某村，汉族，小学文化，暂住于北京市某区某里120号，对吗?

答：对。

问：2019年1月下旬，被告人王某因玩网络游戏需要赔偿网友损失及急于归还老乡欠款，萌生抢劫还钱的念头。1月20日凌晨，预谋入室抢劫的被告人窜至北京市某区某小区居民楼天台，发现楼下住户打开的窗户具有可乘之机，遂锁定在此作案。杀害住户6人后，被告人搜得现金人民币8 800余元、金手镯5对、金项链2条及手链1条，对吗?

答：是的。

问：你有没有遗言和信札，还有什么话要说?

答：没有了。

指挥执行的审判员或者代理审判员、书记员签名。

法律链接

《中华人民共和国刑事诉讼法》

第二百六十三条第四款　指挥执行的审判人员，对罪犯应当验明正身，讯问有无遗言、信札，然后交付执行人员执行死刑。在执行前，如果发现可能有错误，应当暂停执行，报请最高人民法院裁定。

执行死刑笔录

（刑事案件用）

了解文书

执行死刑笔录（刑事案件用）是指人民法院在对死刑罪犯执行死刑时，对执行死刑情况进行记录时制作的文书。

本文书样式供人民法院对死刑罪犯执行死刑时使用。

文书样式

执行死刑笔录

案由：

死刑罪犯姓名：

执行方法：

执行地点：

执行时间：××××年××月××时××分　　　　天气：

临场监督人：　　　　　　　　　　人民检察院检察员：

执行人：

执行死刑情况：

法医（或者检验人）验明毙命情况：

指挥执行的审判人员（签名）：

临场监督人（签名）：

法医或检验人（签名）：

书记员（签名）：

指挥执行的审判人员、临场监督人、法医或检验人、书记员应当在笔录上签名。

死刑罪犯×××照片

执行前照片	
执行后照片	

备 注	

制作说明

1. 标题

要写明“执行死刑笔录”。

2. 首部

（1）写明案由和死刑罪犯姓名。

（2）写明执行方法、执行地点、执行时间及天气。

（3）写明临场监督人、人民检察院检察员、执行人姓名。

3. 正文

（1）写明执行死刑情况。

采用枪决方法执行死刑的，主要应记明几枪毙命、弹丸出入口的位置和方向，以及验尸情况等；采用注射方法执行死刑的，主要应记明注射的药物名称、剂量，注射的位置和方向，以及验尸情况等；采用枪决、注射以外的其他方法执行死刑的，除记明具体方法和执行情况外，还应当记明何时报请最高人民法院批准采用这种方法。

（2）法医（或者检验人）验明毙命情况。

4. 尾部

（1）指挥执行的审判人员、临场监督人、法医或检验人、书记员应当在笔录上签名。

（2）在笔录后附注表格，粘贴被执行人执行前后的照片，有特殊情况需说明的可以在备注栏写明。

举例示范

案情简述：2017 年 12 月 14 日晚 10 时许，被告人文某在其租住的平房内将其妻妹刘某强奸。强奸后，被告人文某害怕被害人刘某告发，用双手掐被害人刘某的颈部，又用腰带勒其颈部，被害人刘某被勒死。公安机关于2017年12月20日将被告人文某抓获归案。经法院审判，被告人文某被判处死刑立即执行。2018年9月8日，经最高人民法院核准，被告人文某被带赴刑场执行死刑。

执行死刑笔录

案由：故意杀人、强奸

死刑罪犯姓名：文某

执行方法：注射

执行地点：北京市某刑场

执行时间：2018年9月9日9时9分　　　　天气：晴

临场监督人：胡某　　　　　　　　人民检察院检察员：苟某

执行人：赵某

执行死刑情况：静脉注射硫喷妥钠5g于被执行人手腕上部552mm处。

法医（或者检验人）验明毙命情况：被执行人脑电波从有规律的波动变成平行的直线，心跳、呼吸停止，确认死亡。

指挥执行的审判人员（签名）：叶某

临场监督人（签名）：盛某

法医或检验人（签名）：陶某

书记员（签名）：郭某

死刑罪犯文某照片

执行前照片	

执行后照片	
备注	

法律链接

《中华人民共和国刑事诉讼法》

第二百六十三条第六款　执行死刑后，在场书记员应当写成笔录。交付执行的人民法院应当将执行死刑情况报告最高人民法院。

第八章　其他类文书

备考表
（各类案件用）

了解文书

备考表（各类案件用）是指机关档案室为对归档文件进行动态管理而附注在每一册所归档文件之后，用以对册内归档文件进行必要的注释说明的一种法律文书。

本样式供各类案卷用，装订在全册卷宗材料的末页。

文书样式

备考表

卷宗号：

案卷目录号：

案卷顺序号：

本卷内缺点及其他情况：

立卷人：　　　　年　　月　　日

检查人：　　　　年　　月　　日

制作说明

1. 标题

要写明“备案表”。

2. 正文

正文应依次写明下列内容：

卷宗号、案卷目录号、案卷顺序号、本卷内缺点及其他情况。

3. 尾部

尾部应依次写明下列内容：

（1）立卷人签字及立卷日期。

（2）检查人签字及检查日期。

举例示范

案情简述：2019 年 3 月 20 日，张家口市人民检察院对李某盗窃一案向张家口市人民法院提起公诉，因证据不足需补充材料，但超过规定时间且经过张家口市人民法院提醒，张家口市人民检察院没有提供补充材料，此案做撤诉处理，卷宗归档时需要制作备考表存入诉讼文书中。

备考表

卷宗号：220

案卷目录号：3

案卷顺序号：第 2 卷

本卷内缺点及其他情况：案件证据材料不足。

立卷人：陆某某　　　　二〇一九年五月二十八日

检查人：齐某某　　　　二〇一九年五月二十八日

发还财物清单

（刑事案件用）

了解文书

发还财物清单（刑事案件用）是指人民法院在审理刑事案件过程中，经查明已查封、扣押或者冻结的财产属于被害人的合法财产，权属明确，应当予以返还时制作的一种法律文书。

本样式供人民法院在刑事案件中及时发还被害人的合法财产时使用。

文书样式

×××人民法院

发还财物清单

（××××）×刑×字第××号

<table>
<tr><td colspan="2">被告人姓名</td><td colspan="3"></td><td rowspan="2">案号</td><td colspan="5" rowspan="2">（××××）×刑×字第××号</td></tr>
<tr><td colspan="2">案由</td><td colspan="3"></td></tr>
<tr><td>编号</td><td>财物名称</td><td>面额型号</td><td>数额数量</td><td>规格</td><td>重量</td><td>质量</td><td>成色</td><td>颜色</td><td>新旧程度</td><td>缺损特征</td></tr>
<tr><td></td><td></td><td></td><td></td><td></td><td></td><td></td><td></td><td></td><td></td><td></td></tr>
<tr><td></td><td></td><td></td><td></td><td></td><td></td><td></td><td></td><td></td><td></td><td></td></tr>
<tr><td></td><td></td><td></td><td></td><td></td><td></td><td></td><td></td><td></td><td></td><td></td></tr>
<tr><td></td><td></td><td></td><td></td><td></td><td></td><td></td><td></td><td></td><td></td><td></td></tr>
<tr><td></td><td></td><td></td><td></td><td></td><td></td><td></td><td></td><td></td><td></td><td></td></tr>
<tr><td></td><td></td><td></td><td></td><td></td><td></td><td></td><td></td><td></td><td></td><td></td></tr>
<tr><td></td><td></td><td></td><td></td><td></td><td></td><td></td><td></td><td></td><td></td><td></td></tr>
<tr><td></td><td></td><td></td><td></td><td></td><td></td><td></td><td></td><td></td><td></td><td></td></tr>
</table>

上列财物已发还给我，核对无误。 领取单位：（盖章）领取人：（签名） 年　月　日
执行人员：（盖章）书记员：（签名） 年　月　日

本清单入卷

制作说明

1. 首部

（1）标题。要写明“×××人民法院”“发还财物清单”。

（2）案号。写：“（××××）×刑×字第××号”。

2. 正文

（1）写明被告人的姓名、案由。

（2）写明该案件案号。

（3）返还财物依次编号。

（4）写明每件返还财物的名称、面额型号、数额数量、规格、重量、质量、成色、颜色、新旧程度、缺损特征等。

3. 尾部

尾部应依次写明下列内容：

（1）领取财物的单位名称并盖章、领取人签名并注明日期。

（2）返还财物的执行人员盖章，书记员签名并注明日期。

（3）写：“本清单入卷”。

举例示范

案情简述：2018 年 10 月 17 日，河北省 M 市人民法院在审理李某私自变卖河北齐发有限公司财产一案中，经查明被扣押的河北某有限公司的一辆行驶 5000 公里的黑色奥迪 A6L 型号小轿车与本案无关，遂于 2019 年 1 月 5 日将此车返还给河北齐发有限公司。

河北省 M 市人民法院
发还财物清单

（2019）M 刑×字第 23 号

<table>
<tr><td colspan="2">被告人姓名</td><td colspan="3">李某</td><td rowspan="2">案号</td><td colspan="5" rowspan="2">（2018）M 刑初字第 12 号</td></tr>
<tr><td colspan="2">案由</td><td colspan="3">李某私自变卖河北某有限公司财产</td></tr>
<tr><td>编号</td><td>财物名称</td><td>面额型号</td><td>数额数量</td><td>规格</td><td>重量</td><td>质量</td><td>成色</td><td>颜色</td><td>新旧程度</td><td>缺损特征</td></tr>
<tr><td>1</td><td>小轿车</td><td>奥迪A6L</td><td>辆</td><td></td><td>1 吨</td><td>-</td><td>-</td><td>黑色</td><td>里程5000公里</td><td>无</td></tr>
<tr><td>-</td><td></td><td></td><td></td><td></td><td></td><td></td><td></td><td></td><td></td><td></td></tr>
<tr><td></td><td></td><td></td><td></td><td></td><td></td><td></td><td></td><td></td><td></td><td></td></tr>
<tr><td></td><td></td><td></td><td></td><td></td><td></td><td></td><td></td><td></td><td></td><td></td></tr>
<tr><td></td><td></td><td></td><td></td><td></td><td></td><td></td><td></td><td></td><td></td><td></td></tr>
<tr><td></td><td></td><td></td><td></td><td></td><td></td><td></td><td></td><td></td><td></td><td></td></tr>
<tr><td></td><td></td><td></td><td></td><td></td><td></td><td></td><td></td><td></td><td></td><td></td></tr>
<tr><td></td><td></td><td></td><td></td><td></td><td></td><td></td><td></td><td></td><td></td><td></td></tr>
<tr><td></td><td></td><td></td><td></td><td></td><td></td><td></td><td></td><td></td><td></td><td></td></tr>
<tr><td colspan="11">上列财物已发还给我，核对无误。
领取单位：河北省某有限公司（盖章）　　领取人：单某　　（签名）
二〇一九年一月五日</td></tr>
</table>

执行人员：鲁某　　　　　（盖章）书记员：白某　　　　　（签名）
二〇一九年一月五日

本清单入卷

法律链接

《最高人民法院关于适用〈中华人民共和国刑事诉讼法〉的解释》

第三百六十条　对被害人的合法财产，权属明确的，应当依法及时返还，但须经拍照、鉴定、估价，并在案卷中注明返还的理由，将原物照片、清单和被害人的领取手续附卷备查；权属不明的，应当在人民法院判决、裁定生效后，按比例返还被害人，但已获退赔的部分应予扣除。

结案登记表

（送交执行机关执行用）

了解文书

结案登记表（送交执行机关执行用）是指人民法院受理的案件已经结案，根据相关法律对本案的被告人等移送执行机关执行时使用的一种法律文书。

本样式供人民法院对判处徒刑以上刑罚的罪犯，在刑事判决（或者裁定）生效后，连同判决书、裁定书和执行通知书等，送交执行机关执行时使用。

文书样式

结案登记表

（审判机关名称）

填表人　×××　　　　　　　　填表日期　××××年××月××日

<table>
<tr><td>被执行人姓名</td><td></td><td>曾用名</td><td></td><td>性别</td><td></td><td>出生年月日</td><td></td><td>民族</td><td></td></tr>
<tr><td>出生地</td><td></td><td>文化程度</td><td></td><td>特长</td><td></td><td colspan="2">捕前政治面貌</td><td colspan="2"></td></tr>
<tr><td colspan="2">捕前职业或工作单位和职务</td><td colspan="8"></td></tr>
<tr><td colspan="2">家庭住址</td><td colspan="8"></td></tr>
<tr><td>罪名</td><td colspan="2"></td><td>主刑</td><td colspan="3"></td><td>剥夺政治权利期限</td><td colspan="2"></td></tr>
<tr><td>简历</td><td colspan="9"></td></tr>
<tr><td>过去违法犯罪和处理情况</td><td colspan="9"></td></tr>
<tr><td colspan="10">本案犯罪事实（时间、地点、手段、动机、结果等）</td></tr>
<tr><td colspan="10"></td></tr>
<tr><td>证据</td><td colspan="9"></td></tr>
</table>

罪犯的认罪态度和是否已经考虑、从严或者从宽判处	
备考	

制作说明

1. 标题

（1）要写明“结案登记表”“送交执行机关执行用”。

（2）写明审判机关名称、填表人和填表日期。

2. 正文

（1）写明罪犯的基本信息，包括姓名、曾用名、性别、出生年月、民族、出生地、文化程度、特长、被捕前政治面貌、捕前职业或工作单位和职务、家庭住址等信息。

（2）写明罪犯所犯罪名、主刑以及剥夺政治权利情况。

（3）简述罪犯的简历。

（4）叙述过去违法犯罪和处理情况。

（5）详述本案犯罪事实，包括时间、地点、手段、动机、结果等。

（6）概述罪犯犯罪证据。

（7）写明罪犯的认罪态度和是否已经考虑从严或者从宽判处。

（8）写明备考情况。

举例示范

案情简述：2019 年 8 月 11 日，河北省承德市人民法院对王某某犯有强奸罪、故意杀人罪依法作出判决，案件结案，交由市公安机关执行。

结案登记表

河北省承德市人民法院

填表人 董某 填表日期 二〇一九年八月十一日

<table>
<tr><td>姓名</td><td>王某某</td><td>曾用名</td><td>王某</td><td>性别</td><td>男</td><td>出生年月日</td><td>1980 年
8 月 1 日</td><td>民族</td><td>汉族</td></tr>
<tr><td>出生地</td><td>河北省
承德市</td><td>文化程度</td><td>高中</td><td>特长</td><td colspan="3">爱好唱歌</td><td>捕前政治
面貌</td><td>群众</td></tr>
<tr><td colspan="2">捕前职业或工作
单位和职务</td><td colspan="8">河北省承德市××局科员</td></tr>
<tr><td colspan="2">家庭住址</td><td colspan="8">河北省承德市××县××村×号</td></tr>
<tr><td>罪名</td><td colspan="2">强奸罪、
故意杀人罪</td><td>主刑</td><td colspan="3">死刑缓期二年执行</td><td>剥夺政治
权利期限</td><td colspan="2">终身</td></tr>
<tr><td>简历</td><td colspan="9">1988 年 9 月至 1994 年 8 月，河北省承德市××县××小学学习
1994 年 9 月至 1997 年 8 月，河北省承德市××县中学学习
1997 年 9 月至 1998 年 6 月，河北省承德市××县中学学习
1998 年 6 月至今，河北省承德市××局工作</td></tr>
<tr><td>过去违法
犯罪和处
理情况</td><td colspan="9">2008 年因聚众打架被河北省承德市××县××派出所拘留 15 日。</td></tr>
<tr><td colspan="10">本案犯罪事实（时间、地点、手段、动机、结果等）</td></tr>
<tr><td colspan="10">罪犯王某某与被害人张某因结婚彩礼问题不和发生纠纷。2018 年 8 月 14 日，王某某与张某之母陈某某因琐事发生吵架，王某某因此十分生气，便于 8 月 15 日 10 时许再次赶到张某家，王某某与张某发生争吵，进而抓打，在抓打过程中王某某将张某掐晕后，将其抱到张某家厨房内实施强奸，后因被害人张某苏醒并高声呼救，王某某怕邻居起疑心，提起一把锄头打击张某头部致张某当场倒地，并找来一根绳子勒住已经昏迷的张某，最终导致张某窒息死亡。</td></tr>
</table>

证据	1. 作案锄头上面有王某某指纹、张某血迹； 2. 张某身体头部有明显重击痕迹，勘测到锈迹与锄头完全符合； 3. 张某指甲中的残留物与王某某身体伤痕 DNA 比对一致； 4. 张某下体异物与王某某 DNA 比对完全一致； 5. 证人证言 （1）张某邻居听到呼救声出门看到王某某脸上有血迹，神色慌张跑出张某家； （2）张某母亲与王某某吵架供词； 6. 法医对张某的尸体检定死亡原因为颅脑损伤伴机械性窒息死亡、生前遭受重击，厮打痕迹明显。
罪犯的认罪态度和是否已经考虑从严或者从宽判处等	王某某回家后发觉事情不妙，到当地公安机关自首，认罪态度良好，经考虑决定从宽处理。
备考	无

法律链接

《最高人民法院关于适用〈中华人民共和国刑事诉讼法〉的解释》

第四百二十九条　被判处死刑缓期执行、无期徒刑、有期徒刑、拘役的罪犯，交付执行时在押的，第一审人民法院应当在判决、裁定生效后十日内，将判决书、裁定书、起诉书副本、自诉状复印件、执行通知书、结案登记表送达看守所，由公安机关将罪犯交付执行。

卷内目录

（刑事案件用）

了解文书

卷内目录（刑事案件用）是指人民法院受理的案件，在卷宗存档第一页添加的，便于查询本卷相关文书的目录文书。

本样式供人民法院对卷宗统一管理时使用。

文书样式

卷　内　目　录

序号	文书名称	页次
备考		

本卷宗连同封面、封底共计×页，附证物×袋

制作说明

1．首部

要写明“卷内目录”。

2. 正文

（1）依次编号。

（2）写明文书名称和页次信息。

（3）写明备考信息。

3. 尾部

尾部应依次写明下列内容：本卷宗连同封面、封底在内的总页数和证物数量。

举例示范

案情简述： 2019年8月13日，河北省沧州市人民法院受理的倬某某及其团伙拐卖儿童一案已经结案，卷宗归档，其中一项为卷内目录。

卷　内　目　录

序号	文书名称	页次
1	卷宗封面	1
2	主办警官签署意见表	2
3	卷内目录	3
4	接收刑事案件登记表	4
5	立案决定书	5
6	传唤通知书，拘传证，询问通知书	6－8
7	拘留证，拘留通知书	9－10
8	逮捕证，逮捕通知书，变更强制措施通知书	11－13
9	羁押期限届满通知书	14
10	鉴定聘请书，鉴定结论通知书	15
11	起诉意见书	16
12	证据材料	17－40
13	庭审笔录	41－47
14	刑事判决书	47－51

14	卷宗封底	52

本卷宗连同封面、封底共计 52 页，附证物 1 袋

刑事卷宗封页

了解文书

刑事卷宗是指人民法院在审理刑事案件过程中使用的经过整理和排列的文件或卡片用以反映一个刑事案件的情况和处理过程的一种法律文书。而刑事卷宗封页，指装帧页，也称为封面。

本样式供刑事诉讼的一审、二审、复核、再审案件时通用。

文书样式

×××人民法院

刑事卷宗

正　卷

<table>
<tr><td colspan="7">（××××）×刑×字第××号</td></tr>
<tr><td colspan="3">案由</td><td colspan="4" rowspan="3"></td></tr>
<tr><td rowspan="2">诉讼双方的称谓和姓名</td><td colspan="2"></td></tr>
<tr><td colspan="2"></td></tr>
<tr><td colspan="3">审判长</td><td>员</td><td colspan="2">员</td><td>书记员</td></tr>
<tr><td colspan="3"></td><td></td><td colspan="2"></td><td></td></tr>
<tr><td>收案日期</td><td colspan="3">年　月　日</td><td>结案日期</td><td colspan="2">年　月　日</td></tr>
<tr><td>原审法院</td><td colspan="3"></td><td>有关案号</td><td colspan="2"></td></tr>
</table>

一审结果		二审结果		复核再审结果	
归档日期	年　月　日		保管期限		

全宗号	目录号	案卷号

×××人民法院

刑事卷宗

副　卷

<table>
<tr><td colspan="8">（××××）×刑×字第××号</td></tr>
<tr><td colspan="2">案由</td><td colspan="6" rowspan="3"></td></tr>
<tr><td rowspan="2">诉讼双方的称谓和姓名</td><td></td></tr>
<tr><td></td></tr>
<tr><td colspan="2">审判长</td><td colspan="2">员</td><td colspan="2">员</td><td colspan="2">书记员</td></tr>
<tr><td colspan="2"></td><td colspan="2"></td><td colspan="2"></td><td colspan="2"></td></tr>
<tr><td>收案日期</td><td colspan="3">年　月　日</td><td>结案日期</td><td colspan="3">年　月　日</td></tr>
<tr><td>原审法院</td><td colspan="3"></td><td>有关案号</td><td colspan="3"></td></tr>
<tr><td>一审结果</td><td></td><td>二审结果</td><td colspan="2"></td><td>复核再审结果</td><td colspan="2"></td></tr>
<tr><td>归档日期</td><td colspan="3">年　月　日</td><td>保管期限</td><td colspan="3"></td></tr>
</table>

全宗号	目录号	案卷号

制作说明

1. 首部

（1）标题。要写明“×××人民法院”“刑事卷宗”“正卷”或“副卷”。刑事诉讼的一审案件，应当填写“公诉机关×××人民检察院”，另起一行填写“被告人×××”。二审案件，另起一行填写“原审被告人×××”；被告人上诉的，填写“上诉人×××”。刑事自诉的一审案件，应当填写“自诉人×××”，另起一行填写“被告人×××”。二审案件，自诉人上诉的，填写“上诉人×××”，另起一行填写“原审被告人×××”。

再审案件，如系检察机关抗诉的，写“抗诉机关×××人民检察院”；以下写当事人的原审称谓。

（2）案号。写：“（××××）×刑×字第××号”。

2. 正文

（1）写明刑事案件案由，诉讼双方的称谓和姓名。

（2）写明审判长、审判员姓名、书记员姓名，独任审判的，独任审判员可以在封面的审判人员栏的第二格内署名。

（3）写明收案日期、结案日期。

（4）写明原审法院单位名称，有关案件编号。

（5）如果一审结案，写明一审结果；如果有二审结案要分别写明一审结果和二审结果；若有再审复核，则需要分别写明一审结果、二审结果和再审复核结果。

（6）写明本刑事卷宗归档日期、刑事卷宗保管期限。

3. 尾部

尾部应依次写明下列内容：

（1）全宗号、目录号、案卷号。

（2）副卷应当随同正卷一并归档。

举例示范

案情简述：2018年10月17日，河北省衡水市人民法院受理的袁某某利用职务之便挪用公款一案一审已结案，袁某某对犯罪事实供认不讳，不再上诉，案件终结，卷宗归档。

河北省衡水市人民法院
刑事卷宗
正　卷

<table>
<tr><td colspan="6">（2018）衡刑初字第3891号</td></tr>
<tr><td colspan="2">案由</td><td colspan="4" rowspan="3">袁某某利用职务之便挪用公款一案</td></tr>
<tr><td rowspan="2">诉讼双方的称谓和姓名</td><td>公诉机关衡水市人民检察院</td></tr>
<tr><td>被告人袁某某</td></tr>
<tr><td colspan="2">审判长</td><td colspan="2">审判员</td><td>审判员</td><td>书记员</td></tr>
<tr><td colspan="2">张某</td><td colspan="2">吴某</td><td>李某</td><td>宋某</td></tr>
<tr><td>收案日期</td><td colspan="2">二〇一八年八月十八日</td><td>结案日期</td><td colspan="2">二〇一八年十月十七日</td></tr>
<tr><td>原审法院</td><td colspan="2">河北省衡水市人民法院</td><td>有关案号</td><td colspan="2">（2018）衡字第81号</td></tr>
<tr><td>一审结果</td><td>袁某某因挪用公款被判有期徒刑三年，立即执行。</td><td>二审结果</td><td>无</td><td>复核再审结果</td><td>无</td></tr>
<tr><td>归档日期</td><td colspan="2">二〇一八年十月十七 日</td><td>保管期限</td><td colspan="2">永久</td></tr>
</table>

全宗号	目录号	案卷号
229	18	81

河北省衡水市人民法院
刑事卷宗
副　卷

<table>
<tr><td colspan="6">（2018）衡刑初字第3891号</td></tr>
<tr><td colspan="2">案由</td><td colspan="4" rowspan="3">袁某某利用职务之便挪用公款一案</td></tr>
<tr><td rowspan="2">诉讼双方的称谓和姓名</td><td>公诉机关衡水市人民检察院</td></tr>
<tr><td>被告人袁某某</td></tr>
<tr><td colspan="2">审判长</td><td>审判员</td><td colspan="2">审判员</td><td>书记员</td></tr>
<tr><td colspan="2">张某</td><td>吴某</td><td colspan="2">李某</td><td>宋某</td></tr>
<tr><td>收案日期</td><td colspan="2">二〇一八年八月十八日</td><td>结案日期</td><td colspan="2">二〇一八年十月十七日</td></tr>
<tr><td>原审法院</td><td colspan="2">河北省衡水市人民法院</td><td>有关案号</td><td colspan="2">（2018）衡字第81号</td></tr>
<tr><td>一审结果</td><td>袁某某因挪用公款被判有期徒刑三年，立即执行。</td><td>二审结果</td><td>无</td><td>复核再审结果</td><td>无</td></tr>
<tr><td>归档日期</td><td colspan="2">二〇一八年十月十七日</td><td colspan="2">保管期限</td><td>永久</td></tr>
</table>

全宗号	目录号	案卷号
229	18	81

法律链接

《最高人民法院、最高人民检察院关于刑事案件卷宗归档的问题的批复》

（一）检察机关侦查、起诉的刑事案件，应将起诉书连同侦查卷宗（包括证物等），一并移送人民法院，经法院判决后应将判决书送检察院一份。该案卷宗由人民法院存档保管。检察院可将提起刑事案件决定书、检举被告人决定书、施行强制处分决定书、向被告人宣告侦查终结笔录、起诉意见书或不起诉决定书、法院的判决书和裁定书、检察长所提出之抗议书和上级法院的裁定书等以及侦查计划和内部有关文件与书信等材料，存档保管。

证据收据

（刑事案件用）

了解文书

证据收据（刑事案件用）是指人民法院向有关单位或者个人收集、调取书面证据材料时向提供证据资料的单位或者个人出具的收据文书。

本样式供人民法院在收到有关单位和个人提供的证据，出具收据时使用。

文书样式

×××人民法院

证　据　收　据

（××××）×刑×字第××号

序号	证据名称	是否原件	件数	页数	备注
提供上列证据的个人姓名或单位名称：					
收到上列证据的书记员或审判员签名：					
收到上列证据的时间：			年	月	日

制作说明

1. 首部

（1）标题。要写明“×××人民法院”“证据收据”。

（2）案号。要写明“（××××）×刑×字第××号”。

2. 正文

（1）依次写明证据名称、是否是原件、件数或者页数，需要特别说明的要在备注栏中填写清楚。

（2）写明提供证据的个人的姓名或单位的名称。

（3）收到证据的书记员或审判员签名。

（4）写明证据收到的时间。

举例示范

案情简述：2017年7月16日，河南省南阳市中级人民法院在审理李某某向邻居王某某家投毒一案，王某某的代理律师向法院提交王某某食物中毒化验单。

河南省南阳市中级人民法院

证 据 收 据

（2017）南刑×字第10号

序号	证据名称	是否原件	件数	页数	备注
1	食物化验单	否	1	2	
提供上列证据的个人姓名或单位名称：河南省南阳市法医鉴定中心					

收到上列证据的书记员或审判员签名：李某某	
收到上列证据的时间：	二〇一七年七月二十二日

法律链接

《最高人民法院关于适用〈中华人民共和国刑事诉讼法〉的解释》

第五十二条　辩护律师直接申请人民法院向证人或者有关单位、个人收集、调取证据材料，人民法院认为确有收集、调取必要，且不宜或者不能由辩护律师收集、调取的，应当同意。人民法院收集、调取证据材料时，辩护律师可以在场。

人民法院向有关单位收集、调取的书面证据材料，必须由提供人签名，并加盖单位印章；向个人收集、调取的书面证据材料，必须由提供人签名。

人民法院对有关单位、个人提供的证据材料，应当出具收据，写明证据材料的名称、收到的时间、件数、页数以及是否为原件等，由书记员或者审判人员签名。

收集、调取证据材料后，应当及时通知辩护律师查阅、摘抄、复制，并告知人民检察院。

证据移交清单

（刑事案件用）

了解文书

证据移交清单（刑事案件用）是指人民法院在受理公诉案件或者自诉案件后，因法定原因需要将证据移交其他司法机关时，依法交接案件相关的证据时使用的一种法律文书。

本样式供人民法院在受理公诉、自诉案件后交接有关证据时使用。

文书样式

×××人民法院

证据移交清单

（××××）×刑×字第××号

序号	证据名称	数量（页数或型号、盘数）	备注

移交人：　　　　　　　　　　　　接收人：

交接证据时间：　　　　　年　月　日

制作说明

1. 首部

（1）标题。要写明“×××人民法院”“证据移交清单”。

（2）案号。要写明“（××××）×刑×字第××号”。

2. 正文

（1）依次写明证据名称，数量（页数或型号、盘数）。

（2）需要特别说明的证据应在相应备注栏目中填写具体。

3. 尾部

尾部应依次写明下列内容：移交人和接收人签字，写明证据交接日期。

举例示范

案情简述：2019年9月17日，河北省鹿泉市人民法院在受理齐某某聚众故意伤害致使贾某某重伤一案中，案件审理结束，判处齐某某有期徒刑10年，移送公安机关执行并连同证据一起移交。

河北省鹿泉市人民法院

证据移交清单

（2019）鹿刑×字第15号

序号	证据名称	数量（页数或型号、盘数）	备注
1	刀具	1把	
2	法医鉴定	一份7页	
3	证据衣物	3件	

移交人：陆某某　　　　接收人：王某某

交接证据时间：　　　　二〇一九年九月十七日

证物袋目录

（各类案件用）

了解文书

证物袋目录（各类案件用）是指人民法院在受理公诉案件或者自诉案件时，收集案件相关的证物后所列举的证物清单。

本样式供人民法院在受理公诉、自诉案件收集有关证据时使用。

文书样式

证物袋目录

编号	证物名称	数量	证物来源	收到日期	备考
备注					

制作说明

1. 首部

要写明“证物袋目录”。

2. 正文

依次写明证物名称、数量、证物来源、收到日期等。

3. 尾部

与案件相关的必要说明，应填写在备注一栏。

举例示范

案情简述：2019年3月17日，海南省张路市人民法院在受理海南某制药公司生产大量劣质药物一案中，为将被告人绳之以法，公开征集证据，后将收集到的证物统一规范管理。

证物袋目录

编号	证物名称	数量	证物来源	收到日期	备考
1	海南某制药厂生产的药物	一瓶（50粒）	员工上交	2019年3月20日	
备注					

法律链接

《人民法院诉讼文书立卷归档办法》

第三十一条　凡能附卷保存的证物均应装订入卷。无法装订的可装入证物袋，并标明证物名称、数量、特征、来源。不便附卷的证物应拍照片附卷。

传票

（刑事案件用）

了解文书

传票（刑事案件用）是指人民法院根据案件审理需要，按照法定程序传唤与案件有关人员的一种法律文书。

本样式供各级人民法院在审理刑事案件传唤与案件有关人员时使用。

文书样式

第一联

×××人民法院
传　票

案　号	（××××）×刑×字第××号
案　由	
当事人姓名	
工作单位或者住址	
传唤事由	
应到时间	年　月　日　时　分
应到处所	
注意事项：1. 被传唤人必须准时到达应到处所。 2. 被传唤人应携带传票报到。 3. 被传唤人收到传票后，应在送达回证上签名或者盖章。 审判员： 书记员： 年　月　日 （院印）	

本联送达被传唤的当事人

第二联

×××人民法院
传票（存根）

案　号	（××××）×刑×字第××号
案　由	
当事人姓名	
工作单位或者住址	

<table>
<tr><td>传唤事由</td><td></td></tr>
<tr><td>应到时间</td><td>年　月　日　时　分</td></tr>
<tr><td>应到处所</td><td></td></tr>
<tr><td colspan="2">备　考

审判员：
书记员：

年　月　日
（院印）</td></tr>
</table>

本联存卷

制作说明

1. 首部

要写明“×××人民法院”“传票”或者“×××人民法院”“传票（存根）”。

2. 正文

（1）在表格中写明案号、案由、当事人姓名、工作单位或者住址、传唤事由、应到时间、应到处所。

（2）第一联中列明注意事项，审判员、书记员签字，发文日期和人民法院盖章。

（3）第二联中分条概述备考内容，审判员、书记员签字，签发日期和人民法院盖章。

3. 尾部

尾部应依次写明下列内容：

（1）第一联写明“本联送达被传唤的当事人”。

（2）第二联写明“本联存卷”。

举例示范

案情简述： 李某因涉嫌故意杀人，法院下发传票该案于2019年3月20日上午九时在第三审判庭开庭审理，李某须按时出庭。

第一联

×××人民法院
传　票

案　号	（2019）×刑×字第221号
案　由	涉嫌故意杀人
当事人姓名	李某
工作单位或者住址	河南省某市新华小区A栋3单元×号
传唤事由	开庭
应到时间	二〇一九年三月二十日九时零分
应到处所	第三审判庭
注意事项：1. 被传唤人必须准时到达应到处所。 2. 被传唤人应携带传票报到。 3. 被传唤人收到传票后，应在送达回证上签名或者盖章。	
审判员：邓某 书记员：肖某 二〇一九年三月一日 （院印）	

本联送达被传唤的当事人

第二联

×××人民法院

传票（存根）

案　号	（2019）×刑×字第221号
案　由	涉嫌故意杀人
当事人姓名	李某
工作单位或者住址	河南省某市新华小区A栋3单元×号
传唤事由	开庭
应到时间	二〇一九年三月二十日九时零分
应到处所	第三审判庭

备考

无

审判员：邓某

书记员：肖某

二〇一九年三月一日

（院印）

本联存卷

法律链接

《中华人民共和国刑事诉讼法》

第一百八十七条第三款、第四款　人民法院确定开庭日期后，应当将开庭的时间、地点通知人民检察院，传唤当事人，通知辩护人、诉讼代理人、证人、鉴定人和翻译人员，传票和通知书至迟在开庭三日以前送达。公开审判的案件，应当在开庭三日以前先期公布案由、被告人姓名、开庭时间和地点。

上述活动情形应当写入笔录，由审判人员和书记员签名。

换押票

（公诉案件用）

了解文书

换押票（公诉案件用）是指人民法院对于人民检察院提请的公诉案件，将人民检察院指控并已被羁押的犯罪嫌疑人向羁押单位换押为法院羁押的一种法律文书。

本样式供人民法院受理公诉案件后，换押犯罪嫌疑人时使用。

文书样式

×××人民法院

换　押　票

（××××）×刑×字第××号

×××看守所：

你所羁押的犯罪嫌疑人×××（性别：________________，××××年××月××日出生），×××人民检察院指控其犯××罪，向本院提起公诉，经审查，我院已依法受理，请予换押。

审判员　×　×　×

书记员　×　×　×

××××年××月××日

（院印）

附注：

本联送交看守所

制作说明

1. 首部

（1）标题。要写明“×××人民法院”“换押票”。

（2）案号。写“（××××）×刑×字第××号”。

2. 正文

（1）写明羁押犯罪嫌疑人的看守所。

（2）写明羁押犯罪嫌疑人的基本信息：姓名、性别、出生年月日。

（3）写明公诉人民检察院的名称及羁押犯罪嫌疑人涉嫌罪名。

3. 尾部

尾部应依次写明下列内容：

（1）审判员、书记员签字。

（2）签发日期和人民法院盖章。

（3）有需要注意的问题在附注里写明。

（4）本联送交看守所。

举例示范

案情简述：人民检察院指控董某涉嫌强奸罪，向人民法院提起公诉，人民法院予以受理并向关押董某的看守所下发了换押票。

×××人民法院

换　押　票

（2019）×刑×字第221号

×××看守所：

你所羁押的犯罪嫌疑人董某（性别男，1978年3月30日出生），×××人民检察院指控其犯强奸罪，向本院提起公诉，经审查，我院已依法受理，请予换押。

审判员　赵某某

书记员　邓某某

二〇一九年五月十一日

（院印）

附注：无

本联送交看守所

换押票（回执）

了解文书

换押票（回执）是指看守所接到人民法院换押犯罪嫌疑人的换押票后，按照法定程序将犯罪嫌疑人交给人民法院并告知人民法院的一种法律文书。

本样式供看守所告知犯罪嫌疑人交给人民法院看押时使用。

文书样式

×××人民法院

换押票（回执）

×××人民法院：

根据你院××××年××月××日（××××）×刑×字第××号换押票，我所已将羁押的犯罪嫌疑人×××换押。

看守所所长　×××

××××年××月××日

（看守所印章）

附注：

本联由看守所填写，加盖看守所印章后，退回法院存卷

制作说明

1. 首部

要写明“×××人民法院”“换押票（回执）”。

2. 正文

（1）写明换押犯罪嫌疑人的人民法院的名称。

（2）写明人民法院换押票的基本信息。

（3）写明看守所换押的情况。

3. 尾部

尾部应依次写明下列内容：

（1）看守所所长签字。

（2）签发日期和看守所盖章。

（3）有需要注意的问题在附注里写明。

（4）本联由看守所填写，加盖看守所印章后，退回法院存卷。

举例示范

案情简述：某看守所接到人民法院换押犯罪嫌疑人董某的换押票，将董某换押给人民法院，并以书面形式将换押情况告知人民法院。

×××人民法院

换押票（回执）

×××人民法院：

根据你院2019年5月11日（2019）某刑初字第221号换押票，我所已将羁押的犯罪嫌疑人董某换押。

看守所所长　王某某

二〇一九年五月十二日

（看守所印章）

附注：无

本联由看守所填写，加盖看守所印章后，退回法院存卷

法律链接

《中华人民共和国看守所条例实施办法（试行）》

第十一条　办案机关需要将羁押人犯移送另一机关管辖时，应当填写《换押证》并加盖公章随案移送。接收机关在《换押证》上加盖公章，注明承接时间后，及时送交看守所。看守所凭该《换押证》办理被羁押人犯的换押手续，并立即开具回执退回移送机关。

拘传票

（刑事案件用）

了解文书

拘传票（刑事案件用）是指人民法院按照法定程序审理刑事案件前，拘传被告人的一种法律文书。

本样式供各级人民法院审理刑事案件前拘传被告人时使用。

文书样式

第一联

×××人民法院

拘传票（审批联）

（××××）×刑×字第××号

被拘传人姓名		性别		出生日期	年　月　日
工作单位或者住所					
应到时间	年　月　日			应到处所	

拘传原因和理由：   审判员： 年　月　日
   批准人： 年　月　日

本联存卷

第二联

×××人民法院

拘　传　票

（××××）×刑×字第××号

被拘传人姓名		性别		出生日期	年　月　日
工作单位或者住所					
应到时间	年　月　日			应到处所	

执行人宣布： 依照《中华人民共和国刑事诉讼法》第六十六条的规定，本院决定对×××予以拘传。 被告经法院传票传唤，没有正当理由拒不到庭的，可以缺席判决。 年　月　日 （院印）

本拘传票已于××××年××月××日××时××分向被拘传人出示。 被拘传人：
执行拘传情况 执行人：

本联执行拘传后存卷

制作说明

1. 首部

（1）标题。要写明“×××人民法院”“拘传票（审批联）”或者“×××人民法院”“拘传票”。

（2）案号。写“（××××）×刑×字第××号”。

2. 正文

（1）写明被拘传人姓名、性别、出生日期、工作单位或者住所、应到时间、应到处所。

（2）第一联写明拘传原因和理由、审判员签字和签发日期、批准人签字和签发日期。

（3）第二联写明拘传的法律依据、拘传票向被拘传人出示的日期及被拘传人签字、概述执行拘传情况及执行人签字。

3. 尾部

尾部应依次写明下列内容：

（1）第一联写明本联存卷。

（2）第二联写明本联执行拘传后存卷。

举例示范

案情简述：赵某因长期对妻儿实施家暴，人民检察院向人民法院提起公诉，人民法院予以立案受理，开庭前，人民法院向被告人赵某送达了拘传票。

第一联

×××人民法院
拘传票（审批联）

（2019）×刑×字第67号

<table>
<tr><td>被拘传人姓名</td><td>赵某</td><td>性别</td><td>男</td><td>出生日期</td><td>1987年
1月12日</td></tr>
<tr><td>工作单位
或者住所</td><td colspan="5">工作单位：河北省M市劳动局
住所：河北省M市裕泰小区A栋×</td></tr>
<tr><td>应到时间</td><td colspan="3">2019年3月12日</td><td>应到处所</td><td>M市人民
法院执行庭</td></tr>
<tr><td colspan="6">拘传原因和理由：
赵某因长期虐待妻子和儿子，导致妻儿身体和精神受到了严重的伤害，妻子因其家庭暴力身体受伤，经鉴定为五级伤残，赵某需要对此负刑事责任。

审判员：肖某
二〇一九年三月一日</td></tr>
<tr><td colspan="6">同意

批准人：李某
二〇一九年三月一日</td></tr>
</table>

本联存卷

第二联

×××人民法院

拘 传 票

（2019）×刑×字第68号

<table>
<tr><td>被拘传人姓名</td><td>赵某</td><td>性别</td><td>男</td><td>出生日期</td><td>1987年
1月12日</td></tr>
<tr><td>工作单位
或者住所</td><td colspan="5">工作单位：河北省M市劳动局
住所：河北省M市裕泰小区A栋×</td></tr>
<tr><td>应到时间</td><td colspan="3">2019年3月12日</td><td>应到处所</td><td>M市人民
法院执行庭</td></tr>
<tr><td colspan="6">执行人宣布：
依照《中华人民共和国刑事诉讼法》第六十六条的规定，本院决定对赵某予以拘传。
被告经法院传票传唤，没有正当理由拒不到庭的，可以缺席判决。

二〇一九年三月一日
（院印）</td></tr>
<tr><td colspan="6">本拘传票已于2019年3月1日14时30分向被拘传人出示。

被拘传人：赵某</td></tr>
<tr><td colspan="6">执行拘传情况
已向赵某传达拘传的原因，并签字确认。

执行人：周某</td></tr>
</table>

本联执行拘传后存卷

法律链接

《中华人民共和国刑事诉讼法》

第六十六条　人民法院、人民检察院和公安机关根据案件情况，对犯罪嫌疑人、被告人可以拘传、取保候审或者监视居住。

提押票

（刑事案件用）

了解文书

提押票（刑事案件用）是指人民法院根据法定审理程序，向看守所提押犯罪嫌疑人或者被告人的一种法律文书。

本样式供各级人民法院提押被羁押的犯罪嫌疑人或者被告人时使用。

文书样式

××× 人民法院

提　押　票

（××××）×刑×字第××号

<table>
<tr><td colspan="6">看守所：
下列犯罪嫌疑人（或被告人）一名，请准予提押。

审判员
书记员
年　月　日</td></tr>
<tr><td>姓名</td><td>性别</td><td colspan="2">出生日期</td><td colspan="2">出生地</td></tr>
<tr><td></td><td></td><td colspan="2">年　月　日</td><td colspan="2"></td></tr>
<tr><td>提押事由</td><td colspan="3">提押时间及执行法警</td><td colspan="2">还押时间和看守所值班民警</td></tr>
<tr><td></td><td colspan="3">年　月　日　时　分
执行法警：</td><td colspan="2">年　月　日　时　分
值班民警：</td></tr>
</table>

	年　月　日　时　分 执行法警：	年　月　日　时　分 值班民警：
	年　月　日　时　分 执行法警：	年　月　日　时　分 值班民警：
	年　月　日　时　分 执行法警：	年　月　日　时　分 值班民警：
备注：		

本提押票还押犯案后存卷

制作说明

1. 首部

（1）标题。要写明“×××人民法院”“提押票”。

（2）案号。写明“（××××）×刑×字第××号”。

2. 正文

（1）写明看押被告人的看守所的名称及审判员、书记员签字、发文日期。

（2）写明被告人姓名、性别、出生日期、出生地。

（3）写明提押事由、提押时间及执行法警、还押时间和看守所值班民警。

（4）写明备注事项。

3. 尾部

尾部应写明：本提押票还押犯案后存卷。

举例示范

案情简述：人民法院对董某交通肇事逃逸一案已经立案审理，并决定于2019年8月3日上午9时开庭审理，按照法定程序要提押董某出庭。

×××人民法院
提 押 票

（2019）×刑×字第32号

<table>
<tr><td colspan="4">×××看守所：
下列被告人一名，请准予提押。

审判员　王某
书记员　杨某
二〇一九年八月一日</td></tr>
<tr><td>姓名</td><td>性别</td><td>出生日期</td><td>出生地</td></tr>
<tr><td>董某</td><td>男</td><td>1976年12月23日</td><td>河南省×市</td></tr>
<tr><td>提押事由</td><td colspan="2">提押时间及执行法警</td><td>还押时间和看守所值班民警</td></tr>
<tr><td></td><td colspan="2">2019年8月3日8时0分
执行法警：</td><td>2019年8月3日12时0分
值班民警：</td></tr>
<tr><td></td><td colspan="2">年　月　日　时　分
执行法警：</td><td>年　月　日　时　分
值班民警：</td></tr>
<tr><td></td><td colspan="2">年　月　日　时　分
执行法警：</td><td>年　月　日　时　分
值班民警：</td></tr>
<tr><td></td><td colspan="2">年　月　日　时　分
执行法警：</td><td>年　月　日　时　分
值班民警：</td></tr>
<tr><td colspan="4">备注：</td></tr>
</table>

本提押票还押犯案后存卷

法律链接

《人民法院司法警察押解规则》

第六条　司法警察执行提押时：

（一）严格遵守看守所或其他羁押场所的有关规章制度，逐个核对被告人的姓名、年龄、案由等身份要件，并对被告人进行人身检查，防止携带危险物品。提押时对被告人应当使用戒具。

（二）同案被告人，成年被告人、未成年被告人，男性被告人、女性被告人以及其他不宜同车乘坐的被告人均应分车提押；重大案件的被告人保证一人一车。

（三）周密制定行车路线；数辆囚车担任提押任务时，应编队行进；两辆以上囚车押解被告人时，应配备指挥车，必要时还需配备备用车辆；专用囚车内不得搭乘与提押工作无关的人员。

送达回证

（刑事案件用）

了解文书

送达回证（刑事案件用）是指人民法院或其他司法机关按照法定格式制作的，用以证明相关法律文书已经送达的一种法律文书。

本样式供各级人民法院审理刑事案件送达诉讼文书时使用。

文书样式

×××人民法院

送　达　回　证

<table>
<tr><td>案　由</td><td colspan="2"></td><td>案　号</td><td>（××××）×字第××号</td></tr>
<tr><td>受送达人的姓名、住址</td><td colspan="4"></td></tr>
<tr><td colspan="2">送达的文书名称及件数</td><td>受送达人签收</td><td>代收人签收</td><td>送达人</td></tr>
<tr><td colspan="2"></td><td></td><td></td><td></td></tr>
<tr><td colspan="2"></td><td></td><td></td><td></td></tr>
<tr><td colspan="2"></td><td></td><td></td><td></td></tr>
<tr><td colspan="2"></td><td></td><td></td><td></td></tr>
<tr><td colspan="5">备注：</td></tr>
</table>

填发人：

制作说明

1. 首部

要写明"×××人民法院""送达回证"。

2. 正文

（1）写明案由、案号、受送达人的姓名、住址、送达的文书名称、件数、受送达人签收、代收人签收、送达人。需要注意的是，受送达人签收和代收人签收栏中应写明签收人的姓名和签收日期。

（2）写明需备注的事项。

3. 尾部

尾部应写明填发人签字。

举例示范

案情简述：李某涉嫌泄露国家秘密罪被某人民检察院提起公诉，人民法院决定立案审理，并将应诉通知书送达李某并签收。

×××人民法院
送 达 回 证

案由	李某泄露国家秘密罪	案号	（2017）×刑初字第225号
受送达人的姓名、住址	李某，河南省××市花园小区×栋×单元×室		
送达的文书名称及件数	受送达人签收	代收人签收	送达人
应诉通知书一份	李某 2017年7月3日		杨某某
备注：			

填发人：赵某某

法律链接

《中华人民共和国刑事诉讼法》

第一百零七条　送达传票、通知书和其他诉讼文件应当交给收件人本人；如果本人不在，可以交给他的成年家属或者所在单位的负责人员代收。

收件人本人或者代收人拒绝接收或者拒绝签名、盖章的时候，送达人可以邀请他的邻居或者其他见证人到场，说明情况，把文件留在他的住处，在送达证上记明拒绝的事由、送达的日期，由送达人签名，即认为已经送达。

图书在版编目（CIP）数据

人民法院诉讼文书样式、制作与范例．刑事卷／司法文书研究中心编著．—2 版．—北京：中国法制出版社，2018.1（2020.6 重印）
ISBN 978－7－5093－9047－4

Ⅰ．①人…　Ⅱ．①司…　Ⅲ．①刑事诉讼－法律文书－范文－中国　Ⅳ．①D926.13

中国版本图书馆 CIP 数据核字（2017）第 274990 号

责任编辑：吕静云（lvjingyun0328@sina.com）　　封面设计：周黎明

人民法院诉讼文书样式、制作与范例（刑事卷）

RENMIN FAYUAN SUSONG WENSHU YANGSHI、ZHIZUO YU FANLI（XINGSHIJUAN）

编著/司法文书研究中心
经销/新华书店
印刷/北京京华虎彩印刷有限公司
开本/787 毫米×1092 毫米　16 开　　印张/36.5　字数/375 千
版次/2018 年 1 月第 2 版　　2020 年 6 月第 4 次印刷

中国法制出版社出版
书号 ISBN 978－7－5093－9047－4　　定价：139.80 元

北京西单横二条 2 号　　值班电话：66026508
邮政编码 100031　　传真：66031119
网址：http：//www.zgfzs.com　　**编辑部电话：66054911**
市场营销部电话：66033393　　**邮购部电话：66033288**

（如有印装质量问题，请与本社印务部联系调换。电话：010－66032926）